该书出版得到莘英文化发展（天津）有限公司资助

孔子研究院文库

第一辑

# 哲学与激情

林美茂　著

人民出版社

# 《孔子研究院文库》第一辑学术委员会

# 总　序

张立文

"沧海万仞，众流成也"。无边无际的大海，由众流汇聚而成。1955年中国人民大学成立哲学史教研室（包括中国哲学与外国哲学），教研室教员来自五湖四海和各大学，既有中外哲学史的专家，也有新进者，他们会聚一起，互帮互学，切磋琢磨，切问近思，终日乾乾；他们都有一种"文江学海思济航"的理想，尽管中外哲学史资料浩如烟海，哲思深奥，但都思奋力航行，为发扬中外哲学精华，以登更高境界。

1956年中国人民大学哲学系正式招收本科生，系主任是著名的何思敬教授。1960年我提前毕业留校，分配到哲学史教研室，室主任是石峻副教授，党支部书记是尹明同志。他（她）们分配我重点研究宋元明清哲学思想，通讲中国哲学史。系主任吴江同志要求哲学史教研室全体教员编写《中国现代哲学史》，为了便于相互学习、交流、探讨，在中国人民大学附属中学借了一个教室，集体办公，分配我撰写"梁漱溟乡村建设理论"，各人写就草稿，互相传看，并进行讨论，提出修改意见。教研室资料员江涛则配合搜集现代哲学家的思想资料，分册印刷。1961年开始教学检查运动（检查讲稿、文章、课堂笔记中是否有修正主义观点），《中国现代哲学史》的编写就停了下来，接着中宣部要编写社会科学各学科的教材，哲学史教研室按各教员的专业分别参加中国哲学史与外国哲学史的编写，再也无空顾及《中国现代哲学史》编写了。

1969年中国人民大学全体教职工分批下放到"千村薜荔人遗失，万户萧疏鬼唱歌"的江西余江五七干校进行脱胎换骨的劳动改造，1972年回到北京，中国人民大学解散，哲学系、经济系等分到北京师范大学，北师大成立哲学系和经济系。1977年恢复大学招生，哲学系招收本科生，1978年中国人民大学复校。中国哲学史教研室即开始编写《中国哲学通史》，原计划有先秦、汉唐、宋元明清、近代、现代五卷，并携程前四卷稿件，由杨宪邦、方立天、张立文各统先秦、汉唐和宋元明清卷出版。

当前，由中国哲学教研室主任罗安宪教授提议、组织为每位教研室教授出版专著，得到教授们的赞同和支持，以展示教授们中国哲学科学研究成果，并得到人民出版社哲学编辑室主任方国根编审帮助，而呈现于读者座前。

回顾中国哲学教研室经知天命之年而到耳顺之年的艰苦、曲折、奋斗、日新的历程，有诸多值得我们继续传承和发扬的精神。

一是自强自立精神。中国人民大学哲学系哲学教研室成立之初，除个别原从事中国哲学教学与研究的教师外，绝大部分教员都是新进的同志，对中国哲学均需重新学习研究，总体力量比之北京大学哲学系中国哲学教研室和中国科学院哲学研究所中国哲学教研室要薄弱。1952年院系调整，全国各个大学院校的哲学系统统合并到北京大学哲学系，中国哲学教研力量大大增强，如冯友兰、汤用彤、任继愈、张岱年、朱谦之等。中国科学院哲学所中国哲学史研究室集中了一批老专家如梁启雄、容肇祖、王维诚、王维庭、吴则虞、王范之、王明、陈孟麟等。这对于中国人民大学哲学系中国哲学教研室的教员来说是很大的压力，同时更激起了中国哲学史教员的"天行健，君子以自强不息"的热情和信心。他们一方面兼顾学习，积极求教，虚心吸收，努力参与；另一方面认真撰写论文，展开学术讨论，如1957年中国哲学史方法论、谭嗣同思想以及后来的老子思想、庄子哲学、孔子思想、《周易》思想等的学术讨论。在学术交流中开阔视域，在学术讨论中提升认知，他们深知"跬步而不休，跛鳖千里，累土而不辍，丘山崇成"。腿有毛病的鳖，不断地迈着半步也能至千里之遥的目的地；不停累土，便能使小丘陵终于变成高高的山岭。经此自强不息、自立不止的终日乾乾奋进，最终成长为与北京大学中国哲学教研室、中国社会科学院哲学研究所中国哲学教研室鼎足而三。

二是勤劳坚毅精神。知己知彼，既知自己之不足，补救之方就在于"人生在勤，勤则不匮"。因而中国哲学教研室的教员都有"千淘万漉虽辛苦，吹尽狂沙始见金"的自觉意识。他们一方面为夯实理论功底，认真领会马克思著作原著和外国哲学知识以及文字音韵训诂功底，如听魏建功教授的课和请吴则宾研究员讲文字训诂课，又派人到佛学院进修佛学；另一方面，他们以"人生世上，寸阴可惜，岂可暑刻偷安"的观念要求自己，无星期天、无日夜，不偷安一刻地刻苦钻研中国哲学，真可谓一寸光阴一寸金地珍惜时间。他们作卡片，记心得，撰文章。即使在三年困难时期、饥肠辘辘之际，或认真备课，挑灯著文；在劳动之息，会议之隙，或捧书以读，或思考问题。他们胸怀"天将降大任于斯人也，必先苦其心志，劳其筋骨，饿其体肤，空乏其身"的坚毅意志，顽强地克服种种困难，而无怨无悔地献身于中国哲学。即使遭受个人主义、名利思想、资产思想为改造好等等的批评，也无碍他们为弘扬中华哲学而努力的激情。特别在"文化大革命"以后，更加激起了中国哲学教研室教授们为传承与创新中国哲学的勤思考、勤著书、勤立言、勤交流的行动，即以学问思辨及笃行的实践，来实现宏愿，为中国人民大学中国哲学教研室的发展作出贡献。

三是诚实正直精神。荀子云："君子养心，莫善于诚。"思诚为修身之本，亦是为人之道。自教研室成立以降，经历不断的政治运动，由于个人认知的差分，不免产生意见、观点的分歧，但都能以坦诚的态度相待，而无害人之心，亦无为争自己的利益而斗争不止的行为。尽管 20 世纪 60 年代初曾被认为是全校 21 个"疙瘩"之一，但迅速化解，和好如初。教研室的教师都能以真诚的态度教书育人，为人师表，诲人不倦，而受到表彰；教师之间，直道而行，周而不比，互学互帮，和而不同。"文化大革命"以后，教研室的教授们以极高的热情投入中国哲学的教学和研究，撰写了一批高质量的论文和专著，获得众多各种奖赏，也获得国内外学界很高评价。其诚实正直为人，其严谨深思为学，成为教研室教授们自觉的行为准则。

四是包容谦虚精神。中国哲学教研室教授之所以能以诚实正直的精神待人、待学，以客观同情的态度待古人、待史事，就在于心存"君子以厚德载物"的意志，这样才能"志量恢弘纳百川"。自古以来，由于时势的变迁、观念的转换、体认的差分、道德的转变，对各个哲学家哲学思想的评价、理解、诠释各说齐陈，以至对经典著作中某句某字的解释亦针锋相对，此种情况，可谓屡见不鲜。如何能够获得一种比较贴近历史实际的理解，教研室教授们都有一种谦虚的学风，体会其为什么有如此不同的理解，其理论前提和根据是否有理；又以一种包容的态度，寻求其理论前提和根据有否可吸收之处？唯有如此，才能有一种"大海从鱼跃，长空任鸟飞"的学术诠释空间，做到"学古人在得其神理，不可袭其面目"；才能为文"有我"，提出自己独立见解，以供中国哲学史界参考。

五是无私奉献精神。做到诚实正直、包容谦虚，是由于心灵无私，无私而能公正，不存私人偏见，按实品评；无私而能虚怀若谷，不存个人成见、前见，而能包容吸收。荀子说："公道达而私门塞，公义明而私事息。"如此，为学，对中国哲学史上的人物、事件能作出比较公正的理解和评价，能控制自己对某一研究对象的偏好，而不有失公允；在学术互相探讨交流中，能无私奉献自己独到见解，使他人的观点得到完善，而绝不保守。为人，教研室教授们一致发挥正能量，2002 年中国人民大学孔子研究院率先成立，在国内外引起很大反响，社会上以此为风向标。孔子研究院在无钱无人的情况下，积极开展学术交流活动，每年召开 150 人左右的"国际儒学论坛"，在韩国高等教育财团及众多国内外专家的支持下，已成为国内外影响深远的儒学学术品牌，并在每年孔子诞生日 9 月 28 日至 10 月 28 日举办"孔子文化月"活动，举行系列学术报告、经典诵读及礼乐道德教育等。每次"孔子文化月"都有明确主题，如 2004 年是"尊吾师道，传吾文化"；2005 年为"明礼诚信，修身立德"；2006 年为"明德贵和，读经新民"；2007 年是"弘扬乐教，广博易良"；2008 年为"立足本义，和而不同"；2009 年是"志道据德，依人游艺"；2010 年是"明体达用，修身养性"；2011 年是"博学审问，慎思明辨"；2012 年为"博学于文，以友辅仁"等。这些都要付出中国哲学教研室教授们的大量精力和宝贵时间，而教授们在无任何报酬的情况下，无私奉献。

这种无私奉献的精神动力，来源于为道。中国人民大学孔子研究院的院训是"继承优秀传统文化，弘扬孔子思想精华，提高国民人文素质，建设人类美好未来。"这个院训既是中国哲学教研室教授们愿望的寄托，也是他们使命的实践。他们以无私崇敬的心情绍弘孔子思想和传统文化，以庄严弘道的精神传承道德精髓和振兴中华。为学、为人、为道，中国哲学教研室的教授们竭尽精力，尽职尽责。

六是开拓创新精神。为人、为学、为道落实到学术开拓创新上，中国哲学教研室的教授在中国哲学的多个领域都能与时因革，心随世转，新裁屡出。他们都胸怀"意匠如神变化生，笔端有力任纵横"的意向，精心思量"阐前人所已发，扩前人所未发"。无论在《周易》思想、先秦儒、道、墨、阴阳、名、法研究，魏晋玄学、隋唐佛学研究，还是在宋元明清理学、近现代新儒学研究中均提出了诸多创新的诠释和观点，在国内外学术界产生深刻影响。特别是儒教研究和《国际儒藏》的编纂，也在国内外产生很大反响。这都是由于"别出心裁，不依旧样"所获得的效果。即使由中国哲学教研室编著中国哲学众多教材，无论在编写的体例上、问题的概括上、观点的诠释上，还是言辞的叙述上、思想的发展上、逻辑的结构上，都与以往的教科书有所区别，并有所超越。这是教授们长期认真刻苦学习、体认的结晶。若统计一下教研室教授们的专著和在国内外发表的论文，乃是十分可观的、领先的。

中国哲学教研室成立 60 年来所塑造的精神，难能可贵，应为珍惜和发扬，以达更完美境界。

黾勉成此，是为序。

于中国人民大学哲学院

2014 年 8 月 28 日（甲午年）

# 目　录

## 哲　论（Logos）

# 诗　论（Logos & Pathos）

# 文　论（Mythos）

# 哲　论
（*Logos*）

何谓"哲学"？许多人都认为这属于仁者见仁、智者见智的问题，似乎没有定论，因此，哲学史上的许多哲学家都在努力给出自己所理解的关于"哲学"的答案。然而，我们不能否认，"哲学"自诞生开始，其内涵已经具有了定性，那就是"哲学"一词本义之人的"爱智慧"（Philo-sophia）追求。正如人们所熟知，无论毕达哥拉斯在最初自称"爱智者"时使用的"奥林匹亚节比喻"，还是苏格拉底"自知其无知"的宣言与探索实践，其实在古希腊已经赋予了 Philosophia 的本质内涵。为此，与其说"哲学"是一门学问，毋宁说属于一种关于真理存在的坚定信念，一种求证求真的探索精神。"求证"就是为了"求真"，而"求真"则需要在孜孜不倦的"求证"过程中得以体现。显然，这两者之间互为表里，属于一体两面不可分割的关系。

由于人类在探索过程中不倦的求证过程，都需要在"逻格斯"（logos）中得以进行。为此，"逻格斯"就成为人类所寻求的存在之真的媒介，犹如人类在水面映照肉眼不可直视的太阳进行观察一般，人类只能在理性中观照感觉不可直接认识的探索对象。本真存在就是人类感觉经验无法直接把握的对象，所以只能通过理性之眼来观照。拥有肉体存在的人类，这种观照过程犹如横渡茫茫的求知大海。渡海需要航船，而"逻格斯"就是这艘船，以对于本真存在的存在之"坚信"（nomizo）为舵，以"问答法"（dialectike）为桨。正因为如此，柏拉图告诉我们，"问答法"是哲学探索之"求真"的唯一方法。

那么显然，一切哲学探索的营为都离不开"逻格斯"的运用，而这种运用最终在古代希腊的前苏格拉底自然哲学家中成为一种精神，这种精神正是后世西方科学的础石。亚里士多德确定古希腊哲学的诞生，正是以学问探索是否具备"逻格斯精神"为衡量依据。

基于上述认识，"哲论"（Logos）这一编，收入了笔者多年来关于"哲学"的理解以及古今哲人们"如何哲学"等问题进行考察的几篇代表性论文，而每一篇论文，也是笔者对于哲学最根本的"逻格斯精神"的体悟、运用与省思的产物。

# 中日关于"哲学"理解的差异与趋同倾向

## ——以峻别"哲学"与"思想"的不同为线索

"哲学"（philosophy）这个源于西方的学科概念，自 19 世纪 60 年代在日本被译出，90 年代进入中国之后，至今已有一百多年的历史。虽然其在两国学术史中呈现出不同的发展道路，但是其中存在的根本问题基本一致，正是因为这种一致，在进入 21 世纪以来，两国开始出现逐渐趋同的倾向。那么，西方意义的"哲学"究竟是怎样的学问？其在中日发展的不同何在？趋同的表现有哪些？其根本原因是什么？这是本文将要阐述的问题。

## 一、西方意义的"哲学"

关于西方意义的哲学，在世界似乎没有一种统一的认识。其实不然，我们可以从黑格尔与德里达关于中国哲学"合法性"的否定中，① 认识到西方人所理解的哲学，究竟是一门怎样的学问。从结论来说，他们所持的关于"哲学"标准，都是源于古希腊人所赋予的哲学本质即与苏格拉底、柏拉图所揭示的"哲学"这门学问的性质有关。

正如大家所熟知，苏格拉底、柏拉图的哲学，是此前的自然哲学家们哲学探索的理论总结。根据亚里士多德的《形而上学》，哲学是从以泰勒斯

---

① 参见 ［德］黑格尔：《哲学史讲演录》第一卷，贺麟、王太庆译，商务印书馆 1997 年版，第 115—132 页；陆阳：《中国有哲学吗？——德里达在上海》，《文艺报》2001 年 12 月 4 日。

为始祖的米利都学派探索世界的"本原"（arche）开始的，他们的关于自然世界的探索，区别于此前的神话中所采用的"mythos"说明世界的方法，努力按自然原样看自然，在"logos"中寻求关于本原理论的逻辑自洽性。然而，前苏格拉底自然哲学家们以自然为中心的探索倾向，由于智者们的出现转向了人文主义关怀，确立了人的独立于自然的卓越性存在。然而，建立在"尺度说"基础之上的智者们的人文主义的追求，同时也削弱了人文主义的真正意义。为了克服矫枉过正的智者们过于强调人的主观能动性的相对主义价值观，苏格拉底的出现成了至今为止"哲学"这门学科得以确立的标志。可以说柏拉图的《申辩篇》是一部哲学宣言书，苏格拉底是哲学家之为哲学家的灵魂化身，是哲学这门学问的实践者与这个学科得以确立的完成者。

在《申辩篇》中，苏格拉底把"知"分为"人的智慧"与"善美之真知"，通过自己的探索实践，阐明了人的探索所能达到的只是"人的智慧"，这种认识状态只是人的"臆见"（doxa），哲学则是探索不断克服人的各种"臆见"逐渐趋近"真知"（episteme）的学问。而他与社会上所谓的"有知之人"最大的区别就在于他对于自己的无知是有知的，即"无知之智"，而社会上的那些人对于自己的无知是无知的（双重无知），活在臆见即想当然之中。这就是哲人与智者、一般人之间的根本区别所在。哲学家首先必须是一个自知其无知的人。正因为这样，苏格拉底采用"问答法"，通过"对话"（dialogos）的方式与别人探索人之所以为人的各种德性（arete）。这样的探索，绝不是采用"说教"的方式单方面地教导、给予。因为"说教"要求教育者拥有其所教育内容的"知识"，而苏格拉底否认自己具备这种知识。而智者们与此不同，他们认为自己拥有德性的知识，所以，不会进行关于事实真相的探索，只是驾驭辩论技巧即所谓的"辩论术"，以达到说服、教育别人的目的。那么，如果以此作为哲学与否的标准，孔子的《论语》显然只是一部道德说教，虽然其中也是以孔子与弟子们的对话形成的，然而，书中的孔子俨然是一个饱有知识、智慧的教育者，其中的言论不是建立在逻辑论证、探索的基础之上，而是一个贤者的谆谆教导。所以，黑格尔才会说:"孔子只是一个实际的世间智者,① 在他那里思辨的哲学是一点也没有的。……为了保持孔子的名声,假使他的书从来不曾有过翻译,那倒是更好的事。"② 老子的《道德经》也一样,比如,所谓的"道生一,一生二,二生三,三生万物",那么,为什么道会生一?如何生一?等等,虽然此书的别处可见相关的阐述,如"无名、天地之始,有名,万物之母","天下万物生于有,有生于无"等,但在这些断片性阐述中看不到任何的关联性说明,更谈不上严密的逻辑论证。一切都只在古训般的结论性断言中完成,没有抵达这些结论的思辨过程。世界就是这样产生,人们只有相信、并接受这种论断即可。这是另一种意义、内容的说教。在这里拒绝对话、质疑、进行逻辑自洽性的探索。一切只停留在一种黑格尔所说的"抽象的开始"之中。③

苏格拉底的哲学思想,到了其弟子柏拉图这里得到了进一步深化,成了柏拉图哲学基础与一切思考的出发点。关于"臆见"与"知识"的划分,柏拉图进一步给予了明确的对象性界定。在《理想国》(477b-484c)等对话篇中,柏拉图明确地指出"臆见"的对象是既存在又不存在的"感觉事物",而"知识"的对象则必须是保持自身同一性、恒常不变的"本真存在"(ontos on),柏拉图使用了"形相"(eidos)或者"理型"(idea)、"实体"(ousia)等概念指称这种存在。并进一步指出,即使是"正确的臆见"(orthe doxa)也不是"真知"。那是因为,真正达到知道的事情、事物,知道者必须能够给予明确的逻各斯。(《理想国》534b,《斐多篇》76b,《拉凯斯篇》190c)所谓"明确的逻各斯"指的是能经得起逻辑论证,达到无可辩驳的程度的逻各斯。然而,"正确的臆见"只是结果偶然的正确,而在逻辑上却无法论证,正如盲人走路,偶然到达正确的目的地一样。所以,"正确的臆见",仍然还是"臆见",不具备"真知"的资格。而现实中,只有真正

① 参见黑格尔在这里所谓的"智者",与古希腊的智者学派的"智者"有所区别,不是同一个概念。

② 参见 [德] 黑格尔:《哲学史讲演录》第一卷,贺麟、王太庆译,商务印书馆 1997 年版,第 119—120 页。

③ 参见 [德] 黑格尔:《哲学史讲演录》第一卷,贺麟、王太庆译,商务印书馆 1997 年版,第 131 页。

的哲人是相信真知的存在，并不懈地努力探索、寻求抵达、把握真知的人，即所谓"爱智慧的人"（philosophous），而其他的人都只是"爱臆见的人"（philodoxous）。"臆见"的希腊文 doxa，有想法、意见、猜想等含义，在这里柏拉图显然把"哲学家"与"思想家"，"哲学"与"思想"区别开来，两者是不能等同的存在。正是建立在这种认识的基础之上，德里达才会说"中国没有哲学，只有思想"。当时他还补充说明自己的论断不存在思想与哲学孰高孰低的价值判断。甚至他是传统形而上学、即逻各斯中心主义的反对者也是人们所熟知的。所以，显然他的断言是从我国学术的性质出发而持有的结论。也就是说，按照由苏格拉底、柏拉图确立的"哲学"这门源于古希腊的学问标准，我国的传统知识体系只符合思想知识即 doxa 的标准，不具备哲学知识即 episteme 的资格。

根据以上的简单梳理，我们不难看出，确认"哲学"与否，关键在于对于"知识"如何理解的问题，对于"知"如何把握，决定了"哲学"与"思想"的区别。西方古典意义的哲学，就是通过对于"知"与"臆见"的严格峻别，让"哲学"从"思想"的范畴中独立出来，成了"思想"这座文明金字塔顶上最璀璨的明珠。"哲学"之所以存在，就在于它把人们的各种"臆见"即思想，通过逻辑论证、探索，努力向"真知"即真理靠近。然而，由于真知的对象是"本真存在"，它超越于人类存在之维，所以哲人充其量只是一个"爱智者"，永远不可能达到"有智者"拥有真知的存在。与此不同，不从本质上区别"真知"与"臆见"，只以思想为旨归的我国诸子百家以及沿袭数千年的学问，其中的学问之圣人就是"有智者"，"为天地立心"者，正如程颐所说："圣人，生而知之也。"① 圣人的言论、思想就是真理，只能"祖述"，不可置疑、批判。这样的学问，在西方人看来当然不是哲学，没有哲学，只是说教、思想而已。那么，无论黑格尔还是德里达，他们质疑"中国哲学"，都是以上述古希腊意义的哲学为标准是显而易见的。而从中我们也不难理解西方意义的哲学，究竟是一门怎样的学问。

---

① 参见（宋）程颢、程颐：《二程集》，中华书局 1981 年版。

## 二、"哲学"在近代的日本与中国

"哲学"一语源于希腊语"philosophia"的翻译，译者是日本明治初期的启蒙思想家西周，这是人们的常识。然而，一百多年来，没有人对此翻译是否存在问题进行过应有的考察。其实，西周在翻译这个概念的时候，遇到了东西方相关学术对应性认识的理论困境，他并没有完全从本质上真正把握"philosophia"的内涵。正因为如此，他在翻译初期，多次出现把 philosophia 与"理学"、"儒学"混淆理解的现象。比如他说："其所言philosophy 之学，简述性命之理不轶于程朱之学，本于公顺自然之道"①，"大概孔孟之道与西方之哲学相比大同小异，犹如东西彼此不相因袭而彼此相符合"②，"东土谓之儒学，西洲谓之斐卤苏比（philosophy），皆明天道而立人极，其实一也"③，这些表明足以说明他所理解的西方之"philosophy"存在着对其本质把握的欠缺。虽然他没有像后来的中江兆民那样以"理学"翻译"philosophy"，而是自己创造了新词"哲学"，这里一方面应该肯定其创造性的意义，另一方面也应该知道，他的这种区别对待东西方学术而独创新词，并不是真正把握到两种学问性质的根本不同，仅仅只是为了区别东西两种学问的需要所致。比如他说："尽管可以采取直译的方式将之翻译成理学、理论之类，但是由此却会过多地引发与他者之间的混淆，故而如今翻译为哲学，与东洲之儒学一分为二"④。凡此种种说明，都在告诉我们，西周所理解的"philosophy"存在着一种误读的因素。

西周的"哲学"译语，是从最初的"希哲学"、"希贤学"发展而来的。"希贤"一词，源于周敦颐的"圣希天，贤希圣，士希贤"⑤的启发，这在

① ［日］西周：《给松岗的信》，《西周全集》第 1 卷，（东京）宗高书房 1981 年版，第 8 页。

② ［日］西周：《复某氏书》，《西周全集》第 1 卷，（东京）宗高书房 1981 年版，第 305 页。

③ ［日］西周：《开题门》，《西周全集》第 1 卷，（东京）宗高书房 1981 年版，第 19 页。

④ ［日］西周：《生性发蕴·哲学原语》，《西周全集》第 1 卷，（东京）宗高书房 1981 年版，第 31 页。

⑤ 参见（宋）周敦颐：《周敦颐集》，中华书局 2009 年版。

他《百学连环》中解释 philosophy 时候作了说明。① 在汉语中"贤"与"哲"通，所以就有了"希哲"的造语。然而，在这里西周混淆了周敦颐所揭示的"志学"三种阶段的不同对象与境界。士者仰慕的对象是贤者，即所谓"见贤思齐"，贤者的追求目标是成圣，而只有圣人，才能达到通天地之理。正如荀子所说："所谓大圣者，知通乎大道，应变而无穷，辨乎万物之性情者也。"（《荀子·哀公》）而西周只取"士希贤"一种阶段涵盖三个阶段，以此与"philosophy"之"爱智慧"对应。希腊人所说的"爱智慧"中所爱的对象即 sophia，除了一般意义的人的智慧之外，更为重要的是还有"真知"之义，而只有这种"真知之爱"，才是"philosophy"这种学问得以确立的根本。显然，希腊语的"sophia"与"贤"或"哲"是不对等的。如果按照苏格拉底、柏拉图的 philosophia 的界定，宋学中所谓的"希贤"或者"希哲"，只是"臆见之爱"，只有"希天"之圣人，才是"真知之爱"，所以，只有"圣人"才能与西方之"哲人"境界相当。然而值得注意的是，儒学中的圣人是"有智者"，而 philosophia 之"哲人"永远只是"爱智者"，两者也是不能对应的。

之所以产生这种不对应性，原因就出在传统中国与古代希腊，东方与西方两大文明对于"知"的理解不同所致。前面已经说过，苏格拉底、柏拉图把人的认识状态分为"臆见"与"真知"，"臆见"乃至"正确的臆见"是人可以拥有并达到的认识状态，而"真知"永远只是存在于探索、追求的前方，是可望而不可即的真理之境，所以才有"哲学"存在。而我国的学术传统中，只有"知"与"不知"的区分，即所谓"知之为知之、不知为不知，是知也"（《论语·为政》），没有再进一步把"知"分为"真知"与"臆见"。在《论语》中的这句教训，已经肯定了人是"有知"的存在，所以才有"圣人"的出现。而在古希腊哲学中，"臆见"是介于"知"与"不知"之间的认识状态，正是这种"中间状态"的发现，才凸显了"哲学"存在的意义，才把人的最高存在确立在"哲人"而不是"圣人"之境。

西周在翻译"philosophy"时，并没有把握到西方之"Philosophy"如

① 参见［日］西周：《西周全集》第 4 卷，（东京）宗高书房 1981 年版，第 145—146 页。

此深层的意义即没有触及哲学与儒学、理学最根本的关于"知"的不同态度，从而混淆了"真知"与"臆见"的区别，无法理解"Philosophy"所爱的"智慧"是峻别于日常意义智慧的"真知"。这个问题也可以从他的知识论中得到印证。西周认为："知之源自五官感知所发，是由外及内的东西"①，这种认识显然是把"臆见"与"真知"混淆。根据柏拉图哲学，通过五官感觉所捕捉的事物，只能产生"臆见"，"真知"是通过理性在逻各斯中把握对象，只有触及并把握到本真存在即事物的"idea"、"eidos"，才能到达真知。

以上这些现象告诉我们，西周在翻译"philosophy"时存在着理解不到位与误读的问题。② 不过，西周的这种误读，在近代日本学术界并没有带来什么不良的后果。一百多年来，日本学界努力进行着西方学术的深入研究、不断纠正前人的不足，完善自身的认识。在早期日本除了井上哲次郎等部分学者之外，学界主流认识的基本倾向，都没有把日本传统的思想以"哲学"命名，坚守着"近代哲学"与"传统思想"的严格区分。"哲学是以从根本（出发）对事物进行本质考察之知的探索为特色"的学问，③ 这是学界的共识。可是，引进这个译语的中国情况却大相径庭。从所谓的"中国哲学史"出现以来，"思想"与"哲学"的混淆认识在学术界蔓延，即使到了今天，也没有得到多人的改观。

一般认为，目前可考的文献中，philosophy 一词最初进入中国应该是出现在耶稣会传教士艾儒略（Giulo Aleni，1582—1649）著述的《西学凡》一书中。他在书中所说的斐录所费亚（philosophia）最初被翻译成"理科"或者"理学"，现在采用的"哲学"翻译源于西周。而"中国哲学"的名称，可能既有受到西方人介绍中国的文献中相关表现的启发，也有当时日本学术界所谓的"支那哲学"的影响。1916 年，中华书局出版了谢无量著述的《中国哲学史》，揭开了中国学术界接受西方"哲学"概念，梳理本国传统学术的序幕。在该书的"绪言"中说："吾国古有六艺，后有九流，大抵皆哲

① ［日］西周：《西周全集》第 4 卷，（东京）宗高书房 1981 年版，第 13—17 页。
② 详细内容请参照拙文《"哲学"抑或"理学"——西周对 philosophy 的误读及其理论困境》，《哲学研究》2012 年第 12 期。
③ 参见《岩波哲学·思想事典》，（东京）岩波书店 1998 年版，第 1119 页。

学范围所摄。至于哲学史之作，则在述自哲学变迁之大势，因其世以论其人，掇学说之要删，考思想之异同，以史传之体裁，兼流略之义旨。"① 这里明显出现"哲学"与"思想"并列理解。如果说谢无量的这部开篇之作还存在"基本未摆脱传统儒学史观的藩篱"②，这种认识的局限性尚能理解，那么，之后于 1919 年由商务印书馆出版的胡适所著之《中国哲学史大纲》（卷上），虽然此书得到了蔡元培的肯定，认为"非研究过西洋哲学史的人不能构成适当的形式"③，但是仍然存在着与谢无量同样的问题。胡适对哲学的定义是："凡研究人生切要的问题，从根本上着想，要寻一个根本的解决，这种学问叫做哲学。"④ 显然他把哲学限定在实践哲学，特别是伦理学的范畴。不过，从他说明哲学史的目的中更容易接近他的哲学理解。他认为哲学史的目的是"明变"、"求因"、"评判"三个方面，关于"明变"是哲学首要任务，"在于使学者知道古今思想沿革变迁的线索"。而"求因"则是"指出哲学思想沿革史变迁的线索……原因"，"评判"当然是要"使学者知道各家学说的价值"⑤，等等。我们从这些表述中，不难看出他同样把哲学史理解为"思想沿革史"，在这里"哲学"与"思想"也是没有区别的。那么，为中国哲学学科奠定基础的冯友兰，他究竟怎样理解"哲学"？

可以说，冯友兰对于"中国哲学"这个学科的确立起到了不可以替代的作用。⑥ 然而，冯友兰所理解的"哲学"，与胡适并没有太大的区别。他说："哲学是对人生系统的反思……一个梦想家总要进行哲学思考，这就是说，他必须对人生进行反思，并把自己的思想系统地表达出来"，"思考本

---

① 谢无量：《中国哲学校注》，王宝峰等校注，华东师范大学出版社 2018 年版，第 2 页。

② 张立文：《中国哲学的"自己讲"、"讲自己"——论走出中国哲学的危机和超越合法性问题》，载彭永捷主编：《论中国哲学学科合法性危机》，河北大学出版社 2011 年版，第 1—14 页。

③ 胡适：《中国哲学史大纲》（卷上·序），东方出版社 2004 年版，第 1 页。

④ 胡适：《中国哲学史大纲》（卷上·导言），东方出版社 2004 年版，第 1 页。

⑤ 胡适：《中国哲学史大纲》（卷上·导言），东方出版社 2004 年版，第 2 页。

⑥ 1934 年，商务印书馆出版了冯友兰的两卷本《中国哲学史》，此后，1947 年他在美国宾夕法尼亚大学作访问学者期间出版了英文版《中国哲学简史》（此书基本属于此前两卷本缩写）等，而《中国哲学史》两卷本，则由美国学者德克·布德翻译，分别在 1937 年（上卷），1952 年（上下卷）先后在英国和美国出版。

身就是知识，知识论就是由此而兴起的"①，"根据中国哲学传统，哲学的功能不是为了增进正面的知识（我所说的正面知识是指客观事物的信息），而是为了提高人的心灵。超越人的心灵，超越现实世界，体验高于道德的价值"②，等等。冯友兰的这些表达，除了最后一段还有一些靠谱，其他的基本都与西方意义的哲学相去甚远。

首先，他认为"哲学是对人生系统的反思"，"把自己的思想系统地表达出来"就是哲学。这里所说的"系统地反思"究竟何意并不明确。其次，他认为"思考本身就是知识"，把人的思考与知识画等号，显然他对于西方意义的哲学中的"知识"含义没有理解。这些见解，既体现了他的哲学定义并没有超越胡适，又在混淆"哲学"与"思想"区别上更进一步，所以才把人的"思考"作为"知识"，认为"知识论就是由此而兴起的"。从这样的哲学观、知识观出发，自然地，所有的"思想"都可以拉入"哲学"的范畴，把其作为"哲学"来看待。在这种理解前提下构建的冯友兰的中国哲学史理论，无论怎样努力让中国古代典籍中与西方哲学的相关概念进行对应性梳理、阐释，也只能是一些与西方意义的哲学貌合神离的内容。

从上述简单回顾中日两国在近代引进"哲学"这门学问之际对于哲学理解的情况看，显然存在着同样的问题，那就是没有完全理解、把握西方意义的 Philosophy 的真正内涵，没有把握到东西方关于"知"的理解的根本不同，从而出现了同样的、即把"哲学"与"思想"相混淆的现象。这既反映了近代西学东渐初期东亚对于西方学术的理解不足，又折射出东西方两种文明的知识观的不同。虽然无论东方还是西方的思想文明，其所探索的对象、问题意识等也许大同小异，但是，由于知识观的根本不同，其所产生的结果迥异。如果我们不能理解这种本质上的差异，必然会出现简单地进行对应性同定，从而只能在西方的标准之下，疲于关于自身存在的无谓说明。这不仅仅只是"中国哲学"，整个东方哲学都必然面临"合法性"的质疑。

---

① 冯友兰：《中国哲学简史》，新世界出版社 2004 年版，第 3 页。
② 冯友兰：《中国哲学简史》，新世界出版社 2004 年版，第 1 页。

# 三、差异与趋同及其成因

被日本近代誉为"东方卢梭"的中江兆民，在其《一年有半》中断言："我们日本自古至今没有哲学。"① 这句话咒语一般让日本人长期以来对于本国的"哲学"提法显得十分谨慎，近代以前的学问基本上只有"日本思想史"的笼统表现，不采用"日本哲学史"这样的说法，只有针对近代之后以京都学派为代表的部分学者的文献，才有了"日本哲学"这个概念。而京都大学的"日本哲学史讲座"，更是到了 20 世纪末的 1995 年才开始出现。而"哲学"在中国的发展与此不同，我们不仅接受了"哲学"（philosophy）这个学术概念，并似乎毫无障碍地接受了西方人介绍中国传统思想时采用的"Philosophy"这种命名，② 把此前我国的传统学术从一开始就拉入了"哲学"这个范畴，以西方人熟悉的"哲学"概念梳理曾经的诸子典籍所呈现的各种思想，从而诞生了所谓的"中国哲学史"，确立了"中国哲学"这个学科。然而，中国学界如此简单地接受西方人的这种对应性同定，为后来的关于中国哲学"合法性"的各种质疑埋下了火种。

一般认为，关于中国哲学的"合法性"质疑自黑格尔开始。而在 20 世纪 30 年代，金岳霖对冯友兰《中国哲学史》审读时也提出过如何看待"中国哲学"与"哲学在中国"之间区别的问题，指出"无论胡适，还是冯友兰，都把中国哲学当作发现于中国的哲学"③。然而，事过六十多年的 2001

---

① ［日］中江兆民：《中江兆民全集》第 10 卷，（东京）岩波书店 1983 年版，第 155 页。

② 西方人很早就认定中国的"义理之学"就是西方的 philosophy，其最初可能源于 16 世纪进入中国的杰出的基督教学者利玛窦，他在《中国札记》中把孔子的道德学说译成西方的 philosophy。（何高济、王遵仲、李申译，中华书局 1997 年版，第 31 页）

③ 金岳霖所说的"中国哲学"指的是"把中国哲学当作中国国学中之一种特别的学问"，而"哲学在中国"则是"把中国哲学当作发现于中国的哲学"。两者的区别是"自前者视之，所谓哲学（即所谓普遍哲学）并无一定之规，中国哲学与西方哲学分享哲学之名，但讨论的问题及讨论问题的方式，可以与西方哲学无涉。自后者视之，有普遍哲学（且以欧洲哲学为普遍哲学），中国也不例外，只不过中国古代哲学因为疏于逻辑分析而在形式上没有明确的系统"。（金岳霖：《中国哲学史的审查报告》，《冯友兰集》，群言出版社 1993 年版，第 603 页）

年9月11日，从德国来访的著名哲学家德里达在上海与王元化用餐时的非正式交谈中，再次断言"中国没有哲学，只有思想"的问题。以此为契机，触发了从2001年年末至2004年年初的一场关于"中国哲学合法性"问题的论争。其高潮是2004年3月20—21日，由中国人民大学孔子研究院、中国人民大学哲学院、《中国社会科学》、《中国人民大学学报》联合举办的"重写中国哲学史与中国哲学学科范式创新"的学术研讨会。在这次讨论中出现了两种截然不同的态度，有人认为关于"合法性"问题的讨论将会动摇"中国哲学"的学科基础，导致学科危机；① 而另有人却认为这是一个"伪问题"②。不过大多数学者都承认，如果从狭义哲学来看，确实中国没有西方意义的所谓"哲学"，但是从广义上说，中国与印度、西方一样都有哲学。这场讨论，对于新时期关于"中国哲学"理解中所存在的问题与今后的发展方向得到了较为明确的确认，其所取得的成果有目共睹。然而，令人遗憾的是在诸多的论文中，却看不到一篇关于为什么会存在"哲学合法性"质疑的核心原因即东西方学术关于"知"的认识不同问题的相关论述。大部分学者虽然承认中国与西方的不同，也仅仅从思维方式、价值观的差异，或从方法论、学科建制上着眼论述不同之所在，然后通过借助广义与狭义的逻辑，论证中国哲学的合法性。甚至有些学者企图通过更改名称，比如，以"中国古学"、"道术"、"道学"来替代"中国哲学"，为消解"合法性"质疑寻找出路。魏长宝说："过去我们以西方哲学的问题为'哲学'的问题，以西方哲学的范式为'哲学'的研究范式而建构起来的'中国哲学'，虽然对中国哲学的专业化发展和现代化转型功不可没，但由于我们对中西哲学之间在基本观念、研究范式、学科体制及其依托的文化传统等诸多方面差别缺乏足够的正视和深入的反省，在对西方哲学一个多世纪的吸收和借鉴过程中，普遍存在着简单轻率甚至随心所欲的倾向，因而造成对中国哲学的'讹读'、

① 参见龚隽：《中国哲学史："学科"的合法性危机与意义（细纲）》，载彭永捷主编：《重写哲学史与中国哲学学科范式创新》，河北大学出版社2011年版，第74—84页。

② 参见余吾金：《一个虚假而有意义的问题——对"中国哲学学科合法性问题"的解读》，载彭永捷主编：《重写哲学史与中国哲学学科范式创新》，河北大学出版社2011年版，第38—52页。

'臆解'和'误写',在相当程度上埋没乃至牺牲了中国哲学独特的问题意识、结构旨趣和风貌神韵。"同时他又提到这次大讨论的意义是:"预示着当代'中国哲学'研究正经历一个从关注'哲学'到强调'中国'的转变,一个从关注学科建制意义上的'中国哲学'到强调文化表征意义上的'中国哲学'的转变"。他认为:要"从根本上摆脱所谓的'合法性'危机,最好的办法就是创立自己的哲学范式,在新的、更独立、更自主、更有效的范式的基础上,重新建立中国哲学自己的民族化、个性化的解释结构、叙述模式和研究路径。"① 魏长宝的观点基本可以体现这次论争的成果,并在张立文所提出的"中国哲学的'自己讲'、'讲自己'"的问题中得到体现。张立文认为应该"从中国哲学之是不是、有没有中超越出来",走中国自己的路。怎么走呢?"首先,'自己讲','讲自己的'。……其次,自我定义,自立标准。……再次,'六经注我','以中解中'"。② 然而,在这些论说中,对于西方哲学与中国古典思想最根本的区别、即两者对于"知"的理解不同也都没有得到应有的确认,其所达成的共识只是不管别人如何质疑,坚持走"自己讲"与"讲自己"的道路,从而让这场大讨论成为一次关于"中国哲学"的合法性确认,以及学术界面对质疑的集体表态。

与我国不同,尽管在近代初期西周也存在着对于"知"与"哲学"本质关系的理解不足,然而,由于此后学界主流认识上明确区分了近代前后不同的学术性质,不把之前的"思想史"作为"哲学史"对待,关于"合法性"问题在日本自然消解。虽然也有对于"哲学"进行广义与狭义的区分,但学者们对于"哲学"与"知"之间存在着密不可分的关系是明确的。渡边二郎对于"哲学"的解释,可以代表日本学界的基本共识。他说:"如果从广义的贯穿人生观以及世界观全体的诸思想这种含义理解哲学,可以说从古代开始发展而来的,在东方的印度、中国、日本的佛教、儒教、道教以及

---

① 参见魏长宝:《中国哲学的"合法性"叙事及其超越?》,载彭永捷主编:《重写哲学史与中国哲学学科范式创新》,河北大学出版社 2011 年版,第 428—429 页。

② 参见张立文:《中国哲学的"自己讲"、"讲自己"——论走出中国哲学的危机和超越合法性问题》,载彭永捷主编:《重写哲学史与中国哲学学科范式创新》,河北大学出版社 2011 年版,第 1—14 页。

其他形成诸思潮的思想自不用说。然而，无论怎么讲现在世界各国，都认为哲学就是来自于西方的、追求严密的逻辑性、关于统一的、全体的人生观、世界观的理论基础之知的探索是哲学的基本性格，这样理解应该是不会错的。因此，人生观、世界观，在宗教、艺术、道德等领域无论怎样得以表明，哲学终究与单纯的宗教性信仰、艺术性直观、道德性行为是不同的，应该说，它是人生观、世界观的理论基础之知的探索、即一边通过首尾一致逻辑性追求的态度，尽可能广泛地让文化、学问、科学、历史、社会诸领域也卷入其中，一边从其根本出发对人与世界的形态进行统一的、全体的省思。总之，哲学是以从根本（出发）对事物进行本质考察之知的探索为特色（的学问）。"①

从上述渡边二郎的观点来看，这里所理解的哲学也包括了广义和狭义的双重内容。从广义的角度，当然广泛的人生观、世界观之全体的诸思想都可以理解为哲学。而狭义的哲学仍然是从西方哲学本质出发，把哲学限定在严格的逻辑性追求与统一的、全体的人生观、世界观理论基础之知的探索领域。显然，这是在承认西方哲学基础上，扩大西方哲学的涵盖领域，让东方的古代思想、宗教等都归入哲学这个学问领域来把握。但是，值得注意的是，他绝对不是无条件地扩大"广义哲学"的内涵，而是以"知的探索"作为必要条件。所以，他在广义解释哲学时没有忘记指出："人生观、世界观，在宗教、艺术、道德等领域无论怎样得以表明，哲学终究与单纯的宗教性信仰、艺术性直观、道德性行为是不同的。……哲学是以从根本（出发）对事物进行本质考察之知的探索为特色（的学问）"。这样即使把全体的人生观、世界观的思考都纳入广义哲学的领域理解，也不会把不具备"知的探索"性质的宗教、艺术、道德思想的表现都作为哲学。

然而，正当中国学界为了中国哲学"合法性"问题寻找出路的时候，近年日本南山大学却尝试着改变日本学界已经形成的关于哲学的认识传统，正在整理与编撰《日本哲学资料集》（英文版）。从该研究所的公开网页可以看到，他们不仅把西方哲学进入日本之后的文献作为哲学文献，也把前近代

---

① ［日］渡边二郎：《岩波哲学·思想事典》，（东京）岩波书店1998年版，第1119页。

日本思想的部分文献作为哲学文献编入资料集。比如佛教的空海、亲鸾、道元等，儒学的林罗山、荻生徂徕、伊藤仁斋等，神道·国学的北畠亲房、本居宣长、平田笃胤，武士道的宫本武藏、山本常朝等，各个领域的重要人物都网罗其中。该研究项目的代表约翰·马拉尔多在论文《定义生成中的哲学》中，分析了如何从西方中心主义的哲学概念，发展到日本哲学的过程。他认为，在现在世界上关于哲学的理解可以分为"文化内"与"文化间"的两大阵营。"文化内阵营"是指从希腊罗马的传统意义上理解哲学；"文化间阵营"则是承认希腊罗马之外同样拥有知的探索，也从"爱智慧"意义上接受了哲学。为此存在着两种学问方向，一种是确定哲学范畴，让其与其他领域进行区别对待；另一种则是扩大哲学范畴，接受其发展的内容，日本哲学当然应该从其发展内容中进行考察。所以，这个资料集选用了前近代的文献。如果从表面上看，他所说的"扩大哲学范畴"，似乎仍然保持以"知的探索"为前提判断"发展内容"的倾向。比如，他没有把《古事记》、《日本书纪》、《万叶集》等都编入哲学资料文献。但是，这种取舍与中国哲学史中没有把《诗经》、《史记》、《汉书》、《资治通鉴》等作为哲学史料并无多大区别。把日本前近代的宗教、国学、文化类的文献作为"哲学资料"认定，必然会陷入"哲学"与"思想"混淆的泥潭，逐渐模糊"思想史"与"哲学史"之间的界限。显然，他也并没有真正理解"哲学"所探索的"知"的本质内涵，这也是自西周开始近代以来日本学界存在的一个并未解决的根本问题。虽然学界对于哲学的理解基本能以"知的探索"与否为标准，但是，这里所谓"知"究竟与一般意义的"知"有何区别，除了少数古希腊哲学研究者之外，大家的认识仍然是模糊的。其实，这种现象在近年的日本学界表现得尤为明显，这从近年出版的一些学术著作中可见端倪。一些关于"近代知"、"战后知"之类的学术文献中，思想之知与哲学之知混淆不清，书中对于"知"的理解，明显地存在着向"思想"越境的现象，从而逐渐与近代以来中国学界所存在的问题趋同。我们可以拓宽关于"知"的认定范围，但要防止无边界地矫枉过正，避免把所有的"思想"都贴上"哲学"标签，从"没有哲学"走向"都是哲学"的泛哲学化极端。

关于"中国哲学"与西方意义的"哲学",其根本区别在于两者对于"知"的理解存在根本的差异。"哲学"之所以从"思想"中独立出来,就在于其严格区别了"知"与"臆见"的根本不同。而"中国哲学"只是近代以后的学术概念,在这个概念中"哲学"与"思想"的区别是模糊的。西方人对于"中国哲学"的合法性质疑,其根本立论基础就在这里。为此,要反思"中国哲学"的合法性以及学科范式的创新,区别"思想"与"哲学"的根本不同应该是一个不可或缺的内容。而要区别两者的不同,峻别在"思想"中与在"哲学"中"知"的不同成为关键。在中国近代以来的学术史中,对于"中国哲学"的最初认定来自于外部、即欧洲人最初把诸子思想作为"philosophy"来介绍,而对此"合法性"的质疑也是来自于外部、即黑格尔、德里达等人的观点。由于"中国哲学"中"思想"与"哲学"的界限模糊,导致了"中国哲学合法性"的质疑。而日本则有所不同,最初西周在把"philosophy"翻译为"哲学"时,虽然也存在着混淆"思想"与"哲学"的误读问题,但是,否定日本存在哲学的认识来自于日本内部、即中江兆民的断言,从而使日本人对于"日本哲学"的提法相当谨慎,近代以来严格区别"近代哲学"与"日本思想"的学术领域,并把"知的探索"作为理解"哲学"的本质标准,从而形成了至今为止的近代学术史的共识。这就是中日两国之间所存在的,关于"哲学"理解上的差异。然而,中江兆民的进一步指涉并没有让日本人忘怀:"国家没有哲学,恰似客厅没有字画一样,不免降低了这个国家的品位。……没有哲学的人民,无论做什么事情,都不具有深远的抱负,不免流于浅薄。"① 也许是为了确立民族的自信,日本人需要在传统思想中找到哲学,南山大学正在整理、编撰的一套有关日本哲学的文献资料,已经把曾经被中江兆民否定过的那些思想家的文献,都网罗其中,从而出现了向中国近代以来的哲学观趋近的倾向。当然,这其中根本原因在于近代以来日本学界大多数学者对于哲学与一般意义的"知"的峻别不够明确所致。然而,如果不能在近代以来已经取得的西方哲学研究成果的基础上,形成一套坚实的理论尺度,以此为标准整理本民族的思想文化遗产,

---

① [日]中江兆民:《中江兆民全集》第 10 卷,(东京)岩波书店 1983 年版,第 156 页。

完成关于"日本哲学"的构筑，其结果必然会遭遇与"中国哲学"同样的"合法性"质疑与困惑。当然，我们可以不理会"西方中心主义"语境下所谓"合法性"标准。然而，要摆脱西方中心主义的君临，无论中国，还是日本，首先都需要明确属于我们东方的知识论固有性是什么？既然西方人质疑东方是否有哲学的核心问题在于东方智慧中"知"的认识与西方存在着根本不同。那么，我们要构建东方各国自己的哲学，首先需要分析、论证，在近代以前，我们传统中"知"的表现形式、探讨方式怎样？我们的知识论基础与逻辑结构是什么？而在"近代知"的形成过程中其发展与变化有哪些？等等，而不是通过无界限地扩大西方意义的哲学范畴来寻求确立自身拥有哲学的理论依据。

——本文刊载《北京大学学报》（哲学社会科学版）2014 年第 4 期

# "哲学"抑或"理学"

## ——西周对 Philosophy 的误读及其理论困境

正如人们所熟知的，把 Philosophy 译成"哲学"的人是日本明治初期启蒙思想家西周（1819—1897）。他最初把 Philosophy 译成"希哲学"，后来为了解释这个新概念的含义，以"希贤学"加以说明，而最终作为学术用语在日本固定下来的是"哲学"①。在采用"希哲学"或"希贤学"翻译期间，西周曾多次把这门学问与"理学"或"性理之学"相提并论。也就是说，西周最初接触 Philosophy 时，曾把它理解为与儒学中的宋明理学基本相同的学问。虽然他也感到其中有"大相径庭"处，但仍然将其作为接近于汉学中的"性理学"来理解。根据西周的《百学连环》可以看出，西周注意到儒学与西学中这门学问的不同主要在于："此哲学在东洲称作儒学，儒学的根源自邹儒以来学者，其孔孟学派虽连绵相续却无变革。不像西洲学者那样，自古其学连绵相传，却各自依据自己的发明讨伐前人学说，唯采用不可

---

① 西周什么时候改用"哲学"，笔者还没有找到确切的文献可以确定时间。只是发现，他在 1868 年之后的文献中，对于 Philosophy 一词进行旁注时，就只剩下"哲学"两个字。也许是出于写成三个字啰唆，索性就写成两个字，这样也能表示同样的意思。其实日本人一贯有这种从简的小传统，如奈良时期（有人认为比此更早）僧人们为了抄写佛经的方便，把表音的汉字写成偏旁，从而使汉字符号化，这就从汉字的偏旁中发明了片假名（日语字母）。另外"哲"字在日语中有"敞开"、"阐明"的意思，西周可能在译成"希哲学"之后，意识到"哲"的这种含义，就索性把 Philosophy 改译成"哲学"，并且这样的译语似更具创造性。这与亚里士多德哲学的整理者命名 Metaphysics（希腊语 ta meta ta physica，意为"自然学之后几卷"，汉译语为"形而上学"，此概念最初译者尚无定论，但最初出自井上哲次郎等 1881 年编选出版的《哲学字汇》一书中基本可以确定）有相似之处。

动摇之处。所以不断推陈出新"①。因此，他指出："宋儒存在着虽有追求性理哲人却无自己著作，唯在圣贤经传中加入自己学说的问题"，"汉儒达不到卓绝在于泥古二字"②。日本学者藤田正胜认为，这应该就是西周没有使用"理学"而创造"哲学"一词翻译 Philosophy 的原因所在。③

然而，对于西周不采用"理学"而自创"哲学"一词翻译 Philosophy 的原因，如果仅仅追究至此，也就是说仅指出儒学与西学的这些表面特点的不同，不再进一步探讨为什么东西方的学问会存在这样的差别，其根源究竟何在等问题，就不能发现西周翻译 Philosophy 时存在的对于西方哲学理解上的缺陷，也就无法把握东西方学问所存在的根本区别的症结之所在。本文拟从分析西周翻译 Philosophy 概念时的困惑和徘徊入手，探讨其理解上的局限，从而为认识明治学术界在西学东渐过程中存在的问题，提供一种反思的向度。

## 一、"希哲学"、"希贤学"与 Philosophy

一般认为，西方哲学最初传入日本是与基督教进入日本同期。麻生义辉、熊野纯彦等只是指出大约在 1549 年前后。④ 但是，藤田正胜的近期论文，已经在时间和文献上有了具体的指认，他认为 Philosophy 最初进入日本应该是在 1519 年，岛原加津佐印刷出版的《サントス（聖人）御作業の内抜書》（《圣人桑托斯工作之记载》）一书中多次出现"ヒィロゾフィア"（philosophia，哲学）与"ヒィロゾホ"（philosopho，哲学家）的概念。⑤ 西周究竟最初在什么时候接触到这门学问，确切时间不能确定，但是，我们在他于 1861 年为津田真道的《性理论》一书撰写的跋文（出现"希哲

---

① ［日］西周：《西周全集》第 4 卷，（东京）宗高书房 1981 年版，第 169 页。

② ［日］西周：《西周全集》第 4 卷，（东京）宗高书房 1981 年版，第 183 页。

③ 参见 ［日］藤田正胜：《日本如何接受"哲学"?》，《日本问题研究》2012 年第 1 期。

④ 参见 ［日］麻生义辉：《近世日本哲学史》，（东京）书肆心水 2008 年版，第 22—25 页；［日］熊野纯彦：《日本中学小史》，（东京）中央公论社 2009 年版，第 9 页。

⑤ 参见 ［日］藤田正胜：《日本如何接受"哲学"?》，《日本问题研究》2012 年第 1 期。

学")①、1862 年前往荷兰之前给好友松冈邻的书信以及他为蕃书调所准备
的哲学讲义中可以了解到，这期间他已经开始关注这门学问。但在这个时
候，他把 Philosophy 理解为与"儒学"同样的学问。比如，在给松冈的信
中谈道："小生最近得以了解西方之性理学、经济学等学问之一端，大为惊
叹其乃公平正大之论，而觉悟到与以往所学汉说存在大相径庭之处……只
是其所言ヒロソヒ之学，简述性命之理不轶于程朱之学，本于公顺自然之
道……"② 根据此信不难看出他把 Philosophy 理解为"西方之性理学"，虽然
感到两者之间"大相径庭"，但将其看成与"性理学"同类学问是事实。不
过，即使这样，西周还是把 Philosophy 翻译成"希哲学"，即使自己生造新
词，也不愿采用"理学"或"性理学"之汉学中对应性语言来翻译。他为
《性理论》所作的跋文如此，为蕃书调所准备的"讲义"也是如此。③ 并且，
在"讲义"中我们可以看到解释性内容："从毕达哥拉斯这个贤人开始使用
ヒロソヒ这个词……据说语意为爱好贤明。与此人同时代有苏格拉底这个
贤人继承使用此语。……称自己为ヒロソフル、语意为爱好贤德之人（＝爱
智者）、与所谓希贤之意相当。"④ 显然，在这里西周为了解释"爱好贤德之
人"，使用了"希贤"这个单词。当他从荷兰留学回来，在明治初年办私塾
"育英舍"时，其所讲授的《百学连环》中，就直接说"ヒロソヒ－直译亦
可称为希贤学"⑤。

　　西周将 Philosophy 译成"希哲学"进而又以"希贤学"来解释，来自
于 Philosophy 的原意。在西周所掌握的荷兰语中，据说除了直接使用外来

① "西土之學，傳之既百年餘，至格物舍密地理器械等諸術（科）、間有窺其室者，特（獨）
　　至吾希哲学（ヒロソヒ）一科、則未見其人矣、遂使世人謂、西人論氣則備、論理則未
　　矣、獨有見此者、特自吾友天外如來始……"。[[日] 西周：《西周全集》第 1 卷，（东京）
　　宗高书房 1981 年版，第 13 页]
② [日] 西周：《西周全集》第 1 卷，（东京）宗高书房 1981 年版，第 8 页。
③ 根据麻生的研究，西周的这份讲义草稿写于文久二年六月之前，是西周前往荷兰留学前
　　夕写成的，由于接到幕府的留学命令，使这份讲义稿并没有被实际使用。麻生把这份讲
　　稿作为"日本西方哲学研究的第一声"[参见 [日] 麻生义辉：《近世日本哲学史》，（东京）
　　书肆心水 2008 年版，第 40—42 页]，这应该是日本最初的哲学讲义。
④ [日] 西周：《西周全集》第 1 卷，（东京）宗高书房 1981 年版，第 16—17 页。
⑤ [日] 西周：《西周全集》第 4 卷，（东京）宗高书房 1981 年版，第 146 页。

语"Philosophie"之外，还有"Wijsbegeerte"即"爱智学"这种翻译，那么，西周的翻译当然首先是受到"爱智学"荷兰语译的影响，同时也是周茂叔"圣希天，贤希圣，士希贤"这一句启发的结果。对于"希贤"一词源于周茂叔，西周在《百学连环》中有明确表明。① 根据藤田的论文，津田也使用"希贤者"、"求圣学"、"希哲学"来翻译 Philosophy，所以藤田认为，这种翻译有可能是两者交流的结果，而不会是其中某一位独自思考的产物。②

从这种译语的来源中，我们同样可以看到西周等把 Philosophy 与性理学等同理解的问题。周茂叔所说的"圣希天，贤希圣，士希贤"③，应该与其"圣可学"④ 思想结合起来理解，这容易让我们想起程颐的一句话："人皆可以至圣人，而君子之学必至于圣人而后已。不至于圣人而后已者，皆自弃也。"⑤ 其实，周茂叔在这里揭示了士人求学的三个阶段，存在着三种不同层次的"希求"主体，同时也包含与之相对应的三个不同层次的"希求"对象，即圣人以天地之理为希求对象，为人生最高境界；贤人则以圣人作为自己追求的目标，而士人则只能以贤哲作为自己的榜样，自己的崇尚对象。⑥ 西周等则把这三者混淆，特别是把士人与贤者混淆。中国古代有"士农工

---

① 参见 [日] 西周：《西周全集》第 4 卷，（东京）宗高书房 1981 年版，第 145 页。

② 根据藤田的研究，津田在《天外独语》（1860—1862 年写成）中，采用"求圣学"，并注明"ヒロソヒー"、在《性理论》中采用"志道希贤者"来表达，都说明津田的翻译也是来自于周茂叔《通书》的影响。所以，这种译法应该是两人交流的结果（参见 [日] 藤田正胜：《日本如何接受"哲学"？》，《日本问题研究》2012 年第 1 期）。藤田的这种观点，可能受到麻生观点的影响。麻生认为："希哲学……应该考虑是（与津田）合作而摸索出来的用语"。[参见 [日] 麻生义辉：《近世日本哲学史》，（东京）书肆心水 2008 年版，第 46 页]

③ （宋）周敦颐：《周敦颐集》，中华书局 2009 年版，第 28 页。

④ （宋）周敦颐：《周敦颐集》，中华书局 2009 年版，第 40 页。

⑤ （宋）程颢、程颐：《二程集》，中华书局 1981 年版，第 318 页。

⑥ 孔子曰："人有五仪：有庸人，有士，有君子，有贤人，有大圣。"（《荀子·哀公》）这里指出了人之圣、贤、君子、士、庸人等不同层次的存在。"圣人"作为最高的存在，是需要修为而达到的境界。当然，"圣人"在中国古代思想中，对其理解是发展的，并非最初乃至一直就是如此存在，而人可以"成圣"的思想自孟子以后成为儒家圣人观的基础。关于周茂叔的"圣希天，贤希圣，士希贤"的含义，应该放在儒家思想之士、君子向学求贤直至"成圣"过程来把握。

商"的身份与等级的区分。"士"在古代是职业读书人,读书做官是士的本质工作。更进一步,"士"既是职业身份,又是文化精神,士者讲究风骨气节。士人以贤哲之人为目标,所谓"见贤思齐",这是一种精神上的追求,但只是第一层次的追求。而当"士"上升、抵达"贤哲"境界之后,作为贤哲之人,其更高的目标是成圣,以圣人作为自己的更高境界,而只有圣人才能悟道,以道、即"天(理)"为探索对象,寻求与之达到一如境界。津田把"求圣学"与"希贤学"、"希哲学"等同理解,西周认为 Philosophy 就是"希贤学"等,他们显然把 Philosophy 之"爱智"的含义与周茂叔的"希贤"之意等同,既混淆了"士"与"贤"、"圣"的区别,又混淆了"爱智"与"希贤"的本质不同。根据西方哲学中关于哲人对于真知的追求,应该是"希天"的境界才是与之相匹配的,只有"圣人"才与古希腊认定的"哲人"境界相似,这两者才属于同样层次的存在,而"贤人"、"士人"还不是"真知"的爱好者,还不具备古希腊意义的"爱智者"境界。然而,即使儒学中所谓的"圣人"与西方哲学的"哲人"在境界上相似,但也存在根本的不同。西方的哲人只是"爱智者",而儒学之圣人却是"有智者"①,从这个意义上说,只有"贤人"的存在层次才能对应西方意义的"哲人",可是,从古希腊哲学意义来看,儒学中的"贤人"、"士人"都只是"臆见的爱好者",与"真知的爱好者"、即"爱智者"有着本质的区别。就这样,由于儒学与Philosophy 存在着本质上的根本不同,两者是不具备类比性的。西周在翻译philosophy 时,如果对此有所把握,必然要陷入对应性译语选择的困境。

既有很高的汉学素养,并且可以用汉文写作的西周,不可能不会理解周茂树原文的意思,然而他却把 Philosophy 以"希贤"的意思来解释,显然是由于没有真正理解古希腊所谓的 Philosophy 的本质内涵所致。正是这种理解上存在的问题,才会出现在解释 Philosophy 时候,让"希哲学"、"哲学"、"性理学"三者相互诠释,出现认识上既强调此又顾及彼,明显表现出立场性徘徊、即一方面努力想区别二者,另一方面又总把二者等同视之的结

---

① "所谓大圣者,知通乎大道,应变而不穷,辨乎万物之情性者也"(《荀子·哀公》)。"圣人,生而知之者也"。[(宋)程颢、程颐:《二程集》,中华书局1981年版,第578页]

果。比如，他在《复某氏书》中说："大概孔孟之道与西之哲学相比大同小异，犹如东西彼此不相因袭而彼此相符合"①，而在《开题门》中表明得更为明确："东土谓之为儒，西洲谓之为斐卤苏比（ヒロソヒー），皆明天道而立人极，其实一也"②。这里所谓的"大同小异"、"其实一也"的表明，都说明了他把东方的"儒学（理学）"与西方的"Philosophy"等同和混淆着理解与把握的问题。

## 二、Philosophy 的两种含义

一般认为，西周通过"理学"来解释"Philosophy"，是由于当时知识界普遍接受的是"理学"，利用已有的知识基础来说明生僻陌生的"Philosophy"这门学问是一种传播上的需要，因为如上述所言，他并非不了解两者的不同。然而只要我们进一步对照他的其他文献，就不难发现其根本原因还不在这里。

Philosophy 在古希腊拥有两种不同的含义，如果把这两种含义混淆了，不能理解哲学意义上的 Philosophy 的真正内涵是什么，那就势必会出现把 Philosophy 这门学问与中国的儒学，更确切地说与宋明理学等同理解的结果。

首先我们发现，西周把 Philosophy 翻译成自造的"希哲学"一词，并不是由于他把握到西方之"爱智学"与东方之"理学"的本质区别，而是仅仅为了区别两种不同地域的学问。比如，他在《生性发蕴》中注释"哲学原语"时表明了这种理由，他说："尽管可以采取直译的方式将之翻译成理学、理论之类，但是由此却会过多地引发与他者之间的混淆，故而如今翻译为哲学，与东洲之儒学一分为二。"③ 可见，他仅仅是为了区别西学与儒学之"东

① ［日］西周：《西周全集》第1卷，（东京）宗高书房1981年版，第305页（此句借用吴光辉译）。
② ［日］西周：《西周全集》第1卷，（东京）宗高书房1981年版，第19页。
③ ［日］西周：《西周全集》第1卷，（东京）宗高书房1981年版，第31页（此句借用吴光辉译）。

洲"与"西洲"的不同而采用了"希哲学",而不是出于区别两种学问本质不同的考虑。

根据藤井义夫的考证,古希腊在哲学这门学问诞生之前或同时期,也存在着日常意义和哲学意义两种不同的与 Philosophy 即"爱智慧"相关的用语现象。比如,在希罗多德的《历史》中记载的梭伦与留迪亚国王克罗伊索斯的对话中出现的 Philosopheon(寻求智慧),以及修昔底德的《战史》中伯利克勒斯在战役者演说中赞扬雅典人热爱智慧时使用的 Philosophoumen(热爱智慧)等都是这种用法的例子。而在前苏格拉底自然哲学家中最初出现这种用语法的是赫拉克利特,在他的残篇中有"爱智慧的人们(philosophoi andres)必须是诸多事物的探索者"这种表达。不过,在这些文献中出现的与 Philosophy 有关的概念,都只是一般教养中好学、求知欲的日常意义,并不具备真正哲学意义上的爱智内涵。哲学意义的 Philosophy 自毕达戈拉斯始,① 而苏格拉底赋予了其具体内涵。当然,这种哲学发展史在学术界已成共识,前面谈到的西周在最初"讲义"中以及后来《百学连环》中解 Philosophy 时也都沿袭了这一观点。② 毕达戈拉斯用"奥林匹亚的比喻"说明"爱智者"的含义,他把人的超越现实功利、自由的、探索事物本质的求知活动,置于人的其他一切活动之上,从而揭示了哲学意义的 Philosophy 的本质内涵。然而,毕达戈拉斯所揭示的哲学意义的"爱智"只是突出一种精神性的意义,究竟这种"爱智"寻求怎样的"知"的问题并不明确,这个问题只有到了苏格拉底"自知其无知"的宣言开始,才拥有了丰富而具体的内容。

苏格拉底把知识分为"人的智慧"与"善美之知"两种,③ 人的智慧指的是作为人一般所能达到的知识,如医术、航海术、手工艺技术等,这

① [日] 藤井义夫:《哲学の诞生:古代哲学入門》,(东京)劲草书房 1976 年版,第 1—12 页。
② 不过,近年出现了新的质疑,认为毕达戈拉斯所说的 Philosophos(爱智者),也只是一般意义的求知欲,并不具备自苏格拉底开始的关于 Philosophy 的真正哲学意义的内涵。[B. チエントローネ:『ピュタゴラス派—その生涯と哲学』,(东京)岩波书店 2000 年版]
③ 请参照阅读柏拉图的对话篇《申辩篇》(21d, 23a.)。最好的译本为日本学者户冢七郎翻译的日语版《ソクラテスの弁明、饗宴》,(东京)旺文社 1969 年版。

些勿允置疑对于人的生活来说都是不可缺少的、有用的知识。然而，人活着最重要的是如何活得更好，如何达到幸福。根据苏格拉底的理解，人要获得真正的幸福，对于善美之知的把握是最根本的条件。他认为"幸福"（Eudaimonia）与"行善"（Eu prattein）是相通的。也就是说，人要获得真正的幸福，离不开从善的行为。而人要行善，就需要善美知识。① 那么，关于善美之知自然成为人活着的第一重要的知识追求。可问题是苏格拉底的知识标准与一般的理解不同，他追求的是一种不含任何杂质、任何逻各斯都驳不倒的真知，那是一种不受时空限制、放之四海而皆准的认识高度，即所谓"普遍定义"的追求（亚里士多德）。正是源于这个标准，他真正继承了古希腊人的精神传统，指出所有的人都是"无知"的存在，人充其量只是一个"爱智者"，而不可能达到"有智者"的状态。显然，这种哲学意义上的"爱智"中所要求的"知"的状态，就不只是一般意义上的知道、认识，也不只是一般意义的求知欲、好学，而是一种彻底的求知、求证、求真的质疑精神。正因为如此，在西方哲学中权威是不存在的，一切经典都只是人们质疑的对象、批评的对象，哲学史上不可能有永世的圣典存在。于是，西方哲学史当然会成为一种"各自依据自己的发明讨伐前人学说……所以不断推陈出新"的历史。②

西方哲学的这种本质特征，我们可以从亚里士多德把泰勒斯作为哲学始祖这一认识中得到印证。在泰勒斯之前，存在过古埃及文明，也存在过辉煌的神话文明，然而，为什么亚里士多德没有把这些作为哲学（学问）的起源，而把泰勒斯的探索作为学问的开始？这与从泰勒斯开始的求知的特点有关。因为古埃及文明所有的知识都是建立在现实的功利目的之上的，比如，医学知识发达来自于制造木乃伊的需要，而数学知识与建造金字塔以及丈量尼罗河流域广袤的土地密不可分。也就是说，为了现实的某种需要促成了某个领域的学问发达，这种学问只要现实目的达到就行了，不需要进一步深入

---

① 《ソクラテスの弁明、饗宴》，《饗宴》即中文译为《会饮篇》（204e-205a）部分。

② 古希腊人的质疑求真的探索精神，一般认为与城邦市民所拥有的闲暇（schole）有关。但也有学者认为，苏格拉底的探索与城邦的民主制度密不可分，而儒学之泥古传统则是君主专制制度的结果。这个问题超出了本文的论述范围，留待另文阐述。

探索，这是受制于现实、非自由的学问追求。而泰勒斯之前的希腊神话文明中关于世界的理解，是建立在故事性虚构（Mythos）基础之上的人与世界关系的认识，缺少对于认识对象的质疑精神，只是无条件地赋予神创造世界之先在性和超越性权威，且不容置疑，一切从信仰开始，这些都与亚里士多德所梳理、认定的古希腊人关于哲学这门学问的本质格格不入。

然而，从泰勒斯开始的学问则不同，米利都学派追求的学问只是想知道而求知，想知道本身就是目的，求知自身就是求知的目的，没有任何现实性功利的追求。比如他们追问世界的始原（arche）是什么？这个世界保持如此和谐有序的状态其原因何在？世界万物与这种作为始原的存在是怎样的关系等，这种求知行为由于超越了现实功利，是一种自由的探索。更为重要的是，这种探索所得出的结论不具备权威性，允许质疑、批判，追求更为客观、合理的答案是这种探索的共同目的。他们与古埃及文明中从现实功利出发的学问追求不同，与神话文明中盲目相信权威、不容置疑的接近宗教的缪多斯（Mythos）之主观想象也不一样，是一种全新的求知精神。这种精神是建立在自由意志之上、一切从怀疑出发之求证求真的逻各斯精神。这就是亚里士多德把泰勒斯作为西方哲学始祖的根本理由，也是西周所观察的西方哲学能够"不断推陈出新"的根本原因之所在。

根据上述西方哲学的本质特征，哲学意义的 Philosophy 中所要求的"知"以及"爱智者"与"知"的可望可即却不可得的关系，显然与宋儒之"性理之学"存在着根本的不同。虽然"圣人"在儒家思想中是一种高不可攀的世界之传道立法者，可是自孟子始"人皆可成圣"的思想成为传统认识，到了宋代周茂叔提出"圣可学"、进而程子的"圣可学而至"①的阐述，逐渐为人之"成圣"指明了道路，最终发展到明儒进一步提出"满街人都是圣人"②的极端。在他们的思想中，圣人之"格物致知"最终是可以抵达

---

① 程颢、程颐：《二程集》，中华书局 1981 年版，第 577、578 页。至明代中期的陈白沙则综合周与程的观点，提出"一者，无欲也。无欲则静虚而动直，而后圣可学而至矣"（《陈白沙集》卷二）。其中"一者，无欲也。无欲则静虚而动直"是周茂叔阐释"圣可学"的原句，而"圣可学而至"则为程氏（伊川）文集《颜子所好何学论》的内容。

② （明）王阳明：《传习录》卷下，第 313 条。

"知"天地万物的大境，也就是说人可以从"爱智者"逐渐到达"有智者"高度的存在。周茂叔所揭示的士之"希贤"、"希圣"到"希天"三种希求阶段，就是这种上升发展阶段的具体阐述。那么，很显然，在儒家思想的"性理学"之形而上学中，日常意义的"爱智"与哲学意义的"爱智"是没有区别的，在这里，西方哲学中最根本的"知"的问题是含糊不清的，更没有把人的认识以"知识"（Episteme）与"臆见"（Doxa）进行严格区别。对于这些问题，可以说自西周、津田开始，乃至整个明治日本的学界基本都没有清醒的认识。① 从这个意义上说，西周在翻译 Philosophy 时在用语选择上出现的徘徊是不可避免的。尽管麻生义辉肯定"西周助、津田真一郎等创造的'希哲学'，是深刻探究的产物……其创造新词的思索和努力应该给予高度的评价"②，但是，在 Philosophy 一词翻译过程中存在的这些重要缺陷是不可忽视的。

## 三、西周对于"Philosophy"的把握及其对"知"的理解问题

前文说过，西周在留学之前即文久二年（1862）为蕃书调所准备的"讲义"中已经把 Philosophy 翻译成"希哲学"，并以"希贤"诠释"希哲"的意思。如果考虑到当时进入日本的西方学术文献极其有限，西周可能是通过"兰学"的一些资料接触到了西方哲学，那么，他在把握上存在的局限性是可以理解的。但是，当西周从荷兰留学归来，在明治初年创办的

---

① 西周在《百学连环》中、虽然也谈及臆断（prejudice）与惑溺（superstition）的问题，并指出"臆断与惑溺是学者最忌讳的地方、要获得真理必须规避这两种病灶"（[日] 西周：《西周全集》第 4 卷，（东京）宗高书房 1981 年版，第 29 页），而在《生性发蕴》中触及了智者与苏格拉底的不同，但这些都没有进一步论及哲学所追求的"知"与一般意义的"知"、即"臆见"的本质区别问题，只是介绍性述及哲学史问题，内容仅仅浅尝辄止而已。日本学术界关于西方哲学中"知"的问题受到重视并得到富有成果研究的，应该是到了 20 世纪 50 年代初"ヘラス会"（希腊会）出现之后的事，此后，日本对于古希腊哲学的研究进入全新阶段，其中田中美智太郎和他的研究成果意义重大。

② [日] 麻生义辉：《近世日本哲学史》，（东京）书肆心水 2008 年版，第 47 页。

"育英舍"中讲授《百学连环》时，他仍然沿袭这种理解，这就值得我们反思了。

在《百学连环》中，西周如下解释 Philosophy 这个概念：①

> Philosophy 这个词之 philo 是英文的 Love（爱），而 sophy 则为 wisdom（智）。其语义为希求热爱贤哲。
>
> 哲学（ヒロソヒー）也有称之为理学、或者穷理学。
>
> 始称此学为ヒロソヒー（Philosophy）的人是 Pythagoras（毕达戈拉斯），即为以希求热爱贤哲、自己想成为贤哲之意所命名。
>
> ……希腊有 Socrates（苏格拉底）这个人，其最初喜好称之为ヒロソヒー使之（得以）确立。
>
> 作为ヒロソヒー的含义，其含义正如周茂叔已经说过的那样："圣希天贤希圣士希贤"，因此ヒロソヒー直译亦可称为希贤学。②

《百学连环》中见到的关于 philosophy 的这一段解释，比之前的"讲义"内容来得详细，也是人们经常引用的关于西周的"哲学"一词解释的最基本文献。然而，我们从中能够发现与从前不同，其主要表现在四个方面：（1）明确将 Philosophy 作为合成词即 philo 和 sophia 两个部分构成，不像"讲义"中源于荷兰语"Wijsbegeerte"（爱智学）影响而译成"希哲学"。（2）"希哲学"的翻译不再出现，而是直接使用"哲学"，但是，仍然以"希贤"之意解释，最后明确表明可以直译成"希贤学"。（3）明确表明"希贤"之意来源于周茂叔的"圣希天贤希圣士希贤"这句话。（4）指出"哲学"也有翻译成"理学或者穷理学"。

从（1）中，我们知道西周此时已经弄清了 Philosophy 希腊语的语义。从（2）中，可以让我们知道西周此时已经不再使用"希哲学"而直接使用"哲学"，从此时的其他文献中关于 Philosophy 的旁注中也可看到只使用

① 西周之后的著作《生性发蕴》中，对于"哲学用语"的解释再一次涉及这里相关的问题。[[日] 西周：《西周全集》第1卷，（东京）宗高书房1981年版，第31页]
② [日] 西周：《西周全集》第4卷，（东京）宗高书房1981年版，第145—146页。

"哲学"。（3）明确说明"希贤"源于周茂叔"圣希天贤希圣士希贤"的志学思想（《太极图说·通书·志学第十》），而这在以前的"讲义"中并不明确。（4）指出在"哲学"之外，还有"理学"或者"穷理学"的译法。值得注意的是，这里不再出现"性理学"，而是用"穷理学"。因为在此时，西周已把"Psychology"即现在的"心理学"翻译成"性理学"，故不便再用"性理学"而换成"穷理学"，但这并不意味他已经放弃了初期把性理学与 Philosophy 相对应的认识。

从上述情况看，西周留学荷兰之后，不但没有改变最初关于 Philosophy 的理解，相反却更加坚定了把 Philosophy 与儒学中的理学进行对应性理解。正如人们所熟知，西周在荷兰留学时期，正是荷兰处于实证主义、功利主义哲学盛行的时期，通过欧普佐梅尔（C.W.Opzoomer）引进的法国的孔德、英国的边沁、穆勒等人的哲学在荷兰盛极一时。虽然西周是否直接受教于欧普佐梅尔并不明确，但他对于欧普佐梅尔的重视我们可以从他带回国的藏书中得到确认。实证主义哲学是当时西方哲学界的主流，这是 19 世纪西方自然科学兴起所带来的崭新思潮。而由亚里士多德奠定的西方哲学体系中最具有本体论意义的形而上学在此时逐渐被忽视，取而代之的是对自然科学的实证主义的追求，进而把实证主义运用到人生论的领域，这也是当时学术的新倾向。虽然西周在荷兰期间似乎也倾心过康德哲学，但他最终接受的还是康德的《为了永远的和平》而不是批判哲学，从而使西周哲学始终没有脱离实证主义经验论的范畴。①

无论实证主义还是功利主义，注重的都是经验知、实践知而不是理论知，经验知的世界正是古希腊柏拉图哲学所揭示与批判的属于臆见认识的问题，这种"知"只是属于亚里士多德所说的"第二哲学"而不是"第一哲学"。相反，在实证主义与功利主义哲学看来，古典形而上学中所追求的所谓"第一哲学"之关于"存在"的理论知，与宋学中"理"的探究一样，都只是一种观念性空理而不是即物性实理。所以，西周认为实证主义哲学以前

① 参见［日］麻生义辉：《近世日本哲学史》，（东京）书肆心水 2008 年版，第 59—65 页；［日］桑木严翼：《日本哲学の黎明期》，（东京）書肆心水 2008 年版，第 17—20 页。

的西方哲学都是"空理上的学问"①，这也是明治初年的知识界把程朱理学、阳明学之"格物致知"都归入"空理"的原因之所在②。

西周当时对于"知"的理解，我们可以从《百学连环》的"总论"中看到端倪。③ 在这里西周对于学、术、观察、实践、知、行等概念作了详细解释。其中对于"知"的来源的解释是："知源于五官感知所发，是由外及内的东西。"④ 这与我们一般对于"知"的理解并没有多大区别。然而西方哲学所追求的"理论知（真知）"并非源于感觉器官，而是理性探索的结果，其与西周所解释的"观察"（theory）、即"所谓观察，指的是万事极其理"密切相关。西周虽然认识到"观察"产生"单纯之学"，是"对于理的论述"，但他在这里仅仅把"理"作为一种"关系"中的存在进行把握，并没有进一步阐述"观察"之 theory 是需要脱离五官感觉的认识活动，属于纯粹理性的认知问题，叙述内容却在中途转向对"温故知新"与"知行"关系的说明，这里显然放弃了对于"感觉知"与"理性知"、即"实践知"与"理论知"的辨别，于是，我们想在这里找到"Philosophy"中所包含的严格峻别"真知"与"臆见"之不同是不可能的。而在本书中介绍"理体学"（本体论，Ontology）时，他把"有"和"体"相对应，指出"理体学"之论并非论述其形，而是论述"真性"（本质属性，本性 essential attribute）。

---

① Positive Philosophy（实理上哲学）、此学源于法国人 A uguste Comte（孔德，1795—1857）以及英国人 Wgewell（边沁，1795—1866）、John Stuart Mill（穆勒）。此三人以前都是空理上的学说。自孔德始初至实理上的学说。[[日] 西周：《西周全集》第 4 卷，（东京）宗高书房 1981 年版，第 181 页]"大凡一般学者若不入实际都涉空理。学者需要进入实际。"[[日] 西周：《西周全集》第 4 卷，（东京）宗高书房 1981 年版，第 21 页] 也就是说在西周看来，只有关于具体事物、实践的探索理论才是实理，观念上的学术文章都是空理。

② 比如，与西周同时期的津田真道在其《论推动进化的方法》中指出："夫论高远之空理虚无寂灭，犹如五行性理、或良知良能之说，虚学也。征之以实物，质之以实像，专说确实之理，犹如西方之天文、格物、化学、医学、经济、希哲学、实学也。"（转引自《日本如何接受"哲学"?》，《日本问题研究》2003 年第 1 期）

③ [日] 西周：《西周全集》第 4 卷，（东京）宗高书房 1981 年版，第 13—17、43—47 页。

④ 关于"知"源于"五官"，知与五官的关系在其《复某氏书》中有更为详细的阐述。（[日] 西周：《西周全集》第 1 卷，（东京）宗高书房 1981 年版，第 297—304 页）

"所谓真性一切事物都有，但唯有一个名称的时候，是其终极的东西……大凡万物各有一种名称，要知道其终极，就需要知道其原因"①。在这里谈到了对事物的"原因"把握，似乎可以看成已经涉及了脱离五官感觉的认识问题。然而，他在此文之后仍然用"童子"、"杖"、"犬"三种实物比喻"体"的存在，以此说明诸"体"之间的关系。显然，他对于"知"的来源问题，依然停留在源于感官认识出发的层面。所以，桑木严翼指出：西周哲学"方法服从于自然科学的精神方法，其学风倾向于经验主义以及由此产生的诸思想"。这种脱离形而上学的哲学倾向，不仅西周如此，也是整个明治初期知识界的一种普遍倾向。为此，桑木进一步指出："明治初期的哲学倾向，一言以蔽之是以非形而上学的人生哲学作为根本，直接受到西方的实证主义经验论的影响。"②

就这样，受过良好的汉学教育、对宋明理学具有很高素养的西周，由于接触西方哲学时接受的是实证主义、功利主义的洗礼，所以他在理解"philosophy"这门学问时，容易把 Philosophy 与宋儒的理学进行对应认识，虽然他也常常谈及两者有所不同，但是，只是简单地把"理学"断定为"空理"，仅此一言以蔽之，无法从根本上把握两者不同的本质所在。③西方哲学之形而上学所探索的"存在"（有，on），与宋儒所追求的天地万物之"理"在西周看来基本属于同样的存在。尽管他把"体"理解成"有"，却只是把其作为"性"来把握。西周认为："西方如汉学理这个字不是别的……是口头无法说明的存在……无论心里怎么思考，还要更进一步思考到极致，以此谓之理。"④这里显然是把"理"作为纯粹的思维对象来把握，符合宋儒关于"理"的理解。他在《尚白劄记》中解释"アイデア"（イデア，idea）

① ［日］西周：《西周全集》第 4 卷，（东京）宗高书房 1981 年版，第 153 页。

② ［日］桑木严翼：《日本哲学の黎明期》，（东京）書肆心水 2008 年版，第 21—22 页。

③ 对于西周接受实证主义和功利主义的思想，学术界一般都从明治国家的现实需要的角度来理解，当时的日本社会"经世致用"的需要让西周选择了经验论的立场。然而，这只是表面的原因，其根本问题在于他对于"Philosophy"并没有达到本质的把握。如果他完全把握"philosophy"的真意，就不会把"理"与"idea，相、理念"等同理解。正因此，他才会认为孔德之前的哲学也都是与宋明理学一样的"空理"学问。

④ ［日］西周：《西周全集》第 4 卷，（东京）宗高书房 1981 年版，第 147 页。

时说:"此语今译作观念,看成好像其与理字没有什么关系。其深处是与宋儒所指之理,呈现理之同一意味的语言。"①然而,宋学之"理",若从存于天地而言,只相当于希腊语的"摄理"(tuche),若在事物内部只与亚里士多德的"内在形相"(eidos)相似,若从人的行为来看,只是一种"当为"(dein),相当于德语的 sollen,而西方哲学的探索却要抵达赋予这些"必然性"、"本然性"存在依据的"存在本身"(auto kath'hauto),"存在本身"才是"philosophy"的最高对象和终极目标。而"存在本身"并非一种思维性存在,而是一种真实存在(ontos on),与宋学之"理"不是等同的存在,只是在认识与把握上,需要通过纯粹思维才能把握。"理"与"存在"的共同点只是因为都与以思维把握有关,但从根本上却有巨大区别。儒学中的"理"内在于天地万物之中,它与万物属于连续性的存在,人通过"格物"可以"致知",达到对于它的把握,这是儒学之"理学"的立场。但西方哲学的"存在",虽然属于世界万物的存在依据,却不在万物之中,而是超越于万物而独立存在,与万物之间是非连续性的,人的探索可以无限接近它,却不能完全把握它从而达到"真知",因此,人的最高存在只是"爱智者"。由于西方实证主义、功利主义之经验论立场的哲学否定这种超越性的"存在",那么,接受了这种哲学的西周,把"Philosophy"与"理学"对应类比甚至等同理解就不可避免。

通过以上的梳理分析,我们基本可以得出这样的结论:虽然西周采用了新造词汇"希哲学"翻译 Philosophy,但由于没有认识到西方哲学传统中对"知"的形而上学的独特追求,故只能从儒学中寻找"希贤"、"求圣"等与Philosophy 之"爱智"表面含义相近的概念进行诠释,而没有意识到周茂叔的"希贤"之"希"的含义并无古希腊人那种彻底的求证求真的质疑、探索精神,也没有发现"贤"字虽然有"贤哲"之意,也与古希腊的 Philosophy中所追求的"智慧(真知)"根本不同,这就决定了西周在翻译 Philosophy时,只能在"理学"的框架中对二者进行对应性说明,从而出现理解上的偏

① [日]西周:《西周全集》第4卷,(东京)宗高书房1981年版,第147页。

差和误读。此其一。其二，由于西周在引进 Philosophy 概念时，所接触和接受的是西方近代实证主义和功利主义的经验论哲学，这使他不能从古希腊哲学的源头来理解西方哲学的传统，即不能从哲学最本质的"知"的独特性来把握 Philosophy，而只能从其自身的汉学素养出发，简单地指出东西方学问之不同在于东方是"空理"，西方（近代）是"实理"；由于东方探讨"空理"，所以儒学不能抵达真理，只是重复于经典文献的诠释。这样，东方理学与"实"相对的"空"，与西方古典哲学对"存在"本体无限探索之"空"的根本区别就被进一步模糊和混淆了。不仅西周如此，津田也如此，甚至整个明治时期的日本哲学界在这一问题上的认识都是如此，即没有认识到西方哲学最本质的"知"的追求与儒学的根本不同，才是两者呈现出"泥古"与"革新"之不同的根源所在。从这一意义上讲，西周对 Philosophy 的误读就成了一种宿命，在所难免。

——本文刊载《哲学研究》2012 年第 12 期

# 哲人看到的是什么

## ——关于柏拉图哲学中"观照"问题的辨析

在柏拉图哲学中，"观照"（theoria，thea，theorein）的问题主要在《斐德罗篇》和中期的三大对话篇《会饮篇》、《理想国》、《斐多篇》里被提出。①虽然，在这四个对话篇里所提及的"观照"问题各有其不同的场景和着眼点，但是，其中所表述的关于这个问题的基本特征是相同的。无论哪个对话篇，"观照"都是被界定为人（哲人）的理性活动所能达到的最高的、最纯粹的境界，并且人在这种境界中捕捉到的对象都是"本真存在"②。

但是，这里存在一种不可回避的疑问，那就是如果哲人所"观照"到的对象是"本真存在"的话，达到"观照"境界的哲人就是"有智者"，成为与神同样的存在。之所以可以这么说，是因为在柏拉图哲学里，看到③"本真

---

① 《斐德罗篇》249e-250b，《会饮篇》210d，《理想国》480b-d，《斐多篇》84a-b。

② 在柏拉图哲学里，对于"本真存在"的表述方式有多种。常见的是："正是什么什么存在中的那个存在"，"神一样的存在，仅靠臆想是无法捕捉到的存在"，"保持恒常不变状态的存在"等。如果要用柏拉图使用的一个单词来表达的话，那就是"eidos"，（"型"、"形相"）或者"idea"（"理念"、"理型"、"相"）。

③ 拙论的题目里和这里所说的"看到"本应该写成"观到"才较为准确。因为"看"一般是指通过肉眼观察，而"观"则指用心眼观察。前者的特征是：人对于自己眼前的对象，要么有意识地通过肉眼这个媒介体观察，要么自己即使不想看也会由于显现在眼前让你不得不看。这是由于媒介体"肉眼"存在的缘故。比如"照相"就是如此。而后者的特征是：主观直接与对象重叠，无须肉眼的媒介体参与。与我们常说的"一如"，或者"即一"的状态很相似。也就是把自我直接地移入对象中进行观察。按柏拉图的表现是："把自身置于那个存在（本真存在）之中"（《斐德罗篇》248c）进行观察和捕捉。拙论所探讨的"观照"就是这个问题。这种"看"必须在潜心探求的前提下才有可能"看到"自

存在"就意味着达到了"真知"的状态。① 然而，柏拉图哲学的根本出发点是："真知"只有神才会拥有。

在《理想国》里，柏拉图认为，哲人是唯一追求以"本真存在"作为认识对象并达到"观照"状态的人。而当"本真存在"成为认识的对象，即认识进入"观照"的境界，就意味着认识达到了"知"的状态。② 如果人的认识达到"知"的状态，那么也就意味着人已获得了对于其所认识的对象的"真知"③。可是，在《斐多篇》里，柏拉图始终坚持一个观点，那就是人在拥有肉体的一生中，是不可能获得"真知"的。④ 同样是中期的对话篇，《理想国》与《斐多篇》的观点从表面看来显然存在着相互矛盾的表述。一方面认为人（哲人）可以观照"本真存在"，另一方面又主张人是无法获得"真知"的。

那么，在柏拉图哲学的中期对话篇里所提出的哲人的"观照"问题中，关于上述两种观点并列存在的现象该如何理解？迄今为止，还没有人给予明确而恰当的辨析。

## 一、对于"观照"主体的辨析

确实，在中期的对话篇里多次被讨论的关于"观照"的问题中，存在着从表面看来显然是相互矛盾的表述。但是，问题是为什么会存在这种表述？要解开这个疑团，我们首先必须从"观照"的主体中寻找线索。

己想"看"的东西的。因此，与肉眼的"看"有根本的区别。但是，在这里使用"看到"这个词，是因为中文里没有"观到"这个词，而即使在这里进行这种造语，读起来也是很不顺口的，所以，直接采用了"看到"这种表现。

① 其实，在古希腊语里，还保留着"看到了"就等于"知道了"的这一文化现象。例如：古希腊语常用的一个单词"oida"，翻译成中文就是"知道"的意思。而其原意是"eido"（看）的完成形，即从"看到了"引申出"知道"的意思来。也就是说，在当时，"看到了"这种事实，一般地被理解为达到了"知道"的状态。

② 参见《理想国》479e。

③ 参见《斐多篇》75d。

④ 参见《斐多篇》66b。

只要整理一下柏拉图的关于"观照"的议论就会发现，进行"观照"的有纯粹灵魂和人的灵魂两种主体存在着。在《斐德罗篇》中所描述的关于灵魂的神话里，①"观照"的主体是纯粹的灵魂；而在《会饮篇》和《理想国》里议论到的"观照"主体则是人，也就是被囚禁在人的肉体中的灵魂。②

"观照"的议论中所出现的上述两种主体，在对话篇中柏拉图只有使用"灵魂的纯粹自身"（he psyche aute kath'auten）的一种表现。③ 这种关于"灵魂的纯粹自身"的表现，根据议论的场面和内容，各有其不同的所指：一种是指切断与肉体的一切关系，灵魂自身独立存在的状态；另一种是指灵魂作为人的存在，虽然与肉体结合在一起，但是拒绝肉体的配合，排除肉体的干扰，完全依靠自身力量的状态。

（1）关于灵魂切断与肉体的一切关系，自身独立存在的状态，当然意味着灵魂处于进入肉体之前，或者人死后灵魂脱离了肉体的纯粹状态。《斐德罗篇》里关于与诸神一起到天外观看（"观照"）"真理的原野"的神话里所提到的灵魂，④ 还有《斐多篇》⑤ 里苏格拉底极力强调"肉体的干扰"时所要求的，关于"本真存在"的"观照"所必须具备的灵魂的纯粹状态。这些议论中所说的灵魂都是指与肉体非结合状态的灵魂。并且，处于这种状态的灵魂的"观照"，拥有一个明显的特征，那就是"观照"时灵魂必须脱

---

① 参见《斐德罗篇》246a-248d。

② 在这里所说的人的"观照"，必定是人的灵魂的"观照"。那是因为"观照"的对象是"本真存在"的缘故。在柏拉图看来，"本真存在"是无形，无色，不可触不可摸的存在。只有灵魂的理性部分才能"观照"到（参见《斐德罗篇》247c）。也就是说，由于"本真存在"的特性决定了人只能通过灵魂来捕捉它。因此，拙论所说的人的"观照"，都是指人的灵魂的"观照"。而"人的灵魂"必须跟"纯粹灵魂"区别开来。所以，虽然"观照主体"都是灵魂，但是灵魂所处的状态完全不同。

③ 参见《斐多篇》65d，66e-67a，67e，79d，等等。这个表现中的"aute kath'auten"，与柏拉图描述"本真存在"时经常使用的"auto kath'auto"属于同一种表现方式。本来意思是"即于自身的东西"，由此引申出"纯粹自身"这个含义来。在古希腊语中本来只是一般意义的句子，被柏拉图当作具有特殊含义的句子来使用，用来描述具有本质意义的存在。特别在柏拉图的"idea论"（学界译作"相论"、"理念论"、笔者认为"理型"更为准确）里这个表现是不可或缺的。

④ 参见《斐德罗篇》248c。

⑤ 参见《斐多篇》66e-68b。

离肉体的理由，是为了使"知能够成为我们的"①。也就是说，灵魂为了获得（ktaomai）"真知"，那就必须与肉体切断任何关系，处于完全独立的纯粹状态。当然，这种状态下的灵魂对于"本真存在"的"观照"，就意味着灵魂对"本真存在"的认识达到了"知"的境界。

但是，这里我们将面对新的问题。上述的这种关于进入肉体之前或者脱离肉体之后的灵魂的"观照"，仅仅只是属于纯粹灵魂的"观照"，而不能成为人的"观照"。如果柏拉图的"灵魂的纯粹自身"的表现，只是单指这种状态的灵魂，其对人的意义不在于生前，而在于死后。而柏拉图的关于"观照"问题讨论的中心内容，其意图不在于对人的死后的议论，完全是为了人在活着的时候对于自身行为的净化而进行的阐述。所以，关于因禁于人的肉体中的灵魂的"观照"，成为其对于"观照"问题阐述的中心课题。

（2）在《斐多篇》里，柏拉图对于人必须在死后才能够获得"真知"的问题做了具体的阐述和议论的同时，关于人在生前为"观照"而付出的努力的重要性和意义也进行了论述。他那有名的"哲学是一种死亡的练习"的观点②就是在这里提出来的。在这个对话篇中，柏拉图对于"哲学"的意义及其作用作出了如下的阐述。

> 我想哲学会劝说灵魂，离开通过肉眼的考察，耳朵以及其他来自于感觉的考察，……让灵魂凝聚于自身，沉潜于自身，不信任自身以外的任何东西。只有以灵魂的纯粹自身对于纯粹的"存在那种存在"的"直观"（noese）的时候是唯一可信赖的（83a-b）。
>
> ……专心致志地跟随纯粹思维的引导，时常保持在这种状态中，通过"观照"神一样的存在，仅靠臆想是无法捕捉到的存在而被哺育（trephomene），在人的有生之年，必须始终坚守这种生存方式（84a-b）。

---

① 《斐多篇》66e。

② 参见《斐多篇》80e-81a。

很明显，在这个阐述里的"灵魂的纯粹自身"的表现，不是指上述的
(1) 里所说明的那种完全切断与肉体关系而拥有纯粹性的灵魂，而是指虽然
被囚禁于人的肉体内部却拒绝了肉体的干扰，保持自身的纯粹性的灵魂。根
据柏拉图的观点，灵魂在人的肉体里，不是处于一种整体的状态，而是被
分割成三个不同的部分而分散到身体的三个不同的部位。哲人在探索时能
够"观照本真"的只是灵魂的"理智部分"的动力和作用。① 而只有这个部
分才是灵魂的自身或者本性。因此，在关于人的"观照"的议论时所提到的
"灵魂的纯粹自身"，当然是指囚禁在人的肉体里的灵魂拒绝肉体后的"纯粹
自身"。柏拉图在自己的哲学里一直强调"观照本真"应该成为人生追求的
最高目标，而哲人恰恰是对"观照本真"怀有真爱的人。

我们还应该注意到，柏拉图对于上述有关人的灵魂的"观照"提出了
不同于纯粹灵魂的"观照"的特征。后者的特征是以"获得真知"为前提展
开议论的（参见上述 (1)）。而前者则仅仅只是对人的灵魂"通过观照而被
哺育（trephomene），在有生之年必须（dein）始终坚持这种生存方式"的问
题做了强调。也就是说，在这里，柏拉图并没有提到通过"观照"而"获得
真知"的问题。要求人们活着的时候，必须始终保持"观照本真"的生存方
式是人的"观照"的特征。

(3) 但是，柏拉图在论述"观照"的问题时，无论纯粹灵魂还是人的
肉体中的灵魂，追求"获得真知"都是"观照"的根本出发点和目的。那
么，上述 (2) 的结论里所说的人的灵魂"通过观照而被哺育"的具体内容
是什么呢？这个问题在这个结论里并非明确，只是其区别于"获得真知"这

---

① 柏拉图在提出"灵魂三分说"时认为：当灵魂进入人的肉体后，被分散成"理智"、"气
　概"和"欲望"三个部分。在肉体里各分布在"头部"（胸部以上），"胸部"、"腰部"（下
　半身）。而灵魂根据其占据的部位不同，其德性（这里所说的"德"指的是能力）也不
　同。"头部"以"智慧"为德，"胸部"以"勇气"为德，"腰部"则以"节制"为德。因
　此，很明显，"观照"是"理智"部分所起的作用（参见《理想国》532c）。那是因为追
　求"智慧"是"理智"部分的德性。但是，人的灵魂时刻受到"气概"的志向所干扰，
　"欲望"的情感所骚乱（参见《理想国》571e-572a，586c-d）。在"观照本真"时，必须
　将"气概"和"欲望"的动力集中到"理智"的部分，得到这两部分的协助才能顺利
　进行。

一点是显然的。之所以可以这样说，是因为人在一生中都必须坚持"观照本真"，就意味着人的一生都没有达到"获得真知"的境界。而柏拉图在《斐多篇》里更是明确地指出："人在那个世界以外是绝对无法到达纯粹智慧的境界的。"① 当然，这里所说的"那个世界"，指的是人死之后的世界。

那么，人通过"观照"而使自己的灵魂得到"哺育"究竟意味着什么呢？在《斐多篇》里我们可以找到柏拉图对于这个问题所做的阐述。柏拉图指出：囚禁于肉体中灵魂，拒绝了肉体的协助，排除了肉体的种种干扰，那种为回归自身保持本性所做的努力，将会使灵魂得到"净化"（katharsis）。具体地说，人在认识世界时，拒绝使用肉体的感觉器官，纯粹依靠理性的力量而进行，就能达到对灵魂的"净化"。这是人在有生之年所必须坚持的努力，是人"最有可能接近真知"（eggytato esometha tou eidenai）的途径。②这一句话与之稍前所提到的使"知能够成为我们的"③ 那种表述形成鲜明的对比。很显然，这里所说的"接近真知"区别于前面提到的"获得真知"。这就说明，在柏拉图看来，人在活着的时候只能"接近真知"而不能"获得真知"。这样，柏拉图为"观照"提供了"接近"和"获得"的两种不同结果是显而易见的。

关于"获得性观照"，是指纯粹的灵魂通过观照"本真存在"而达到拥有"真知"的结果。而"接近性观照"则是肉体中的灵魂，通过对于"观照本真"的执着追求而无限地接近"真知"的过程。不过，在柏拉图哲学里，两种不同结果的"观照"，绝非毫无关联的两种认知状态。两者是相辅相成的。"接近性观照"是被囚禁在肉体时的灵魂所能达到的最高的，对于"本真存在"的认知状态；是为了人死之后纯粹的灵魂"获得真知"不可缺少的前期准备。通过人的"接近性观照"的努力，灵魂就能够保持清净的状态脱离肉体④，为进入"获得性观照"提供了基础。而"获得性观照"，是灵魂脱离肉体之后，为了不再被赶出永恒世界而重入轮回，必须通过对"本真存

---

① 《斐多篇》68b。

② 《斐多篇》67a。

③ 《斐多篇》66e。

④ 参见《斐多篇》80e。

在"的"观照"而保持完全的纯粹性和获得神性，达到不再被"流放"的目的。①

综上所述，柏拉图所说的人的灵魂通过"观照"得到哺育，其具体含义是指人的灵魂得到净化以及对于"真知"的逐渐接近。人的灵魂正是有了"观照本真"的欲望和追求，才会竭力回避肉体的诸恶，纯粹以理性探求"本真存在"。而这种人的避恶向善的生活态度，将使灵魂得到最高的净化的。

## 二、"观照"的方法

然而，同样是以"本真存在"为认识对象的"观照"，为什么会产生不同的结果呢？这是一个必须思考的问题。其实，我们可以从柏拉图对于"观照"方法的叙述里找到相应的答案。

（1）在柏拉图哲学中，根据两个不同的"观照"主体，柏拉图描述了两个不同的"观照"方法。讨论"观照"问题时，触及"观照"方法的也只有《斐德罗篇》里关于对灵魂的神话性描述的部分。② 从那些叙述中，我们可以看到两种不同的"观照"方法存在。

（A）在《斐德罗篇》249e-250b部分的神话性描述里，柏拉图只是对人的灵魂处于"观照"时的情形，以及如何触及"本真存在"的问题做了具体的说明。那就是人的灵魂在目击到"本真存在"或者与其类似的存在时，由于无法对其进行充分的认知，所以究竟在自己身上发生了什么事不得而知。只有极少数的人在朦朦胧胧中自己的认知器官到达"本真存在"的似像，透过似像而"观照"其不变的原像（＝本真）。为了叙述上的方便，我们且把这种"观照"简称为"第二观照"。很明显，"第二观照"的特征是：透过似像观照原像。

（B）与"第二观照"相对的还有另一种"观照"。这种"观照"是以暗

---

① 参见《斐德罗篇》248c。

② 参见《斐德罗篇》249e-250b.etc.

示性的形式存在于上述的神话性描述中。那就是柏拉图一再强调的关于灵魂在进入人的肉体之前已经"观照"过"本真存在"的那句话。① 这就说明灵魂处于与肉体毫无关系，即独立而纯粹的状态时也有过"观照"的体验。对于其"观照"的情形，柏拉图在上述神话性内容之前有过具体的描述。② 那就是纯粹的灵魂是站在运转着的天球的表面（人是住在天球的内面），与诸神一起充满幸福地"观照"天球外面"真理的原野"里的一切"本真存在"。这段神话性描述所体现的"观照"的特征是：直接地（无媒介地）"观照"到"本真存在"。我们把这种"观照"称为"第一观照"。

《斐德罗篇》里关于两种"观照"情形的描述所体现出来的两者不同点是一目了然的。首先是两者捕捉"本真存在"的方式不同。"第二观照"是通过似像而触及原像。也就是说只是"间接地"观照到"本真存在"。而"第一观照"则是面向"真理的原野"，"直接地"对"本真存在"进行"观照"。其次，两者触及"本真存在"时的表现也不同。前者是"感到震惊而忘我"，因此无法充分地对"本真存在"进行认知。而后者却是"心里充满着喜悦"，沉浸在无限幸福的"观照"之中。

上述两种不同的"观照"情形，正好与在（1）里梳理分析过的《斐多篇》里所议论的两种不同的"观照"主体相对应。"第二观照"的主体是被囚禁在人的肉体里的灵魂。而"第一观照"的主体就是切断与肉体一切关系的纯粹灵魂。这显然表明，正是由于灵魂处于不同的状态，才会产生出不同的"观照"情形。那么，在《斐多篇》里所看到的，柏拉图赋予"观照"两种不同结果的理由也就显而易见了。之所以同样是"观照"会有"接近性"和"获得性"的不同，其根本原因就在于"观照"时，主体对于对象的捕捉方式不同。因此，可以说"第二观照"是"接近性"的，处于"观照"的低级阶段；而"第一观照"则是"获得性"的，达到了"观照"的最高阶段。根据这个对应，我们可以得出如下的结论："第二观照"是对于染上肉体污秽的灵魂起到"净化"的作用。而被"净化"了的灵魂脱离肉体后进入"第

---

① 参见《斐德罗篇》249b6，e5。

② 参见《斐德罗篇》247b-d。

一观照"，通过直接地对于"本真存在"的"观照"而获得神性，达到可以不需要依附于肉体而与神永恒同在。①

就这样，柏拉图按照"观照"主体（即灵魂）所处的状态不同其"观照"情形也不同的思考展开了他关于"观照"问题的论述的。哲人的"观照"，只是属于"第二观照"，即停留在"观照"的低级阶段。柏拉图哲学中提出的人可以"观照本真"的观点，正是从这种层次（即"第二观照"）的意义上所说的可能。而人无法获得"真知"的理由，恰恰也在于人的"观照"只能停留在"第二观照"的层次上。

（2）在上述的涉及"观照"的中期三大代表性对话篇里，柏拉图始终坚持人可以"观照本真"的观点。特别是《理想国》论述的正是：哲学家通过"观照本真"，进而让现实社会模仿"本真"，即"善"，从而创建理想的国家。

柏拉图为人的灵魂在人的肉体中，可以通过自身单独的力量而"观照本真"的论点阐述了两个重要的论据。

论据一。柏拉图认为：可以进入人的肉体的灵魂，比任何一种动植物的灵魂都来得优秀。其根本理由是，那是一些"观照"过"本真存在"的灵魂②。这个观点同时又是他的"无知之智"和"回忆说"得以成立的重要理论基础。

论据二。灵魂虽然被囚禁在肉体，但是其存在仍然比肉体来得优越。

---

① 日本的学术界一直是跟着欧美的研究倾向的。由于"观照"的问题在欧美一直没有作为独立的问题被研究，所以，日本也同样没有什么人研究这个问题。仅能找到的一篇是，原早稻田大学哲学教授岩崎勉写于60年代的论文。而岩崎勉并没有注意到"观照"中的灵魂的两种状态，只是笼统地把"观照"看成与佛教（真言）的"见法"和基督教的"见神"同样的思考。因此，拙论所说的"第一观照"的意义，他只笼统地理解为灵魂的"拯救"（参见［日］岩崎勉：《プラトンにおける'見真'について》，《西洋古典学研究》1966年版，第16—18页）。但是，根据本文的梳理，"第一观照"的灵魂里不仅仅只有从肉体中解放的灵魂，还有没有堕入过肉体的一直是纯粹的灵魂。对于这种灵魂，不存在"拯救"的意义。因此，拙论认为，应理解为灵魂在"观照"中被"哺育"或者"养育"更为准确。那是因为，纯粹灵魂跟随诸神"观照本真"，是为了让自己的本性得到"滋养"，从而保持神性而与神同在。这对于两种有不同经历的灵魂来说都是同样的。

② 参见《斐德罗篇》248e-250a。

柏拉图虽然认为，灵魂进入人的肉体之后，由于肉体的种种恶习的干扰而片时也无法获得恒常性，一直处于慌乱之中①。但是，他同时又一再强调，被肉体囚禁的灵魂依然掌握着支配肉体的主动权②，因此，灵魂可以通过本性的力量而达到"观照本真"。关于灵魂的本性，柏拉图在"灵魂三分说"里明确地指出：那是人的肉体中的灵魂的"理性的部分"。正由于灵魂可以掌握肉体的主导权，所以在其被囚禁期间仍然可以使本性的力量得到保持和发挥。

对于人可以达到"观照"境界的问题柏拉图是坚信不疑的。支撑着这个观点的正是上述的两大理论依据。这种自信和执着，来源于哲学家自身对于真理不可动摇的信念。当然，在柏拉图看来，人并不是谁都拥有从事哲学的能力。可是，即使可以达到"观照"境界的人仅仅只有一个，人是可以达到"观照本真"的立论依然成立。

（3）但是，既然柏拉图坚信，孜孜不倦探索的哲人，最终必定能够到达"观照本真"的境界。那么，对于"人的灵魂的观照"只提到"接近真知"而不涉及"获得真知"究竟是何故。这个结论在前面已经说过，其原因在于"第二观照"的方法本身。

一般我们所理解的"观照"的认识状态，是指直接把自我移入对象，即认识主体不借助任何媒介物而直接触及对象（"本真存在"），从而把握对象。柏拉图所说的哲人在认识世界时，尽可能把"自身"置于"本真存在"之中③而进行直接把握的认识方式，正是指"观照"的认知状态。但是，"第二观照"的认知方式与此明显的不同，前面已经说过，那仅仅只是"到达（本真的）似像，通过似像而观照其原像"的间接性认知。

那么，通过"似像"间接地对"原像"进行"观照"，这究竟是怎么样的一种认知方式呢？我们可以从《斐多篇》里的一段关于人的"观察日食的比喻"④中，了解到柏拉图所要说的这种认知方式的具体内容。在这个比喻

① 参见《斐多篇》66e。

② 参见《斐多篇》80a，Leg.896b-c，97d，Alc.130a, d-e, etc。

③ 参见《斐德罗篇》248c。

④ 《斐多篇》99d-100a。

里，柏拉图指出：犹如人在观察太阳时必须通过像水面之类的媒体的倒映才能看到一样，事物的真相（"本真存在"）也必须在理论的探索中才能得到把握。①

大家都知道，柏拉图哲学的基本观点是：人通过感觉器官捕捉到的一切的东西都只是"本真存在"的"似像"。也因此与"本真存在"相对应的概念被称作"感觉存在"。由于"本真存在"被界定为超越了人类之维，只有神才可以到达的绝对存在，所以，从理论上说，那是完全离开了人的存在和认知领域的超越性存在。但是，柏拉图同时认为：人只要借助"理论"（logos）这个媒介体，本来与人处于不同维度的存在，即"本真存在"同样可以纳入与人的存在同一个维度里进行研究和考察。"观察日食的比喻"就是柏拉图的这种思考的具体反映。在这个比喻中所提起的，把事物真相（"本真存在"）投影到"理论"中进行考察的问题，② 指的正是这种把不同维度的存在放在同一维度进行探索的认知方式。柏拉图在其"回忆说"的论述过程中，对于"事物真相"如何在"理论"里投影的过程做了具体的阐述。③ 也

---

① 关于"观察日食的比喻"的具体内容："人如果不通过倒映在水或者与此类似的东西里对太阳进行间接地观察的话，肉眼将会受到损伤。我的考虑与此相同，那就是因为我担心，人如果用肉眼看或者各种肉体的感觉直接地捕捉事物的话，那么精神就会成为完全盲目的状态。所以我想到了通过理论考察的手段。也就是说必须将事物的真相放在理论里（eis tous logous）进行考察"（《斐多篇》99b-100a）。在这个比喻里，观察太阳与观察事物的对应关系并非完全一致。一方面，直接投影在水或者与此类似的媒体的是"太阳"，而另一方面，在理论里被考察的是事物的真相而不是"事物"。因此，一些学者认为在这个比喻里，两者的实物与倒影，即"映照"在媒介体里的对象之间的对应关系难以成立。但是，拙论对此种看法持不同意见。理由是在这个比喻里，"太阳"只是作为"善"的比喻，因此"太阳"也好"事物的真相"也好，都是属于人的肉眼无法直接观察的存在。人要捕捉到这种存在都必须借助"媒介体"，即这里所说的水或者与此类似的东西以及理论，这个关键的同类平行对应，是这个比喻的对应关系得以成立的基础。

② 苏格拉底在《斐多篇》100d1-3 的叙述中强调，对于认识事物，在"理论"（logos= 逻格斯）里考察不比在感觉事物里考察来得接近事物的影像。正如 Plato's Phaedo 中（Bostock, D.: Plato's Phaedo, 1986 Oxford, p.158）所指出的那样，这个叙述表明了柏拉图所说的在"理论"里的考察，也只是以观察"投影"为前提（参见 Hackforth, R.: Plato's Phaedo, 1995 Cambridge, pp.137-138）。

③ 参见《斐德罗篇》248b-c。

就是说，人（的灵魂）只有通过"回忆"，才能从众多而繁杂的感觉性事物中捕捉到"事物的真相"，使其"投影"在"理论"里而成为考察和探索、即人的认识活动的对象。① 人的灵魂被囚禁在肉体的期间，无法脱离肉体而直接参加与诸神一起飞翔天外"观照本真"的行列。只有通过感觉器官所捕捉到的这个世界的事物而触动理性思维，然后凭借幽远而模糊的记忆，让曾经"观照"过的"本真存在"，犹如让太阳倒映在水中而观察一样，将"本真存在"投影在"理论"里进行"观照"，力求自己的认识达到接近于对那种终极存在的完全把握。

当然，这里所谓的"理论"指的是：根据苏格拉底—柏拉图所提倡的"哲学问答法"（dialectike）而展开的哲学探讨的过程。柏拉图认为，"哲学问答法"是人探索和把握真理过程中唯一正确而可行的方法。但是，无论是赋予人类捕捉"本真存在"能力的"回忆说"，还是让人达到更为准确地把握"本真存在"的"哲学问答法"，那认识过程中所考察的对象都只是浮现在"理论"里的"本真存在"的"投影"而不是其本身。这就说明了人的认识并没有直接以"本真存在"为对象，也因此，人在认识过程中，仅仅只能不断地选择被认为最为确实而完美的理论作为检验真伪的标准。②

从以上的整理和归纳中我们可以得出以下的结论：之所以人的"观照"无法到达"获得真知"的境界，是因为"第二观照"的方法区别于"第一观照"。即只是间接地而不是直接地"观照本真"。确实，柏拉图认为人

---

① 在这里必须说明"回忆"与"第二观照"的不同。"回忆"是人通过接触"繁多的感觉事物"而注意到"本真存在"的存在，从而使人开始进行理论的考察。也就是说"回忆"是人的认识活动的一个又一个契机，而当人的探索进入"第二观照"的境界时，为了更加准确地捕捉和把握"本真存在"，"回忆"的作用仍然不可或缺，即在探求中不断通过"回忆"而逐渐接近"本真"的。所以，在"第二观照"的全过程中，"回忆"的作用是贯穿始终的。但是，"第二观照"不直接地接触"感觉事物"，只是以被"回忆"捕捉到的、内在于繁多感觉事物中的"单一的相"为对象，然后锲而不舍地进行理论考察，力求使认识达到最大限度的准确性。因此，"第二观照"可以说是人的探索"本真存在"的严密过程。在苏格拉底——柏拉图提倡的"哲学问答法"里，"第二观照"和"回忆"的作用是紧密配合、相辅相成、不断促进人的探求走向深入的。

② 参见《斐多篇》100a。

通过孜孜不倦地进行"第二观照"努力的过程，将会无限地靠近"本真存在"而接近真理。但是，只要不是直接地"观照本真"，也就是说"第二观照"如果没有飞跃到"第一观照"的境界，人的认识是无法到达（获得）"真知"的。

综上所述，我们可以得出如下的结论：充分认识到在柏拉图哲学中所论述的"观照"问题里存在着两种不同状态的灵魂，也就是说拥有两个不同的"观照主体"，是理解中期对话篇里关于"观照"探讨时所出现的：一边强调人是可以"观照本真"，另一方面又主张人是无法"获得真知"的观点里所包含的逻辑上的不自洽问题的关键所在。确实，柏拉图在论述"观照"问题时，对于"观照主体"的叙述，都使用"灵魂的纯粹自身"的同一种表现方式。但是，同样的表现并不意味着绝对拥有同样的内涵。通过上述的梳理和归纳我们知道，柏拉图的这个表现，根据议论的内容不同其内涵存在着不可忽视的差异。如果觉察不到这种差异，将会拘泥于柏拉图议论的表面而错误地认为其议论存在着矛盾，疲惫于许多隔靴搔痒或者离题万里的文章。还必须清楚，柏拉图为不同的"观照主体"提供了"直接的"和"间接的"两种不同的"观照方法"。人的"观照"仅仅只是通过间接的方式捕捉到"本真存在"的"第二观照"。更具体一些说，人只是通过"理论"的媒介捕捉到"本真存在"。而"获得真知"的前提条件是，必须做到对"本真存在"直接地认知和把握。因此，在"理论"里间接地捕捉"本真存在"的"第二观照"只能是"接近真知"而不能"获得真知"。之所以柏拉图的研究者们认为，柏拉图对于"观照"的论述所提出的观点存在着矛盾，是因为他们把一切关于达到"观照"状态的叙述，都理解成其意味着"获得真知"。这种理解不能说全错，"获得真知"正是柏拉图所提倡的"观照本真"的终极目标。但是，在柏拉图的论述中，只有切断了与肉体一切关系状态的纯粹灵魂的"观照"，"观照本真"＝"获得真知"的等式才能成立。而对于被囚禁在人的肉体中的灵魂，拒绝肉体的协助以独自的力量进行的"观照"，即"人的灵魂的观照"，柏拉图仅仅只是坚信那是可以"接近真知"的，而并没有主张那意味着"获得真知"①。也就是说，柏拉图只是极力强调人必须始终停留在纯粹的思维之中，通过"观照本真"而使灵魂得到"哺育"，在作为人而存在的时候，必须一直坚守这种生存方式。

——本文刊载《哲学研究》2003 年第 1 期

---

① Vlastos 认为，柏拉图在初期对话篇里采用了苏格拉底的"自知其无知"的观点，而到了中期对话篇，却主张哲人可以通过理论探索而获得建立在论证基础上的"知"（Vlastos, G.: *Socrates*: *Ironist and Moral philosopher*，1991 Cambridge，chap.2 esp.p.48）。拙论认为，这完全由于 Vlastos 把两种"观照"混为一谈的缘故。通过以上的梳理和研究，柏拉图对于囚禁于肉体里的灵魂无法达到"真知"的主张无论在初期还是中期都是一致的。

# 柏拉图哲学中关于"善"的存在论特征

一般来说，理性和信仰是一种对立的精神机制（当然也有人把信仰当作高级的理性）。然而，在西方人的精神世界里却奇妙地获得了和谐的统一。理性的求证求真精神，在信仰中演变为以人之存在的有限性证明神的超越性和神圣性。这种精神史的形成，离不开古代末期的哲学家、神学家、教会的指导者奥古斯丁（Augustinus）所进行的有关两者关系之契合性的理论尝试。而奥古斯丁的教父哲学，是他对以普罗提诺斯（Plotinos）为代表的新柏拉图主义哲学的体认和吸收的结果。新柏拉图主义对于柏拉图的继承与阐发，主要集中在对于柏拉图哲学形而上的一面，某种意义上可以说是神秘主义的一面，特别是关于作为最高存在"善"的存在性的界定与把握。然而，在柏拉图的哲学中，"善"是一个很难简单理解与把握的概念，新柏拉图主义的诠释并没有完全企及其全部的内涵。为此，本文拟通过柏拉图哲学有关"善的理型"界定问题的文本解读，分析柏拉图关于"善的理型"论述中所拥有的理性与信仰重叠性的内涵，为理解西方精神中理性和信仰的统一提供一种思路。

## 一、柏拉图哲学中关于"善的理型"问题及其来源

在柏拉图哲学中，"善"是作为一个抽象的探索对象被提出的，因为其存在不只局限于伦理学意义上的把握，所以，总是以"善的理型"或者"善自身"（auton ton agton）问题出现。柏拉图认为，只有认识了"善的理型"，

一切知识才会成为确实且有①，那是由于"善"之存在的至上性本质所致。

所谓"理型"（idea）②，在柏拉图哲学中被当作"本真存在"（ontos on），是作为众多现象中所共有的（koinonein）一者（to on），是一种典型（paradeigma），赋予事物以本质存在的一种超越于现象世界存在的一种真实存在（ontos on）。柏拉图为了统一现象界提出了"理型"的存在原理，而为了统一"理型"的世界，（简称"理型界"，以下同），他进一步提出了"善的理型"，以此作为最高的存在。因此，"善的理型"也被称为"理型之理型"，是一切存在的终极。在《理想国》中，柏拉图通过"日喻"来说明"善的理型"与其他"理型"之间的关系。

自然界由于太阳光的照射，使世界万物成为一种可视的状态。也就是说，让视觉与被视的对象相结合，使一种知觉可能的状态得以成立。那么，阳光就成为这种可能性的原因。因为阳光使眼睛拥有视力的同时，让万物得以显现，只有这样知觉的可能性才能产生。而进一步，太阳赋予万物不仅以光而且以热，从而促使万物成长，成为万物成长的原因。"善的理型"在"理型界"的存在，犹如这可视世界（现象界、自然界）里太阳的存在一样。"善的理型"在理型界的作用，首先是赋予被思维存在（即"理型"）以真理性与被认识的能力，同时，又赋予成为被思维存在得以存在的理由（或者说获得存在性），成为"理型"拥有这两种存在因素，也就是拥有其之所以存在和被认识的原因。

---

① 《理想国》505b。本论中有关柏拉图的文献，来自于 Platonis opera. oxford classical texts.（希腊文的笔者翻译）以下同。

② "理型"的希腊语为"idea"，与此同义的还有"eidos"，一般译作"形相"，也有人建议译作"型"，这两个单词都是由希腊语"eido"（看）这个动词派生的名词。原来的意思为眼睛看得到的形态、形状，柏拉图却用来指称去掉感觉要素的形态、形状。因此，可以说是柏拉图赋予了这两个单词新的含义。idea 也有被译作"理念"，由于在柏拉图哲学中，idea 不是人的思考内存在，而是超越于感觉世界的一种真实存在（ontos on），译作"理念"，"念"字容易误导，所以陈康先生提出"相"的译法，其实，"相"也容易与佛教的概念混淆，佛教的"相"的意义正好相反。为此笔者倾向于译成"理型"更为贴切（可以克服"念"字所带来的误解）。其实，与"逻格斯"同样，是否可以采用音译，比如"一的亚"，或者"一的"译法呢？笔者认为，至少与"相"相比，译作"理型"更为合适。为此，本文全部译作"理型"。

　　具体地说，一方面，所谓使"理型"之存在得以存在的理由，那是由于"理型"与感觉事物之间的相互关系，即"分有"（Metechein）关系的结果。万物之所以要分有"理型"，那是由于作为不完美存在的感觉事物对于完美性、最佳状态追求的缘故。为了追求最佳状态，就必须模仿典型（理型），而"理型界"里众多的典型之所以成为典型，来自于它属于现象界里众多的感觉事物的一种范型（paradeigma），即典范性的存在。而"善"即最佳与典范的本质所在，那么，"理型"之成为典型性存在的理由与根据，当然是由于拥有了"善"的本真性赋予而至。另一方面，所谓赋予"理型"以真理性与被认识的能力，那是因为"理型"作为一种"本真存在"，超越了现象世界的感觉事物，是人的感觉所无法企及的。然而，这种存在却出现在事物的本质里，在事物中"临在"（parousia），人们可以在众多的现象世界里把握到其存在的显现，事物因这种显现而显示出其作为某种事物的固有特征。① 就这样，"理型"就成了赋予现象（事物）得以存在的根据。由于事物的存在总是处于"有且非有"（to einai te kai me einai）状态，是一种不完全的存在，所以要认识与把握某种事物，只有依赖于其所呈现的某种本质特征。而一类事物所显现的某些本质特征，都是来自于对于其所共有的"理型"的模仿（mimesis）结果，而事物之所以要模仿"理型"，其理由在于"理型"是一种恒常不变的最佳存在，只有把握这样的存在，才能拥有真理性认识。因此，人们通过事物的本质把握而逐渐上升到对于众多事物"共相"（eidos）的认识，那么，"善的理型"当然就成为"理型"之所以拥有真理性和被认识的理由和根据。

　　上述的柏拉图哲学中关于"善的理型"的存在性理解，是关于"善的理型"在柏拉图哲学中所叙述内容的一般性理解，而这种存在论，可以把起源追溯到巴门尼德（Parmenides）。正如人们所熟知，从泰勒斯（Thales）开始的西方哲学中关于"始源"（Arche）的探索，由于巴门尼德的逻辑自洽性的质疑出现了新的转机，使自然哲学家们的自然探索由一元论走向了多元

---

① 在《斐多篇》75d 中，柏拉图以"使事物正是其存在的刻印"（episphragizo）一般，表现事物由于"理型"而获得其所拥有的固有特征。

论。特别是巴门尼德提出的真正的探索对象应该是抽象的"存在"（on），成了后世的人们所进行的形而上学探讨的开端。因此，"善的理型"作为柏拉图哲学的形而上学的最高探索对象，其起源必须追溯至此。然而，巴门尼德的"存在"理解与柏拉图不同，那是与现象世界没有任何关系的一种存在。另外，他毕竟是前苏格拉底的自然哲学家，其思考离不开以自然（Physis）作为抽象对象的局限性。这表现在：首先，他虽然注意到把握真理的唯一途径是对于抽象存在的把握，但是，他所主张的"存在"仍然无法完全脱离物质性原则，他以"球体"来描述"存在"，体现出他在"存在论"中所主张的抽象存在并不彻底。① 其次，自然哲学家们的探索，缺少对于人之自身存在的关注，这也是智者除外的前苏格拉底自然哲学家们的共同特征（人们的世界观从自然转向人本是从智者们出现才开始的）。因此，从"理型"作为抽象的存在来看，虽然其来源与巴门尼德相关，但是那也只是一种间接的来源，而影响柏拉图"善的理型"问题的直接原因，来自于柏拉图对于苏格拉底探索的继承和发展的结果。

根据亚里士多德的"四因说"，致力于自然（physis）探索的前苏格拉底自然哲学家，其所关注的"始源"，局限于对于"质料因"和"形相因"是什么的把握。而苏格拉底不同，他的探索注重于对生成变化世界所拥有的和谐秩序之"目的因"的寻求。他认为，无论从"质料"，还是从赋予质料以某种形态的"形相"中寻找事物生成变化的原因都是不够的，要使"质料"与"形相"结合，使现象存在以某种形态出现必须来自于某种"目的"，这种"目的"才是各种事物出现和存在的根本理由。因此，对于这种"目的"既"目的因"的探索成为苏格拉底思考的核心。因此，这个世界之所以以这种形式存在着，苏格拉底以现象世界对于其终极存在，即"善"之追求的结果来把握。也就是说，世界以"善"为目标而存在着。而世界以"善"为目的意味着世界万物都在追求一种完美性与和谐性，尽可能让自身达到最佳的状态，这就是后世所谓的"目的论世界观"。那么，从人所生存的世界

————————

① 有一部分学者把巴门尼德在"残篇 8"中的"球体"表现理解为一种比喻手法的需要。笔者认为这种比喻已经包含了物质性思考的因素。

来看，人之所以拥有作为人的行为的根本原因，其基本也应该是以"善"之追求为目标，那就是追求"善生"（eu zen）。正因为如此，苏格拉底呼吁人们"真正重要的是，不仅仅只是追求活着，而应该是活得好"（eu zen）①，只有这样才能体现人之所以为人的"德性"（arete）。②"善生"的追求成为苏格拉底人生的根本追求的理由也在于此。

从上述的分析看，很显然，柏拉图哲学中把"善的理型"作为一切存在的终极目标，其存在君临于现象存在与本真存在之上的形而上学思想，是其直接继承并发展了苏格拉底思想的产物。之所以说"发展"，那是因为在苏格拉底的哲学中，"善"的存在还没有一种明确的存在性把握。"善"是一种怎样的存在，它与其他存在属于一种什么样的关系等问题都没有得到理论性阐述，只是一味地把"善"作为事物存在之终极目标与根本原因的模糊性认识。被称为"苏格拉底式的对话篇"之柏拉图的初期对话篇中，苏格拉底的伦理追求中所探讨的人之德性问题，其信念的因素远远高于理性的论述，"善"之存在只是人之伦理追求的一种必然性结果而存在于他的哲学追问之中。然而，到了中期，虽然初期的特点仍然保持着，但是，柏拉图已经明确地以"理型"的概念来把握苏格拉底所追求的那种具有恒常不变性质的存在，苏格拉底的"是什么"追问有了比较具体的存在性界定和确定性论述。③"善的理型"问题就是在这个时期出现的，成为柏拉图有关知识论中最根本的探索对象，从而明确地提出了哲学的探索必须以这种最高存在为目标。

---

① Klit.48b。

② 这里所说的"德性"，不是后世的有关道德意义上狭义的"德性"的概念，其意义更为广泛。指的是一种存在的固有能力。比如，刀的德性是锋利，马的德性是脚快，鱼的德性是善游，那么，人的德性就是只有人才拥有的理性能力。

③ 柏拉图哲学中苏格拉底与柏拉图的区别是一个相当困难的问题。不过，我们可以有一些线索，比如，从《吕西斯篇》开始出现的对于问题的"两分法"的克服，有了对于"中间性"问题的论述，《美诺篇》的"回忆说"对于"助产术"的阐发，《斐多篇》中"理型"之存在的假设性，与《理想国》中出现对于"理型"的坚定信念和假设性的并存，都为我们对于苏格拉底与柏拉图的区分提供了线索。笔者认为，特别是对于"理型"之存在的从"信念"到"假设"以及两者并存，都体现了柏拉图对苏格拉底的继承与阐发。

## 二、关于"善"对"本真存在"的双重性赋予问题

那么，上述的柏拉图对于"善的理型"的界定应该如何理解？特别是"日喻"中体现的关于"善的理型"对于"本真存在"即"理型"之存在的双重性赋予蕴含了怎样的哲学思考？这个问题本来应该是理解"善"之概念的焦点。然而，长期以来人们却始终忽视了这个把握角度，更多的学者习惯于从柏拉图所提出的"善"究竟是怎样的存在进行着尝试性解读。然而，柏拉图自身对于"善"的理解都没有充分的自信，[①] 更何况柏拉图的研究者。这是一种文本解读的难点，也许正是因为这个问题理解上的困难，学术界至今还没有形成一种可以令人信服的基本认识。

沿着一般性的理解途径，许多学者都从比较"日喻"与"线喻"、"洞喻"入手寻找线索，近年的学术界，朱丽娅·安娜的解释是最被人们所熟知的。然而，这种途径并不能达到成功地把握柏拉图所理解的"善"。因此，朱丽娅·安娜最终也只有承认柏拉图哲学中的"善的理型"（"善本身"）作为超越性的存在，导致许多复杂的形而上学的解释，尤其是新柏拉图主义者。柏拉图提出的"善"使事物不仅可知，而且使事物之所以存在的存在性界定是令人迷惑的主张。所以，"很多哲学家虽然都看到了这个思想的伟大，但是从总体水平上看不清楚其真理性所在"[②]。艾里斯·莫多克也是由于感到柏拉图哲学中这个概念难以达到令人满意的把握，所以尝试着以"爱"的概念来代替"善"的理解，因为善是爱之至高，我们可以想象有一种高尚之爱的概念与善相同。还有爱在被净化之后，将成为寻求善的过程中心灵的能量和激情，我们可以通过爱与善相连，体现出人作为精神动物的标志。然而，他在最终也不得不承认"爱"只是"善"的附属性概念，特别是爱包含了无限堕落并成为人之错误的根源。所以，最终只好放弃这种努力。[③]

---

① 在《理想国》506b-e 中，苏格拉底明确表示他不知道善是什么，对于"善"只是一种必然性，或者说信念一般的认识，因此，他才通过比喻来尝试关于善之性质的界定。

② Julia Annas，*An Introduction to Plato's Republic*，Oxford，1981，p.246.

③ Iris Murdoch，The Sovereignty of Good（excerpt）. cf. Richard·Krauted. *Plato's Republic*，Rowman & Littlefield Publishers，1997，p.169.

　　笔者感到，无论从比较《理想国》的三个比喻的角度，还是从可把握的概念中寻找代替概念的方法，都是无法克服舍近求远、缘木求鱼的尴尬。那么，能否从"日喻"中关于"善的理型"对于其他"理型"之存在的双重性的赋予问题来把握柏拉图所界定的"善的理型"的存在性呢？也许，这种尝试可以找到一种新的线索。因此，日本学者天野正幸的研究值得引起我们的注意。天野从"日喻"的分析中注意到现象界之"太阳光"的功能，与理型界中"善"对于"理型"的"真理性"赋予功能的不平衡对应，从而发现了柏拉图在善的界定中真理的"两义性"问题。① 天野认为，柏拉图通过"日喻"② 所做的关于"善的理型"的界定中存在着多重的不平衡叙述，这些叙述意味着"善"对于"理型"的真理性赋予具有双重内涵。然而，他虽然提出了"两义性"解释，而究竟柏拉图的这种叙述意味着什么？与"善"之存在的关系如何？以及其中所包含的柏拉图在"善的理型"界定中的思想内核是什么等问题都没有得到进一步地深入探讨。

　　诚如分析，柏拉图以"日喻"对"善的理型"的界定，提示着两个问题：（一）无论是以眼睛看（观察）被太阳光所照耀的视觉对象（事物），还是以灵魂观照被真理所照耀的思维对象（理型），柏拉图在这里所提供的对于理型之认知和视觉认识同样，都只是一种属于直观性的认识。比喻中所说的"太阳光给予眼睛以视力，给予对象以被视力"，我们只能理解为，太阳光只在眼睛看对象时，这种视与被视的关系才得以成立，而不是给予眼睛与事物以潜在能力，也就是在直观状态下，两者的关系才得以成立。（二）比喻中把"真理"与"太阳光"类比，然而这种类比其实是一种不平衡的对应。这种不平衡意味着所谓赋予认知对象以"真理"的真理，不能单纯地只是与"太阳光"相类比，还应与"本真存在"类比。

　　更具体地说，柏拉图在把"真理"比喻成"太阳光"中，以视觉对象是否被太阳光所照射形成不同的对比，而对于灵魂问题的叙述中却以被真理所照耀的事物（即恒常不变的"理型"）与处于黯淡世界的事物（即生成消

---

① ［日］天野正幸：《イデアとエピステーメー》，（东京）东京大学出版会1998年版，第154页。

② 《理想国》505a-509b。

灭的事物）进行对比，在这里的灵魂的对象有两种存在。很显然，对于眼睛来说，对象只有一种没有作出明确的区别，只是指出昼光与夜光的不同，形成了同一事物处于两种不同的状态。可是，对于灵魂却出现了真理所照耀的对象和没有真理的对象的区别。因此，在这个比喻的类比中，不能说真理与太阳光构成完全的对应，此其一。其二是在视觉中被称作"被视力"的这种能力，在理性中本来应该与"被理性能力"相对应，可是，在这个比喻中与此相对应的却是"真理"，"善的理型"赋予被知存在以真理，赋予认识主体（灵魂）以认知能力。如果把这种叙述与视觉（眼睛）类比平行对应的话，那么就不是说给予认识主体以潜在的认知能力，只是使其认知这种事态成为可能，而被知存在也只是使其被知状态成为可能。柏拉图把这种状态以"真理"来表现，明显地忽视了与视觉的类比，即不把"善的理型"理解为赋予被知存在以被知能力，而考虑成赋予其成为真理的能力。但是，在比喻中却出现另一种表述，本真存在由于"善的理型"而获得被知性。在这里"善的理型"对于"理型"之存在性赋予中就产生了两种不同的表现，即赋予"真理"和赋予"被知性"，那么，这里所说的赋予真理就必须理解为，当被认知这种事态成立时，被认知的对象是"被知性"，这里所谓的"被知性"，指的是作为"本真存在"的存在性拥有。由此可见，柏拉图在灵魂的认识中所提出的"真理"的问题，就不能单纯地认为只是与肉眼的认识中所说的"太阳光"构成类比。

那么，这种对于"真理"表现方式的不同该如何理解？这个问题必须与灵魂认识中上述的"直观认识"问题联系起来考虑。正如人们所熟知，柏拉图哲学一贯坚持的一个知识论原则，那就是，对于"理型"之存在的认识，逻格斯是一种必备的条件，这在《斐多篇》等对话篇中，他做过了明确的论述。柏拉图认为，拥有知识的人必定可以给予所知事物以明确的逻格斯。所以天野指出，在柏拉图的哲学中，人们对于"理型"的认识，不仅仅只是前述的"直观认识"，还有关于"逻格斯认识"两种。"真理"既被比喻成"太阳光"，又被说成"被知性（即本真性）"理由也在于此。那么，这就意味着在柏拉图哲学中，善所赋予的真理的意义拥有双重性。或者说，真理拥有两种功能。具体地说，真理被比喻成太阳光时，柏拉图考虑的是认识的直观状态。真理被当作被知性时，那就不是直观认识，与其相对应的应该是，根据逻格斯而达到的认识状态。如果从哲人把握"理型"之存在的"观照"方法来看，按笔者的划分方式就是，前者应该属于认识的"第一观照"状态，即认识主体对于"理型"的直观，而后者正如处于"第二观照"状态，即通过逻格斯达到对于"理型"的间接把握。①

## 三、"直观认识"与"逻格斯认识"所蕴含的意义

美国学者格雷戈里·弗拉斯托斯从更为广泛的角度解读柏拉图关于"理型"（or 形相）的界定。他认为柏拉图把形相之存在放在神的位置上，不仅把形相看作神圣的，而且还暗示了其比神更加神圣。② 笔者认为，这种认识明显是把"善的理型"与其他"理型"和"形相"相混淆。柏拉图对于"善的理型"的界定，确实可以这么理解，然而，对于其他的"理型"就不能如此把握。弗拉斯托斯所依据的《斐德罗篇》③ 和《斐多篇》④ 中关于神秘仪式的象征性描述，那里仅仅只体现了把"理型"与神并列思考的内容，并没有超越于神的内涵。不过，他的这种理解却可以给我们一种有益的启发，即柏拉图哲学中"善"的概念的论述，为后世的宗教信仰中关于神之存在的把握提供了思考的基础。正如他所指出的那样，对于柏拉图来说，"理型"不仅是使人们到达通常意义上的最佳生存状态的路标，而且也是人的自我发现之无与伦比的、更是令人满意的不同寻常的经验的基础。所以，形相比可感觉事实更为"真实"。

那么，我们来看看关于"善的理型"对于"理型"之存在的双重性赋予中出现的上述两种认识状态，究竟这个问题意味着什么？拥有怎样的意义？

---

① 林美茂：《哲人看到的是什么——柏拉图观照问题辨析》，《哲学研究》2003 年第 1 期。

② Gregory Vlstos, *A Metaphysical Paradox*. cf. Richard Krauted, *Plato's Republic*, Rowman & Littlefield Publishers, 1997, p.190.

③ 《斐德罗篇》249c。

④ 《斐多篇》69c-d。

首先是直观认识问题。这里所谓的直观认识应该与人的观念性认识相似，对柏拉图来说，这种观念就是其对于理型之存在的假设（hypothesis）和信念（nomizein）。因为"理型"是人有生以来从未见过的存在，所以，一直离不开对其"是什么"问题的追问与纠缠。由于无法做到完全确切地把握，那么这种认识仅仅只能处于一种观念（信念）的层面。柏拉图认为，对于"理型"的探索，人是无法达到真正意义的知识状态的把握，不可能拥有完全逻格斯的认识，那么，其最高状态也只能是属于一种直观性的认识（观照）状态。柏拉图这种观念性的对于"理型"之存在的坚定信念，成了后世的人们对于超越于人之存在，即对于神的信仰的合理性前提和前瞻性理论基础。

柏拉图在《斐莱布篇》中指出了"善"之存在的三大特性，即"终极完美性"（telon）、"自身自足性"（hikanon）、识之者对其所拥有的强烈"获得愿望"（boulomenon…hauto ktesasthai）。① 对于前两种特征无须说明，我们必须关注的是其第三特征。很明显，这样一种的"获得愿望"，与《会饮篇》中的"爱欲"（eros）拥有同样的内涵，属于"非理性"的东西。这里的"非理性"应该拥有两种含义：一方面"善"之存在并非理性可以把握的；另一方面是"善"之存在使人产生非理性的愿望。那么，对于这种超越于人之存在的终极存在，仅靠人的理性能力无法完全企及，所以，只有通过某种"非理性"的直觉对其进行"直观"体验。然而，由于这种存在的超越性，人必须依靠坚定的信念支撑着，才能坚持其不懈地追求，以满足自己"非理性"的获得愿望。这当然是一种"不同寻常的经验"，鼓舞着人努力追求最佳的生存状态。很显然，这与后世的人们所拥有的对于神之存在的"信仰"之情感存在着某种渊源关系，或者可以说，柏拉图哲学中所体现的对于"善的理型"的直观性把握的存在性界定，揭示了人的理性中包含着"非理性"的"信仰"因素。

那么，再来看看"逻格斯认识"的问题。作为人的直观对象，追求获得的欲望是不可以遏制的。那种探索结果中必须被认知的那种超越性的理

---

① 《斐莱布篇》20d。

型，由于其属于只有在人的探索中才能间接把握的存在，这种把握就必须是建立在严格的理性基础之上的一种认识。那么，逻格斯认识的追求就成为必然的选择。

正如熟悉柏拉图的人们所熟知，所谓的通过逻格斯认识与把握"理型"，指的是人们运用语言、理论、逻辑，把观念中的对象，即"理型"进行个别存在的规定与把握，通过对其内容的分析，区别出各自独立"理型"之内涵以及这种内涵又是如何构成各种"理型"之区别于他者的存在，从而达到被认识，赋予其拥有存在性的理由。这种逻格斯的认识，对各个单一的"理型"的规定时，不能达到对"理型本身"是什么的本质规定，即存在性的认识，而只能做到与其他理型之间的区别性规定，即划分性认识，这种认识必须放在一个关系的结构中才能达到。比如说关于"勇敢"的理型，要对其认识，做到把握"勇敢"是什么的存在是无法企及的，那么，逻格斯却可以对"勇敢"进行规定，首先通过分析性规定，揭示"勇敢"是一种美德，然而"正义"、"节制"、"虔敬"等也是美德，为了规定"勇敢"就必须进一步进行区别性规定，就是把"勇敢"与"正义"等进行比较，把其放在与他者的关系中进行区别性把握，这种分析和区别就是逻格斯的认识。那么，很显然，这种逻格斯就必然做到了梳理出各种不同的理型之间的关系与区别，而这种关系与区别，自然地赋予了存在世界（理型界）以一种"秩序"。这在后期的柏拉图哲学中可以看到，柏拉图明确地提出了"善"赋予自然界以"秩序"① 的相关论述。所以，逻格斯不仅仅要认知各个"理型"之间的区别，还要对有序的理型界做到对其全体性进行认知，不然就无法达到逻格斯认识。那么，认识真理也就可以理解为是一种对于存在的内在秩序的把握性认识。这样，人之把握真理的可能性问题就由此而生。而这种把握不可能是一种直观认识，而应该是一种逻格斯认识。

然而，这里必须进一步指出，人的逻格斯认识属于一种求证求真的理性精神，其自身所包含的否定性机制对于非理性的直观认识之信念坚持将会产生一种遏制的作用，也许正因为如此，柏拉图把灵魂比作由两匹秉性相反

---

① 《蒂迈欧篇》20a，29e-30b，*Leg.* 903b-d。

的马所驾驭的马车。可是，如上分析中我们却可以得出结论，柏拉图在"善的理型"的至高存在性的真理性认识中，却能够使两者得到和谐的统一。因为无论是直观还是逻格斯，其认识的直接动力都来自于认识到理型之至高存在性，从而产生的对此"获得愿望"之不可遏制的热爱，而这种对于至高存在之爱，与事物必然模仿"理型"之存在一样，正是来自于"理型"所拥有的最佳即"善"之至高完美性所致。只有这样，"善的理型"作为超越于一切理型之存在的界定才能得以成立。

综上所述，如果柏拉图"日喻"中关于"善的理型"对于其他"理型"的存在性（真理性）与被认识性的双重性赋予可以进行上述理解的话，很明显，在柏拉图的形而上学思考中，蕴含着"信仰"与"理性"的重叠性内涵。信仰产生于对于"善的理型"的直观认识，理性来自于对"善的理型"把握的欲望而进行的"逻格斯认识"。两者缺一不可。没有信仰，就没有逻格斯的追求产生，没有逻格斯，信仰就得不到不懈的坚持。那么，作为本真存在中最高存在的"善的理型"，不仅是自然界万物的目的，也是万物之灵的人类寻求最佳生存状态的路标，由于其存在，赋予了现象界一切存在以一种终极的生存意义。

——本文刊载《江汉论坛》2010 年第 1 期

# 谈"哲人王"理想中"知"的问题

无论国内还是国外，当论述到柏拉图《理想国》中提出的"哲人王"①问题时都存在着一种比较含糊的倾向，一般认为柏拉图提倡"哲人"为王，是因为"哲人"拥有"善"之真知，或者能够获得"善"之真知。一些卓有成就的柏拉图专家甚至在这个认识的基础上努力自圆其说；而另一些学者则含糊其辞，观点模棱两可。拙论想针对这个问题，通过梳理、分析柏拉图对话篇的思路和脉络，澄清柏拉图提倡"哲人王"理想的现实背景和理论依据。

## 一、"幸福"的追求与"哲人王"的拥立

在《理想国》里，柏拉图描绘了一个正义得到完全实现的理想国家的蓝图。那是一个根据国民们的素质不同进行社会分工，人们对各自的工作绝不互相侵犯，忠于职守，以努力做好自己分内的工作为"从善"即"幸福"之根本的和谐国度。由于采取了男女平等，包括妻儿在内的财产共有②等社会制度，国民们苦乐同享，达到了"国家全体之和谐"如同"一个人的灵魂之和谐"一样的团结一致的状态。当然，这是一种建立在理论意义上的理想国家，不但在现实生活中看不到，甚至其是否能够得以实现也根本无法

---

① 国内习惯于使用"哲学王"的译法，这种译法不妥。柏拉图说得很明确，哲人为王或者王者（统治者）从事哲学，这里所说的为王者是人而不是哲学。因此，本文统一采用"哲人王"。以下同。

② 妻儿财产共有制度，是否在全民中推广的问题，在《理想国》并不明确。一般可认为只局限于统治阶层，而不包括被统治阶层。

证明。为此，柏拉图避开了对这样的理想国家是否可以实现的直接证明，把论点转移到：在什么样的条件下，理论上的理想国家最有可能实现的问题论述上。"哲人王"的问题就是在上述的议论背景下提出来的。① 哲人为王或者王者追求哲学的政治理想是一种"优秀者支配制"（aristokratia），即所谓"贤人统治"的国家制度，其根本追求在于哲学精神与政治权力的结合，目的是从根本上消除国家社会里存在的不幸，实现全民所有阶层的每一个人都能够获得幸福。②

一个国家如果能够做到每一个国民都能够是幸福的，这样的国家当然是人类最理想的国家。但是，这种理想有其实现的可能吗？我们都知道，随着每一个人所处的地域、所拥有的文化背景以及社会地位、价值观等不同，其对于幸福的理解与感受方式也就存在着很大的差异。因此，无论什么样的政体，怎么样的社会，有的阶层获得幸福，就会有别的阶层不幸福；有的人幸福，别的人就不幸福；甚至同一个人往往在其感到幸福的绝顶时，突然陷入不幸的深渊，等等。正是由于这个原因，多数人把柏拉图的"理想国"看成是一种"乌托邦"的梦境。③ 其实不然，柏拉图在《理想国》里多次强调，虽然要实现这样的国家有相当的困难，但是那是可以实现的理想社会，"哲人王"就是为了实现全民的幸福的必然选择。

作为哲学家的柏拉图当然对人们在追求幸福时的多元化现象不会没有认识。知道有上述疑问存在却要描绘这样一个理想国家的蓝图，完全来自于他所理解的"幸福"与人们一般意义上幸福观的根本区别。柏拉图承认：只要是人无论谁都在追求幸福，没有人希望不幸。④ 但是，人们总是以名誉、地位、权力、财产的拥有作为"幸福"的条件。如果从这种条件出发，无论怎样的理想政体，要实现全民每一个人都能够幸福当然不可能。可是，在

---

① 参见《理想国》473c，484b-d，499b-d，501e，503b；《书信集》326a-b。

② 参见《理想国》419b，等等。

③ 美国政治学家 Thomas Pangle 认为，《理想国》是一种思考实验，正是体现了这样的国家是不可能实现的政治的局限性。而伦理学者 Martha Nussbaum 也认为，连妻儿都不要的人，不可能治理好国家。所以，这种制度不现实。参见 Plato's Republic，Maruzen Audiovisual Library 1998。

④ 参见《欧绪德谟篇》278e，282，《美诺篇》78a。

柏拉图看来，这种带有社会普遍性的幸福观，仅仅只是"想象的幸福"，即"被认为是幸福的"一种错觉，根本不是"真正的幸福"。"真正的幸福"将超越那些外观和表象，追求内在于人的行为中的"善"之实质性的拥有。在《会饮篇》里①，柏拉图对这种幸福观做了明确的阐述。柏拉图指出："幸福"（eudaimonia）的本质在于"善的拥有"（ktesei agathon）②，这是"万人共通"（koinon panton anthropon）的一种希求（elpis）。

在希腊语里，"eudaimon"（幸福的）与"eu prattein"（善行，善终）基本上是作为同义词使用。也就是说，人的幸福与否，来自于人的行为的善恶。正因为如此，柏拉图反复强调：人的幸福与人的德性拥有不可分割的关系。③ 他以人如果不具备作为人的德性（arete），就不可能获得幸福④ 为基本出发点，提出了"美好且善良的人"是幸福的，"不正义而邪恶的人"是不幸的著名观点。⑤ 这种把人的"幸福"与人的"德性"相联系的观点，对于他构筑"哲人王"的理想国家具有两方面重要的意义。

首先，把"幸福"从人的行为"从善"这一本质来把握，就可以克服由于人们对幸福的多元追求所产生的无法做到每一个人都能够获得幸福的难题，从而为描绘"不能有一个人是不幸的"理想社会铺平了理论上的道路。也就是说，柏拉图把一个国家从国王到最下层的人民都以"从善"作为幸福的根本，并在这种统一的价值观的前提下，把每一个国民的忠于职守作为"从善"的标志，忠于职守是个人的"德性"得到最高实现的根本。⑥ 那么，他所提倡的实现全民都能幸福的理想社会在理论上当然就讲得通。由此可以看出，柏拉图所构筑的理想国，并不是建立在人们多元的价值观得到满

---

① 参见《会饮篇》204e-205a。

② 这里 ktesei 中 te 的 e 和 agathon 中 on 的 o 本来是长音，本文中希腊语的长音字母一律以短音标记。另外，本文中所采用的柏拉图哲学的译语和引文，都来自于英国牛津大学编辑的 O.C.T 系列的《柏拉图全集》的希腊语原文的直接翻译。

③ 参见《阿尔基比亚德斯篇1》134d-e；《斐多篇》82a-b；《卡尔米德斯篇》172a，174c，176a；《普罗泰戈拉篇》313a，等等。

④ 参见《阿尔基比亚德斯篇1》134a-b。

⑤ 参见《高尔吉亚篇》470e，507c。

⑥ 参见《理想国》421c，423d。

足的基础之上的一种追求，而是在把人们多元的价值观提高到对以"从善"为"幸福"这样一种统一的价值认同之后的理想选择。① 正因为如此，国民教育（为了统一国民的价值观）在理想国里显得格外的重要。这也就使我们不难理解《理想国》在政治论的内容里，为什么拥有浓厚的教育论色彩的问题。

其次，如果"幸福"来源于"从善"或者拥有"善"，那么有关"善"的知识就必不可少。那是因为，人们如果没有"善"之知识，怎样的行为才是"善"的，或者如何"从善"也就不得而知。② 当然，这里所说的"善"之知识，必须是任何情况下都应该是"善"的，拥有普遍意义的知识，不然就无法达到"万人共通"的幸福。柏拉图特别指出，"善"与其他的知识不同，仅仅只是自己感到，或者让别人认为自己是"善"的根本不行，实际上自己的行为在本质上是否属于"善"之行为的问题至关重要。③ 但是，现实生活中，人们对"善"的追求，往往只满足于自我感觉，或者别人的评价的层面。为此，把"幸福"建立在对名誉、地位、财产的基础之上。柏拉图认为，这些人所追求的只是"幸福的影子"，而不是"真正的幸福"。只有哲人才能不懈地追求拥有绝对意义的，本质的"善"之知识。因此，哲人才能称得上"幸福"的真正追求者，才能给社会带来"真正的幸福"④。上述的理解，为柏拉图提出"哲人王"理想提供了最根本的理由和理论依据。

综上所述，柏拉图的"哲人王"理想，是建立在他对"幸福"的理解之上的一种追求，是他把人的"幸福"与人的"从善"相关联思考的产物。无论是个人还是一个国家，其追求的根本都在于"幸福"的获得或者实现。那么，当人们认同了"幸福"离不开"善"之行为这一根本的价值观时，"善"之知识问题就成了最切实的本质问题。哲人作为这种知识的不倦追求

---

① 柏拉图初期对话篇中人的伦理行为的探索，实际上都是在追求有关人的价值观的统一的尺度。要在国家社会实现全民的幸福，这种价值观的统一是不可缺少的。《理想国》的教育论的根本也在这里。

② 参见《欧绪德谟篇》280d；《国家篇》506e，517c，等等。

③ 参见《理想国》505d；《克里同篇》48a-54a。

④ 苏格拉底宣言自己的探索，是要给雅典公民带来幸福的，所以，自己不但无罪，还需要城邦赐给他一顿"国宴"的事例，充分说明了这一点。（参见《申辩篇》36d-e）

者，当然成了一个国家社会实现"幸福"的关键。那么，其被推上王位也就理所应当。

## 二、哲人与真知

由于"哲人王"理想是建立在为实现国家社会普遍"幸福"基础之上的，而要实现这种"幸福"就离不开"善"之知识。为此，人们就容易把哲人与"善"之知识的拥有者等同起来，从而忽视了哲人只是真知的追求者而不是真知的拥有者这个柏拉图哲学的基本前提。当然，这种误解从某种意义上是由于柏拉图针对这个问题叙述上的一些原因造成的。在《理想国》里，我们可以看到一些容易产生这种误解的叙述。特别是其对于"只有当知道善美之事的人作为国民的守护者而监督国家时，社会的完善秩序才能得到保证"问题的强调，① 为人们的误解提供了重要依据。其实，关于"国家的守护者必须是善美知识的拥有者"这个观点，贯穿了《理想国》里"哲人王"问题的全部。要实现全民幸福，"善"之知识不可缺少，因此，柏拉图反复强调国家的守护者，监督者必须拥有这种知识。但是，强调"必须拥有"并不能得出"已经拥有"的这种结论。也就是说，柏拉图只是要求国家的守护者，监督者必须追求"善"之真知，而哲人就是"真知"的追求者，或者哲学会使人拥有这种追求。即使这样，他也绝对没有明确地提到哲人获得了这种真知。我们只要仔细分析《理想国》里的有关叙述就不难得出这种结论。

第一，柏拉图在提到哲人的探索时确实坚信哲人通过不懈地探索可以达到对"本真存在"的观照状态。② 但是，柏拉图只提到两点说明这种可能性的理由。（1）由于哲人对"本真存在"的存在坚信不疑，所以，直到接触到（hapto）这种存在为止探索不已。③（2）由于哲人不会混淆（dunamenos kathoran＝可以看出）"本真存在"与"分有了这种存在的事物"④。理解这两

---

① 参见《理想国》506a-b，etc。

② 参见《理想国》476b，484b-d，490a-b。

③ 参见《理想国》490b。

④ 参见《理想国》476c-d。

个理由的关键在于，如何看待"接触到"和"不会混淆"的问题。对于理由
（1）所涉及的"接触到"为止探索不已这个问题，必须从两个方面来考虑。
首先，虽然哲人探索不已但是并不能肯定其必定"接触到"其探求的对象。
其次，即使哲人的探索"接触到"本真存在，但那种"接触"是否就意味着
获得"真知"的问题仍然必须考虑。如果从柏拉图的哲人通过探索可以达到
"观照本真"状态的观点来看，① 他确实相信哲人是"接触到"了其探求的对
象。那么，哲人对本真的"接触"，当然就是以"观照"（theoria）的方式。
为此，我们对柏拉图哲学中关于哲人"观照本真"的问题必须有所了解。

柏拉图哲学中有关"观照"问题的叙述，主要集中在《斐多篇》、《理想
国》、《斐德罗篇》这中期的三大重要对话篇里。② 只要梳理一下与此相关的
内容我们就会发现，柏拉图为我们提供了两种不同的"观照"方式。一种为
"直接观照"，另一种是"间接观照"。"直接观照"是直接以"本真"为对象
的观照，只有这种观照才能获得"真知"。至于"间接观照"是以在理论的
探讨中浮现出来的"本真"为对象，犹如把太阳倒映在水中进行观察一样，
把"本真"倒映在理论（logos）这个媒介物里进行"观照"。这种观照虽然
是人到达"真知"的唯一途径，但是，这种间接的方式只能不断地接近"真
知"而并不能达到完全获得"真知"。而其对人来说之所以是唯一的方法，
是因为人的灵魂无法脱离肉体的缘故。③ 那么哲人首先是人，只要是人谁也
无法超越这种局限的。因此，哲人达到了"观照"状态，并不意味着获得
了"真知"④。所以，上述的理由（1）中提到的哲人"接触到"其探求对象，
即"本真存在"，并不意味着哲人获得了真知。那么，理由（2）又该如何理
解呢？

理由（2）的关于哲人对"本真"与"分有事物"能做到"不会混淆"
的问题，在《国家篇》的五卷的后半部分以及六卷的前半部分被多次论及。

---

① 参见《理想国》476b，484b-d，490a-b，etc。

② 参见《斐德罗篇》249e-250b；《会饮篇》210d；《理想国》484b-d；《斐多篇》84a-b。

③ 参见《斐多篇》82e。

④ 参见林美茂：《哲人看到了什么——柏拉图哲学中"观照"问题的辨析》，《哲学研究》
2003 年第 1 期。

特别是为了强调哲人与非哲人的不同，柏拉图把哲人探索时 "不会混淆" 的认识状态说成是 "知识"（gnome）①，把可以观照 "本真" 的人称为 "有知之人"（ho gignoskon）② 等等。这些表明，就成了人们曲解柏拉图的最重要依据，从而把哲人的 "不会混淆"，理解为那是因为哲人拥有了 "真知"。

如果我们仅仅从柏拉图叙述的字面并进行断章取义的话，从上述的表明确实可以得出柏拉图在《理想国》里已把哲人作为 "有智者" 认识的结论。可是，只要我们详细分析那些叙述的话语，就不难发现柏拉图在这里所说的 "知识" 和 "有知之人"，实际上只是为了与那些非哲人们的 "臆见"（doxa）③ 和其为 "臆见之人"（doxazon）相比较时而提出来的。也就是说，柏拉图为了说明以 "本真存在" 为探索对象的认识是 "知识"，而以 "感觉事物" 为对象的认识只能是 "臆见"。那么，自然就有了 "有知之人" 和 "臆见之人" 的区别存在。因此，这里所说的 "知识" 和 "有知之人"，那只是相对于一般比较意义上的叙述，不能理解为柏拉图哲学所追求的根本意义上的 "真知" 和 "有智者"。

我们不能忽视柏拉图哲学中有关界定 "真知" 的基本前提。柏拉图在论述到人的 "真知" 有无时，从来不做人与人之间的比较，总是把人与神来比较，④ 他所说的人是无知的这个问题，就是建立在这种比较的前提之上的。然而，他在这里所说的 "知识"，却是建立在人与人比较的基础上。虽然我们不知道柏拉图在这里，对于 "知识" 一词不用 "episteme" 而使用 "gnome" 来表达，是否拥有区别之意图，但是，我们必须认识到，这里所说的 "知识"，要与哲人所追求的真正意义上的知识，即所谓 "真知" 区别开来。人不拥有 "真知" 就不可能是 "有智者"。那么，这里所说的 "有知

---

① 参见《国家篇》476d。

② 参见《国家篇》479e。

③ "臆见"（doxa）在我国一般被译成 "意见"，这种译法不够理想。因为 doxa 的在柏拉图哲学里与人的 "想当然"、"自以为是" 无异，是作为与 episiteme（知识）相区别的概念而批判的。所以，译成 "意见" 不容易使人看出其认识上存在的问题。为此，笔者以为改译成 "臆见" 较好。在日本，由于这个单词难以准确翻译成汉字，就以片假名音译成 "ドクサ"（读音 "多克萨"），以下同。

④ 参见《大希比亚斯》289b，《申辩篇》23a，《巴门尼德篇》134c，《法篇》716c。

之人"当然也不能作为获得"真知"的有知之人来认识。柏拉图哲学中关于"哲人"的界定是众所周知的。哲人是"爱智者"而不是"有智者"。在《会饮篇》① 和《吕西斯篇》② 等对话篇里，柏拉图明确指出，有智者不会热爱智慧，那是因为已经拥有了智慧。无知的无自觉者也同样不会追求智慧，那时因为他们认为自己已经有了智慧，活在"臆见"之中。只有"无知的自觉者"才会热爱"智慧"的。那么，作为"爱智者"的哲人，很显然还不拥有"真知"，也就是说，正因为没有"真知"才孜孜不倦地追求"真知"，才是"爱智者＝哲人"。

综上所述，在这里柏拉图所说的，哲人可以区别出"本真存在"与否而做到"不会混淆"，并不是建立在哲人拥有了"真知"的前提之上的。因此，这里所说的"不会混淆"不能当作柏拉图关于哲人拥有"真知"的表明来理解。

第二，那么，如果哲人没有"真知"，又是如何能够分辨出其所探索的对象"本真存在"与否，从而做到"不会混淆"呢？众所周知，柏拉图（—苏格拉底）哲学的前提是把哲人作为"无知的自觉者"来把握。所谓"无知的自觉"，那是对于被认为是"知"的状态而事实上却并非如此的话，就不会把"不知"当作"知"来把握的一种自觉。所以，哲人即使不知道"本真"为何物，也不会把"非本真"当作"本真"而混为一谈。③ 那是因为，柏拉图认为"本真存在"必须是一种满足"无论何时何地什么场合都保持恒常不变状态"条件的一种存在。④ 那么，哲人在现实的探索过程中，不符合这个标准的存在就不会把其当作"本真存在"。当然，这种探索和识别是在"哲学问答法"（dialektike）⑤ 中严格进行的。因此，从"无知的自觉"意

---

① 参见《会饮篇》204a。

② 参见《吕西斯篇》218a-b。

③ 参见［日］戶塚七郎：《ソクラテスの弁明・饗宴》，（东京）旺文社文库1969年版，第248页。

④ 参见《理想国》479e，484b，等等。

⑤ dialektike 在国内的学术界一般被译成"辩证法"，笔者认为这样的译法不妥，容易与近代以来的"辩证法"混淆。近代以来的"辩证法"是一种揭示矛盾双方对立统一的思辨方法。可是，在柏拉图哲学里，dialektike 没有对立双方对立统一的内涵。它在初期的苏格

义上来看，哲人即使还没有关于"本真存在"的知识，也不会混淆"本真"与"非本真"；而对于别人的认识是否合理，"真知"与否同样也可以辨别。在《理想国》里，我们可以找到体现柏拉图这种认识的相关论述：例如，"能够谈论别人的各种意见（考虑）却不能说出自己的想法，我觉得不对吧！苏格拉底呀，特别是像你这样一位长期以来从事这些问题研究的人来说"①。这段话反映了当时的世论对苏格拉底的批判，同时也蕴含着哲人探索的凭借之所在。苏格拉底对自己的想法无法说的理由是，他自觉自己不具有对于自己所探讨的事物的真知。但是，不具有"真知"的苏格拉底却可以做到辨别别人的认识"真知"与否，并一直把别人的自以为是（doxa）论驳得无路可走（aporia）。

自己不具有"真知"却能够辨别"真知"与"非真知"，不知道"本真存在"却能够区别"本真存在"和"非本真存在"而不混淆。其理由之一来自于哲人拥有"自知其无知"的冷静自醒，此外，还有一个很重要的原因，那就是哲人"所想"（ha oietai, hos oiomenon）的作用。② 柏拉图在叙述哲人（苏格拉底）探讨"真知"时，都是立足于"所想"而展开论述的。③《理想国》中对于"善的理型"究竟应该是怎样的一种存在的叙述时所采用的

---

拉底对话过程中，主要是通过揭示对话者回答（思考）中的存在的矛盾，或者逻辑的不自恰因素，从而促使对话者提出新的思考的探讨方法。而到了中期的柏拉图哲学，柏拉图则在苏格拉底思考的基础上，提出了这个方法，被定位为哲人探索真理过程中一种不断验证与破坏、立论、假设（hypothesis）的讨论方法，是哲学最终达到无假设的高度不可或缺的、唯一的上升阶梯的哲学方法。这个单词起源于"对话"的希腊语"dia-logos"，其原意是"对话法"。日本在 20 世纪初也是译成"辩证法"。可是，到了后来，随着日本人对于古希腊哲学研究水平的提高，出现了两种新的译法。其一是直接使用片假名音译为"ディアレクティケー"（音为"底亚勒克提克"），其二译作"哲学问答法"。本文认为日语的第二种译法适合于中文译法。其实，这个单词到了亚里士多德哲学里其含义又有了变化，详细的内容请参照《希腊哲学史》第三卷（人民出版社 2003 年版）的姚介厚先生的有关著述。

① 参见《理想国》506c。

② "自知其无知"与"所想"这两种因素缺一不可。如果只是"所想"而没有"自知其无知"，就容易陷入想当然。而如果只是"自知其无知"而没有"所想"，探索就无法开始，更无从做到对于对象的辨别。

③ 《理想国》506c，506d，等等。

"日喻"是这样的。① 而对于"正义"和"节制"等进行阐释时也是这样的。②
柏拉图通过苏格拉底之口明确地表明了这种立场。(1)"那个时候，我就把
所想到的自己的考虑（opr emoi edoxen）这样说了一番"③。(2)"我们讨论到
现在，对于正义本身是什么，假如绝对正义的人存在的话，应该是怎么样的
人做了探讨。那是从寻求典范的意义上来说的"④。表明（1）已明确体现了
苏格拉底谈论"正义"等问题时，只是"把所想到的自己的考虑"做了叙
述。表明（2）说明了苏格拉底只是"从寻求典范的意义上"阐述了"正义
本身"应该是怎样的一种存在。也就是说，他的说明只是一种建立在理论意
义上的设想。因此，也是属于"所想"的范畴。读过《理想国》的人都会发
现，在第二卷至第五卷前半部分描述理论意义上的"理想国"时，最重要的
关于"理型"的问题没有提及。那么，这在某种意义上说明苏格拉底所叙述
的"理想国"并不是建立在拥有"真知"的基础之上，而仅仅只是"从寻求
典范的意义上"把自己的"所想"进行了阐述。而在叙述"善的理型"时苏
格拉底首先声明：自己对于"善"，"连仅仅所想其是什么"都无法做到⑤，这
句话可以作为我们上述理解的最好佐证。

　　上述的叙述现象说明，柏拉图承认人对于"自己不知道的事情"，同样
可以拥有"那究竟应该是怎样的"这种理论意义上的"所想"。而这种"所
想"，恰恰反映了哲人探索过程中所拥有的一个重要的可能性因素。那就是
哲人即使不知道"本真存在"究竟"是什么"，然而，可以设想只要是"本
真存在"，就"必须是怎么样"的一种存在。只要是人，都具备有这种"设
想"的能力。当然，这种"设想"属于一种条件的建立，也仅仅只是一种人
的"臆见"（doxa）。但是，这样一种对于"典范"的条件假设，就是苏格拉
底能够做到辨别人的认识达到了"真知"的状态与否，做到不混淆"本真存
在"与"非本真存在"的可能所在。

---

① 参见《理想国》506c。

② 参见《理想国》368a- 471d。

③ 《理想国》368c。

④ 《理想国》472c。

⑤ 《理想国》506e。

第三，那么，在柏拉图看来，哲人究竟是靠什么支撑着自己的"所想"，而哲人的"所想"与一般人的"臆见"又有何不同呢？这是必须探讨的关键问题。

我们可以从《理想国》的以下两段话中了解到支撑哲人"所想"的是什么。(1)"我不想主张我所见到的就一定是本真存在，但是，那样的一种存在我们必须看见，这一点我想极力强调"①。(2)"如果我们不知道它（善的理型），那么别的事情知道得再多，正如你所知，那些对我们来说都是没有用的。这正如拥有很多别的东西却不拥有其善者，没有任何益处一样"。②这里的 (1) 和 (2) 虽然表述的方式不同，但是，其内涵是一致的。那就是哲人对于"本真存在"或者"善的理型"的存在，是建立在一种认为其对人来说是不可缺少的信念之上的，而对于哲人来说这种存在也只能依赖于自己的信念。那是因为，对于人来说，柏拉图所说的"本真存在"是自出生之后从来没有见过的存在。这样的存在，要主张其一定是存在的只有靠信念来确立。正因为如此，《理想国》在论述哲人的素质时反复强调，哲人与一般人之不同就在于相信（nomizo）"本真存在"的存在。③ 很显然，哲人如果没有对"本真存在"怀有坚定不移的信念，就不可能不懈地坚持通过"哲学问答法"探讨真理的艰难旅程。

然而，不管哲人的信念如何坚定，信念总归是信念，那也只是人的一种"臆见"而不是"知识"。那么，哲人的信念（nomizo）与柏拉图所批判的"臆见"（doxa）又有什么不同的呢？柏拉图认为，哲人的"信念"与一般的"臆见"存在着根本的不同，其最大区别在于两者在认识的对象上存在着本质的迥异。后者的对象是感觉事物，由于这种认识对象"有且非有"(to einai te kai me einai)，那么以此为对象的认识将永远停留在"臆见"的层次，不可能发展成为"知识"。因为对于人来说，感觉事物以自己的感觉器官可以直接接触，虽然其不完全，但是人们却相信自己感觉的真实性，并在这种感觉的基础上营造日常生活。所以，也就不会，或者说就不需要做进一步的

① 《理想国》533a。

② 《理想国》505a-b。

③ 参见《理想国》476c-d，479a，485b，490a-b，500c，等等。

探索。而前者则不同，以"本真存在"为探索的对象，自己的"信念"成为动力，在其探索过程中所获得的一切认识都被放在"哲学问答法"中进行不断的检验或论证。那么，这种认识就会逐渐向"真知"靠近。因为"本真存在"是超越人的感觉的完美存在，人们要对其认识同样需要一个完美的尺度，而这种完美的尺度也只有在不懈地探索获得。所以，可以说哲人的那种坚信"本真存在"的存在之信念，将会给哲人带来质疑精神，即对于自己在探索世界的过程中所获得的认识，其是否属于"真知"进行着不懈地确认与探索的精神。通过以上的梳理我们可以认识到：支撑哲人"所想"的就是那种对于"本真存在"所怀抱的坚定信念。虽然这种信念也只是人的一种"臆见"，但是，这种"臆见"不是想当然，哲人不自以为是，只把"臆见"当作"臆见"，这种"臆见"是建立在不懈探索基础之上的"臆见"。所以，与一般人们的"臆见"存在着本质的区别。

综上所述，哲人即使不具备关于"本真存在"的知识、即"真知"，然而，只要他相信这种存在的存在，就可以拥有关于"这种存在应该是怎样的"典范标准的条件设定。而以此为基准，就可以做到对"非本真存在"与"本真存在"的区别。这种区别的过程，恰恰就是哲人不断探索的过程。因此，柏拉图所说的哲人可以不混淆自己的探索对象，并不是以哲人拥有真知为前提，仅仅只是由于哲人拥有了对那种终极存在坚信不疑的信念。所以，我们在理解《理想国》中"哲人王"拥立的问题时，不能从因为哲人"拥有智慧"这个角度寻找理由。柏拉图只是认为哲人最有可能达到观照"本真"，获得真知，并没有说到哲人获得了真知。哲人只是"爱智者"而不是"有智者"，这是柏拉图哲学最基本的前提。所以，我们必须从别的角度寻找为什么"哲人应该为王"的理由。

## 三、哲人必须为王的理由

如果柏拉图的"哲人王"理想不是建立在哲人拥有"善之真知"的前提之上，或者说，如果哲人不是由于真正意义上的"有智者"才被拥立为王，那么，我们就要把哲人放在"爱智慧"的前提下来理解，因为这是哲人与一般人最根本的区别。那么，这种把握是否符合柏拉图的思想呢？我们必须梳理一下《理想国》里的有关叙述。

> 如果我们要避开你所说的那种攻击，并敢于主张哲人必须担任统治者的话，那么我们就必须向他们对哲人是怎样的人进行正确地界定。明确了这种界定，指出那些人天生就是从事哲学的人，同时也是适合作为国家的领导者的，而其余的人不能从事哲学只能适合于追随领导者这种事实。以此就可以使我们的立场得到防御。①

从这一段的内容来看，柏拉图认为哲人为王的理由，首先在于哲学之路并不是对谁都是敞开的。从事哲学的人必须拥有天生的素质。把这个问题与第六卷的开头，柏拉图关于国家的领导者所必须具备的素质界定时的内容进行对照，就会更为明确。

> （1）谁看来最能够守卫城邦的法律和习惯，就该让谁做城邦的守卫者。②

随便改变法律和制度，肆意地动摇城邦的政策，绝对是不能给国民带来安定的生活的。当然，这样的领导者是最可怕的。因此，人们期待着从事政治的人拥有不变的思想，不动摇的信念。从这一点来看，哲人是最适合的人，因为哲人是能够触及恒常不变存在的人，其视野是变化不定的东西所左右和剥夺不了的。

> （2）守卫者必须由灵魂视力最敏锐的人来担任。③

很显然，因为这样的人对于美的事情，正义的事情，善的事情总是进

---

① 参见《理想国》474b-c。
② 参见《理想国》484b。
③ 参见《理想国》484c。

行最真实的把握，尽可能正确地一边观照这些存在一边制定和守卫法律。所以，领导者必须是这样的人。哲人具有敏锐的观照真实的眼光，灵魂拥有判断与观照范型（paradeigma）的能力。因此，完全符合领导者必须具备的这个条件。

上述两种领导者的素质，在对守卫者教育的叙述里，与柏拉图以猎狗善于辨别敌我般的爱智性质，① 以及连碱水也无法让其褪色的染料比喻那些能够彻底保持勇敢德性② 的思考是相通的。那么，为什么说这些素质只有在哲人那里才能找到的呢？这就必须了解柏拉图关于哲人的界定问题，而首先必须在现实中区别哲人和伪哲人。因为现实中一方面存在着许多自称哲学家的人，③ 另一方面一部分人即使天生资质良好，也不一定会发挥在哲学的追求之上。④

第一，柏拉图对真正的哲人所必须具备的素质及其条件作了以下四点的规定。(a) 热爱学习，没有学科偏好。⑤ (b) 热爱对真实的观照⑥。(c) 气宇恢宏，端正无欲。不奴性，不懦弱。⑦ (d) 记忆力和理解力都是超群的，容易引导其对每一事物的本真的认识。⑧ 对于这四点进行了详细的规定之后，柏拉图最后作了如下归纳性的叙述："哲学是对于如果不是天赋具有良好的记性，敏于理解，豁达大度，温文尔雅，爱好和亲近真理、正义、勇敢、节制的人，就不能很好地从事的工作。"

很明显，柏拉图对哲人素质的要求，来自于哲学这种工作的本质所致。这一点相当重要。因为这意味着人即使拥有作为哲人的素质，如果不在从事哲学这一点上得到发挥，也就没有其作为哲人而被拥立为王的资格。特

---

① 参见《理想国》376a-b。

② 参见《理想国》429d-e。

③ 参见《理想国》489d，535c，495d-e。

④ 参见《理想国》494c-495b。

⑤ 参见《理想国》475b-c。

⑥ 参见《理想国》475e-480a。

⑦ 参见《理想国》485e-486b。

⑧ 参见《理想国》486c-e。

别是素质好的人，如果把能力发挥在坏处，比素质差的人危害更大。① 柏拉图在这里强调的是拥有素质与从事哲学是不可分割的关系。正因为如此，必须对哲人的真伪进行严格的区别。我们对柏拉图关于哲人的界定里的绝对条件中可以把握到两点，那就是说真正的哲人必须是：(1) 具有超群的素质。(2) 热爱与认识真理。

(1) 从上述的四点关于哲人素质规定不难看出，符合这些要求的人是超群的。一般的人其中的一条都很难达到，更何况四条都得具备。而柏拉图的要求是，作为哲人必须从童年开始就是“凡事的第一人者”。因此，符合这个条件的人现实中是极其稀少的。② 即使这样，拥有这个素质条件的人，也不一定都把这种超群的素质用在从事哲学之上，因为现实存在着太多的使这些素质堕落的要素。③ 正是如此，哲人的存在就更显得珍贵。而为了使拥有从事哲学素质的人都能得到良好的培育，哲人王制度是唯一的解决途径。

(2) 所以，《理想国》里关于哲人王的选择与培养，对其素质的突出要求是关于热爱与认识真理。在四点的素质要求里，除了 (c) 属于道德的内容之外，其他的三点都是来自于为了热爱与认识真理而提出的。也就是说，对于学问的不偏爱，理解力好，记忆力强的素质 (a) 和 (d) 的要求，都是为了达到素质 (b) 所要求的能够观照真实的根本条件。因为拥有素质条件却不能做到拥有热爱真实的人也就不会从事真正的哲学，那么再好的素质也是无用的。也许这个原因，柏拉图对于哲人素质里“观照真实”的热爱问题作了最长的叙述。并且更进一步指出，这是哲人与其他人最根本的区别所在。④

以上的梳理可以得出以下的结论：柏拉图的“哲人必须为王”的理由，主要放在对哲人的素质与理想的领导者所要求的素质的吻合之上。而人即使拥有先天的超群素质，如果不与后天的正确发挥相结合，就不是哲人，也就不具备为王的资格。这样，辨别真正的哲人显得格外重要。在此，柏拉图提

---

① 参见《理想国》494c-d。

② 参见《理想国》476b，491a-b，496b，503b，等等。

③ 参见《理想国》491b。

④ 参见《理想国》484d。

出了以"对真实的热爱"作为根本的辨别尺度。为此,哲人的"对真实的热爱"就成了哲人为王的最根本理由。

第二,那么,"对真实的热爱"的爱是怎样的一种爱,为什么其可以成为哲人为王的根本理由呢?柏拉图在界定"对真实的热爱"的人时,把其与其他技艺的爱好者和实践者相比较进行叙述。在这个叙述里,突出体现了两点。其一,两者所相信(nomizo)的对象不同。与哲人对于本真存在坚信不疑相对的是,其他技艺的爱好者只相信感觉事物。其二,因此,两者的爱好对象就根本不同。一方的对象为存在自身,即本真存在(to on),而另一方的对象是处于"有与非有"之间摇摆的事物,即感觉存在。

从第一个不同点来看,显然无论是真实的爱好者还是其他的爱好者,他们在认识对象时的立足点都没有超越自己的"臆见"层次。因此,从表面看来两者并没有本质的区别。然而,问题就在于正是由于他们"相信"(承认)的对象不同,这种信念体系就决定了他们爱好的对象的根本不同。而这个不同对于两者在探索的过程中起到了决定性的作用。那是因为,以"感觉存在"为认识对象的人,由于对象的不完美性,从而决定了其认识能力的有限性。无法使其精神产生对完美智慧的追求。① 而以"本真存在"为对象的认识,由于对象的完美性而必须寻求认识的完美尺度,其探索就会由于追求完美而拥有坚持不懈的精神。② 所以,柏拉图认为,那些以感觉存在为认识对象的人,总是一直徘徊在(planomenoi)各种流转变化的事物中无所适从。③ 而探索本真存在的人,坚定不移地直到认识其对象为止探索不已。所以,一方的探索只是满足于"臆见"层次,而他方的探索直逼"真知"。对于两者的区别,柏拉图以"活在梦中的人"(to onar zen)与"活在清醒中的人"(to hupar zen)作了形象的比喻。而这种区别,意味着其灵魂是否拥有"知性"的根本所在。④

从上述的比较中我们可以认识到,柏拉图所说的"对真实的热爱",指

① 参见《理想国》504c。

② 参见《理想国》490a-b,504c。

③ 参见《理想国》479d,484b,586a。

④ 参见《理想国》508d。

的是坚信"本真存在"的存在，并以此为认识的对象进行探索的"真知"之爱。拥有这种热爱的哲人，是现实中"活在清醒中的人"。而在柏拉图看来，只有这种人的灵魂才拥有"知性"，其他人的知性是盲目的。① 由此看来，柏拉图在哲人素质的界定中以"热爱真实"作为最根本的尺度，是为了指出人的灵魂"知性"的清醒与盲目的区别问题。因为只有灵魂的知性清醒的人，才能做到拥有敏锐的视力。那么，城邦的领导者当然是这种人才当之无愧。除此之外，柏拉图还进一步指出，人的灵魂一旦拥有"对真实的热爱"，世俗的种种低级的欲望就会逐渐枯竭。那时，被囚禁在肉体中的灵魂将从肉体的欲望中得到最大的解放，从而能够一心地追求最高的"善"。柏拉图以"河川的比喻"说明"爱智者"的灵魂不会被肉体的欲望所左右。犹如河流朝着一个大方向奔流而去时沟壑和浅滩不但无法阻挡河流。相反地，途中沟壑里的水流会汇入主流一起向前的。②

哲人由于"对真实的热爱"而从肉体的欲望中得到解放，就必然对现实社会的金钱、名誉、地位漠不关心，成为一个有节制的人，全身心投入对于"真知"的追求之中。关注着永恒存在，以此为典范尽量使自己与此同化同在。③ 那么，这就意味着"热爱真实"，追求真理的哲人，无论从人的"智慧"的方面还是"道德"方面都成了最优秀的存在，即成为最具有"德性"的人。所以，对于他们来说，在人类社会中真正的"善"，真正的"正义"是什么即使还不能把握，还不拥有"真知"，却仍然可以说哲人的这种生活和追求，正在朝着"善"与"正义"的正确方向。正是这个原因，柏拉图认为，哲人是"不输于任何德性"的人。④ 哲人的素质拥有与"至善事物的亲近性"⑤。

综上所述，柏拉图在有关哲人必须为王的理由叙述中，着重点放在对哲人的素质的界定之上。由于哲人坚信"本真"的存在，并以此作为自己探

---

① 参见《理想国》508d。

② 参见《理想国》485d-e。

③ 参见《理想国》500b。

④ 参见《理想国》484d。

⑤ 参见《理想国》501d。

索的对象，这种追求意味着哲人"热爱真实（真理）"。由于这种热爱，使哲人灵魂的知性永远清醒，洞见真理的目光敏锐。由于这种热爱，使哲人远离世俗的欲望，向节制、正义靠近，成为在社会上无论知行都可堪称最有德之士。那么，国家的领导者当然需要选拔最有远见的人，同时也需要最有道德的人，而哲人正是最符合这些条件的人，所以，作为城邦的领导者非哲人莫属。就这样，柏拉图通过比较哲人与一般人的素质的根本不同，指出这种不同的本质意义，从而为其提倡"哲人王"的理想提供了理论依据。

通过上述对柏拉图有关"哲人王"问题论述内容的梳理和分析，我们的结论已显而易见。"哲人王"的提出，并不是建立在哲人拥有"真知"的前提之上的。柏拉图只是从哲人素质的优秀性出发，详述了这种素质的根本意义所在。人类社会的不幸往往发生在理性的失控与知性的盲目之时，而哲人的素质里拥有的对于"真知"不竭的热爱，这就使哲人的灵魂知性始终清醒。这种清醒成为社会从不幸中得到解放的可能条件。虽然哲人还不具有实现全社会幸福的"善"之真知，然而，消灭不幸正是理想国家的最根本的目标之一。如果社会能够脱离不幸，也就意味着这个国家正在朝着幸福的方向靠近。从哲人是爱智者的角度来看，哲人不可能拥有"善之真知"，因为那是神才拥有的知识。可是，如果从人类所拥有知识的可能性进行比较，探索不懈的哲人是最有可能接近"真知"的人。《理想国》里柏拉图称哲人为"有知之人"应该从这种意义上来理解。所以，对哲人的素质问题的强调，是《理想国》里"哲人王"培育和拥立的根本。除此之外，理想国家里的阶级划分也是以国民的素质为基准的。这些倾向，不能不说是柏拉图构筑"哲人王制"理想与探讨其实现可能性时的显著特征。而要对那些批判"哲人王"理想为非常识的人们，柏拉图以人的素质的差异为盾牌，正是来自于哲人不是"有智者"只是"爱智者"这个理由的。因为哲人不具备"善之真知"，即使从理论上说哲人的智慧属于人类最好的智慧，但是，只要不是"真知"，实现"哲人王制"时的判断标准就无法确立。对此，柏拉图通过把视点转移到对哲人素质的优秀性的论述，从而使这个难点得到克服。

——本文刊载《复旦哲学评论》第 3 辑，上海人民出版社 2011 年版

# 柏拉图恋爱论中"生成与不死"问题的意义剖析

## ——关于《会饮篇》204d1—212c 的一种诠释

柏拉图哲学中"恋爱论"是人们所熟知的重要问题，其"恋爱论"最重要的对话篇是《会饮篇》。在这个对话篇中，他把对于美本身的观照作为恋爱的最高目标，论述了它是人最值得追求的生活以及恋爱的终极境界之所在。① 可是，至今的学界始终关注的是"恋爱"与"美的 idea"上升的关系，却把极其重要并且属于最根本的"生成与不死"问题忽视了。② 如果不能把握这个问题在《会饮篇》"恋爱论"中的作用，不能认识到其在衔接恋爱问题与哲学规劝中所拥有的意义，就根本无法理解 Eros"上升"的根本动力何在，更无法理解柏拉图的"恋爱论"为什么可以从肉体之爱向真知之爱的合理性跨越。

在《会饮篇》中，下面的这段话对于柏拉图"恋爱论"来说其所蕴含

---

① 《会饮篇》211d。

② 比如，在 1991 年的 Proceedings of the Boston Area Colloquium in Ancient Philosophy（第 193—214 页）上发表的 R. Patterson 一篇论文 "The Ascent in Plato's Symposium"，关注点仍然是 Eros 是如何上升的问题。他认为 Eros 在上升的过程中通过对于"美"的赞赏而产生言论（logos），从而对更高的美的存在的觉醒，进一步加深美的认识，如此反复最终抵达美本身的观照境界。其实，这种观点属于学界界对于恋爱论的基本见解，不过他在这里进一步谈到了 Eros 是以知的欲望为前提，美的层次之间的因果关系的探索产生 Logos 等，强调 Logos 在这里起到了欲望对象上升的启示作用。然而，不管人们怎样努力企图在"恋爱论"中读出新的内容，却至今没有看到关于"生成与不死"问题与"恋爱论"的关系论述。

的意义不可忽视，它是理解《会饮篇》"恋爱论"的关键性论述。

> 可死的存在总是寻求着尽可能一直存在着而不死（aei te einai kai athanatos）吧！但是，可以做到这一点的只有一种（办法），那就是在生育中（tei genesei）。那是因为可死的存在，通过每一次生育，别的新的东西代替了旧的东西而存留下去（207d）……实际上，一切可死的存在（生命）被维持的只有这种方法，并不是像神性的存在那样，以完全同一的东西恒常（aei）存在着。① 倒不如说，那是由于消失的东西，老去的东西，以跟从前的自己相同形姿的别的新东西而保存下去的。苏格拉底，正是这种方法让可死的存在分有（metecho）不死。不但在肉体的方面是这样的，其他一切方面也都是如此。②

这段话在《会饮篇》中是属于苏格拉底讲述 Eros 故事的后半部分出现的内容。大家知道，在这里苏格拉底所说的一切内容，都是通过转述女巫蒂欧提玛的教说形式进行的。③ 内容涉及恋爱（Eros）的本质、由其本质所决

---

① 在这段叙述中前后有两个"aei"需要区别对待。在希腊语中"aei"的意思有"恒常"、"每一回"的意思，虽然都是修饰表现持续状态的副词，但是严密地说这里有两种截然不同的持续内涵。（1）"恒常"的持续指的是"永远不间断而永恒持续"的一种连续性持续状态。（2）"每一回"的持续指的是"……每一回总是……"属于断续性的持续状态。所以，这段叙述中最初出现的"aei"，指的是"每一次生育"的断续性的持续，所以译成"一直"，避开"永恒"的字眼。而后面的"aei"指的是神的永恒，属于连续性的持续，所以译成"恒常"。对于这两者的区别阅读，将是本文在第一和第二部分论述的重要问题。

② 《会饮篇》208b1-7。

③ 关于女巫蒂欧提玛是否真实存在，学界有两种观点，一种认为历史上存在过此人。而更多的人认为这是柏拉图塑造出来的女性。根据希腊语，"蒂欧提玛"（Dio-tima）的原意是"宙斯的荣光"（Dios = 宙斯 + time = 荣誉、荣光），而神是真知的所有者，宙斯是主神，那么"宙斯的荣光"就是"知的荣光"。为此，在这里通过虚构人物"蒂欧提玛"谈论 Eros，意味着这种学说是由"知的荣光"所传授的学说，多少蕴含着柏拉图恋爱论的某种提示 [参见《プラトン全集·5》，（东京）岩波书店 1974 年版，第 274 页；[日] 小泽克彦：《プラトンの愛の哲学》，（东京）高文堂出版社 1989 年版，第 169 页]。

定的对象以及恋爱的目的等问题。从结论来说，恋爱的本质是介于有无之间的"中间状态"，其对象是"美那种存在"，其目的是为了"不死"。之所以说是为了"不死"，那是因为作为人无论是谁，在肉体和精神上都怀着（孩子），达到一定的年龄时其本性中都有生育的欲望。这种生育的欲望就是恋爱的根源性力量。但是，生育的时候，与其放在丑的对象中进行，不如在美的对象中来得快乐，并且生育使人可以像神那样获得永恒。上文引用的这段话，就是蒂欧提玛对于生育可以与永恒相连的理由说明。也就是说，可死的存在通过"生育"这种方法，虽然只是以新旧交替的断断续续形式延续着生命，但是，毕竟可以把与自己同质的个体得以保存，以种的形式与永恒不死的存在相连。

　　然而，大家都知道，包括我们人类在内一切生物都无法摆脱死亡的命运，成为不死的存在与一切生物都是无缘的。这在柏拉图哲学中也不例外，他一直探索着作为可死存在的人的存在意义。可是，在这里柏拉图却从包括人类在内的生物之"怀孕与生育"的现象着眼，指出了可死的存在由于这种自我生成能力的内在，从而可以分有不死的性质，并从"恋爱论"的视角探索着人类从有限的存在向无限的存在超越的可能途径。

　　那么，人类是否可以成为不死的存在？柏拉图所说的人类之不死究竟何指？其提出这个问题的意图或者目的何在？在这里提出"生成与不死"的问题在恋爱论中的意义和作用是什么？为了弄清这些问题，本文拟从以下三个方面展开相关文本的梳理和剖析。

## 一、怀孕与生育所带来的"不死"究竟是什么意思？

　　为了弄明白这些问题，我们必须从柏拉图哲学中关于"不死"的诸种界定分析入手，因为他对"不死"的界定并非十分明确。在希腊语中，表现"不死"的名词是"athanasia"，形容词是"athanatos"，两者都是从"thanatos"或者"thnetos"等表现"死亡"的单词前面加上否定性的接头词"a"而派生的词。然而，这个否定性接头词"a"，拥有否定与欠缺两种含义，即包含了"全体否定"和"部分否定"解释的可能性。① 那么，在这里的"否定"含义究竟是表示全体否定的"不"，还是部分否定的"未"（尚未），结论是完全不同的。也就是说，如果把"a"作为全体否定来解释，"athanasia"或者"athanatos"就是"不死"或者"不死的"，这与我们一般所理解的"永恒不死"的含义相同。但是，如果把"a"理解为部分否定，那么"athanasia"或者"athanatos"只能作为"未死"（尚未死）来认识。我们一般只是把"athanasia"或者"athanatos"翻译成"不死"，其实这个概念要根据文本中的前后内容关联进行区别对待。因此，我们首先必须知道，柏拉图哲学中出现的"不死"这个概念，并不是全部都与我们一般所理解的"不死"即"不灭"＝永恒的含义相同，它们是有区别的。"athanasia"或者"athanatos"有时具有永恒不死的意思，有时却不具备这种含义。比如《斐多篇》中出现的下面一段话可以为我们提供相关的依据。

> 如果不死也是不灭的（这件事情）可以得到确认的话，灵魂是不死的同时，也可以成为不灭的（存在）吧。(106c)（ei men hemin homologeitai kai avolethron einai，psyche an eie Pros toi athanatos einai kai anolethros）

上述这种表明所揭示的对于"不死"的认识是显而易见的，那就是"不死"并不意味着"不灭"。如果"不死"就意味着"不灭"，在这里就不需要用条件句"如果……的话"（ei……）来表现，更不需要用希求式的"……吧"（an aie……）这种表现不确定的可能性语气来表达，这样显然是不自然的。在《斐多篇》的这一部分论述中，苏格拉底为了证明灵魂不死而使用了"回

---

① 比如，亚里士多德在《形而上学》中对于"欠缺"（steresis）的定义时谈道："以 a '否定性接头词'的否定所说的同样，（我们）在各种各样的意思中说到欠缺。在本性上可能拥有相等性的东西，只要不具有相等就被说成不相等，完全不具有颜色或者只有些微的颜色的东西就被当成看不到的东西，完全没有脚或者只有不完全的脚的东西被称为无脚的东西"（1022b 第五卷第 22 章）。从这里可以看出，无论全体否定还是部分否定，都是使用 a 否定性接头词来表现。

忆说",但其论证的效力仅仅只能停留在过去到现在的时间段,而从现在到未来时间里"回忆说"是无法提供任何保障性依据的。正因为如此,当苏格拉底被克贝斯以"织布师与布的比喻"质疑时,当场承认这是极其棘手的问题,他最终只能采用"次好的方法",即"形相原因说"之"第二次航海"进行灵魂不死的逻辑论证。从苏格拉底与克贝斯之间的对话中我们不难看到这里存在着两种关于"不死"的认识。苏格拉底所说的"永恒不死的存在"(即灵魂)中的"不死"就是"永恒"的含义。而对于克贝斯来说,苏格拉底根据回忆说而阐述的灵魂不死之"不死",只是从过去到现在为止"尚未死"的存在确认,至此为止"不死"的灵魂,并不能保证从现在到将来永恒不灭,那是不确定的、谁也不知道的事情。①

　　关于"不死",仅仅只是"至今为止尚未死"的状态,这种理解对于我们似乎是一种很陌生的观念,而这究竟在古希腊是否属于一种普遍的思想,属于人们的一种认识倾向我们不得而知。但是,我们至少在柏拉图的哲学中看到当时存在着对于"不死"问题的这种疑问。之所以会有这种疑问,是因为人们对于死后究竟是怎样的世界谁也没有见过,更没有体验过,我们所能知道的只有活着的事实而至。这种事实对于可死的人来说只意味着处于"尚未死"的状态,所以讨论的出发点和归结点都在这种状态中。活着的世界可以真实地感受到,而死后的世界只能交给想象,那种想象所参考的也只有活着的世界,即"尚未死"的状态。因此,从活着的状态的运动和静止,繁荣和衰败观察出发,人们想象着灵魂是存在的,那么就产生了生与死属于肉体与灵魂的结合和分离的思想。不过,由于灵魂的存在也只是一种观念,谁也不知道究竟事实情况如何,这就为"不死"的问题留下了人们讨论的余地。本文所关注的并不是《斐多篇》中苏格拉底和克贝斯之间对于"不死"问题其见解存在着怎样的不同,而是要指出当时的人们使用"athanasia"或者"athanatos"概念时存在着上述两种不同的见解。为了此后分析上的需要,本文在以下阐述中将意味着"全体否定"的"不死"以"不死 A",而"部

---

① 参见拙著《灵肉之境——柏拉图哲学人论思想研究》,人民出版社 2008 年版,第 156—159 页。

分否定"的则用"不死 B"进行区别表现。"不死 A"意味着永恒不生不灭，"不死 B"则只是以种的保存形式，在各个时间段断断续续地保持着"尚未死"的状态。

那么，我们前面作为问题提出的通过怀孕和生育而与"不死"相连的这种情形该如何理解？换一种说法，通过生成而达到的不死，究竟属于上述两种的哪一种？其又是怎样的一种"不死"的状态呢？

（一）神一般的不死问题：这种"不死"即"不死 A"，这就是我们一般所理解的"不死"这个概念的含义。不论古今中外，人们在谈论"不死"的时候，这种理解基本成为不言而喻的前提，神属于这种存在的象征。

在柏拉图哲学中，"不死"这个概念一般也都是与神的存在相关联使用的。比如，"toi tetheioi kai athanatoi"（神性而不死）这种表现经常出现。① 而在《会饮篇》中也是如此，柏拉图最初使用的是 athanatos（不死的）与 thnetos（可死的）对比概念，可讨论到了中途"athanatos"（不死的）被"theios"（神性的）所替代，变成了"theios"与"thnetos"对比。② 对于神的存在的讨论，在中世纪的欧洲是一个禁区，在苏格拉底、柏拉图的那个时代更是如此。阿那克萨哥拉被雅典人驱逐出境，苏格拉底被控告的罪状之一等都与议论神的问题有关（虽然当时所谓的神与后来不同）。历史上由于不信神的罪状受到迫害的事例不胜枚举。虽然柏拉图所信仰的神究竟是怎样的存在的问题是值得探讨的，并且他对于神的存在的探索也是不充分的，这些事实都是我们所熟知的。但是，他把不死的存在归于神的特权的这种认识是较为明确的，③ 即使其对于不死的全体规定并非十分明确，我们还是可以从他的哲学中找到相关思考痕迹。

比如，柏拉图总是把存在分成"可视的"与"不可视的"两种。④ 个别

---

① 《斐多篇》80b，《理想国》611e；等等。

② 《会饮篇》202d-c。

③ 《斐德罗篇》，等等。

④ 在《斐多篇》79a-82b 中，苏格拉底详细谈到了存在的"可视"与"不可视"之间的区别。在这里主要从"拥有同一性的东西 = 存在本身的东西、即 ousia= 不可视的东西"与"绝不具有同一性的东西 =homonyma= 可视的东西"的区别确立之后，开始对于灵魂与肉体的区别的论述。

事物与 idea，肉体与灵魂的关系等就是最具代表性的例子。也许是受到这种划分的影响，柏拉图在讨论"不死"的问题时同样把视点集中在可视与不可视的区别之上。从可视的角度，论述的是如果"不死"的存在可以被我们所见，其应该以怎样的形态出现的问题。而从不可视的角度，探索的则是"不死"的存在应该具备怎样的性质特征的问题。

1. 从可视的角度探讨"不死"的问题，《斐德罗篇》246c-d 中谈到的"不死的生物"理由就是一个代表性的例子。[①] 在这里柏拉图谈到了要把"神这种存在，……以某种不死的生物的形态，即拥有灵魂和肉体，并且两者是永恒结合在一起的形态"来描述。虽然在这里只是一种神话形式的比喻，在神话中以拟人手法从人类的形态推论神的存在形态。但是，这个比喻作为柏拉图关于"不死"存在的论述中，把其作为"可视存在"来说明则是最为明确的一个依据。在这里，神被想象成一种生物，是以眼睛可见的肉体与不可见的灵魂相结合的形态出现的。

一般情况下，柏拉图哲学中关于"不死"的存在都是归属于"不可视"的类型，而在这里却出现"可视"存在的叙述，这种叙述来自于外在与内在的两种原因。从外因来看，这种叙述是沿着当时的人们的观念而提供的内容。也就是说在当时的人们的观念中，生物是肉体与灵魂相结合的存在，而神的存在也是有肉体和灵魂的一种永恒不死不灭的生物（如希腊神话诸神），所以，在谈论到神的特权"不死"的问题时，肉体与灵魂的关系究竟是怎样的状态当然也得论及，也必须提供相应的思考。从内因方面看，那是来自于柏拉图自己关于"死"的问题的认识。前面说过，柏拉图对于"不死"的界定并非很明确，但他对于"死"的界定却很清楚。比如他在《斐多篇》中明确地谈道，死亡这件事是属于"一方面是肉体从灵魂分离（apallatto）只剩下肉体，另一方面灵魂从肉体分离只剩下灵魂"（64c）。由于"不死"的前提是必须"活着"，"死"是"不死"的相反状态。那么，对于死亡的事情明确地从肉体与灵魂关系的状态进行了上述这样的阐述，而谈论"不死"的

---

① 比如，在《蒂迈欧篇》中把诸天体作为神的思考也应该是缘于这种认识的。因为天体也是具有感觉性形体，是拥有肉体（物体）的存在。

问题时，当然也需要从同样的，即肉体与灵魂的关系角度进行界定，所以就有了上述关于"可视"的角度的叙述。即使"可视"的角度只是当时的人们观念中想象的反映，而这种视点存在着的事实是不可改变的。从这个视点所提供的"不死"的状态，那就是恒常保持一种状态而永远地活着的状态。如果这种状态在人的视觉中显现，那当然就是一种肉体和一个灵魂永恒结合，即肉体与灵魂永不分离的状态。

2. 但是，柏拉图谈论"不死"的问题，上述的灵魂与肉体结合之"可视"状态阐述并不多，更多的是谈论作为"不可视"状态的性状特征。他经常采用以下这样或者类似这样的表现："单一的，不分解，恒常不变，自我同一的存在。"[1] 这种状态不是我们感觉可以捕捉的，那是只有理性才能把握到的性状。属于理性的对象，当然是"不可视"的（柏拉图所思考的不死的存在基本都是属于一种不可视的存在，比如，灵魂、idea 等都是这样的存在），在这个角度里他所要探讨的是"不死"的性状特征。比如《斐德罗篇》中柏拉图谈到不死的存在灵魂时，他作了这样的描述："自己自身运动的存在，是运动的始源，其不可能消灭，也不可能产生。……由自己自身而运动的存在是不死的存在。"[2]

柏拉图的这种叙述，容易让我们想到亚里士多德的"不动的动者"（to akineton kinouv）之运动的第一原因的设想。[3] 当然，亚里士多德的这种思想与柏拉图的学说是有区别的。柏拉图所说的运动的始源之灵魂，那是让自己自身运动的同时使他者也产生运动的一种存在。而亚里士多德的"不动的动者"，则是自己自身不动而使他者产生运动的动者。这种思想成了后来作为神的存在证明被广泛运用。后来的人一般都把这种思想影响的源头归于亚里士多德，实际上柏拉图才是这种思想的起源。之所以可以这样说，那是因

---

① 《斐多篇》80b。

② 《斐德罗篇》245d-e。

③ 比如，近年有些学者就《会饮篇》中柏拉图谈到的恋爱的对象之"美的 idea"与亚里士多德哲学中作为欲望与理性的对象之"不动的动者"的相关记述之间存在的类似性问题进行了相关的论述，指出了"美的 idea"概念对于亚里士多德"不动的动者"概念的影响。（cf. K.C.Chang, "Plato's Form of the Beautiful in the Symposium Versua Aristotle's Unmoved Mover in the Metaphysics（Λ）", *Classical Quarterly* 52, 2002, pp.431-446）。

为柏拉图在界定不死的存在时，总是以神的存在内在于其思考中，不灭也不生的"不死存在"，总是恒常地保持自身同一性的存在，尽管它时刻运动着，这种运动只是意味着"永恒活着"的状态，其作为"不动的存在"（即不会变化的存在）的本质是不变的。正是因为自身运动着同时使他者运动，使其成为运动的始源之"动者"而存在。

这种"自己自身运动的存在"，既不会停止运动，也不会静止。由于停止运动对于有生命的存在意味着死亡，那么不会停止运动的存在当然就是不会"灭亡"的存在。而不灭的存在恒常保持着自身同一性，就不需要像可死的存在那样为了自我保存的需要不断生成。就这样，"自己自身运动的存在"具有了"不生不灭"的内在性质特征，而这种性质特征自然地成为神性而不死的东西之所以是永恒存在的根据。

综上所述，两个视角所揭示的神一般的存在之不死特征是：（1）恒常保持自身的同一性，不生不灭；（2）如果以带着肉体的形态出现在人的感觉器官时，其肉体与灵魂的结合是永远不会分离的状态。而这种"不死"，如果按照柏拉图的存在论把握方式，其存在就是："正是不死那种东西"，即"不死"的 idea 般的存在。

（二）生物的不死问题：那么，柏拉图在承认了"不死 A"的同时，为什么又提出了"不死 B"，即怀孕与生育所带来的不死问题呢？我们都知道，再美丽的花朵也有枯萎凋零的时候；再英俊、美丽的少男少女也有衰老的到来。因此，从肉体与灵魂结合的这一点来看，两者不会分离的事实是不可能出现的。当然，在这种时候到来之前，植物一定会留下种子，动物就会留下子孙，以此方法保存自己的种属。可是，这种方法仅仅只是肉体与灵魂的结合与分离的反复。因此，与神之"不死的存在"相对应，生物被命名为"可死的存在"。不过，在这里必须明确的是，无论是神一般的存在，还是可死的存在，都需要是"活着"，即肉体与灵魂相结合的状态才能讨论，如果不是这样，这种讨论的前提就丧失了。也就是说，动物的尸体，枯树，贝壳等，已经死去的东西，成了没有灵魂的废弃物，那是无法进入这种层面的讨论的，只有肉体与灵魂结合的状态，才能成为这种探讨的前提。所以，在本文最初的引文中，柏拉图才会指出，可死的存在，在成为没有灵魂的废弃物之前，留下与自己同质的新的自己，作为自己不灭的存在延续。那么从这个意义上来看，可死的存在似乎也拥有永恒不死的性质。

但是，这种"新的自己"的生成与"旧的自己"的消亡所带来的"不死 B"，总是伴随着生成与消灭的反复，它与神一般存在那样保持着"不生不灭"的自我同一性之"不死 A"，在本质上是迥异的。生物之"不死 B"并不是保持着同一个体的形态得以保存，而是以种的形式得以延续。以种的形式的保存，并不能保证能够永恒地延续，因为随着种的衰败会带来遗传的断绝，从而使某些物种出现绝灭。在柏拉图时代当然没有"进化论"的思想，这种"进化论"的解释不可避免会引起各种反驳。但是，我们不从"进化论"的角度思考，同样可以找到相关的依据。我们应该注意到柏拉图在谈到生物的"不死"时，回避使用"echo"（持有，拥有，有）这种概念，而是用"metecho"（分有）来表现。[①] 我们虽然不能断言这种区别使用就意味着柏拉图对于两种存在所具有的"不死"之不同的思考，但至少可以认识到在柏拉图看来，可死的存在所具有的"怀孕与生育"之"不死性"，仅仅只是对于"不死"的分有性内在，而不是本有性内在。如果是属于后者，就不要使用"metecho"这个单词进行区别表现。

可以肯定，柏拉图在思考可死的存在之"不死"（不死 B）的问题时候，多少受到了他所构筑的 idea 论思想的影响。根据上面的分析我们可以看到，柏拉图所揭示的神的不死（不死 A）与可死存在的不死（不死 B）之间所存在的不同，恰恰是他所思考的 idea 与个别事物之间的关系是同构的。神的不死正是"不死那种东西"，或者说属于"不死本身"，与此相对，可死存在之不死是时刻生成变化着，这种生成变化通过种的保存而企图无限地趋近"不死本身"，这样的"不死"当然属于不死的个别事物。所以，从严格意义上来说，可以说"不死的不死 A"，却不能说"不死 A 是不死的"，因为

---

① 在《会饮篇》206c 有一个值得注意的表现，那就是"enestin"（en eimi＝内在）。这个表现在这里不能理解为"自身拥有的内在"，应该理解为"由于分有而内在"，因为在此后的讨论中出现了"metecho"（分有）这种阐述，所以在这里所说的"内在"就不能作为本身拥有的东西来解。

"不死 A"就是不死本身，这在逻辑上是不可以自我述定的。[①] 而只有"不死
B"才可以用"不死"来述定，即"不死 B 是不死的"这种表现在逻辑上是
成立的。那么，如果这样，显然"不死 B"与"不死"不属于同样层次的存
在，"不死 B"只能是像不死那样的存在，不可能属于不死本身。

通过以上的分析我们可以得出如下结论，生物的"怀孕与生育"所带
来的"不死"，虽然使用的同样是"athanasia"这个单词，但是其内涵与神
一般存在之不死不同，并不意味着那是永恒不变"不死 A"的存在，只是在
各种不同的时间段里"尚未死"的状态，只具备"不死 B"的意义。正因为
这个原因，一切生物都被命名为"可死的东西"。在这里所说的"可死"拥
有两层含义：第一层含义是肉体与灵魂的分离必定会到来。另一层含义是以
种的保存形式延续一定会有中断的时候。所以，生物之通过"怀孕与生育"
而获得存在的延续，虽然可以在很长的时间内做到"不死 B"、即"尚未
死"，但不可能达到永恒不生不灭的"不死 A"。

以上分析的是从人作为"生物"的存在角度所拥有的"不死"问题，
然而，我们不能忘记，在生物世界中只有人是作为特别的存在。人是理性的
动物，除了肉体的孩子之外，还会"怀孕与生育"灵魂的孩子，这是柏拉图
哲学极其重要的、可以说是最根本的一个观点。而柏拉图所提出的通过"怀
孕与生育"而带来的不死问题，其意图就在于揭示人类在一切生物存在中的
卓越地位。那么，作为特殊存在的人之"怀孕与生育"，是否可能或者说怎
样才可能达到与永恒不灭的"不死 A"相同境界的存在呢？

---

① 根据 Vlastos 的分析，《巴门尼德篇》中出现的 idea 论的逻辑困境以及被亚里士多德作为
"第三人"的逻辑难题而提出批判的关于 idea 的离在与分有中存在的无限溯进问题，其
实都是属于他们忽视了"自我述定设想"与"非同一性设想"纠缠在一起的原因。作为
谓语对于主语述定时，主语与谓语不能属于同一种层次的存在（对于这个问题伯奈特也
曾经论及过），不然就会出现"自我述定"之无限溯进的逻辑难题。并且，如果不是以不
同层次的存在进行主谓述定的话，就会由于"非同一性设想"出现逻辑上的矛盾。所以
这里只能说"不死 B 是不死的"，不能说成"不死 A 是不死的"，因为不死 A 就是不死本
身。[参见《「パルメニデス」における第三人間論》，载井上忠、山本巍编：《ギリシア
哲学最前線 I》，（东京）东京大学出版会 1986 年版，第 108—145 页。] Gregory Vlastoa：
*The Third Man Argument in The Parmenides*（Studies in Plato's Metaphysics，ed.By R.E.Allen，
1965，pp.231-263）。

# 二、人可以成为不死的存在吗

在自然的法则中，只有作为理性动物的人类追求着按照自己所制定的法则生存。换一种说法，人在大自然这个巨大的城邦中寻求着"治外法权"而存在。人类一方面承认自己携带肉体生存的局限性；另一方面为了超越这种局限性坚持着不懈的努力。可以说在一切生物中只有人是这样的。当然，无论怎么努力，人类属于一种生物性存在的现实是无法改变的。为此，人类首先需要孕育肉体的孩子。但是，正如本文的第一部分已经分析过的那样。通过"怀孕与生育"所拥有的对于"不死"的憧憬，无论怎么努力，也只能达到"不死 B"的境界。也就是说，通过不断的自我生成而达到断续性持续的自我保存。然而，这种寻求"不死"的道路，存在着不可克服的两难（dinemma）困境。那就是说，对于生物来说，如果不自我生成，就不可能抵达永恒持续之不死。但是，正因为生成，使自己永远无法抵达不死，因为不死 A 是不生成的。所以，无论是生成，还是不生成，都不能成为永恒不死的存在。

神的不死是"不生不灭"的。但是，生物要想接近神之永恒性只有通过"生成"。就这样，"生成"对于生物来说，属于自己接近神性存在唯一方法的同时，也成了自己从神性存在中分离出来的契机。那么，这种逻辑困境，柏拉图是如何克服的呢？

如果"生成"，仅仅只是至今为止所论述的那样，旧的肉体通过生育出与自己同质的新的肉体而保存，一代接一代留下自己的子孙，即以种的保存方法，确实无法摆脱这种逻辑困境。这种困境，可以说是除了人之外的一切生物的宿命。但是，人除了孕育肉体的孩子之外，"灵魂之子"也同样可以孕育。柏拉图在《会饮篇》中所论述的恋爱哲学，其根本意图其实就在这里。在这个对话篇中所要揭示的是人的孕育、出生"灵魂之子"是最大最美的恋爱的问题。我们只要分析一下《会饮篇》的整体结构，就可以找到这么理解的依据所在。

《会饮篇》大概可以分成三个大的组成部分。首先是问题的导入部分，其次是以"恋爱论"为中心展开这个对话篇的主题内容，最后是以对苏格拉底的赞美结束全文。柏拉图把作为《会饮篇》核心话题之关于人的恋爱问题放在人（阿迦东）获得名誉的庆祝宴会上进行，这种场面的设定，来自于他要阐述人的恋爱中最强烈的是对于名誉、名声的追求。最初，柏拉图关于恋爱论的第一个主题之生物的恋爱的原因，通过"生成"问题的探讨得以阐明，从而指出那是一种对于"不死"的愿望所致。但如果仅仅只是肉体的生成不能抵达神一般的"不死"，那么怎样才能做到像神的存在那样"不死"，即如何让"不死 B"向"不死 A"升华的问题必须继续探讨。到这里进入了新的议论场面，柏拉图把视点转到人的名誉、名声追求的意义的论述之上，从而得出了灵魂之子的孕育与出生与神的不死（"不死 A"）相当，可以做到永恒不死的结论。但是，人的名誉、名声终究只是人的臆见（doxa），再好的名誉、名声，即使那是正确的臆见，其作为"臆见"的本质是不会改变的。为此，人就必须进一步坚持苦修、探索，这就是被蒂欧提玛称为秘仪之"恋爱的正确道路"。至此，讨论进入了高潮。最后，关于怎样的生涯才值得赋予最好的名誉、名声的生涯的问题，通过阿尔基比亚德斯对于苏格拉底的赞美得到暗示，揭示出除了哲学家的生涯，还有举例说明中提到的真正的诗人、立法家、政治家等，只有他们具备了"不灭的德性"才值得人们永世称赞的潜在结论。

那么，究竟为什么对于人来说，名誉、名声的追求与优秀的"灵魂之子"的出生是相关联的？有什么理由可以说获得好的名誉、名声的人，可以成为神一般的不死存在呢？

（一）追求名誉、名声的人，来自于人的名誉之心的缘故。名誉心（philotimia）是每一个人都有的。问题是对于这种名誉心所采取的态度究竟怎样至关重要。以名誉、名声为目的追求的人，他的一切行为都只是一种手段。这种人为了获得名誉，达到自己的目的将会不择手段，有时候即使因此害人也会若无其事地实行。那么，一旦获得名誉、名声，就会把名誉、名声转换成别的追求的资格，比如，追求比他人过得富有，比他人获得更多的利益等，名誉、名声成为他们的一种资格被滥用。这种名誉心的根本之处属于利己主义。像这样一种为名誉心而发狂的人，无论哪里，无论什么时代都有，所以我们一说追求名誉、名声，就有一种追求外在虚荣的不好印象。但是，柏拉图《会饮篇》中所提倡的名誉心，与刚才说的那种名誉、名声的追求在本质上是根本不同的。借用爱斯裘罗斯《攻打提贝的七勇将》（592 行）的一句话来说，那是一种为了"不是要让人觉得是善人，而是希望自己是善人"的名誉之心。

柏拉图在这里所倡导的这种名誉心，只要分析一下《会饮篇》中蒂欧提玛所列举的"成名，让不灭的名声响彻永恒"的人，总是采取舍身成名的行动事例是一目了然的。她说："阿尔克斯忒丝为了阿多迈托斯而死，阿基琉斯跟随帕多罗克洛斯而去……科多洛斯王为了孩子们抛弃生命……"等等，这些事例所共通的是各自的赴死都是为了各自身份所应该坚守的德性。比如阿尔克斯忒丝是为了作为妻子的德性，阿基琉斯体现的是作为友人的德性，而科多洛斯王则是为了自己作为父亲所应有的德性，他们通过践行自己的各自德性而使自己获得"永恒的名声"。他们在采取自己的行动时，与其说先想到的是自己的行动可能会给自己带来名誉，倒不如说只是在自己面对生死抉择的困境时，各自从作为妻子，作为朋友，作为国王或者父亲的思考出发，为了丈夫、朋友、孩子，他们所能尽到的最大职责，自己所能采取的最好的行动才是他们当时所想的。所以，对他们来说，德性比自己的生命更为重要，更为崇高。很显然，这样的名誉心并不是以名誉、名声为目的，而是把视点放在人的行为本身的善恶的关注之上。其行为所带来的名誉、名声终究只是那种行为的结果所致，并非行为的目的所向。为此，他们的行为即使也可以看作"名誉心"的追求，然而，他们对于"名誉"的爱，却是作为自我行为反省的镜子，可以说这种"名誉心"是建立在自我的自律性追求之上的。蒂欧提玛所指出的"越是了不起的人越是"会为了"不灭的名声"与"辉煌的评价"什么事情都干得出来的那种名誉之心，说的正是以自律精神为前提和基础的名誉心。在这里我们可以联想到柏拉图所记载的苏格拉底，一生追求"善生"，一生坚持自己的"不仅仅只是为了活着，更为重要的是要活得善好"的生存信念，如果苏格拉底这种追求也可以从名誉心的角度来理解，那么其名誉心就是以自律精神为前提和基础的名誉之爱。

那么，柏拉图所倡导的这种"名誉心"与"灵魂之子"之间存在怎样的关联呢？很显然，柏拉图在这里所说的"名誉心"，指的是人的追求"卓越性"之心。那就是作为人，什么行为是正义的？什么是不正义的？等等，即人经常需要努力辨别自己活得是否"像个人"，从而采取拥有人的自律性的行为。为了能够做到这一点，不辞艰难困苦，任何危险都无所畏惧，必要的时候可以为之献出生命，即所谓的舍身取义也在所不辞。在一切生物中，能够做到这一点的只有人。也只有这样的名誉心所带来的行为被作为"美德"而赞美。这种"美德"正是人的灵魂中所孕育的孩子①，即人的"灵魂之子"。因此，在柏拉图看来，人的这种名誉心，正是人怀着"灵魂之子"的证据之所在。另一方面，这种"灵魂之子"，更是让人的名誉之爱朝着正确的"人的卓越性"方向引导的动力。蒂欧提玛所谈到的"灵魂之子"中，最大最美的是"齐家治国的事情"与"谨慎与正义"的智慧，所隐含的正是人的行为中能够体现"人的卓越性"的根本所在。

当然，让人的灵魂中所怀的"灵魂之子"生出来的方法有多种多样，有以自己的生命作为交换，用"美德"向世人展示的人（如前述的三个例子等），也有的人，寻求"美丽而高贵素质的灵魂"的人给予相应的教育，并带着这种人，让他们的"灵魂之子"生出来并养育着，这种人大概就是柏拉图心目中的苏格拉底。还有像荷马、赫西俄德那样，留下了辉煌的作品，教育着一代又一代人的灵魂，像吕克尔戈斯以及梭伦等人那样，制定出奠定国家基础的法律，完成伟大事业的人，等等。上述这些"灵魂之子"自身，因为都是可以"赋予其不死的名声而值得追忆的"，所以对于生育这些"灵魂之子"的人，当然被历史赋予不灭的名声，甚至有的因此而被人建造供奉的神殿，受到人们的永世祭奠。为此，他们的肉体即使消失了，而他们那些富有德性（名誉、名声）、体现人之卓越性的丰功伟绩、作品等得到了永世的赞美，其名字成为其所完成的卓越成就的代名词。比如，我们即使没有见过梭伦或者苏格拉底，但是一说到雅典民主制度的立法者、奠基者就知道是梭伦，一说到西方伦理思想的奠基者就与苏格拉底的名字相连。就这样，人通过自己所生的"灵魂之子"而闻名，作为有限的存在的人，通过自己的名字

---

① 《会饮篇》209a。

这种抽象的符号而超越时空，成为永恒不死的存在。

（二）那么，人由于其名誉、名声而达到的这种不死，究竟有什么理由可以称得上与神的"不死 A"相当呢？这个问题我们还需要进一步作相关的分析。为了探讨这个问题，我们首先必须从柏拉图哲学中关于神的存在的诸叙述的梳理入手。

在柏拉图哲学中，他似乎对于神的存在是相信的，但他所相信的那种神究竟是怎样的存在并不是很明确。从他的哲学文本来看，他所提到的神有希腊神话中的诸神，也有各种故事、传说中的神。然而，柏拉图所信仰的神并不一定就是这些神话、传说中的至高无上的存在，倒不如说他对于别的意义上的神一般的存在的存在更为坚信。

1. 在柏拉图哲学中多处出现与现实世界相对应的、掌管各种事态的诸神存在，并且所谈到的神的名称也基本都是与希腊神话出现的诸神一样，这种现象在许多对话篇中都有所涉及，在这里列举出每一个事例是不必要的。但我们需要思考的是，为什么他让神话、故事里的神出现在自己的哲学著作，究其原因主要有如下几种：

（1）当时的人们从小就从母亲、奶妈那里听着这些神话、故事的教育长大的，所有的人都相信这样的神是存在的。特别是作为城邦市民，信仰那些祖先传来的诸神、并把那些神话、传说中的诸神作为信仰对象，以法律的形式规定人们无条件地接受。信仰城邦的诸神，是每一个市民获得市民权的先决条件。柏拉图也不例外，在哲学中一旦涉及神的问题，必须谈到这些神的存在。在这样的社会、文化环境中成长起来的柏拉图，其思想形成过程中当然会受到相应的影响是我们可以推测的。所以，在其哲学中那些神话中的诸神也是作为世界的创造者、支配者、监督者、管理者出现的。还有，柏拉图在感觉界之外设想着一个本真世界的存在，这样一种对世界划分方式，可以说或多或少也是受到传统文化影响的结果。

（2）向信仰神话中诸神的人们进行哲学的规劝，考虑其文化、心理的因素是必要的。充分利用人们思想观念中已经形成的传统性的东西进行哲学引导，这是一种相对容易的教育途径。柏拉图哲学中出场的苏格拉底，在提问、分析、回答对话者时经常使用神话、传说就是这种思考倾向的体现。因为是神话世界中出现的诸神，当然需要设想成其所拥有的某种带有肉体形态的生物。在哲学中谈论的诸神虽然已经从缪多斯世界向逻格斯世界转变，其性格与性能，却与其在缪多斯世界中是一样的。在《定义集》中，柏拉图总结了神的性质特征是"在幸福这一点上是自足的，是不死的生物，永远存在着，善的根源"（411a）。

（3）从上述两点来看，柏拉图在哲学中让神话、传说中的诸神出场的理由，显然是为了自己在哲学思想展开过程中，无论从问题思考的方面，还是从思想传播的方面，诸神的故事内容都是具有很好的利用价值的缘故。从思考上来看，对于从当时的政治、文化背景中脱颖而出的柏拉图哲学，传统的文化与心理基础都是不可或缺的。而从传播的角度看，为了让受众对于自己的思想产生亲近感，容易接受，充分利用对方所拥有的知识（或者观念），说明起来方便，让其接受也容易。然而，不仅仅只有这两点，还有第三点的原因是我们不可忽视的重要的因素。柏拉图哲学的视点是人的社会，而人的教育是他的哲学追求的目的。人是欲望的动物，为了制约人的欲望，与其否定神的存在，不如肯定神的存在，这样对于人的教育具有更为积极的意义。特别是充分利用人们观念中存在的有关神话、传说中诸神的信仰内容进行教育，可以收到更好的效果。柏拉图曾用警犬比喻神的存在意义。他认为正因为有了像警犬那样神的存在，才能防止人的欲望走向极端。他也用家畜比喻过人，认为人的存在犹如神所牧养的家畜一样，不可以违背神（主人）的意志行动，① 等等，这些都体现了他肯定神的存在是从对于人的必要性而提出的思想。

综上所述，柏拉图哲学中涉及的神话、传说中的诸神的信仰，那是沿

---

① 《斐多篇》62b："对于神来说，人只是其所有物（ktema）的一种"。这里所说的 ktema，一般情况下是作为"所有物"理解。但是，从狭义上来说指的是"家畜"。不过，在这里只能译成"所有物"。这里出现了与《政治家》271e 相似的表现，不能简单地把神当作放牧者来理解而译作"家畜"，从这里讨论的内容来看，那是指人是被神所拥有的东西，即人的生命，从这个意义来看不能简单地译成"家畜"，应译作"所有物"较为准确。而在 62d 中进一步谈到的人属于神的"家畜"般存在，如果违背主人的意志而自杀会受到惩罚。这里可作"家畜"来解。除此之外，还有《政治家篇》271e-272a、《克里提亚篇》109b、《法律》906a，906d 等。

着当时的社会、文化的教育背景而论，是为了他的哲学言说的需要而存在的。而他对于神的存在的信念，也仅仅只是对于人的存在来说，承认神的存在是具有积极意义的思考结果。即使他在哲学中经常提及诸神的存在，也不能肯定说他对于诸神的存在是确信的。因为我们在柏拉图哲学中，也可以随处看到他对于神话、传说中诸神的存在的怀疑言论。前面引用过《斐德罗篇》246c-d 中苏格拉底说的那一段话就是典型的依据。"神这种存在，——既没有见过也没有充分想过——却以某种不死的生物的形态，即拥有灵魂和肉体，并且两者是永恒结合在一起的形态，创造出其形态来"。这里所说的通过想象创造出来的神，指的当然是神话、传说中的诸神。

2. 然而，这样的神，让作为哲人的柏拉图原原本本地接受并信仰那是不可能的。之所以这么说，那是因为对于哲人来说，缪多斯世界里虚构的东西，不能原样地搬进以逻格斯为基础的哲学中来。因此，被引用的神话、传说中的诸神，必须进行相应的探讨和论证。从初期到中期过渡时期写成的《克拉提鲁篇》中对于诸神名字由来的探讨，中期的《斐德罗篇》、《理想国》等对话篇中对于诸神故事的规范论述，最后的对话篇《法律》中所尝试的对于神的存在证明等，应该可以说是柏拉图对于缪多斯内容所坚持的态度的一种佐证。

柏拉图需要进一步探讨的原因是，神的存在对于城邦市民来说，那是谁也没有见过的，只是从小开始，通过自己听到的神话、故事、传说而形成的观念而已（对于我们也一样）。也可以说那只是一种理性的对象而已。原来只是抽象的东西，进入神话、传说世界之后，赋予其通过感觉可以把握的形态。那是由于缪多斯世界里对于抽象的东西，需要给予具体的肉体形态所致。对于这一点，柏拉图当然是极其清楚的。因此，这些本来只是活在想象世界的诸神，一旦被置放在逻格斯的平台，就必须对其表面上所附带的装饰进行剔除。对于这种剔除最典型的例子是他在《克拉提鲁篇》中所尝试的对于诸神名字由来的探讨。

在这个对话篇中，柏拉图通过对于诸神名字的起源探索，尝试着弄明白围绕着各种神的神话故事来源。这种追根溯源的工作，与通过对于各种哲学概念的分析，探讨各种概念界定的正确性的探索是一致的。比如，根据他的分析，认为 theoi（诸神）来自于 thein（跑）这个单词。那是因为古代的人们相信太阳、月亮、星星、大地、天空等都是神，由于这些自然界的存在时刻都在运动着，正是因为这些存在拥有"跑"（运动）的本性，所以被取名为 theoi，从此诸神就以 theoi 来命名。柏拉图就是这么分析理解的。而对于主神宙斯（Zeus）名字的分析也是沿着这个神的性格和其在诸神中的地位展开的。根据希腊神话，宙斯属于一切存在的统治者，是宇宙世界的王，是包括人在内的一切生物之所以活着的根本原因。根据这些性质的前提，他在分析中认为，宙斯（Zeus）的名字来自于他是"一切有生命的东西，总是由于这种存在（di'hon=dia hon）而活着（zen）"这句话。原来是一句话，即"di'hon zen"，后来慢慢地就演变成 dia 与 zena 的两种呼名（根据希腊语的格变化，这两种名称都是宙斯）。① 这样的分析、说明方式，就是一种让诸神与其相关的故事之间的关系，通过名字与相关的界定的关系还原，从而得到一种合理的来源阐释。在这里的诸神，已经不再是神话、传说的世界里出现的那样，具有肉体和灵魂，拥有各种各样的形态的超越者，而是感觉性自然全体的运动、秩序、和谐的根源性力量，只有思考中以纯粹的推理才能得以把握的存在。这种存在的全体被赋予"神"的名字，并按照想象中自然的各种各样的能力，以具体的名字对其进行相应的界定。在《法律》887c-899d 中根据运动来证明神的存在，而《蒂迈欧篇》29c，34a-b，37c，40a-b和《理想国》508a 等对话篇中，柏拉图把神作为宇宙诸天体秩序的"构建者"等观点，都体现了他的思考中存在着上述这种理性神的观念。②

根据以上分析笔者的结论是，如果我们认为柏拉图对神的存在是确信的，那么，那种神也不会是神话、传说中的诸神，而应该是纯粹理性对象之超越者。（当然，笔者清楚地知道，柏拉图哲学中关于神的问题的思考，与

---

① Zeus 是主格，主格以下的属、与、宾格各有两种形态。这里的"dia"与"zena"都是宾格的两种形态。在阿德迦方言的散文和日常语中使用的是"dia"。

② 近年有些相关的论文值得注意，比如，A.Carpenter 在其论文"Phileban Gods"（*Ancient Philosophy* 23，2003，pp.93-112）中论述《斐利布篇》中的神性存在的特点，与其说是神格化的诸神，不如认为苏格拉底所要拥护的是与理性主义立场相关的那种存在。《斐利布篇》中出现的善的存在是先于神性的存在，是神性存在的原因。

他的 idea 论一样属于一个大问题。弄明白它的全貌并非如此简单，而这已经超出了本论文的主旨，所以在这里仅仅只是把柏拉图哲学中关于这个问题的最基本的内容作了简单的勾勒，进一步详细的研究，留给今后别的论文来完成）

3. 也许是受到上述关于神的观念的影响，柏拉图对于神的特权之"不死 A"的问题，也可以看到具有两个方面的界定。(1) 在理性的意义上，神的不死应该是始终保持自我同一性不生不灭之"不死 A1"。(2) 神拥有感觉形态，即肉体与灵魂结合的状态，但是这种结合永远不会分离，作为个体永恒存活着的"不死 A2"。如果从这种界定来看，人通过名誉、名声所带来的"不死"，显然是符合"不死 A2"的界定。那是因为，某种名誉、名声总是与进行过某种实践并完成了与此相关德行的人的名字永远不会分离的。当然，在这里关于人的名字与肉体，名誉、名声与灵魂的关系如何是必须弄清楚的。

关于肉体（soma），柏拉图在《克拉提鲁篇》400c 中解释为一种"记号，符号"（sema）。而"人的名字"[①] 也是那人的记号或者符号，那么肉体与名字可以作为属于同一种层面的含义来解。特别是我们比较熟悉的关于"肉体"的解释，那就是苏格拉底认为肉体是"灵魂的保管所"[希腊语的 soma 是动词 saoo（保管）派生的名词]。由此看来，在希腊语里"肉体"这个概念应该是用来表现某种场所的语言。而名誉、名声与某个人相关是那个"人的名字"。换一句话说，"人的名字"是名誉、名声的受体一般的存在，是名誉、名声的保管场所。在我们日常生活中也经常经历过这样的事情，对于某个名人，即使出现在自己面前，因为从前没有见过他的本人或者照片，所以根本不知道面前的就是那个人，可是那个人的名字以及与那人有关的信息却知道。把这种现象与名誉、名声与"人的名字"的关系联系起来，我们就会发现，带着肉体存在的人一旦成名，那人的肉体仅仅只是一种贴上名字标签的存在。那么，灵魂（psyche）又是怎样的呢？上述同样的对话篇《克

---

① 在这为了区别"名字"这个统称概念，笔者使用了"人的名字"这种特指。对于"名字"的考证、探讨，请参照《克拉提鲁篇》414b-d 的相关阐述。

拉提鲁篇》200b 中，柏拉图分析 psyche 的来源时认为，psyche 的原义源于运搬物质本性（physis），抱住（echeiv）物质力量（physeche）意思。而人的名誉、名声，也可以看成是一种运搬某个"人的名字"，让其名字走进永远的一种力量。因此，"人的名字"与名誉、名声之间的关系，与肉体与灵魂之间的关系是同构的。

根据上述梳理，人的名字＝肉体、名誉、名声＝灵魂的等同对应关系基本可以成立。所以，刚才说人的名誉、名声基本可以让人达到"不死 A2"的境界。但是，"不死 A1"却不是"不死 A2"这样容易解决的问题。那么，柏拉图接下来的论述是如何达到他所倡导的人通过名誉、名声的"生成"可以获得"不死 A1"论断呢？

我们如果把神作为纯粹的理性对象，其存在也只是一种观念，或者说一种概念，对其所作的各种界定也只是某种定义。比如，"神是不死的存在"这种界定，那只是对于拥有"神"这种名字，以"恒常保持自身同一性之不生不灭的存在"的这种"不死"的内容来界定（定义）而已。那么，被各种名誉、名声所赞美的、某个人的名字，其"人的名字"与"名誉、名声"之间同样也可以拥有与此同构的界定关系。可是，问题是对于柏拉图来说，对于"神"的存在的认定不是来自于普罗泰格拉的尺度说那样，属于人的某种界定，或者人的想当然、臆见，而是实际上存在着的那种凌驾于人的存在之上的某种超越性的存在，人们把那种存在以"神"的名字来称呼。也就是说，那是一种与人类社会是否存在无关，无论人类社会存在还是不存在，它都存在着，是一种支配着感觉性自然的全体运动、秩序、和谐的根源性的力量，这种超越者就是神的存在。柏拉图哲学中把"神"作为"不死 A"的存在正是源于这一点而言的。为此，"不死 A1"中谈到的神的"始终保持自我同一性不生不灭"之"不死"的认定条件，指的就是那种不受任何存在的变化所左右、所制约，一直活着（运动着）的状态。

那么，上述的由于人的"名誉、名声"所带来的"不死 A2"究竟能否符合这种存在条件呢？人的名誉、名声的存在，那是以人的社会为前提基础的，即以人的赞美、传承为前提才能得以存在下去的。因此，可以说那是一种受到人的社会所左右的存在。那么，很显然柏拉图所提倡的名誉、名声，不管是多么美好的存在终究也只是人的臆见而已。而作为臆见的名誉、名声，并不一定在任何地方，任何时代，永恒保持其作为名誉、名声的存在而存在。在某些时代、某个地域、对于某些人来说属于名誉、名声的东西，时代变了、地域不同了、或者在另外的一些人看来，那种名誉、名声的意义就不存在了。所以，很显然这与"不死 A1"的不生不灭的条件相去甚远。所以，名誉、名声所带来的"不死"，不可能完全符合"不死 A1"的条件要求，把其当作神一般的不死来认识，其论据是不充分的。

不过，针对这个问题柏拉图为我们提供了解决的道路，他认为人的名誉、名声的追求只要沿着这条道路进行下去，最终就可以抵达"不死 A1"的境界。而他的恋爱论的核心指向，就是要通过揭示人的"生成与不死"与恋爱问题中所存在的最高目标的关系性论述，达到对于人们进行这种探索的符合逻辑的规劝。

## 三、在恋爱论中提出"生成与不死"问题的潜在意图

通过上述两节的分析，人要达到神一般的"不死 A"，不是通过肉体的生育，而是需要灵魂的生育。人通过生育"灵魂之子"而使人获得永恒不灭的名誉、名声，从而可以从"不死 B"进入"不死 A"的境界。然而，名誉、名声所换来的不死，最多也只能达到"不死 A2"的状态，与"不死 A1"还相去甚远。这是我们至今为止所到达的结论。那么，柏拉图在恋爱论中如何解决这个问题？他所有提供的名誉、名声抵达不死 A1 的路径是什么？

名誉（time），名声（kleos），评价（eukleia）等都是臆见（doxa）的同一类语言，在柏拉图哲学中，要严密区别它们之间的不同是不可能的。在《会饮篇》中，柏拉图也把名声和名誉心（philotimia）以辉煌的评价（doxes eukleous）来表现，这就可以看到其与 doxa（臆见）相关。对于柏拉图来说，无论多么美好的名誉、名声或者辉煌的评价，即使那是正确的臆见，其属于人的想当然（doxa）的本质是不变的。正因为如此，在《申辩篇》中，苏格拉底才会呼吁雅典的市民们"不是评价或者地位的事情，而应该多关心思虑

与真实和灵魂的事情”①，在柏拉图哲学中，对于“臆见”的留心与辨别是苏格拉底一生的呼吁。

1. 柏拉图哲学以苏格拉底的“自知其无知”为起点，其大部分对话篇的中心都在揭示人的无知作为其论驳的核心。通过揭露人的无知，引导人们对于真知的追求，这是柏拉图哲学的根本之所在。根据苏格拉底的理解，人的无知来自于人的“臆见”。“臆见”指的是人们不知道却想当然地认为自己知道。为了劝导人们进行哲学探索，必须从去除人的“臆见”开始。在《智者篇》和《卡尔米德篇》等对话篇中谈到的“净化臆见”就是来自于这种思考的结果。当然，要去除人的“臆见”，并非一件容易的事情，特别是人的臆见中包含着“正确臆见”，而“正确臆见”（orthe doxa, doxa althes）正是人们通往知识的重要的契机。因此，人的“正确臆见”与“知识”（episteme）之间的区别是必须探讨的重要问题，更是揭露人的“无知”探讨中最重要的一环。在柏拉图哲学中多处出现关于两者区别的论述。

“正确臆见”的性质是一定触及到某种正确的结果性事实，所以不是“无知”，但是，为什么可以达到那种正确的结果无法做到相应的说明，所以不能认定其为“知识”，因此，它处于“无知”和“知识”的中间认识状态。② 柏拉图把不具备知识而偶然地触及到真实的“正确臆见”，比喻成没有引导的盲人走路偶然到达目的地。③ 一般认为，把“正确臆见”与“知识”之间所存在的不同，明确地以一种哲学问题进行论述的最初对话篇是《美诺篇》。

在《美诺篇》中有这样的一段说明：“有的人没有走过那条道路，也没有确切的知识，但是，走什么样的路是对的，通过推测其结果那种臆见是正确的话……”④，这种结果是属于“正确臆见”，也就是说结果是与拥有知识是一样的。但是，这种认识状态与知识的区别在于其“不能长时间地停

① 《申辩篇》29c。
② 《会饮篇》202a。
③ 《理想国》506c。
④ 《美诺篇》97b。

留（在灵魂中）而从灵魂逃脱"。① 只有把"正确臆见"在灵魂中"绑系住，至今为止臆见的东西，首先成为知识，进一步成为永远存续的东西。……知识在绑系这一点上与正确臆见是不同的"②。而知识与正确臆见的区别，在后期的对话篇《蒂迈欧篇》中，则从别的视角再一次论及：它们"产生也是相互区别，状态也不相似……一方面是通过教育（dia didaches）在我们的里面产生；另一方面则是由于说服（hypo peithodys）而产生。还有，一方面总是伴随着真的说明；另一方面则被说服所左右。一方面可以说是人无论是谁都分有之，另一方面在理性中只有诸神和人当中极其少数者才有"③。就这样，柏拉图从初期到后期的对话篇中，反复提及"正确臆见"与"知识"的区别。

2. 那么，根据上述柏拉图关于人的认识中"臆见"、"正确臆见"与"知识"的区别来看，人的"名誉、名声、评价"究竟为什么属于"臆见"，而这种"臆见"是否具备发展成为知识的可能等问题，在这里必须作一下相关的探讨。关于这些问题，我们从《理想国》（509c-511e）中"线段的比喻"所揭示的存在与认识的结构中，可以找出柏拉图哲学相关的思考线索。

在"线段的比喻"中柏拉图把人的认识对象分为可视界（horaton）与可知界（noeton）。可视界属于人的感觉可以把握的世界，而可知界则是超越感觉的存在。这种超越感觉的存在进一步再划分为"悟性的对象"与"理性的对象"，悟性的对象要以可视界的实物作为辅助，所以即使属于可知界，其与感觉事物无法完全切断关联而独立存在，所以只有理性的对象才是真知的唯一对象，因为其与感觉事物无关而独立存在。人是拥有肉体的感觉性存在，确实有的人由于其名誉、名声而扬名，更进一步人们为了颂扬那人了不起的行为或者成就，塑造雕像甚至建设神殿世代供奉着。还有，"人的名字"

① 在这里所说的"逃脱"使用的是"drapeteuo"来表现。而在其他地方却使用"eksodos"（出去），或者"lethe"（忘却）来表现（参见《会饮篇》208a）。但是，在《会饮篇》208a这里，谈论的是人的复习这种行为，复习是因为知识会逃脱，以此为前提所需要的行为。不过需要注意的是，这里所说的"知识"只是与"正确臆见"具有相近的意思，不能当作真正意义的"知识"来解。

② 《美诺篇》98a。

③ 《美诺篇》51e-52a。

中所被赋予的各种名誉、名声，那是属于人的德性、卓越性，是人的感觉器官无法捕捉的东西。所以，按照线喻的划分，应该属于可知界的对象。但是，名誉、名声是跟随着"人的名字"而存在，与具体的带着肉体存在的人相关并在社会中流传，为此，它无法完全离开感觉事物而独立存在，这在线喻中相当于悟性的对象，还没有到达纯粹理性的对象。如果这个对应成立的话，由于悟性的对象与人的臆见存在着认识上的牵扯，那么，"名誉、名声、评价"如果不进一步以理性的对象为目标而追求真知，就不能成为"真正的德性"而到达永恒。上述两者的对应关系可以按图表对比如下：

| 可视界（horaton）dc | | 可知界（noeton）ba | |
|---|---|---|---|
| 影像<br>仿造品 | 实物<br>原件 | 悟性对象<br>（数学） | 理性对象<br>(idea, eidos) |
| 神殿<br>塑像 | 有名人<br>（具体的人） | 名誉<br>名声 | 真正的德性<br>（真知） |
| 线喻的比例：a：b＝c：d＝(a＋b)：(c＋d) | | | |

我们在这里所要关心的并不是它们各自之间的比例关系如何，以及这里所出现的存在层次的思考该如何理解等问题，而是它们各自在认识层次上所对应的对象问题。① 在柏拉图哲学中，悟性对象是可以让认识上升到理性对象的存在。其方法为"哲学问答法"（dialektike）。那么，在《会饮篇》"恋爱论"中所谈的美好的"名誉、名声"也一样，可以通过探索、追求，最终

---

① 对于 idea 与感觉事物的存在层次问题，日本著名西方古典哲学学者松永雄二教授在其著名的论文《イデアの離在と分有について—ある序説—》（《哲学》1976 年第 17 号）中提出了一个颠覆性的观点，那就是拒绝至此为止在学术界一般形成的有关 idea 论中以"存在层次"为前提的 idea 离在学说，提出了以对象的存在形态不同来把握 idea 的离在问题。在这篇论文中所指出的感觉事物与事物的性状其作为认识对象时存在的不同认识方式，即被视存在与被思存在之间的不同是"离在"得以成立的根本，这个观点是他的贡献。但是，仅以此来否定 idea 的离在与"存在层次"关系显然是不足的。在柏拉图的《会饮篇》和《斐多篇》等对话篇中柏拉图多次谈到 idea 与感觉事物之间在存在层次上的差异，这些论述仅以"被视存在"与"被思存在"之不同（如指头与大小问题之不同一样）是无法消除的。为此，笔者在此仍然坚持"存在层次"的观点。

发展成为"真正的德性"。从这个意义上来说，"名誉、名声"应该属于"悟性对象"。《会饮篇》中虽然仅仅只是指出恋爱之根本是"美的观照"的追求，没有谈到具体的探索方法。但是，抵达"美的观照"的恋爱路途，也应该属于同样的方法，即"哲学问答法"。比如，前面说过，美好的名誉、名声虽然属于人的臆见，但是既然属于美好的，其中自然包含了正确的臆见。在《泰亚泰德篇》202c 中柏拉图指出"带有逻格斯的正确臆见是知识"，这里所说的"带有逻格斯"，当然指的是由"哲学问答法"所带来的符合逻辑的言论，因为柏拉图哲学把"哲学问答法"作为哲学探索的唯一方法。

如果"名誉、名声"可以上升到"真正的德性"，自然地就会从社会的依存中解放出来，从而不受时间、场所、人的价值观所左右而存在，其自身就成为不生不灭、保持自身同一性的存在，这样的"名誉、名声"所具有的德性，就是真知，因为真知就是这样的一种存在。[1] 那么，人的"名誉、名声"如果能够上升到这样的境界，当然可以获得只有神才被允许拥有的作为"不死 A1"的存在而永恒的。

3. 至此，我们终于可以比较明确地认识到，《会饮篇》的恋爱论中出现的"生成与不死"的问题，那是柏拉图为了其哲学探索的规劝所必不可少的重要问题。换一种说法，柏拉图在恋爱论中提出"生成与不死"的问题，其潜在的意图在于向人们进行哲学的规劝。然而，我们的问题到此还没有结束，我们最终还需要结合至今为止的梳理所达到的各个问题的结论，进一步弄清楚柏拉图在恋爱论中为什么需要通过"生成与不死"问题的关联，才能达到这种规劝的合理说明。

恋爱（eros）属于人的一种本能的欲望，这种本能在柏拉图哲学中体现了两种目的倾向，一种是对于快乐的追求，另一种是对于善美的渴求。如果恋爱只以"快乐"作为终极的目标，其结果必然走向一种放纵，而以"善美"为目标的恋爱就会让人产生辨别的德性，让人活得像人，获得人之所以为人的德性展现，这也是柏拉图哲学中一直强调的问题。然而，问题是带着肉体生存的人，与其对善美的苦苦探索，不如肉体的快乐是最直接的需求。

---

[1]　参见《蒂迈欧篇》52a，等等。

人的灵魂中这两种力量的对立与格斗正是柏拉图在《斐德罗篇》中把灵魂比喻成由两匹不同性质的马驾驭的马车的思考来源。那么，要达到对于人们进行哲学规劝的目的，即把人的本能欲望之恋爱的迷狂与快乐向善美追求的方向引导，就需要指出这种追求对于人的真正好处之所在，只有这样才能使其规劝让人们接受。在这里，柏拉图尝试着通过"生成与不死"问题的指涉，以及其与恋爱之间的关系论述，最终达到其哲学规劝的合理性依据的确立。

更具体地说，柏拉图认为达到永恒不死（不死A）是每一个人的梦寐以求的愿望，而人要想达到不死，除了自我"生成"没有其他道路。并且，这种"生成"还不能只是作为带着肉体存在之生物性"生成"，更为重要的是灵魂之子的生成，这种生成在生物中也只有人才可以做到。人类通过这种生成，可以获得美好的名誉、名声，那么，自己的肉体即使消失了，自己的名字也会被人们传颂，从而作为不死的存在被人们祭奠。可是，名誉、名声仅仅依存于人类社会，受到时间、地域、人的价值观所左右，其永恒性是不确定的，所以，其不死性最高也只能属于"不死A2"的层次。为了让这种美好的名誉、名声获得超越社会性的存在意义，能够达到"不死A1"的境界，那就必须把名誉、名声向人的真正德性，向真知的追求升华。《会饮篇》中蒂欧提玛所说的恋爱之"终极的最高秘仪"，指明的正是这种上升道路：恋爱"正如爬楼梯一样，从一个美丽的肉体向两个美丽的肉体，从两个美丽的肉体向所有美丽的肉体，然后从美丽的肉体向无数美丽的人的营为、再从人的美丽的营为向诸多美丽的学问，从诸多美丽的学问到达以美那种存在为对象的学问……"。[1]

在这里，蒂欧提玛所传授的这种"恋爱的正确道路"已经不需要做更多地说明，然而，我们必须注意到这种道路的上升过程、即美丽的肉体向美丽营为的学问，直至美那种存在（美本身）的学问，属于三个不同阶段的追求，而这三种阶段的划分，正好与同样属于中期对话篇《理想国》435b-587a中谈到的人的灵魂三分说形成完整的对应：美丽的肉体＝欲望的对象（即肉体爱），美丽的营为＝气概的对象（即名誉爱），美本身＝理智的对象

---

[1] 《会饮篇》211a。

（真知爱）。（当然，在《理想国》中，探讨的是这三者如何做到和谐一致，达到正义灵魂的确立问题。而在《会饮篇》中重点放在这三者追求过程中逐步上升，最后抵达对于美本身观照的恋爱之终极目标与意义的论述之上）。正如灵魂三个部分的功能都是朝着灵魂全体，而灵魂全体朝着善的追求方向运动着一样，[①]Eros 全体也是朝着"美的 idea"上升、以观照"美的 idea"为目标运动着。从这个上升的过程来看，各个阶段对于人的探索都是不可缺少的环节，那么，这就说明柏拉图在这里并不否定肉体之爱的意义，也就是说，人的欲望中快乐追求也是一种必须承认的欲望，在这种承认的前提下，再进一步阐述了其向善美之本真对象上升的必要性。这也构成整个恋爱论中谈到的"肉体之子"的生育与"灵魂之子"的生育问题相对应。而我们必须进一步注意到，这条上升的道路也正是柏拉图在《斐多篇》中论述的"回忆说"中所指出的人的探索从对于感觉事物认识开始向 idea 认识发展的道路。

就这样，《会饮篇》中恋爱论通过"生成"问题的提出，让肉体之爱向名誉之爱转向，接着由于"不死"问题的关联，再从名誉之爱向真知之爱上升，从而使该论说中对于人们进行哲学探索规劝的意图获得了合理的论说依据。

综上所述，柏拉图在《会饮篇》的恋爱论阐述过程中，正是通过"生成与不死"问题的提出，使人的恋爱问题在逻辑上极其自然地从形而下的肉体之爱逐渐上升到形而上的真知之爱的论述，从而使他对于人们进行哲学探索的规劝得到了合理而具有说服力的阐明。

具体地说，在《会饮篇》的恋爱论中潜藏着柏拉图对于人们必须以真知为对象进行哲学探索的规劝。在论述的过程中，他首先提出"生成"的问题，指出"生成"来自于人们对于"不死"的不竭渴望所致，以此把人的存

---

① 关于灵魂三分学说中的三个部分究竟属于灵魂全体的三种倾向，还是灵魂被分为三个部分各行其是在学术界有争论。不过，认为柏拉图所说的灵魂三个部分并不是各自独立追求善的东西（德性），而是一个人的灵魂以全体追求善的观点在近年来得到比较多的认同。（cf.P.Hoffman，*Plato on Appetitive Desires in the Republig*，Apeiron 36，2003，pp.171-174）。

在与神的存在产生关联，因为"不死"的问题总是与神的存在相关。但是，如果人只能停留在一般生物那样，仅靠肉体的生成无法实现神一般不死的目的。为了实现这个目的，就需要把人的生成从一般生物的生成中脱离出来，这就自然地让肉体的生成问题向灵魂的生成问题过渡，然而灵魂的生成如果也只是停留在社会性层面，即如果那些与灵魂生成相关的名誉、名声之爱只停留在人的社会评价机制所左右的状态，还是不能达到神一般的"不死"。最后以此为问题的核心，揭示出人的灵魂之子的生成只有以真正德性的追求为目标，才能抵达与神一般存在同样的"不死"境界，从而达到他在恋爱论中哲学规劝的目的。很显然，在这些问题的论述过程中，其论述一直是围绕着"生成"与"不死"的关联而展开的，如果没有"生成"与"不死"的关联性论述，从肉体之爱到名誉之爱，最终向真知之爱的上升之路是无法实现的。

在这里，柏拉图让我们认识到，一般情况下，"生成"与"不死"属于对立的概念。"不死"指的是一种不生不灭的状态，其特征是恒常地保持着自身同一性的存在。可是"生成"始终伴随着生与死的反复，是一种非恒常性的东西，这显然与"不死"是无缘的存在。可是，两者其实可以实现高度的统一。"生成"就是为了"不死"而生成，"不死"正是有了"生成"才使不死成为可能。而两者之所以能够达到统一，那是因为人的哲学探索的结果。更进一步，在恋爱论中进行哲学探索的倡导，如果没有"生成与不死"问题的关联，那就失去了最基本的理论支撑，这里的哲学问题就会成为一场空论，这就是《会饮篇》的恋爱论的哲学意义之所在。因此，如果我们仅仅只是在《会饮篇》中把握到柏拉图在这里的思想指向是一种哲学规劝，除了注意到恋爱对象的变化与逻格斯发展的关系，以及最高对象美的 idea 与一般美的事物之间存在着存在层次问题的差异，以此作为恋爱之路上升的主要原因研究论述，而不能认识到"生成与不死"在这个论述过程中的意义和作用，柏拉图的恋爱论与他的其他哲学问题相比必将黯然失色，对于他的恋爱论的全貌更无法得到合理的把握。

——本文刊载《南开学报》2012 年第 3 期（内容和题目有所修订）

# 浅谈全球化视阈中公共哲学的构筑

## ——以日本的公共哲学研究为线索

近年来，日本的学术界对于公共哲学（public philosophy）的探索与研究日益受到人们的重视。从 20 世纪 90 年代中期开始，日本的学术界把公共哲学作为一种崭新的学科、学术领域，逐渐在各大学出现一场研究热。在这种时代背景下，京都论坛·公共哲学共働研究所从 1998 年开始展开了以构筑崭新的公共哲学为重点的相关研究，几乎每个月在京都召开一次学术论坛，召集日本全国甚至欧美、中国、韩国等世界各国、各个领域的著名学者，展开广泛的学术对话，取得了丰硕的研究成果。① 这些成果整理编辑成书，由东京大学出版会以《公共哲学》为总书名的 20 卷丛书的形式相继出版发行，在日本学术界引起很大的反响。② 在日本所展开的公共哲学的构建中，许多著名的学者都积极参加，除了公共哲学共働研究所之外，各个大学也先后开设新的课程讲授公共哲学。比如，1996 年，设在驹场校园的东京大学研究生院综合文化研究科开设新的科目，由山胁直司教授主讲"公共哲学"。此外，在立命馆大学、早稻田大学、学习院大学、中央大学等，都先后在本大学的研究生院里设立相关的学科，开设相关的科目。2004 年，千叶大学的法经学部设立了"面向可持续发展的福祉社会的公共研究基地"，以此通过了文部省的 COE 科研项目的申请认定，取得了日本国家的重点科

---

① 以金泰昌教授为所长的"公共哲学共働研究所"，是日本株式会社フェリシモ代表取缔役矢崎胜彦会长为事务局长的"京都论坛"的核心研究机构。

② ［日］佐佐木毅、［韩］金泰昌主编：《公共哲学》，（东京）东京大学出版会 2001 年版。

研资助。①

　　本文主要围绕现公共哲学在日本的研究现状，通过对两位最具代表性的学者——山胁直司教授和金泰昌教授观点的评介，把握日本学术界对于公共哲学研究的基本视野，指出其中所存在的问题，最后提出笔者的目标与展望。

## 一、现在，为什么公共哲学的问题被人们所关注

　　那么，为什么近几年来，公共哲学的研究逐渐被学术界所关注？关于这个问题的原因应该有多方面。但是，我觉得其根本原因与全球化时代的到来有直接的关系。那是因为，在全球化的大潮面前，至今为止处于被人们所依存的公的存在，几千年来作为处于公的立场的国家，面对其他的国家时其内在的"个"性（私）逐渐增强，伴随着这种历史的进展而出现的弊端（侵略、榨取、战争、环境恶化等），世界各国日益增强了现实的危机意识，无论个人还是国家，都面临着作为私的存在和公的存在的全新的挑战。为此，新时代的"公共性"问题成了迫在眉睫的现实问题。人们希望从哲学的高度阐明"公共性"问题的内在性质和结构，为解决现实问题提供崭新的生存理念。

　　"全球化"（Globalization）在日本被译成"地球规模化"或者"グローバル化"，并被定义为"由全球规模中复数的社会与其构成因素之间结合的增强所带来的社会性变化"。从学术界的常识来说，一般认为，全球化问题是在第二次世界大战所波及规模的世界性以及后来发生的世界经济危机之后，世界各国在现代社会的恢复过程之中所产生的现象。② 特别是 20 世纪

① 在立命馆大学，以山口定教授为中心，举行了多次的学术研讨会，在 2003 年把研究成果以《新的公共性》为书名编辑出版（有斐阁出版社）。早稻田大学以片冈宽教授为中心在研究生院创立了公共经营研究科，另外，在政经学部也新创立了以"公共哲学"为核心课程的国际政治经济学科。学习院大学法学部、中央大学研究生院公共政策研究科等也都相继开设了公共哲学课程（详细内容请参见 [日] 山胁直司：《公共哲学的现状与将来——寄语〈公共哲学〉20 卷丛书的发行完成》，（东京）东京大学出版会 2006 年版）。

② 如果更为历史性的视野来看，全球化的萌芽应该开始于 16、17 世纪的大航海时代，特别在那之后的环大西洋贸易已经呈现了今天所谓的全球化的特点。

后半叶出现的运输与通信技术的爆炸性发展以及东西方冷战结束之后世界上自由贸易圈的扩大所带来的人、物、钱和信息的国际性流动化，使原来潜在的全球化问题迅速表面化。文化、经济、环境、宗教以及非政府组织、非营利组织活动的跨国境的扩大，与此同时而产生的日益加强的国际交流，使各种文化的冲突、同化、融合等问题明显地呈现出地球规模化的倾向。在这种历史潮流的推动下，科学技术、社会组织、法律体系以及各种产业基础、教育、医疗、公共设施、社会福利等社会资本得到了长足的发展；同时，也促使各种社会问题、国际问题，逐渐超越国家的范围，成为一个国家无法单独解决的问题。比如，恐怖组织的超国界行动、全球化潮流面前地域性意识的增强、反全球主义运动的产生等，全球化所带来的负面影响不断凸显。特别是迅速发展的全球化趋势，呈现出更多的是，西方强国把近代以来所形成的自由、民主主义社会的价值观、人生观，进行全球普遍化标准在世界范围的推进的倾向，其中美国式的自由和权利的理念几乎成为世界性规模的社会标准正在被强行推广的问题等，都成为当前世界无法否定的事实。

在这种时代的大潮面前，到 20 世纪为止所形成的，地球人类文化之异质性的多元共存的格局受到了前所未有的挑战。为此，本国或者本地域的固有性意识的唤醒、共有性的追求等问题，正在与全球化的进展同步增强。还有，作为现代社会的共通的基本价值观，人们在追求尊重个人的自由与权利的社会生活中，政府的作用、政治的形态，与此相对的个人的作用、个人在社会中的责任与义务究竟该如何获得和谐的确立等问题，成了这个所谓后现代社会的当务之急。为此，存在于"公"与"私"之间的"公共世界"，究竟该如何进行和谐构建的问题成为学术界关注的热点。

要进行这种问题的研究与理论构建，首先面临着几个最基本概念的界定问题，比如，公、私、公共、公共性、公共理性、均一性、多元性、均质、异质、和谐、幸福等概念就是如此。对于这些概念，必须从哲学的高度进行定义、进而梳理它们之间的相互关系、然后进行逻辑性展开、最后提出构建学问体系之方法论等问题。关于公共哲学研究的胎动，就是源于这个崭新时代之人类生存问题的理论构筑的需求而产生的。

"公共哲学"（public philosophy）这个概念，是 20 世纪 50 年代在美国最初被李普曼提出来的，后来还有贝拉和桑德尔等人使用并探讨过这个问题。与此相呼应，汉娜·阿伦特和哈贝马斯也开始了关于"公共性"问题的探索。但是，这些研究在欧美并没有发展成一种较大规模的学术运动。然而，到了 20 世纪 90 年代，东亚诸国开始关注公共哲学的问题。在我国有一部分学者开始从"公共理性"的角度，发表了一些与公共哲学相关的论文，至今为止发表过的几篇论文主要登载在《江海学刊》上。不过，那些主要只是一种对于国际学术前沿所进行的介绍性研究，并且其中很难看出政治哲学、伦理学与公共哲学的视野之明显的区别。这种研究与真正把"公共哲学"作为一个新的学术领域进行深入探讨的问题意识还相差甚远。① 而日本学术界的情况却不同，公共哲学的研究正逐渐呈现出一种学术界的前沿性研究的潮流。

那么，究竟为什么在日本公共哲学的研究受到学术界的重视呢？东京大学山胁直司教授指出：由于近年来日本出现的"官界与经济界的各种违法渎职等事件，地方的分权化，非政府组织、非营利组织形成与活动的抬头等，由此使公共性问题成为迫在眉睫的紧急课题，需要从跨学科的角度对其进行论述。为此，公共哲学的研究被社会所期待，因为这种研究能对社会研究、哲学、政策论之间的学科分割起到桥梁的作用"②。确实，在日本的公共哲学研究所产生的社会背景，山胁教授所提出的这些因素不可或缺。但是，同样的社会因素在美国和欧洲的其他国家同样存在，为什么只有日本对于公共哲学问题如此重视呢？这个问题山胁教授的见解是无法说明的。笔者认

---

① 清华大学万俊人教授在 1998 年 3 月号的《江海学刊》上发表了关于公共哲学的论文。其他的还有几个学者也在该刊物上发表相关的文章。不过，他们的视点集中在"公共理性"问题之上，主要以哈贝马斯和罗尔斯的问题意识为中心。而 2004 年，中央党校出版社出版了《公共哲学》（江涛），其中所研究的问题与国外的公共哲学所探索的问题也不同。而从 1995 年开始，王焱教授编辑出版的《公共论丛》，以书代刊的形式，至今为止出版了《市场社会公共秩序》、《经济民主与经济自由》、《直接民主与间接民主》、《自由与社群》、《宪政民主与现代国家》等。除此之外，还有一些杂志也登载一些相关问题的文章。如《知识分子论丛》（华师大现代思想文化所编）、《读书》等。不过，这些研究的问题核心与现在日本的公共哲学研究的视野以及参与研究的学者阵容都相差甚远。

② ［日］山胁直司：《公共哲学的现状与将来——寄语〈公共哲学〉20 卷丛书的发行完成》，（东京）东京大学出版会 2006 年版。

为，山胁教授所指出的问题只是一种契机性的因素，只是外因，而其根本的原因，即内因源于日本学者内在的素质所致。①

日本民族是一个好奇心极其旺盛的民族，对于外来东西的吸收与探索的高度积极性已经被历史所证明。江户以前对于中国文化的引进、借鉴与吸收是众所周知的。而近代以来在西方文明东渐的过程中日本所起的作用是不可替代的。特别是历史上没有采用科举制度的日本，在东亚的儒家文化诸国中，与中国、朝鲜、越南相比，知识分子的求知欲与向学动机根本不同，那种对于知的好奇心与希腊人极为相似。从传统的日本知识分子来看，读书、从事学问研究并不是为了现实生活中"安身立命"，只是爱好学问而读书、探讨学问。为此，丸山真男所强调的作为知识分子的个人"从现实政治中做到否定性的独立"获得了现实的可能性。伊藤仁斋、本居宣长、西周、福泽谕吉、丸山真男等人就是最好的例子。站在公共知识分子的立场从事学术研究的日本的知识分子们，这种学问精神总以某种形式，作为其独立人格的精神因素内在于其学术良知之中。正是拥有这种内在的素质，使山胁教授所指出的那些外在的因素起到了导火线的作用。20 世纪中叶以后，世界上呈现出日益明显的全球化现象，日本的学者最敏感地作出了反应。而在美国学者最初提出了公共哲学这种新的研究领域之后，日本的学术界以最快的速度进行了介绍。② 就这样，在美国出现的一朵星星之火，却在日本的学术界开始燎原。现在的日本学术界，公共哲学的研究正逐渐形成一大新学术研究势力，冲击着由近代以来在西方学术话语基础上所形成的传统学术基础。

---

① 这里有一点可能会被质疑，因为金泰昌教授不是日本人，只是韩国籍的学者。这个问题比较特殊，笔者的理解是，金教授是一位以世界为家的学者，他的学术活动至今为止走过世界的近 60 个国家，进行各种学术研究和讲演，只是现在把研究的据点设在日本而已。他已经超越国界，只是一位地球人，也许这是 21 世纪知识分子代表性的生存方式。因为他认为公共哲学是 21 世纪新的学术方向，而东方的存在极其重要，这与日本对此研究的重视相吻合，所以，他 90 年代来到日本，从此把自己的研究据点从美国移到日本。

② 李普曼的 *The Public Philosophy* 1955 年出版后，日本的时事通信社就在 1957 年 3 月出版了矢部贞治的译本《公共の哲学》。

## 二、公共哲学是什么

可是，我们在说到"公共哲学"的时候，首先面临的是"公共哲学是什么"的理解问题。

自 1955 年美国的政治评论家李普曼出版了 *The Public Philosophy* 以来，学者们在考虑公共哲学问题的时候，无论是谁都要思考与公共哲学相关的概念应该是哪些、研究的领域该如何界定、其目标是什么等问题。也就是说，公共哲学该如何定义的问题是无法回避的。至今为止，学者们对此做过了一些尝试性的规定，却无法取得比较一致的认同。为此，进入这一领域从事相关研究的学者们，这些问题仍然是一种崭新的问题必须面对。

李普曼只是从西方自由民主制度下的自由公民的责任问题出发，提出了在现代民主社会中构建一种公共哲学的必要性。至于公共哲学是什么，是一种怎样的哲学的问题，并没有给予明确的解答。之后，宗教社会学家贝拉等人为了统合各种专门的社会科学，再次提出构建公共哲学这个问题。他们以"作为公共哲学的社会科学"为理想，通过"公共哲学"的提倡来批判现存的分割性的学问体系。但是，对于公共哲学究竟是什么的问题，同样没有进行明确的定义。① 就这样，美国所提出的"公共哲学"之产生背景与学问理念，存在着上述最根本的问题没有得到解决。公共哲学共働研究所所长金泰昌教授指出：李普曼所谓的"公共哲学"之"公共"问题，与东方的"公"的意思基本相近，即其中包含了"国家"、"政府"等"被公认的存在"的意义。但是，对于我们东方人来说，"公"与"公共"的内涵是不同的。② 更进一步，我们不难注意到，李普曼的公共哲学的理念与传统的政治学、伦

---

① ［美］ペラー等：《心の习惯》，（东京）みすず书房 1991 年版。

② 汉字中"公"的意思，以及在中国传统文化思想中公和私的问题，沟口雄三教授在论文《中国思想史中的公与私》[［日］佐佐木毅、［韩］金泰昌主编：《公共哲学》第一卷，（东京）东京大学出版会 2001 年版，第 35—58 页］中作了详细的介绍。还有请参考《中国的公与私》［沟口雄三等著，（东京）研文社 1995 年版］以及日本传统思想中"公"与"私"的问题请参考《日本の公与私》，《公共哲学》第三卷。

理学的问题难以区别，而贝拉等人所提倡的统括性学问，与黑格尔哲学中以哲学统合诸学问的追求几乎同出一辙。那么，从美国产生的公共哲学所存在的问题来看，日本的公共哲学研究所追求的适应于这个全球化时代的学问构筑是值得我们期待的。因为在日本的公共哲学研究，拥有政治、经济、文化、宗教、环境、科技、各种组织的作用等全方位的视觉，在现在的世界各国中可是说是绝无仅有的、全面而深入地展开了跨学科的对话与探索。

当然，日本的学者也同样面临着如何界定"公共哲学是什么"的问题。山胁教授可以说是日本构建公共哲学最具代表性的学者之一。他在《公共哲学是什么》（筑摩书房，2004 年 5 月初版）一书中，避开直接对于这个问题的界定，只是强调指出"公共性"概念的探索属于公共哲学的基本问题，然后把汉娜·阿伦特所定义的"公共性"作为哲学对此的最初界定，展开了其学说史梳理和论述。其实，山胁教授的踌躇不难理解，他在为 2002 年出版的《21 世纪公共哲学的坐标》（《公共哲学》20 卷丛书的第 10 卷）中所写的"序论"之《全球·区域公共哲学的构想》一文的开头，作了以下的表述：

> 公共哲学，似乎是由于阿伦特和哈贝马斯的公共性理论以及李普曼、沙里凡、贝拉、桑德尔、克定等人的提倡开始，在 20 世纪后半叶出现的学问。其实，如果跨过他们的概念之界定，把公共哲学作为"哲学、政治、经济以及其他的社会现象从公共性的观点进行统合论述的学问"来把握的话，虽然这种把握对于我只是暂定性的，但是即使没有使用这个名称，公共哲学在欧洲和日本都是一种拥有传统渊源的学问。

这种观点包含了以下两个方面的问题意识：（一）公共哲学好像是崭新的学问，其实其拥有悠久的传统。（二）公共哲学是一种从公共性的观点出发进行诸学问统合性论述的学问。

那么，为什么公共哲学好像是崭新的学问又不是崭新的学问呢？那是因为他认为这种学问的兴起，是为了"打破 19 世纪中叶以来产生的学问的专门化与章鱼陶罐化后，使哲学与社会诸科学出现了分化的这种现状，从而进行统括性学问的传统复辟"，以此作为这种学问追求的目标。当然，这里所说的统括性学问的"复辟"问题，与黑格尔的哲学追求有关。但是，他同时指出：公共哲学的立场不可能是黑格尔的欧洲中心主义的立场，而应该是追溯到康德的"世界市民"理念，只有这样的理念才是与全球化时代相适应的统括性之崭新学问的目标。为此，他对公共哲学作出了如（二）所述的那样暂定性的定义。很明显，山胁教授在承认公共哲学的崭新内容的同时又不把公共哲学作为崭新的学问的原因是，他不把这种学问作为与传统的学问不同的东西来理解与把握，而是通过对于"传统渊源"的学问再检讨，在克服费希特的"国民"和黑格尔的"欧洲中心主义"的同时，以斯多亚学派的"世界同胞"和康德的"世界市民"的理念为理想，重构黑格尔曾经追求过的统括性的学问，以此放在全球化时代的背景之下来构筑的哲学，这才是他所理解的公共哲学。在此，他创造了"全球·区域公共哲学"的概念，提出了在全球化时代构筑公共哲学的视野（全球性、地域性、现场性）和方法论（理想主义的现实主义与现实主义的理想主义）。

　　与山胁教授不同，在构筑现代公共哲学中起到核心作用的金泰昌教授的看法就不是那么婉转，他一贯认为公共哲学是一个崭新的学术领域，一门崭新的学问，并且这种学问正是这个全球化时代中人们所体验的后意识形态才可能产生的学问，才可能开辟的崭新的知的地平线。根据金教授的观点，西方的古典学问体系是以"普遍知"的追求为理想，寻求最为单纯的、单一的、具有广泛适用性和包容性的知识体系。但是，近代以后的学术界意识到这种统括性的形而上学所潜在的危机，开始重视拥有多样性的"特殊知"，诸学问根据学科开始了走细分化的道路。其结果出现了诸学问的学科之间出现了分割、断裂现象的问题。那么，公共哲学一方面避免"普遍知"的统括性；另一方面克服学问的学科分化，实现学科之间的横向对话，构筑"共媒性"的学问。所以，与传统的"普遍知"和近代以来的"特殊知"不同，公共哲学是一种"共媒知"的探索。为此，2005 年 10 月 11 日他在清华大学所进行的一场"公共哲学是什么？"的对话与讲演中，针对学者们的提问，提出了公共哲学的三个核心目标，那就是"公共的哲学"、"公共性的哲学"、

"公共（作用）的哲学"，并进一步指出三者之间相互连动的重要性。所谓公共的哲学，那就是从市民的立场思考、判断、行动、负责任的哲学；公共性的哲学，就是探索"公共性"是什么的问题之专家、学者所追求的哲学；公共（作用）的哲学，就是把"公共"作为动词把握，以"公"、"私"、"公共"之间的相克、相和、相生的三元相关思考为基轴，对自己、他者、世界进行相互联动把握的哲学。其目标是促进"活私开公、公私共创、幸福共创"的哲学。以此体现日本所进行的公共哲学研究与美国所提出的公共哲学的不同之处，强调日本的公共研究的独特性。①

山脇教授所提供的问题意识，对于我们进行公共哲学的研究，拥有许多启发性的要素，在一定的时期，将会为人们进行公共哲学的研究与探索，提供一种学术的方向性，这是其研究的重要意义所在。但是，他那暂定性的诸规定，并没有从正面回答"公共哲学是什么"的问题，而是在公共哲学的概念还处于暧昧的状态中，就进入了关于公共哲学的目标和学问视野的界定。其实，这种现象并不仅仅只是山脇教授一个人的问题，也是现在日本的公共哲学研究所存在的共同问题。②

金教授的观点与山脇教授相比更体现其为理念性特征，其内容犹如一部公共哲学运动的宣言。这也充分体现了在日本的公共哲学构筑过程中其作为运动的组织者和领导者而存在的特征。确实，我们应该承认，金教授的见解简明易懂，可以接受的地方很多，特别是他提出的所谓公共哲学所具有的三大特征性因素，对于打破19世纪中叶以来所形成的学问的闭塞现状，将会起到了一种脚手架式的辅助作用。但是，问题是他的那种有关知的划分方式只是停留在西方传统的学问分类之中，还没有超越西方人建立起来的学术框架。因为我们无法理解他所说的"共媒知"与传统的"普遍知"的追求有什么本质上的区别，而"共媒知"是否可以获得与"普遍知"对等的历史性意义的问题也根本不明确。当然，西方思想中所谓的"普遍知"是以绝对的符合逻辑理性，并且是以可"形式化"（通过文字形式叙述）为基本前提的。

---

① 公共哲学共働研究所编：《公共良知人》2005年1月1日。

② 参见［日］桂木隆夫：《公共哲学究竟应该是什么——民主主义与市场的新视点》，（东京）劲草书房2005年版。

而金教授所提倡的"共媒知"却没有规定其必须具有"普遍"适用的绝对合理性。倒不如说，其作为"特殊知"之间的桥梁，多少带有追求东方式的"默契"的内涵，也就是"无须言说性"。这种"默契知"的因素、从西方的理性主义来看属于"非理性"，但是，在东方世界中这种不求"形式知"，以"默契知"达到人与人之间，人与世界之间的和谐，是被承认的。

　　但是，尽管如此，日本所展开的公共哲学的研究，明显地并没有对"公共哲学是什么"的问题给予明确的回答。这个问题可能在相当长的一段历史中，将会继续被人们所争论和探讨。也许正是由于"公共哲学"的学术性概念的不明确，其研究对象、涵盖的范围也茫然不定，现在仍然被学院派的纯粹哲学研究者们所敬畏。在日本，东京大学的研究者们展开了积极而全方位的研究活动，而保持学院派传统的京都大学的学者们至今仍然保持静观的沉默态度。但是，我不觉得一种学问的诞生，最初开始就应该是在明确的概念的指引下进行的。倒不如说一般都是在其研究活动的展开过程中，其所探讨的问题意识、预期目标逐渐明确，方法论日益定型，通过研究成果的积累而达到对问题本质的把握。从泰勒斯开始的古希腊学问的起源正是如此开始的。为了回答勒恩的提问，毕达戈拉斯也只能以"奥林匹亚祭典"的比喻来回答哲学家是怎样的存在的问题。哲学之概念的定义，只是在后世的学者们梳理学说史的过程中慢慢才得到比较明确地把握的。

　　公共哲学的学术定论问题也应该经过这样的过程。只有到了我们所有的人，都能站在全球化的视阈和立场上思考、感受、共同体验一切现实生活的时候，所有的人理所当然地站在公共性存在的立场上享受人生、悲戚相关的时候，公共哲学在这种社会土壤中就会不明也自白的。对于"公共哲学是什么"的回答，应该属于这种社会在现实中得以实现的时候才可以充分给予的。这个回答其实与过去对于"哲学是什么"的回答一样，学者们在实践其原义为"爱智慧"的追求过程中，通过长期不懈地探索智慧的努力，才得以逐渐明确地把握的。当然，为了实现对于"公共哲学是什么"问题的本质把握，社会的意识改革与实际生活中的坚持实践的探索追求是不可或缺的。要在全社会实现了上述的每一个社会构成员对于公共性问题的自我体验的目标，从现在开始循序渐进地努力是必不可少的。当思考公共性的问题成为人们自然而然地接受和体验的时候，"公共哲学"究竟应该是什么的答案将会自然地显现。从这个意义来说，现在日本所进行的公共哲学的探索，朝着自己所预设的暂定性的学术目标所作的研究和努力，也许可以说正是构筑一种崭新学问所能走的一条正道。

## 三、关于日本学术界把"公共哲学" 作为崭新学问的基本见解

不过，我们还是必须思考，究竟公共哲学是否可以作为一门崭新的学问。如果作为崭新的学问来看待的话，必须以哪些领域作为其研究对象？应该设定怎样的目标、采取怎样的方法进行探讨呢？那么，在日本的学术界针对这个问题的看法究竟如何呢？

笔者对于山胁教授的研究视野、所确定的研究领域和研究方法很有同感，而对于金教授的学术理想同样可以产生共鸣。但是，对于两者所表明的关于公共哲学的"崭新性"问题，觉得其仍然存在着比较暧昧的成分，而有时两者的观点也不尽相同。

如前所述，山胁教授的"公共哲学……似乎作为崭新的学问而出现"的发言，容易让人觉得他并不承认这种学问的"崭新性"。其实不然，他就是站在公共哲学是一门崭新的学问的前提下展开了相关的研究的。2006 年 8 月，他在《公共哲学》20 卷丛书出版结束时，发表了一篇短文，明确地表明了公共哲学是一门崭新的学问的认识。他认为：公共哲学是一门发展中的学问，虽然学者之间可能会有各种各样的见解，但是自己把其作为崭新学问的理由，除了认为它是一门"从公共性[①] 的观点出发对于哲学、政治、经济以及其他的社会现象进行统合性论述的学问"之外，它的崭新性还可以从以下五点得以认识：（1）对于现存学问体系中存在的"社会现状的分析研究＝现实论"，"关于社会所企求的规范＝必然论"，"为了变革现状的政策＝可

---

① 关于"公共性"、"公共圈"（Öffentlichkeit，öffentlich，publicité，publicity）的问题，哈贝马斯在《公共性的结构转换》一书中，对于其历史形态的发展过程作了详细的梳理和研究。日本的"公共性"问题的探索，从哈贝马斯的研究中得到诸多的启示。

能论"之学际分割问题进行综合研究。特别是不把其中的"必然论"与"现实论"和"可能论"分割开来进行研究是公共哲学的重要特征。(2)以提倡"公的存在"、"私的存在"、"公共的存在"进行相关把握的三元论,取代原来的"公的领域"与"私的领域"分开对待的"公私二元论"思考。(3)通过提倡"活泼每一个人使民众的公共得到开启,使政府之公得到尽可能的开放"之"活私开公"的社会根本理念,克服传统的"灭私奉公"或者"灭公奉私"的错误价值观。(4)把人们交流、交往活动中的性质进行抽象性把握,探索一种具有公开性、公正性、公平性、公益性之"公共性"理念,这也是公共哲学的实践性特征。(5)在公共哲学的构筑过程中,努力尝试着进行"公共关系"的社会思想史的重新解释,这种研究也是这种学问的重要内容。①

与山胁教授不同,金教授邀请日本甚至世界各国著名学者会聚京都(或大阪),进行"公共哲学"对话式探讨的同时,积极到世界各国特别是韩国和中国行走,开展讲演和对话活动。到 2006 年 10 月为止,在中国就进行过近十次的关于"公共哲学公共行动的旅行"。在这个过程中,每当人们问及公共哲学是否属于崭新的学问的时候,他都是明确地回答这是一门崭新的学问。但是,纵观其所表明的见解,其中所揭示的"崭新性"也都是停留在这种学问追求的"目标"和"方法"之上。他所说的学问的崭新性,并不是从根本的意义上来说,而是"温故知新"的"新","是对学问的传统向适应于现在与将来的要求而进行的再解释·再构筑意义上"的崭新性问题。就这样,毫不犹豫地宣言公共哲学是一门崭新学问的金教授的见解,基本上与山胁教授的观点是一致的。只是他明确表示不赞同山胁教授的"统合知"的看法,公共哲学的目标应该是"共媒知"的追求。②而针对山胁教授所提倡的"全球·区域"(グローカル)公共哲学的探索目标,他却提出了"全球·国家·区域"(グローナカル)公共哲学的视野。

上述的两位学者关于公共哲学"崭新性"的见解,基本体现了日本当

---

① [日]山胁直司:《公共哲学的现状与将来——寄语〈公共哲学〉20 卷丛书的发行完成》,(东京)东京大学出版会 2006 年版。

② 公共哲学共働研究所编:《公共良知人》2006 年 10 月 1 日。

代公共哲学研究的一种共有的特征。但是，我们面对这种观点，自然会产生下述极其朴素的疑问。

只要我们回顾一下人类思想史就不难发现，人类对于社会生活中的公共性问题的思考、探索的学问，古代社会就已经存在，并不是现在这个时代才产生的新问题。从古代希腊的城邦社会的城邦市民到希腊化时期的世界市民，从近代欧洲的市民国家到现代世界的国民国家，随着历史的发展，公共性的诸种问题，在伦理学、政治学、经济学等领域中都被提起，并以某种形式被论述过。因此，并不一定要把公共哲学作为一种崭新的学问来理解，即使过去并没有使用过这个概念来论述，但是，其中所探讨的问题在本质上是一致的。现在所谓的公共哲学，只是从前的某个学问领域，或者几个领域所被探讨的问题的重叠而已。如果这种理解可以说得通，那么现在所探索的"公共哲学"与过去的时代所被探讨过的"公共性问题的哲学"，即使其所展开的和涵盖的范围不尽相同，其实那只是由于生存世界环境发生变化所带来的现象上的差异，从根本上来说，其问题的内核并没有多大的变化。那么，我们强调"公共哲学"属于一种崭新的学问领域的必要性和依据究竟何在呢？

更具体一点说，public 的概念中包含了"公共性"问题。这种情况下所谓的公共性，就是相对于"个"（即"私"）来说的"公"的意思。通常，从我们的常识来说，构成"个"之存在的要素是乡村、城市、进一步就是国家。把"个"之隐私的生活、行动、思想、性格、趣味等，敞开置放于谁都可以明白的"公"的场所的意思包含在 public 的语义之中。那么，public 本义就是以敞开之空间（场所）为前提的即"öffentlich"的场所（行动、思想、文化的）。正因为如此，汉娜·阿伦特把"公共性"的概念定义为"最大可能地向绝大多数人敞开"的世界。但是，个的世界在敞开的程度上会由于时代的不同而存在着差异。随着时代的变迁，生活的世界也在逐渐地扩大。这种发展的过程到了现代社会，随着全球化的浪潮扩大成世界性（或者地球）的规模出现在我们面前。因此，如果以个人（私）与社会（公）的对比来考虑这些问题的话，虽然其规模不同，但其根本之处是一样的。所以，公共性问题自人类组成社会、共同体制度确立以来，从来就没有间断过、总是被思考和探讨的古典问题。对于个人（私）来说，公的规模从很小的村庄发展到小镇，从县、市发展到大都会，然后是国家，随着其规模扩大的历史进程，其构成员之每一个人之"个"的生存意识也要进行相应的变革，这种一个又一个历史阶段的超越过程，就是人类历史的真实状况。因此，认为现代社会的公共性问题会在本质上出现，或者说产生出崭新的内涵是值得怀疑的。

当然，金教授和山胁教授以及日本的公共哲学研究界，对于这种"私"与"公"的发展历史是明确的。正因为如此，金教授在谈到公共哲学之"崭新性"时，承认"如果采取严密的看法的话，这个世界上完全属于新的东西是没有的"，强调对于这里所说的"崭新性"，是一种"继往开来"意义上的认识。[①] 而山胁教授更是在梳理社会思想史中古典公共哲学遗产的基础上展开了他的公共哲学的研究。然后，根据"全球·区域公共哲学"的理念，提出了构筑"应答性多层次的自己·他者·公共世界"的方法论，尝试着以此界定作为公共哲学的崭新内容。[②] 就这样，即使认识到提出公共哲学之"崭新性"就会遇到各种难以克服的问题，却还要强调并探索赋予公共哲学的崭新意义，日本的这种研究现象说明了什么呢？

如前所述，在人类历史的现实中，公与私的对比是随着规模的不断扩大而发生变化的。个人层次的自他的界限，是在向由个体所构成的社会的扩大过程中逐渐消除的。个体是置身于公的场合而获得生活的领域的。但是，这种情况下"个"性并没有消亡，而是成为新的"公"中所携带着的"个"的内核。也就是说，从对于"个"来说属于"公"的立场的"村"，与其他"村"相比就会意识到自他的区别与对立，这时作为"公"之存在的"村"就转变为"私"的立场。而"村"放在比村的规模更大的"公"（乡镇、县市、国家）的面前，其中的对立就自然消除。接着是乡镇、县市、国家也都是如此，最初作为个体的"个"性所面对的"公"，而这种"公"将被更大的"公"所携带而产生公私立场的转换。这种链条型动态结构，与亚里士多

---

① 公共哲学共働研究所编：《公共良知人》2006年10月1日。

② ［日］山胁直司：《公共哲学是什么?》，（东京）筑摩书房2004年版，第207—226页。

德《形而上学》中的"实体论"的结构极为相似。这就是自古以来人类社会进化的过程,基本上来自于人类本性中所潜在的自我中心(或者利他性)倾向所致。这也就是普罗泰格拉思想中产生"人的尺度说"的根本所在。

人类在国家这种最大的"公"的场所中寻求"公"的立场经过了几千年,现在却直面全球化的浪潮,从而使原来处于"公"的立场之国家面临着"私"的转变。因此,可以说全球化的产生来源于原来的"公"的立场的国家之"个"性的增强所致。即由于国家之"个"性的增强,由此产生了侵略、榨取、掠夺、环境恶化等生存危机状况的意识在世界各国中日益提高,为此,全球化的问题从原来的历史潜在因素显现出历史的表面,让人们无法拒绝地面对。当然,这种意识根据各国的发展情况不同而强弱有别。那么,新时代的"公共性"问题,要想获得拥有"崭新意义"的概念内涵,就需要各国各自扬弃自身的"个"性,也就是说强烈地意识到个的立场的基础之"公"性,实现站在"公"的立场思考、行动的一场意识形态革命。人的意识变革,不能仅仅停留在立法、政策的层面纸上谈兵。如果不能做到地球上的每一个人,真正回到思考作为人的本性,在现实生活中实现把他者当作另外的一个不同的自己之"公"的意识,一切立法和政策都将是空谈。最多也只是国家之间的一时性的政治妥协而已,没有实质性的现实意义。只有实现了这种意识形态的变革,所有的人类在生活中极其平常地接受新的生存意识,崭新的公共性才会成为现实中人们的行为规范。现在日本所进行的公共哲学的研究,有意识地将其作为崭新的学问领域进行探索,应该就是以上述思考为前提而致。金教授的"活私开公"的理念和"公·私·公共世界"之三元论的提倡;山胁教授"学问改革"的目标和"全球·区域公共哲学"的提出,等等,都应该属于以新时代意识革命为目标而构筑起来的面向将来的理想。

但是,现在日本的公共哲学研究中所提出的"公"与"私"的关系,并没有把"公"作为"私"的发展来把握。他们过于强调"公"是"私"的对立存在,缺少关于携带着"私"之性质的"公"的认识。因此,在那里所论述的"私"只是始终保持自我同一性之狭义的"私",对于包含着自我异质性的,内在于他者之中的另一个自己,即广义的"私",属于向"公"的发展与转化的问题，还没有得到充分的认识。这种意识结构，明显地受到西方近代以来个人与国家、与社会对立关系的把握与订立方式的影响。那么，在这种思考方式下所展开的公共哲学的研究，其中对于"公共性"问题的领域的圈定，目标的设立，方法论的构筑等，当然无法脱离西方理性主义之知的探索方法的束缚，为此，在这里所揭示的这种学问的"崭新性"，只是一种旧体新衣式的转变，根本无法从本质上产生真正"崭新"的内容。

## 四、作为崭新学问的公共哲学所必须探索的根本问题

那么，我们能否把公共哲学作为完全崭新的学问来构筑呢？能否通过"公共哲学"来探索一种，与至今为止在西方的理性主义和形而上学的基础上建立起来的学问体系不同的、崭新的思维结构、思考方式，以此来重新认识、把握我们所面临的生存世界呢？如果设想这是可能的话，我们该以怎样的问题为探索对象，应该具备怎样的视阈和目标进行探索呢？当然，对于笔者现有的学问积累来说，要回答这个问题需要一种无畏的野心和面向无极之路的勇气。从自己现在的浅薄的学识来看，将会陷入一种已经筋疲力尽却还要在茫茫大海中漂流的恐惧之中。一切的努力最终都会如海明威笔下的那位老人，拖回海滩的只是一架庞大的鱼骨。然而，笔者明白，自己已经出海了。也就是说一旦把上述问题提出来了，就已经无法逃脱，就必须确立自己即使是不成熟也要确立的目标和展望。为此，笔者想提出以下三点目标作为自己对于公共哲学探索的一种期待。

第一，首先必须回到最初谈到的全球化时代到来的问题背景。从一般情况来看，现在学术界热切关注的全球化问题，主要集中在政治学、经济学、环境学等社会科学和自然科学的领域，从文化人类学的角度进行思考的并不太多。特别是从哲学的高度出发把握人类生存基础所发生的根本性变化的研究几乎没有。学者们在这个时代所呈现的表面现象上各执一端，盲人摸象式的高谈阔论的研究却很多。这就是现在学术界的现状。而全球化问题日益显著的 20 世纪 90 年代开始出现的"公共哲学"的研究胎动，现在似乎比较热闹，所涉及的领域也是全方位的。然而，主要的问题热点同样集中在政

治学、经济学、环境学、宗教学等社会科学诸领域，从高度的哲学理性思考中进行知的探索问题出发，对于现实现象进行生存理性的抽象和反思的研究还没有出现。从哲学的角度（或者高度）思考全球化问题，就必然要超越一般的社会科学和自然科学中所探讨的人、物、钱和文化、技术、环境等问题，那是通过洞察人类生存的根本基础在这种时代中究竟发生了怎样的变化，在这种前瞻性认识的前提下，本质性地把握和揭示人类究竟该如何生存的问题。

20世纪的人类历史，科学技术的进步促成了至今为止几千年来所形成的人类生存的基础发生了根本性的改变，使人类面临着全新的生存背景。为此，必须从根本上重新思考人类自身的生存问题，探索出一种可以适合日益到来的未来生存之崭新的思考方式、认识体系。之所以这么说，那是因为20世纪的科技发展从根本上改变了迄今为止的人类生存际遇和意识形态基础。核武器的开发利用，使人类的破坏力达到了极限。宇宙开发所带来的航空技术的发展，登月的成功，使人类的目光从地球转向了宇宙太空，从而打开了把地球作为浮游在宇宙太空中的一个村庄来认识的历史之门。网络技术的发展、利用和普及，使国界线逐渐丧失现实的意义。特别是网络上的虚拟空间的诞生，使人类的现实生存发生了根本的改变，从此虚拟空间与现实空间开始争夺占领人类的生存世界。最后不可忽视的是克隆技术的出现、开发、研究、利用，摧毁了至今为止人类作为人类生存的最后堡垒。也就是说，克隆技术使动物的无性繁殖成为可能，从而使人类获得了本来属于神才会具备的创造力。这些巨大的科学进步，使人类生存的根本之生命的意识、意义必须重新面对和认识。至今为止的人类构成社会基础的婚姻、家庭、所有制、共同体、国家的起源与存续，都必须开始重新认识和界定。我们已经进入了这样的崭新历史阶段，20世纪发生的全球化现象，来自于上述人类生存基础的根本性改变，这是最根源的时代基础。哲学是一种关于根源性问题的探索。公共哲学中所关注的以"公共性"为核心概念的诸问题，必须深入到这种时代的根源性认识，只有这样，才能获得作为新时代的崭新学问的基础。

第二，对于崭新时代的思考、认识与把握，当然是从反省已经过去了的时代的历史开始的。为此，我们要对从古希腊开始产生的西方理性主义和形而上学以及中国先秦出现诸子百家思想的历史背景进行一次彻底的再认识，由此出发探索适应于后现代的生存时代可能诞生的学问，并对此进行体系的构筑。

确实我们应该承认，现在日本的公共哲学的研究，一边关注现实问题，一边梳理学问的历史，正进行着适合于这个时代的学问的再认识和再构筑。金教授的学问设想与实践、山胁教授的学问历史的梳理和方法论的构建，都是站在现在与历史的出发点上而展开的，特别是对于东亚的思想传统的挖掘和再评价都具有极其重要的意义。但是，问题是这种研究，无意识中还是从西方人的思维方法、问题意识出发，还没有获得具有东方人固有的、独特的把握方式。为此，在这里所构筑的"公共哲学"，仅仅只是通过"公共哲学"这个崭新的概念对于传统的学问体系所作的重新梳理而已。

从泰勒斯开始的西方学问的传统，是把与人类现实生活不直接相关的对象，即客观的自然中的"存在"作为探索的对象。之后，通过巴门尼德提出的逻辑的自洽性的思考与批判，进一步把完全超越于人类生存现实的彼岸世界中、完全属于抽象的存在，作为哲学探索的终极目标在思维中制定。但是，由于从自然主义的绝对性出发，就无法承认人的现实生存的种种际遇的存在价值。对于这种自然主义的人文观，自然地出现了强调人的现实生存的价值问题的反省，智者学派的出现就是为了把人类只朝向自然的目光在人类生存现实中唤醒，为了高扬人类生存的价值和意义，提出了人的"尺度说"思想。但是，如果要想给予人类存在一种客观的依据，人的"臆见"、主张，与具有绝对的客观性之"知识"的冲突问题自然会产生。这种冲突以苏格拉底的"本质的追问"形式在学问探索的历史中出现，从而开始了关于如何给予人的思考方式、接受方式以客观的依据，使人的价值获得认识的哲学探索。继承苏格拉底思想的柏拉图哲学，把至此为止的自然哲学家的探索进行了综合性的整理和把握，把自然的、客观的存在性，与人文的、主观的存在性的探索进行思考定位，构筑成"两个世界"的存在理论之基本学术框架，为之后的西方哲学史确立了基础概念和探索领域。最后，由亚里士多德把两个世界进行统一的把握，完成了西方学问的范畴定立，从此，建立起西方传统的理性主义和形而上学的一套完整的理论体系。虽然，亚里士多德对于柏拉图的超越性存在的定立持批判的态度。但是，在他的形而上学的"实体论"的体系构筑中，最终不得不追溯到"纯粹形相"的存在，只能回到柏拉图的超越性世界之中才能得以完成。从此，西方哲学的探索以形而上学作为最高的学问，存在论成为哲学的最基本领域。虽然到了黑格尔之后的西方近现代哲学出现了哲学终结论和形而上学的恐怖的呼声，但是，植根于欧洲传统思维的基础上思考与反叛传统的西方近现代哲学思潮，仍然无法从根本上彻底动摇西方学问的思维基础和思考方法。

　　那么，究竟为什么西方人在哲学探索时必须把探索的对象悬置于与人类隔绝的彼岸世界之上呢？从简单的结论来说，那是因为，自古以来人类被自身之外的自然世界所君临，对于自然世界中未知的存在潜在着本能的恐怖，彼岸的存在来自于这种恐怖的本能而产生的假说。从而产生了把宇宙世界不可见的绝对者在宗教世界里被供奉为神，在哲学世界里被界定为根源性的存在的抽象认识。为了逃离这种绝对者的君临，从本能上获得自由的愿望成为哲学探索的原动力。但是，人类对于超越现实存在的彼岸世界究竟是否存在都无法确认，又将如何认识与把握这个世界呢？为此，几千年的努力没有结果之后，自然地会反省自身的最初假设，终于就在这种思考的土壤上产生了"终结论"和"恐怖论"，点燃了对于传统思考反叛的狼烟。但是，上面说过，20世纪的科技发展与进步，使人类的存在上升到神的高度。几千年来的人类恐怖从对于彼岸世界的恐怖转移到对于自己生活的此岸世界的恐怖。这时，对于人类的良知和理性的要求，完全超越了智者时代的层次，成为人类从恐怖中解放出来的根本所在。在此，西方理性主义所企图构筑的，均质之多样性和谐的传统求知方式，已经成为人类认识世界的过时方法，人类需要探索一种能够把握多元之异质性和谐的超理性主义的知识体系的构筑方法。如果公共哲学作为崭新的学问体系探索全球化时代的生存理念的话，首先必须获得的就是这种此岸认识和超理性主义的思考方法。以此为前提展开公共性、公共理性的思考和探索，构筑起自己·他者·公共世界的三元互动的体系。只有这样，才能够真正地开拓出一道崭新的知识地平线。

　　第三，"此岸"认识与多元之异质性和谐的探索之超理性主义的知识体系，与其说是西方，倒不如说这是我们东方的思维方式。① 但是，只要我们回顾一下迄今为止的历史就不难发现，那是一种西方的思维方式向东方、向世界的单向输出的历史，东方的东西虽然有一部分进入西方，对于西方的思考却没有构成太大的影响。特别是近代西方通过工业革命之后，其文明得到极端地膨胀，东方文明转变为弱势文明。东方文明在西方强势文明面前为了自我保存，不得不采取通过接受西方的思维方式，梳理和解释自己的思想遗产，以此获得文明延续的苦肉之策。现在我们所使用的学术话语基本上都是西方的舶来品，西方的思维方式几乎成了人类思考、认识世界的国际标准，我们无意识中都在使用着一个"殖民地大脑"在思考现实的种种问题。在全球化日益进展的后现在社会中，这种倾向更为明显地凸显了出来。那么，在这以全球化为背景构筑公共哲学的探索中，我们就必须有意识地改变西方文明单向输出的人类文明的交流与对话方式，提出一套平等的文明对话的理念。为了做到这一点，公共哲学的目标就不应该单纯地只是追求打破 19 世纪以来形成的学问体系，而必须更进一步，做到对于西方的学问体系，求知方式进行彻底的反思，充分认识与挖掘东方思维方式的固有特征和内在结构，以此补充、完善西方思维方式的缺陷，探索、构筑起与全球化时代的人类全新生存相适应的认识体系。

确实，现在日本的公共哲学研究，已经开始对于东方的知识体系开始整理，相关的研究已经纳入探索的视野。在古典公共哲学遗产的整理过程中，对于中国、日本甚至印度、伊斯兰世界的思想文化遗产也都有所探讨。金教授的每一次讲演、山胁教授的著作中都提供了这种思考信息。还有，源了园教授、黑住真教授、沟口雄三教授等，许多学者也都发表了重要的论述或者论著。而《东亚文明中公共知的创造》② 和《公共哲学的古典与将来》③ 两

---

① 这里所说的"东方"，只是特指"以儒家文明为基础的东亚世界"，不包括印度和阿拉伯地区。

② [日] 佐佐木毅、山胁直司、村田雄二郎：《东亚文明中的公共知创造》，（东京）东京大学出版会 2003 年版。

③ [日] 宫本久雄、山胁直司：《公共哲学的古典与将来》，（东京）东京大学出版会 2005年版。

本著作的出版，集中体现了这种视野的目标和追求。但是，也许是一种无意识的结果，学者们的视点还是存在着从西方的学问标准出发，挖掘和梳理东方传统思想中知的遗产的思考倾向。也就是说，那是从因为西方古典思想中拥有公共哲学的探索，其实我们东方也应该有这样的知的探索存在的思考出发着手研究和挖掘的。对于究竟东方为什么拥有这种探索，这种探索所揭示的东方的固有性和认识结构如何等问题，都还没有得到应有的探讨和挖掘。

21 世纪的世界，正是要求我们对于近代以来在接受西方的思维方式、学问体系的过程中，形成了的东方式的西方思考和学问体系进行反思，从而对于东方的文明遗产中的固有价值再认识和揭示的时代①。在这个基础上构筑新的学问体系，探索新的思维方式应该成为公共哲学的目标和理想。也就是说，以全球化时代为背景而产生的公共哲学问题，在其学问体系的构筑过程中，其最初和终极目标都应该是：打破东西方文明的优劣意识，改变君临在他文明之上的欧洲中心主义所拥有的思维方式，以及由此形成的学问体系的求知传统，为未来的人类提供一幅面对"此岸"生存又可获得"自由"的思维体系的蓝图。

以上三点，只是作为笔者的问题提出来，当然要达到这个目标还需要漫长的人类探索过程。为了实现这个目标，西方哲学的研究者和东方哲学的研究者的对话、参与、探索不可或缺。特别是，现在从事西方哲学的研究者们，有意识地接触、思考、探讨东方哲学思维方式，改变已经形成的思维定式和思维结构更是当务之急。

# 五、全球化时代与哲学家的使命

一个时代需要一个时代的忏悔，这个时代正在等待她的伟大思索者的

---

① 笔者强调"东方"，没有"东方中心主义"的追求，无论"西方中心主义"还是"东方中心主义"都是狭隘的"地域主义"，都应该予以批判。我们强调"东方"，是由于几百年来"东方"文明被忽视之后出现了地球文明的畸形发展，要纠正这种不平衡，就必须提醒"东方"缺失的危险性，克服我们无意识中存在的"殖民地大脑"，明确地提出重视我们"东方"的文明价值。

出现。在 20 世纪中叶开始涌现，然后逐渐膨胀、蔓延起来的全球化大潮已经势不可当。面对这种生存背景，社会学者、经济学者、政治学者等，他们都在积极地投入相关问题的研究。而纯粹的哲学研究者们却没有太多的人主动地参与。这种现象多少让人感到不可思议。在这全球化时代出现的公共哲学的研究，本来应该属于哲学研究者的任务、也是使命。正因为这是一种"发展中的学问"（山胁语），才需要哲学的探索。特别是对于西方思维方式的反省与对东方思维体系的解构和建立，没有哲学研究者是不可能完成的。不知道"公共哲学是什么"，其作为"学问的崭新之处"也不明确，因为研究对象不够明确，以此为对象的探索犹如跟影子打架有力无法使，确实问题重重，而这些都是让人困惑的问题。但是，一旦被宣言"公共哲学是一门崭新的学问"，作为哲学的探索者们就必须积极主动地面对这个问题，面对这种探索的挑战。可以说，这就是哲学探索的最根本的姿态。

当然，突破原有的已经习惯了的思维框架，挑战一种对于自己来说属于陌生的领域，更何况属于茫然的领域，那是极其痛苦的自我再生过程。其实任何时代都一样，变革、特别是从根本进行意识变革都会遇到难以想象的困难。然而，也正是从这个意义来看，现在地球上生存的人类，面临着几千年来从未有过的最大的生存课题必须解构。但同时也可以说，我们也因此面对着如何把握几千年人类历史上从未出现过的最大的机遇的挑战。

——本文刊载《哲学家》2007 年卷

# 从"物事论"看和辻伦理学的"间柄"结构

学界关于和辻伦理学，[①] 一直存在着盛赞与批判两个阵营，肯定者认为和辻伦理学纠正了西方近代以来建立在个人中心主义基础上的西方伦理学之偏颇，构成了对西方式伦理学的根本挑战，持这种观点的学者较多。[②] 而批判者则相反，指出和辻伦理学抹消了全体性与个体性之间的冲突，是基于拒绝社会性自身的同时，对于自己自身的尊重也同样拒绝之欠缺他者的他性，拒绝尊重他者存在的、建立在主观性立场上把握人与人关系性的伦理学。[③] 其实这些不同论点，都涉及和辻伦理学中关于人的"间柄性"存在应该如何

---

[①] 和辻哲郎（1889—1960）是日本大正至昭和时期最重要的哲学家之一，他的著作涉及东西方哲学思想的诸多领域，如古希腊城邦伦理学、德国近现代哲学、中国的孔子思想、印度的佛教思想以及日本文化史、思想史、艺术史等诸多方面。但在他的各种著作中，伦理学是其最为突出的成就之一，他的伦理学被日本和西方学术界称为"和辻伦理学"或"伦理学在日本"（Watsuji Rinrigaku & Ethics in Japan）。他通过自己建构的"作为人间学的伦理学"，展开了对西方近代以来个人中心主义伦理学的批判。

[②] 比如，在 2006 年日本理想社出版的《理想》（No.677）杂志"和辻哲郎专号"（特集—和辻哲郎）中，清水正之在其开篇文章《"法"与伦理学——对〈伦理学〉的试论》中指出："和辻的《伦理学》中，不仅包含了对于康德等人的伦理学、即让自己的伦理学犯下了'伦理仅作为个人意识的问题之近代的谬误'的规定，也包含了对于其他学知、自然科学认识关于作为趋近'人类存在'之'人类诘问'的特权性学问的规定。"评价如此之高，其究竟是否妥帖我们另当别论，但至少可以让我们知道，和辻伦理学对西方式近代以来的伦理学构成挑战的事实是存在的。从某种意义上说，和辻建构自己的伦理学理论体系，就是要借用西方人的哲学方法来批判西方伦理学来作为其出发点的。

[③] Naoki Sakai，"Return to West/Return to the East：Watsuji Tetsuro's Anthropology and Discussions of Authenticity"，*Japan in the Word*，ed. Masao Miyoshi & H.D.Harootunian（Durham，NC and London：Duke University Press，1993），pp.237-70，261，265.

理解的问题。这也是作为和辻伦理学核心概念之"间柄"被学界论及最多的缘由所在。然而，纵观诸论，不难发现人们论及"间柄"问题时，存在着把"间柄"与"人间"概念等同理解的倾向。可以说，"人间＝间柄"的把握是多数学者对和辻伦理学的一种共识性特征。那么，和辻伦理学中的"人间"与"间柄"这两个概念的本质关系究竟能否如此理解？其相互关系应该如何把握？本文拟通过分析和辻的伦理学有关著作以及其他相关文献，对构成其伦理学基础的"间柄"问题所蕴含的概念性本质进行一次再确认，并通过导入"物·事论"视角，厘清和辻伦理学中的"人间"与"间柄"的逻辑结构，从而对和辻伦理学所存在两种不同评价提供一种新的向度。

## 一、作为"人间学"的伦理学中的"人间"概念

和辻认为，作为一个人的存在是一种"人间"存在，其中包含两个契机，那就是作为人的个体性以及作为社会诸关系中存在的社会性的双重性质。他说"所谓人间，既为'世之中'的同时又是世之中的'人'。为此，其既不是仅仅只是'人'也不仅仅只是'社会'。这里可以看出人间的双重性质的辩证统一。……看不到这种辩证统一的结构就不能理解人的本质"。而"人的存在就是这两种对立的统一"。① 所以他在《伦理学》（上）中强调指出："我们把在'世之中'的人之'人间'，正如前文所述，以世间性、社会性命名（'人'的这种）作为'世之中'性质的'人间'，与此相对，把作为'人'的性质的人间称作人间的个人性。把人间仅仅只看成'人'是仅从个人性的侧面看人间，虽然作为方法性抽象是被允许的，但我们不是仅此把握具体的人间。我们终究必须从上述两种性质的统一来把握人间。"② 在这种认识的基础上，他明确阐明自己的伦理学立场："所谓伦理就是人作为人得以确立的行为性关联的方式，即人的存在的方式。"那么，显然伦理学就是关于这种"人间存在"的学问，他要构建的"伦理学"是"作为人间学的伦

① ［日］和辻哲郎：《和辻哲郎全集》第 10 卷，（东京）岩波书店 1977 年版，第 17—18 页。
② ［日］和辻哲郎：《和辻哲郎全集》第 10 卷，（东京）岩波书店 1977 年版，第 22 页。

理学"。①

在这里出现了两个非常容易混淆的概念，"人"与"人间"（在翻译和辻伦理学的时候，需要根据前后语境进行区别理解，因为和辻伦理学中多数情况下都是使用"人间"来指称我们所说的"人"这个概念）。本来这两个概念在中文里其区别是很清楚的，但在日语中却是以相同意义被使用，正因为如此，和辻所说的"人间学"之"人间"究竟如何理解，在学术界长期存在争论，而在中国学界，对其翻译更是莫衷一是。所以，为了理解和辻伦理学的"间柄"问题，首先必须明确和辻所说的"人间学"之"人间"究竟应该如何理解和把握。

"人间"的日语是"人間"，这显然是中文的繁体字写法，乍一看没有任何问题。可是，这在和辻伦理学中却是一个存在诸多误解的概念。②汉语的"人间"含义明确，不存在理解上的困难。然而，日语的这个单词，不仅其与"人"的意思相同，更重要的是在近代以来的日语中，"人间"基本是用来指称"人"的最常用表现。这对于日本人来说，"人"与"人间"的区别使用，只是语言使用习惯上的自然能力，按照和辻的说法，那是对于语言处于"反省以前"的无区别状态。正因为如此，日本学界在面对和辻伦理学中对"人"与"人间"进行区别性阐述时，很自然地就把其与"间柄"概念等同理解，因为"人间"包含着"人"在日本文化中"间性"存在的特征，而不是汉语的"人世"、"世间"的意义。特别是和辻明确指出，人的存在"正是作为间柄的主体之自我把持、即'人间'是自己自身的存有"。③与此相对，由于现代日语"人间"等同于汉语的"人"，那么，中国学界也就出现一些学者把和辻所说的"人間の学"简单地翻译成"人学"。其实这些理解，都说明了学界对于和辻伦理学中这个概念理解上的偏颇。

确实，在和辻"残片笔记"（据说这是他在1928年所作的讲演笔记④）之

---

① ［日］和辻哲郎：《和辻哲郎全集》第 10 卷，（东京）岩波书店 1977 年版，第 25 页。
② 参见林美茂：《对和辻伦理学"人间の学"概念的辨析》，《哲学研究》2014 年第 3 期。
③ ［日］和辻哲郎：《和辻哲郎全集》第 10 卷，（东京）岩波书店 1977 年版，第 25 页。
④ ［日］米谷匡史解说，参见《和辻哲郎——人間存在の倫理学》，见《京都哲学選書》第 8 卷，（京都）灯影社 2000 年版，第 287 页。

《日语与哲学》中关于"个(体)与全体"的部分谈道:"'人间'这个词本来是'世之中'的含义,不是孤立的每一个人的含义。正如字义'Jinnkan'即'人之间'的意思"①。这也成为一些学者把和辻伦理学之"人间"理解为"Jinnkan"的依据。我们在其后出版的《作为人间学的伦理学》(『人間の学としての倫理学』)(1934)以及《伦理学》(上卷,1937)中可以看到这种认识的运用。而在1935年出版的《续日本精神史研究》一书,其中有一篇《日语与哲学问题》的长文应该就是在这篇笔记的基础上完成的。这也正是造成了日本绝大多数和辻研究者很自然把"人间"理解为等同于"间柄"的依据所在。比如,日本学者清水正之认为:"所谓'人间'不是指作为个体的人,原本是指人们居住的世界,应该读作'Jinnkan'。世界上每个人的形态,正是人间,'人与人之间'应该作为鲜活的关系来把握。"②长谷川三千子也认为:"可以说成为和辻氏的伦理学中'人=间'的思考方式——人已经是作为间柄性的东西存在着的思考方式——的基础是海德格尔的'共在'思想。"③而鹫田清一更是直接把和辻所提出的"人間の学"等同于"間柄学"来把握。④日本学界的这些观点,直接影响到中国学界的研究,比如龚颖与李茂森都把和辻的"人間の学"理解为"人际之学",而任萍则把此译作"世间之学"⑤等。无论"Jinnkan"也好,还是"人=间"也罢,直到"人际"、"世间"等理解,都是把"人间"片面地作为"间性"存在,强调

---

① [日] 和辻哲郎:《和辻哲郎全集》别卷2,(东京)岩波书店1977年版,第371页。

② [日] 清水正之:《21世纪的日本哲学:战后和辻哲郎的思想变迁》,任萍译,《浙江树人大学学报》2011年第3期。

③ 《日本語の哲学へ》,(东京)筑摩书房2010年版,第41页。

④ 《岩波·哲学·思想事典》中对于"间"(德语,Zwiscgen)词条的解释:"和辻哲郎着眼于西方关于人的概念(anthropos, homo)中所没有的'间'的契机包含在日语的'人'概念之中(的分析),阐述了关系或者间柄这种要素对于人来说所具备的本质,构筑了(他的)作为间柄学的伦理学。"(《岩波·哲学·思想事典》,(东京)岩波书店1998年版,第4页)

⑤ 龚颖:《和辻哲郎对"作为人际之学的伦理学"的前提论证》,《哲学动态》2001年第11期;李茂森:《多元文化视野中的和辻伦理学》,《道德与文明》2004年第1期;[日] 清水正之:《21世纪的日本哲学:战后和辻哲郎的思想变迁》,任萍译,《浙江树人大学学报》2011年第3期。

其空间性或者关系的意义，这都是受到人的"间柄"存在性质的影响的结果，同时也说明了人们对于和辻伦理学中"人间"概念理解中体现出一种较为普遍的片面性把握倾向。

然而，只要我们仔细比较和辻的相关论述，就不会被他对于在日语语境中人的"间柄"存在特征的强调所误导，一定会注意到和辻在谈到"人间"时除了强调其"间柄"意义之外，总是进一步提醒人们"人间"所具有的个体存在的意义。

首先，我们不难发现，和辻把"人间"读成"Jinnkan"只有在上述讲演笔记中出现，仅仅只是为了指涉"人间"在日语中的最初含义如此。"Jinnkan"是"人"、"间"两个汉字在日语中各自单独读音才有的发音、即"jinn＝人"、"kan＝间"，合成一个单词就成为"Jinnkan＝人间"。这种特殊的读法在日语中一般不存在，正常的日语读音是"Ninngen＝人间"，即使在最初源于"六界轮回"的佛教文献中的"人间"，也是采用这种读音。只有在需要突出其属于"世间"意义的时候，人们才会特地标注读音为"Jinnkan"。和辻在前述此次讲演中强调"Jinnkan"的读法，就是为了突出这种原义，这是他为了进一步阐述人的"间柄"存在的内涵所致。根据米谷匡史的考察，1929年和辻在京都帝国大学的夏季讲演会上做了一次以《人间与世间》为题的讲演，这应该是和辻伦理学关于人的存在"间柄"结构思考的开始。①

其次，在之后的《作为人间学的伦理学》以及《伦理学》（上卷）中，虽然这种认识没有改变，但是，其完整的阐述并非只强调"间柄"的意义。如他明确指出："'人'这个词的这种特殊含义，即使为这个词添加'间'而成为'人间'，（人的含义）也决不会消失。人间不仅仅只是'人之间'的意思，还指自己、他者、世人中的人之间。……而人既是自又是他就是基于人之间的关系。……因此，'人'既是他又是自的这种情形，就是'人间'的限定（形式）"。②又如，"人间正如字面所揭示的那样，那又是人之间、即

① ［日］米谷匡史解说，参见《和辻哲郎——人間存在の倫理学》，见《京都哲学选书》第8卷，（京都）灯影社2000年版，第288页。

② ［日］和辻哲郎：《和辻哲郎全集》第9卷，（东京）岩波书店1977年版，第16页。

意味着'世之中'、'世间'的语言。并且这是这个词本来的含义。……日本人在其长期的历史生活中把这个词转用为个体人的意思。作为这种转用的媒介，是描绘轮回性人间观的佛教经典汉译的译法。……所谓人间，既为'世之中'的同时又是世之中的'人'。为此，其既不是仅仅只是'人'也不仅仅只是'社会'。这里可以看出人间的双重性格的辩证统一。……看不到这种辩证统一的结构就不能理解人的本质"。① 和辻的这些表述，极其明确地指出他所说的"人间"概念的来源、其在日语中替代"人"的历史以及其所具有的本质含义。在《伦理学》（上卷）中这段极其简洁的内容，其实是在《伦理学》（上卷）之前出版的《作为人间学的伦理学》中更为详细内容的归纳性阐述。总之，在1928年"讲演"之后的诸著作中，和辻虽然继续强调人的存在的"间柄"特征，但是，作为个体存在的人依然包含在关于"人间"概念阐述之中。

再次，人们往往误解和辻在《作为人间学的伦理学》中"人"与"人间"存在的不同所做的比较性阐述，误以为他是在强调两者意义的不同，那就是和辻明确指出，自己所要构筑的"作为人间学的伦理学"中的"人间学"，不是"人学"的意义。其实，和辻在《作为人间学的伦理学》这部著作中关于"人"与"人间"概念在日本形成史的阐述，其本意并不是要强调两者的不同，相反，恰恰是在论述两者含义的相同之处与趋同原因的历史回顾，从而阐明在后来的历史中出现"人间"代替了"人"的概念，使"人间"成为日常用语中表现"人"的意义缘由之所在。只要我们仔细分析就会发现，和辻之所以要区别"人间学"与"人学"，是因为他意识到日语的语境中的"人"与日本之外的西方、中国语境中存在着内涵上的不同，所以在这里他显然不是从日语语境出发所做的区别性指涉。然而，这个问题一直以来都被人们忽视了、即人们以为他是在强调"人"与"人间"的不同，这就造成了人们对于和辻伦理学中"人间"概念的片面理解。然而，这种误解却一直没有引起学界的注意。②

---

① ［日］和辻哲郎：《和辻哲郎全集》第10卷，（东京）岩波书店1977年版，第16—18页。

② 详细内容请参照拙文《对和辻伦理学"人間の学"概念的辨析》（《哲学研究》2014年第3期。

综上所述，和辻伦理学中"人间"概念，既不可读成"Jinnkan"，因为"Jinnkan"只是突出"世之中"、"世间"的内涵。虽然和辻在1928年的讲演笔记中出现了这种表述，那只是为了指出"人间"在日语中最初所具有的含义。更不能把"人间"等同于"间柄"来理解，从而使"人间"只剩下"人际关系"的意义。这种理解只能把握到"人间"之空间性存在，失去了"人间"之"人"的个体存在之时间性意义、即作为个体的成长、个性、品格的自主性完成的意义。"人间"就是"Ninngen"，"Ninngen"在日语中就是一个指称"人"的概念，但它在文化意义上又区别于汉语中的"人"以及西方语言的"anthropos"、homo、"Mensch"等，其体现了和辻从日本文化出发，阐述了作为"人"的存在的"间柄性"的本质特征、即"存在中的人，作为个体显现的同时实现着全体存在"①。也就是说，人作为个体的时间性存在的同时，通过其行为的动态关联揭示出全体之空间性的意义，这也是和辻在伦理学中探索人的存在"间柄"性质的认识基础。尽管和辻认为："伦理问题的场所并不在于孤立性个人的意识，正是存在于人与人的间柄之中。为此伦理学就是人间学。（伦理问题）不作为人与人之间柄问题，行为善恶也好义务也好德也罢都无法真正得以解明。"②但其强调人的"间柄性"，其存在的主体依然是每一个个体的人，"间柄"替代不了"个体"存在。

## 二、从"人间"到"间柄"

当我们对于和辻伦理学之"人间"概念有了上述把握，那么究竟在其伦理学中如何阐述"人间"与"间柄"的关系呢？这是我们理解"间柄"结构不可或缺的考察。

"间柄"在日语中本来只是一个极其普通的单词，其简单的语义就是"关系"的意思，更为准确地说，指的是某种关系的"性质"。根据日语常用词典《广辞苑》解释，"间"是两种以上所存在的关系、结合等。"柄"的意

---

① ［日］和辻哲郎：《和辻哲郎全集》第9卷，（东京）岩波书店1977年版，第35页。
② ［日］和辻哲郎：《和辻哲郎全集》第10卷，（东京）岩波书店1977年版，第12页。

思有四种：(1) 体格；(2) 身份、品行等；(3) 编织物、印染物等纹样、图案；(4) 在作为接尾词时，指的是前接语的性质、状况等。为此，"间柄"一词的"关系"含义主要指两个方面。"(1) 血族·亲属的相续关系。如舅甥关系（叔甥の間柄）、夫妇关系（夫妇の間柄）。(2) 人与人之间的关系。如师徒或师生关系（師弟の間柄)"。正是这种特征，和辻以"间柄"界定人的存在的"间性"意义，也用来翻译德语"Verhältnis"（关系）这个概念，并作为其伦理学的基础概念，出现在他的关于伦理学的阐述之中。

宫川敬之认为："和辻哲郎所确立的伦理学的特征，不是作为个体的人，而是作为已经包含社会性之肩负共同体性质存在的人来理解人。这种社会性或者共同体性质，通过'间柄'、'世之中'、'世间'等得以揭示，更进一步，人本来就是被这种'间柄'所埋没的存在，这种存在（他）想以'人间'（Ninngen=Jinnkan）这样的日语来揭示，这是人们所熟知的。'人间'这个单词，正如其作为个体意蕴的同时也拥有全体的意蕴，正如因为它是个体的同时也是全体，全体同时也是个体那样，这是人的存在，这就是和辻的主张。"① 宫川的这种见解代表了日本学界对于和辻伦理学关于"人间=间柄"的多数人的认识倾向。那就是作为"人间"存在的人，只是埋没于"间柄"之中，所以其"个体"与"全体"是一体。这也正是本文最初谈到的和辻的批判者认为"和辻伦理学抹消了全体性与个体性之间的冲突"的认识基础，更是赞美者肯定和辻伦理学超越西方近代个人主义偏颇的依据。然而，这种把握，意味着把和辻所说的"人间"仅仅作为"社会性"之各种关系的"间柄"性存在。而作为独立的、具有"个体性"意义的、肩负着创造"间柄"而行为意义上的人是不存在的。

不过，另一位日本学者熊野纯彦对于和辻伦理学之"间柄"的把握可以为我们提供有益的启发。他说："间柄"概念在和辻伦理学体系的原理论之可能性中，第一义是'关系'概念、'生成'概念、不断发生与抹消预算之动态的概念装置。和辻认为，'存，在所有的瞬间里可以转化为亡，即

---

① ［日］宫川敬之：《和辻哲郎—人格から間柄へ》，（东京）讲谈社 2008 年版，第 209—201 页。

以时间的性格为本质规定之存亡的存'。"① 在这里，我们首先注意到熊野把
"间柄"作为一种"动态的概念装置"，这种动态是"发生与抹消"并存的。
其实，这种指涉基本上契合和辻伦理学中"间柄"的存在特征。和辻伦理学
中有诸多关于"间柄"的关联性阐述，但以下这段阐述最为典型，可以作为
理解和辻关于"间柄"结构的重要线索。

> 存在中的人（间），作为个体显现的同时实现全体。那种个体，通
> 过从主体存在中抽离得以成为肉体，也就是成为对于肉体之主观性自
> 我那样的个体，其全体正是这样作为个体的共同态，从主体性存在抽
> 离的时候，成了作为客观性形成物之社会，为此又能得以成为主观性
> 自我之间相互作用的全体。然而，作为主体性存在终究是实践性的、
> 行为性的，还不是存在也不是意识。这样的存在，通过个体而成为全
> 体，在这种运动中才是存在。因此，产生这种运动的基础（地盘）是
> 绝对空、即绝对的否定。绝对的否定是指否定自己而成为个体，进一
> 步否定个体回归全体的这种运动，这就是人（间）的主体性存在。然
> 而，让一切人间共同态成为可能的东西，也正是除了这种运动没有其
> 他。那一般是作为为了创造间柄的行为（表现）方式，贯穿着行为性
> 关联这种东西，这正是伦理。所以，人（间）的存在中已经拥有伦理，
> 人（间）的共同态中已经有了被实现着的伦理。②

这是和辻在《作为人间学的伦理学》中，通过关于"伦理"、"人间"、
"世间"、"存在"四个概念进行详细论述之后，为了说明"作为人间学伦理
学"整体构想的时候出现的概括性的阐述。从这段说明中，我们基本可以看
出"间柄"的含义以及"间柄结构"的端倪。在这里，和辻明确阐明了个体
与全体的关系，个体作为主体性存在的实践性、行为性特征，以及人间共
同态得以确立需要个体为了创造间柄的表现方式贯穿其行为关联的那种东

---

① ［日］熊野纯彦：《和辻哲郎——文人哲学者の軌跡》，（东京）岩波新书 2009 年版，第
  128 页。
② ［日］和辻哲郎：《和辻哲郎全集》第 9 卷，（东京）岩波书店 1977 年版，第 35—36 页。

西，而这种东西就是伦理。也就是说，伦理存在于人的"为了创造间柄的表现方式"之中，或者说，人的存在必然要在"为了创造间柄的表现"过程中实现其伦理性质。熊野所说的"间柄"之"动态的概念装置"，应该就是基于这种"创造间柄的表现"，而这种动态恰恰具有"发生与抹消"并存的性质。值得注意的是，和辻所说的人的存在之"创造间柄的表现方式"（間柄を作るためのふるまい方）这个问题，充分说明了"间柄"是一种被创造的存在，是通过人的某种具体的"表现或者行为方式"（ふるまい方）才能得以显现。正如和辻所说："人不行为就不可能创造某种'间'或'仲'，而不在某种'间'、'仲'之中人的行为也是不可能的。"① 当然，一切"行为的关联是作为个人的行为被实行的。"② 所以，这种人在社会中与他者的关系必然是"动态"的，"这种存在的根底存在着行为关联的动态统一"③。正因为是动态的统一，其存在形式就自然地具有了一种"发生与抹消"之动态并存的结构。这种结构就是和辻伦理学中"间柄"存在的基础。正因此，和辻认为"间柄与行为的关联是同义的"④。

当我们明确了"间柄"是在某种行为或表现方式（ふるまい方）中得以呈现，应该属于某种"动态"的概念，那么，进一步我们需要梳理"人间"与"间柄"的发展关系在和辻的伦理学中究竟如何被阐述。和辻认为："间柄，不仅是不通过表现不能得以确立，其自身包含着无限的表现。从身体表现、表情、动作到语言、习惯、生活方式等，全部都是间柄表现的同时也是构成间柄的契机。"⑤ 那么，使"间柄"得以确立的"表现"（ふるまい）其主体当然是"人间"，这里所说的"人间"即前文已经分析过的包含着个体性与社会性的"人"的存在。人在社会性过程中必然按照某种"间柄"性质而行为，这种行为需要基于某种"原因"（わけ）进行。正是这种"原因"，使人的行为必然具有某种"志向性"特征。然而，需要注意的是这

① ［日］和辻哲郎：《和辻哲郎全集》第9卷，（东京）岩波书店1977年版，第25页。
② ［日］和辻哲郎：《和辻哲郎全集》第9卷，（东京）岩波书店1977年版，第28页。
③ ［日］和辻哲郎：《和辻哲郎全集》第9卷，（东京）岩波书店1977年版，第28—29页。
④ ［日］和辻哲郎：《和辻哲郎全集》第9卷，（东京）岩波书店1977年版，第25页。
⑤ ［日］和辻哲郎：《和辻哲郎全集》第9卷，（东京）岩波书店1977年版，第11页。

种行为的"志向性"必须以同样作为他者的"人间"为对象，只有这样才能使两者之间的关系具有"间柄"的呈现。和辻指出："在间柄中的志向作用已经通过被志向这件事而被规定。比如看这种志向作用不会有反过来被看物所看这件事。但是，在间柄中看是由被对方反过来看这件事所规定的看，是相互之间被双方规定而相互作用的"。① 那么，所谓的"间柄"，必须是一种自他之间的"统一、分离、结合的关联"②。为此，作为"间柄"存在的"人间"，其"人间关系并非像空间性的物与物的关系那样不在主观的统一中确立客观的关系，而是像主体性相互关联之中的'交往'、'交流'那样，是人与人之间的行为性关联"。③ 如前文所说，和辻认为"行为性关联"与"间柄"同义。那么显然，从"人间"到"间柄"，那是作为个体的"人间"通过"为了创造间柄的行为"而实现"间柄"存在的动态过程。

如果"间柄"是通过"人间"的某种行为、表现或者表演而得以呈现，这就意味着作为和辻伦理学基础的"间柄结构"中，必然需要"人间"与"间柄"的两个基本要素并存。与"间柄"属于动态的过程相比，"人间"则属于静态的存在。人需要通过"创造间柄的行为"，才能使其作为"人间"而存在之中所包含的"间柄性"得以呈现。比如，和辻在《作为人间学的伦理学》中谈到人伦五常之"仁义礼智信"中指出："'仁'是'亲'存在于父子之间柄的根底，'义'是君臣之间、'信'是朋友之间柄的根底。而'礼'可以认为是夫妇之间、'智'是长幼之间的间柄。这些各自的间柄都规定了各自关系的本质，没有这些规定间柄这种东西是不可能存在的。"④ 然而，仅就这些还不足以使间柄得以确立，比如仁是亲爱之情，这种亲爱不只限于仅在父子之间产生，在与其他所有的关系中、即在与一般的人与人之间也是可以存在的。其他的义礼智信也同样。也就是说作为特殊的存在之各种间柄，可以扩充到一般的领域进行考察。由此看来，间柄的存在必然是动态的，只有为了创造间柄而行为的人间才是静态的。那么，如果两者的存在是这样的

---

① ［日］和辻哲郎：《和辻哲郎全集》第 10 卷，（东京）岩波书店 1977 年版，第 36 页。
② ［日］和辻哲郎：《和辻哲郎全集》第 10 卷，（东京）岩波书店 1977 年版，第 38 页。
③ ［日］和辻哲郎：《和辻哲郎全集》第 10 卷，（东京）岩波书店 1977 年版，第 20 页。
④ ［日］和辻哲郎：《和辻哲郎全集》第 9 卷，（东京）岩波书店 1977 年版，第 20 页。

话，要考察"人间"与"间柄"的关系，显然还需要进一步对两者的两种不同存在形态进行比较与挖掘。

在上述这些阐述中，我们应该注意到和辻隐隐约约涉及关于"物"（もの）与"事"（こと）的区别性阐述。不过在这里谈到的"物"，仅仅只是指涉那些物品，事物，甚至包含和辻在《伦理学》（上卷）中所谈到的不会与任何事物缔结"间柄"关系的"动物"。①而"事"则显然与人的某种"行为"相关，人的"交往"、"交流"、或者人的动作如"看"等，都是构成"事"之不可或缺的契机。其实，他在《作为人间学的伦理学》中已经触及"事"的问题。他说：我们追问"伦理是什么"，就是"我们根据伦理这种语言所表现的事（こと）的意蕴的追问"。②他还特地在"事"（こと）上面加上着重号来强调。遗憾的是在这里仅仅出现这种区别的端倪，没有进一步进行两者关联性的逻辑关系论证分析。

那么，显然我们需要进一步通过"'事'的意蕴"分析来把握和辻所说的"伦理"问题。其实，前述作为"伦理"贯穿于人的行为性关联的"为了创造间柄的行为（表现）方式"，在和辻的伦理学中正是作为"物"之存在的人，为了实现其"间柄"性质所揭示、呈现的各种"事"的过程。那么，和辻伦理学中从"人间"到"间柄"的发展，显然需要我们进一步从"物·事论"的角度进行其关系的探究，而这种探究却是学界所忽视的部分。

## 三、"物·事论"与和辻伦理学的"间柄"结构

我们在翻阅和辻哲郎年谱的时候，不难发现从 1934 年至 1938 年，和辻接连出版了几部极其重要的著作：《作为人间学的伦理学》（1934）、《续日本精神史研究》（1935）、《风土》（1935）、《康德实践理性批判》（1935）、《伦理学》（上卷）（1937）、《面具与人格》（1937）、《孔子》（1938）、《人格与人类性》（1938）等。显然，这段时间和辻的主要精力放在关于伦理学的研究，

---

① ［日］和辻哲郎：《和辻哲郎全集》第 10 卷，（东京）岩波书店 1977 年版，第 38 页。
② ［日］和辻哲郎：《和辻哲郎全集》第 9 卷，（东京）岩波书店 1977 年版，第 7 页。

上述这些著作都与他思考人的伦理问题有关。并且，其中的方法论上的摸索也并行其中。而他的"物·事论"问题的思考，就是《续日本精神史研究》中的一篇题为《日语与哲学问题》长文的一部分内容。在这篇文章中，和辻表现出鲜明的思辨倾向，他尝试着通过思辨性分析，揭示出如何通过日语的表现进行哲学思考的可能性。

中村元在《日本人的思维方法》"序"的开篇指出："可以说，过去的日本之抽象性思想形态，主要通过采用以汉字作为手段来表现。日本人虽然没有抛弃日语，但是为了表现抽象的概念，几乎毫无例外地使用汉字。汉字的统治性影响在日本的思想形态中是压倒性的。"① 这个观点，可以代表日本学界的一种共识。正因为如此，日本学者对此反省从江户时代的汉学家就已经开始。其实，日本国学的诞生也与这种反省存在着一定的关系。接受了西方哲学严格训练，从西方哲学开始，进而致力于日本的哲学、思想、文化研究的研究者和辻哲郎，就是这种反省的代表性学者。为此，对于日语进行哲学性逻辑建构、即和辻所说的由于日语是尚未"往逻辑化方向纯化发展"（論理的方向に純化発展せしめる）的语言，对此进行"逻辑性思索"（論理的思索）或"悟性认识"（悟性的認識）是他的一贯探索与追求。

和辻认为，"日本人与其说具有对于那种通过反省使其往逻辑化方向纯化发展的性质，不如说在个性的表现描述方面更为优秀。……这意味着日本人的精神生活与其说是'悟性認識'，不如说作为主要的关心是道德与文艺"②。正因为这个原因，日语中表现概念与表现体验的用语对立存在着。其实正是这种倾向，造成了日本学界对于日语的语言特点形成了基本共识，那就是日语擅长文学、艺术即情感性、意志性表现，不适合进行逻辑性思维。然而，和辻指出，这种看法是片面的，虽然日语中存在着"把日常用语作为与学术概念疏缘、与艺术表现亲近的语言"的倾向，但是这种倾向似乎更加接近于自然思维，没有进一步往逻辑化方向发展的日语"依然保存着比较朴素的语言的纯粹形态"。这种语言形态，"不如说很好地保存了以情感、意志

---

① ［日］中村元：《日本人の思惟方法》，载《中村元選集》第 3 卷，（东京）春秋社 1999 年版，第 3 页。

② ［日］和辻哲郎：《和辻哲郎全集》第 4 卷，（东京）岩波书店 1977 年版，第 512 页。

表现为表征，具有在直接实践行动的立场上作为存在理解的表现倾向"。① 对于这种倾向，他通过分析日语的助词运用的特点及其内在意味，揭示日语存在着非分辨性的语言特点，认为"可以说正因为这种不加入经由悟性的绵密分别（的特点），反而保存着（通过这种语言对于）真实存在的了解"的可能性。② 更进一步，他认为表面上看"日语是极其日常的、平易的，因此无论怎样的日本人都没有不知道的语言。然而，其中所引出的意味绝不是容易理解的"。这种语言与习惯于使用人造的学术用语探讨哲学的现代哲学家们所探究的问题并不存在多大距离。他提醒人们："别忘了德国哲学家把 Sein 作为哲学中心问题进行探讨时，这个单词（本来）是最日常、最平俗的语言"。他最终的结论是："日语并非不适合用来进行哲学性思索的语言。"③ 总之，和辻企图通过自己对于日语特点的绵密分析，纠正一直以来人们对于日语的误解，明确阐明用日语进行哲学思索与建构思辨逻辑的可能性。而在这篇《日语与哲学问题》中所展开的"物・事"关系的逻辑分析，就是他对于日语进行哲学性思索的典型表现。（关于和辻对于日语与哲学思索的探究问题，由于超出本文的范围，笔者将另文进行分析论述，在此仅仅停留在指涉之中）

　　"物"与"事"在和辻的"物・事论"中本来不是使用汉字表现，只是采用与日语对应的单词"もの"（mono）和"こと"（koto），翻译成中文是"物"与"事"。当然，与"もの"（mono）对应的汉字除了"物"之外，还有"者"，与"こと"（koto）对应的还有"言"，一般我们可以用"物"与"事"来翻译这两个单词，因为"物"中包含了"者"，同样"言"也包含在"事"之中。在日语的表现中，以假名表现的"もの"（mono）和"こと"（koto）有两种功能，一种是作为语气助词接在句尾，表现话者的各种语气。另一种是作为形式名词，其语法作用是让用言（用言是日语语法用语，包括动词、形容词、形容动词）或者用言性词组体言化（体言包括：名词、代词、数词），以便连接某些助词或者助动词等。这两个单词在日语中是极其

---

① ［日］和辻哲郎：《和辻哲郎全集》第 4 卷，（东京）岩波书店 1977 年版，第 512 页。

② ［日］和辻哲郎：《和辻哲郎全集》第 4 卷，（东京）岩波书店 1977 年版，第 514 页。

③ ［日］和辻哲郎：《和辻哲郎全集》第 4 卷，（东京）岩波书店 1977 年版，第 550 页。

平常的语言，是日语语法中常见的表现。也许是出于哲学论述上的需要，和辻在分析这两个概念时，只采用其作为纯粹形式名词的功能展开阐述。他似乎就是要通过这两个"最日常、最平俗的语言"来揭示日语具有哲学性思索的意蕴。这里所说的"哲学性"思索，指的是逻辑的、抽象的、思辨的语言结构与内涵。

首先，和辻分析了"物"与"事"的区别与相互依存的关系。为了揭示两者区别，他先从"事"的分析开始，指出"事"中包含三种表现倾向。(1) 与动词和形容词结合来表现动作和状态的意味。如"动之事"（動くこと）、"看之事"（見ること），在日语表现中"事"通过与动词"动"与"看"结合，成为一种动作名词词组（句）。而"静之事"（静かなること）与"美之事"（美しきこと）则是通过与形容词结合，成为表现一种"静"与"美"的状态词组（句）。(2) 表现某种事态、事件的意味。如"发生了异样事情"（变わったことが起きった）、"若有什么事情"（何かことがあれば），表现的是某种事态、事件。(3) 表现人所讲述、思考的事情。如"说某件事"（あることを言う）或"思考某件事"（あることを考える）。① 接着对此三种表现展开绵密的分析。而从其分析中可以看出，对于"事"中所包含的第一种内涵的分析，是他关于"物"与"事"的区别与相互依存的关系论述的逻辑基础，其后对于第二种与第三种的内涵分析，基本都是基于第一种表现中所揭示的两者逻辑关系的运用。为此，关于和辻"物·事论"全体的哲学性逻辑结构，由于文章篇幅的关系，本文仅限于分析其在关于"物—事"的第一种表现倾向的内容梳理上，以此来对应前文中关于"人间"与"间柄"的关系分析。

在第一种表现倾向中，和辻指出虽然这里的"こと"（koto）是表现动作或状态，但是这种动作与状态并非指这个单词本身的动作或状态，这里表现的动作是连接"こと"（koto）前面的动词所为，状态也属于前面的形容词。"こと"（koto）自身既不是动作也不是状态，只是在词组（或句）中呈现其作为某种动作或状态所"拥有的这件事情"。从这种意义上看，"こと"

---

① ［日］和辻哲郎：《和辻哲郎全集》第 4 卷，（东京）岩波书店 1977 年版，第 523 页。

(koto）与"もの"（mono）的区别在此首先呈现出来。因为如果我们说"动之物"（動くもの）时，这里的"动"不仅仅只表示其作为自身拥有"动"这种动作，还包含了作为某"物"的动作之"物"，从而使其内涵扩大。为此，"动之物"（動くもの）这种表现，在其拥有"动"这种动作意味中，是以揭示其动作的"作为其有事"（それとしてあること）之"动之事"为基础的。也就是说，"动之事"从属于作为"动之物"之"动之事"（即"事"是由"物"发出的、进行的）的同时，又是使动之"物"的"动"得以确立的这种"事"（こと）、即因为有"动"这种"事"，使"物"具有了"动"这样的"事"①。在和辻的这种逻辑分析中，这里的"事"与"物"的关系与区别一目了然。

在这种分析的基础上，和辻进一步对于"事"与"物"的关系作了更为绵密的哲学性展开。他指出如果把"事"与"物"中的某种动作或者状态去除，只剩下"某物"（あるもの）和"某事"（あること）来进行思考，两者也存在着同样的关系。我们思考"'某物'中'有物'，为了有物，'某事'是必须被预感的"。那是因为，"'某事'属于'某物'之'某事'的同时，也是使有"物"之"有"得以确立的'事'。为此，一般可以说，'事'从属于'物'的同时，也是使'物'得以确立为'物'的基础。"② 在这里必须注意的是，和辻这里所说的"物"（もの），不仅只是指那些物理性、物质性的存在，同时包含着幻想性、空想性的存在，如神、人格等完全属于非物质性的"物"（もの）。也就是说，一切存在或不存在的东西在日语中都可以用"もの"的纯粹形式名词来表现。所以他说："总之存在或者不存在的东西没有不是'もの'的。"③

关于"物"与"事"的区分，江户时代著名汉学家，古文辞学派创立者荻生徂徕应为始作俑者。荻生认为孔子以前的圣王所创立的"先王之道"并由孔子所传而定为"六经"，他把这"六经"称为"物"（"孔子手定六经。其垂教于后世者，亦是物矣"）。而这种"先王之道"之所存、即在于具体的

---

① ［日］和辻哲郎：《和辻哲郎全集》第 4 卷，（东京）岩波书店 1977 年版，第 525 页。
② ［日］和辻哲郎：《和辻哲郎全集》第 4 卷，（东京）岩波书店 1977 年版，第 526 页。
③ ［日］和辻哲郎：《和辻哲郎全集》第 4 卷，（东京）岩波书店 1977 年版，第 526 页。

"礼乐刑政"制度，这些"礼乐刑政"当然属于"事"（"礼乐皆事也。古之人直据其事以行之"），也就是说人们需要那些具体的"礼乐刑政"之实践活动来实现"道"之所存。① 荻生徂徕在这里区别"物"与"事"的不同，主要是用来批判伊藤仁斋对于"礼乐"的真意之不知而提出的。他认为人们通过"礼乐"的实践过程，也就是对于先王创立的"先王之道"通过"礼乐"这种"事"的反复实践，从而得以体得那些"精微高妙"的"道"之所在。这是在礼崩乐坏的后世人们抵达"先王之道"的唯一选择。上述和辻关于"物·事论"的逻辑，是否受其影响笔者尚不敢断定，但是其逻辑关系是一致的，和辻对于"物"与"事"的关注，与荻生徂徕的"物·事论"之间应该有其渊源性关系。

那么，我们如果把前文分析过的和辻伦理学中关于"人间"与"间柄"的关系论述，以上述"物"与"事"的关系进行对应性把握，显然，"人间"与"物"，"间柄"与"事"是相互对应。"人间"之为"人间"，其作为一种"物"的存在，正是通过"间柄"这种"事"而得以确立。而"间柄"也正是通过"人间"这种"物"之"为了创造间柄的行为"从而使"事"得以显现，两者的关系，与上述"'事'从属于'物'的同时，也是使'物'得以确立为'物'的基础"中所揭示的逻辑关系，构成了一种平衡性对应。那么显然，"人间"与"间柄"只是相互依存而又相互独立的关系，而不是相互包摄的等同关系。许多学者在考察"人间"与"间柄"的问题，喜欢引用和辻在 1936 年发表的那篇《面具与人格》（面とペルソナ）的短文中所揭示的"面具"与"人格"的关系内容。"面具"通过演员的动作获得了"人格"的内容，从而使"颜面对于人的存在来说成为具有核心意义的东西"。② 这里的"面具"犹如"间柄"，通过人的行为获得内容，从而规定了人的"人格"内容。然而，这里往往被忘却的是，"面具"与"演员"并非相互独立的存在，"面具"之为面具同时已经被"面具"自身所规定。然而"间柄"与"人间"则可以各自独立，"间柄"左右不了"人间"作为个体的独立性意义。为此，

---

① ［日］荻生徂徕：《萱园随笔》卷二，见《荻生徂徕全集》第 1 卷，（东京）河出书房新社 1973 年版，第 149、154 页。

② ［日］和辻哲郎：《和辻哲郎全集》第 17 卷，（东京）岩波书店 1977 年版，第 293 页。

两者的类比性是不成立的。①

通过上述分析，我们可以认识到和辻所要建构的具有"人间学"意义的伦理学，正如他在《作为人间学的伦理学》中所指出的那样：伦理学作为"人间存在"之学，提供的是关于"sein"（有）与"sollen"（当为）两者如何得以确立的答案。"前者是通过从人间存在到有物这件事，（进而）有物这件事到物之有这件事之'有的谱系'的追寻得以回答。后者则是通过人间存在的结构是怎样被自觉的这件事之追寻来回答。"②对于这样的两种关系的探索路径，我们可以通过"人间"这种"物"的存在，如何经由"创造间柄的行为"这种"事"的转化以及"人间"与"间柄"相互依存又各自独立的动态关系来把握。和辻伦理学之"间柄"结构，正是从人通过人作为"人间"存在所拥有的双重契机之自觉，进而到"创造间柄的行为"的产生，以及"间柄"对于"人间"存在的"依存性"与"规定性"之动态发展过程中得以确立的。那么，由此看来，把和辻伦理学中的"人间"与"间柄"进行等同性把握的学界共识显然是一种先入为主的误解。正是这种误解，产生了前述的两种对立的评价。然而，赞否两种对立观点的共同基础，恰恰都是源于把"人间"与"间柄"等同所致。

——本文刊载《中国人民大学学报》2016 年第 5 期

---

① 关于《作为人间学伦理学》与此文的关系，坂部惠在《和辻哲郎——异文化共生的形态》一书中有相当敏锐的指摘。[参见［日］坂部惠：《和辻哲郎——異文化共生の形》，（东京）岩波书店 2000 年版，第 69—73 页]
② ［日］和辻哲郎：《和辻哲郎全集》第 9 卷，（东京）岩波书店 1977 年版，第 35 页。

# 古希腊伦理学的先声

## ——从荷马史诗到柏拉图哲学

> 每天探讨德性以及相关的问题，对于人来说是一种至高之善，没有经受这种考察的人生是没有价值的人生。①
>
> ——苏格拉底

伦理学的英语是 ethics，起源于希腊语的 ethica②。Ethica 源于希腊语的 êthos 和（风俗），亚里士多德认为，êthos 是源于 ethos，即"习惯"、"性格"等，之所以具有"伦理性"意义，是因为是一种"被习惯化"的结果。③习俗、习惯、习性指的是一个社会、共同体或者集团里人们共同的行为准则或者文化形态。而性格、气质、品性只是属于个人品质的表现。显然，ethos 是指社会和个人在长期生活中形成的行为规范。在古希腊伦理思想史上，最初把人的生存方式的客观意义和人的行为的道德价值作为问题进行理论探讨的，是苏格拉底（Socrates B.C.469-399）。因此，西方伦理思想史上，一般认为苏格拉底是西方伦理学的奠基者。然而，苏格拉底的伦理思想，并不是他一个人智慧的产物，那是他所处的历史时代和希腊民族精神的结晶。古希腊特殊的国家形态，即城邦的历史文化背景以及苏格拉底以前古希腊人的从

---

① 柏拉图：《申辩篇》38a，O.C.T. Oxford，1995 年。以下的柏拉图著作与此同。

② 这里的 e 本来应该是长音。但是，本文有关希腊语的长音字母，在罗马字里全部简略为短音标记，以下同。

③ 参见亚里士多德：《大伦理学》（徐开来译）1185b-1186a。（《亚里士多德全集》第 vii 卷，中国人民大学出版社 1994 年版，第 252 页）

神话宗教到自然哲学，从自然哲学到人文关怀，即西方合理主义产生与发展的思想文化背景孕育了苏格拉底的伦理思想。本文的主要内容是阐释西方伦理思想史这个最初阶段的发展轨迹，明确苏格拉底的存在对于西方伦理思想史的划时代意义。

# 一、从神话到哲学的道德思考

古希腊人的早期道德思考，主要表现在他们对希腊神话传说中关于诸神的行为规范的描述，以及神话英雄们所展现出来的人格魅力的颂扬里。在很长的历史岁月中，希腊神话所传颂的道德内容，支配着城邦公民的全部精神生活。这种现象的存在，来自于希腊城邦的形成历史和内在机制的需要。但是，随着城邦社会的发展、经济的繁荣以及外来文化的影响，这种拥有古老传统、带有强烈宗教性的封闭式价值体系渐渐地满足不了人们对新的精神生活的需求，于是，逐渐形成了一股批判旧思想的没落权威、寻求崭新道德规范的社会思潮。立足于合理主义精神的自然哲学从这种批判精神中脱颖而出，古代希腊的道德思考从此开始了从神话向哲学的演变。可是，自然哲学家们所进行的关于自然世界的合理性说明，还处于哲学的童年时期，缺乏作为人类自身独立性的人文觉醒。为了适应这种社会生活的需要，一批以智者自称的哲学家开始在城邦社会出现，他们把人们审视自然的目光投向了人类社会，掀起了一场带有人文主义启蒙意义的教育运动。由于他们的出现，希腊精神开始了从自然关注向人文关怀的思想史的根本转变。

## （一）城邦的特点与道德精神

希腊的城邦（polis），是由各种大小不一的氏族结合起来而形成的特殊的古代国家形态。一般认为，城邦最初出现在公元前 8 世纪前后的荷马（Homeros B.C.700？）时代。① 它是以一种反君主专制的国家形式而诞生的。

---

① 荷马时代的正确时期不详。由于确定年代的资料在作品中找不到，所以，人们通过各种手段来推测。但是，现在世界上一般通用的说法是，荷马应属于公元前 700 年以前的人。那么，城邦的出现也应在公元前 8 世纪初。

在此之前的公元前15至13世纪，希腊半岛上有过爱琴海文明的繁荣时期。①构成这个文明的各种王国逐渐衰亡之后，希腊的各个氏族分散到各地，它们之间相互结合，逐渐形成了各种规模大小不一的共同体，这就是城邦的雏形。古代国家形成的一般模式是：由氏族社会走向统一国家。但是，在古代希腊，这个模式却不成立。那就是它们在氏族相互结合之后，不是马上形成统一国家，而是先以城邦的形式出现。也就是说城邦是不同于统一国家的一种国家形态，这是古代希腊的历史特点。因此，可以说城邦这种共同体，在世界历史上是只有古代希腊才可以见到的一种独特的国家形态。

古希腊城邦除了雅典和斯巴达的规模比较大一些之外，其他的都是规模比较小的城市国家。②城邦规模较小，有其外在和内在的原因。外在的原因来自于希腊半岛的自然条件。希腊本土山地多，且多为石灰岩地貌，容易受到雨水的侵蚀，这就形成了众多的山谷，造成地域间的隔断，无法形成较大规模的平地面积。而城邦的基础是建立在拥有土地的农民③形成的共同体之上，要使农民们都能分割到相应的土地，过多的人口必然需要大规模的农地，这在平地面积较小的希腊半岛是做不到的。那么，从自然条件来看，要形成规模较大的共同体即城邦显然不太可能。但是，城邦规模小的原因不仅仅是这种外部条件的限制，更重要的是来自城邦的性质，那就是城邦属于一种具有强烈氏族倾向的血缘共同体。一般认为，希腊神话世界就是希腊城邦形成初期的一种历史写照。在希腊各个城邦，都供祀有一位或者多位的神祇，这种信仰形态起源于城邦形成过程中各个氏族所拥有的"共同的炉灶"。所谓"共同的炉灶"，最初只是每个家族成员共同生活的场所，随着家族人口的增加，家族不断分家，同一个家族内便出现了多数不同的家庭，逐渐形成为一个氏族集团。这样，原有祖先使用过的"炉灶"就成了氏族成员血缘连带的象征，并作为氏族成员生活的神圣场所，体现氏族的全体性。氏族成

---

① 一般称这个时期的希腊文化为迈锡尼文化。

② 比如说，亚里士多德说过："十人成不了城邦，然而十万人就不是城邦"（参见《尼各马科伦理学》第九卷，170b31）。可见，城邦的规模是比较有限的。柏拉图甚至提倡理想国家（城邦）的人口数应为5040人（参见《法律篇》737c-738b）。

③ 这里所说的农民，指的是拥有土地的奴隶主。

员就以这种"共同的炉灶"为中心，举行各种祭祀祖先的活动。在这种祭祀的发展过程中，赋予祖先以巨大力量的神秘自然逐渐成了氏族的共同神祇。以这个神祇为核心，形成了一个拥有共同信仰者的共同体，这就是早期城邦的雏形。而城邦往往不是由一个氏族发展起来的，而是在多个氏族相互认同和结合之后形成的，这样，一个城邦就会存在多位保护神。由于分散到希腊各地的氏族很多，希腊自然地就成了众多神祇君临的大地。而这些神祇通过荷马史诗的吟诵被流传了下来，荷马史诗也就成为希腊人信仰生活的全部内容。

从上述城邦形成的历史来看，由氏族以及氏族结合发展起来的血缘共同体，无论人口如何增加都是有限的。虽然一个城邦可能拥有多个氏族的融合，但是这种融合一般不是来自于征服，而是来自于相互的认同。这些因素制约了城邦发展的规模，造成古代希腊版图上独特的、拥有众多小国寡民的历史奇观。这样一种城邦的形成过程，也决定了城邦的内在机制，那就是城邦全体成员具有强烈的血缘意识的共同体倾向。在这样的共同体社会里，长期的共同生活形成的风俗、习惯以及各种行为规范便成为人们的行为准则，构成了共同体的和谐秩序的基础。血缘纽带维系着人与人之间的横向联结，而城邦的历史则铸就了人们的纵向一体。正因为如此，要获得城邦公民权的条件规定得非常严格。城邦里除了市民（即公民）之外，还有从事生产劳动的奴隶和进行商业活动的外国人，虽然这些人对城邦的繁荣和发展起到了不可或缺的作用，但他们却都没有城邦的公民权，不是城邦的公民。[①]

当然，城邦全体公民形成一体同心的凝聚力，在实际生活中是通过他们拥有一致的信仰内容来维系的。城邦不仅仅只是一种国家组织，也是一个教会般的祭祀场所。在古代君主制国家里，一般都设有专职的祭司主持各种祭祀活动，而希腊城邦里却没有这种圣职者存在。在城邦里，每一个公民都可以成为祭祀的主人，不需要任命专职的祭司。对于他们来说，政治与祭祀是一体的，两者不可分割。正由于构成城邦公民行为习惯的中心内容是他们

---

① 只有出生于城邦市民家庭的男子，祖父和父亲都是城邦的公民，并且祖先的墓地也在城邦里的人，才能够获得公民权成为城邦的市民。

所拥有的共同信仰，而他们信仰的内容又是来源于诗人们所提供的有关神话传说，所以，荷马的两部史诗，对于城邦公民来说就成了《圣经》般的存在，[1] 史诗里被传颂的英雄以及诸神对于人的命运的君临，为城邦公民树立了道德楷模和宗教原则，因此，我们要了解城邦的道德内容以及伦理秩序，就必须在他们的信仰内容里所体现出来的道德精神中寻找。

荷马的两部史诗《伊利亚特》和《奥德赛》是希腊文化不朽的巨著。[2] 在很长的岁月里，滋育着希腊人的民族精神。史诗里描绘的英雄形象，作为希腊人的人格理想的典范，决定了他们的道德内容和价值取向。诗中对于英雄们的英勇尚武，舍生取义，崇尚智慧，认同命运的讴歌，体现了希腊民族的英雄主义审美倾向和主智主义特点。而这些内容又通过对于英雄们的战友之爱、祖国之爱、家族之爱展现出来，使其获得了极其丰富的情感内涵。

两部史诗主要突出对阿基琉斯、赫克塔尔、奥德修斯三位英雄的描写。其实，这三位英雄分别蕴含着希腊人扩疆夺土、征服陆地和海洋的历史过程。阿基琉斯和赫克塔尔代表着他们征服陆地的两个不同阶段的特点，而奥德修斯则体现了希腊人开辟西部海路的艰难历程。

《伊利亚特》整部内容多是一片杀戮与死亡的血腥场面。荷马在这里没有对于敌我双方产生情感因素的倾斜，而是对敌对双方的英雄都倾注了相同的激情和赞美。因此，阿基琉斯完全是作为未开化民族的英雄形象，突出他的英雄个人主义倾向。而赫克塔尔则是以都市的英雄出现，在描写上力求体现他的英雄集体主义内涵。虽然两位英雄的特点不同，但是，他们的本质则是一致的，那就是他们拥有共同的英勇无畏、舍生取义的人格魅力。战友帕多罗克洛斯之死，使阿基琉斯由于自己自尊心受辱的愤怒而转化成对敌人的刻骨仇恨，战友之爱代替了名誉之心，从而燃起了复仇的怒火。明知自己如果杀死了仇敌赫克塔尔，自己也必然无法逃脱死亡的命运，他仍然义无反

---

① 之所以说是《圣经》般的存在，那是因为希腊人从孩童时代开始，就在荷马史诗内容里受教育长大。史诗里关于诸神的故事，成了他们的关于神的理想以及神与人的关系的各种观念的基础。

② 荷马的两部史诗是否属于荷马之作是一个有争论的问题。从两部史诗里所描写的风俗习惯来看，某些地方上下相隔 500 年，因此，不可能出自同一个作者。

顾地为了友情重归战场。但是，阿基琉斯的英雄行为是属于个人主义的行为。他可以由于自己的战利品被统帅阿加门侬所夺而拒绝出阵，任凭自己的远征大军节节败退，也可以因为自己的亲密战友帕多罗克洛斯的战死而奋起复仇，为远征带来胜利。这种行为完全依赖于个人的情感，并体现了他个人的存在对于远征大军的重要意义。然而，英雄赫克塔尔则不同，他同样知道阿基琉斯是冲着自己而来的，自己的战斗力不及阿基琉斯，如果恋战必死无疑。可是，面对着自己的战士不断被阿基琉斯的仇恨所吞灭，为了自己的祖国和人民，为了许许多多的父亲、母亲、妻子和孩子，他拒绝了退入特洛伊城内，以死之觉悟与阿基琉斯决一死战。很明显，赫克塔尔的英勇无畏来自于他的祖国之爱。在他身上，英雄个人主义被英雄集体主义所代替。值得注意的是，荷马在描写赫克塔尔的祖国之爱时所展现出来的英勇、无畏的气概，与帕里斯的卑怯、懦弱的品性进行了对比，为人们展现了鲜明的人格高卑和道德善恶。正如有的学者所指出的，荷马甚至在描写战士在战场上的表现时，连死亡的姿势也都保持着战斗的造型。① 这些内容充分体现了希腊民族骁勇尚武的道德倾向。

《奥德赛》讲述的是英雄奥德修斯在特洛伊战争后归乡的故事。如果与前两位英雄相比，可以说荷马在奥德修斯身上倾注了更多的讴歌的情感。奥德修斯既是希腊殖民者的象征，也是希腊人挑战神秘大海的冒险者的象征。他作为西方人冒险和征服的典范，揭示了希腊人把人的勇敢、忍耐和智慧看成是带来胜利保障的最初理解。英雄奥德修斯虽然英勇善战，但更重要的是他的足智多谋。希腊远征大军的最后胜利取决于他的"木马计"。在十年的归途中，他就是凭着自己的智慧和忍耐，才能够逃脱一个又一个的劫难，最终如愿以偿地回到了眷恋已久的故土。因此，按照荷马史诗的描写，智慧女神雅典娜始终跟随和保佑着他。在他的智慧里，有时不免带有狡诈、阴险和残酷的因素，然而，荷马对于这种作为人、为了达到目的而不择手段的行为，给予了充分的道德宽容。这也体现了希腊民族征服过程中的唯我道德倾

---

① ［瑞］アンドレ・ボナール：《ギリシア文明史・1》，冈道男、田中千春译，（京都）人文书院1973年版，第47页。

向。这种道德思考，与后来苏格拉底所提倡的人的行为与结果都离不开善之本质的追求显然不同。在奥德修斯身上，智慧胜过勇敢，谋略高于尚武。奥德修斯的智慧不但使他战胜了自然，也使他战胜了社会，希腊人崇尚智慧的主智主义精神在这里得到了最初的表现。再者，奥德修斯的勇敢、忍耐和智慧又是服务于他对家族、故土的眷恋的，这就成就了他的家族、祖国之爱。最后诗人对于英雄的艰难归途，以女性之美德，其妻佩蕾罗培娅的二十年守节作为最高的奖赏。这些内容，都体现出作为殖民者的早期希腊人的伦理思考和道德情感。

然而，无论是《伊利亚特》还是《奥德赛》，史诗的全体都带着强烈的宿命论色彩。英雄们对于命运的认同体现了希腊人的宗教情感，那就是他们认为掌握着人的命运的是神的意志的肆意性与不可抵抗性。其实，希腊人长达十年的特洛伊战争就是来自于诸神的预谋；奥德修斯的十年归途与艰难也是因为触怒了海神而致，而他的每一个难关的突破也都离不开神的庇护。所以，诗中英雄们的生与死、磨难与脱险等，全部取决于诸神的意志。英雄们虽然知道自己的命运，然而却没有抵抗也无法抵抗，他们的服从表现出对于神的意志的畏惧和认同。希腊人的宗教观在这里得到了充分的体现。但是，荷马史诗里并没有关于诸神的起源和谱系的详细内容，主要是侧重描述神与人的关系以及神的意志对于人类社会的无所不在的君临。比荷马稍后的赫希奥德（Hesiodos B.C.700？）进行了这一工作，在他的《神统记》里叙述了宇宙生成与诸神的关系以及诸神谱系的形成，从而完成了统一的希腊神话体系，为希腊民族提供了全部的信仰内容，城邦公民也在此基础上形成了自己的道德思考，树立了相应的道德标准。正如克塞诺芬尼（Xenophanes B.C.560？-470？）所说：所有的人最初都是根据荷马（史诗）开始学习的。①

**（二）自然哲学家的道德思考**

随着城邦历史逐渐走向成熟，经济的发展与社会的繁荣以及外来先进文化的影响，为人们进行崭新的思考奠定了充分的物质条件。而逐渐形成

---

① 参见内山胜利编：《ソクラテス以前哲学者断片集》（别册），（东京）岩波书店1998年版，第27页，"残篇10"。

的城邦公民自由、自立与自律的人文气象，也为他们重新审视世界提供了开放性的精神基础。这样，原来以神话为核心内容解释自然世界的思考已经不能满足人们的精神需要，于是，希腊人开始打破神话（mythos）思维的权威性，而追求理性（logos）地合理地思考自然世界。西方的合理主义思想就这样在古代希腊城邦社会里孕育胎动。他们从对荷马史诗的伦理批判出发，开始了脱离旧思想寻求新规范的尝试，从而迎来了西方思想史上学问的诞生。那是以泰勒斯（Thales B.C.624？-546？）为始祖，被亚里士多德（Aristoteles B.C.384-322）称为"自然（哲）学家"的人们所进行的一种关于自然世界的合理性解释。

自然哲学家们对神话思想的批判来自于神话的内容和特点的两个方面理由。从内容来说，荷马史诗里的诸神拥有与人同样的形态特征，并与人同样拥有喜怒哀乐的情感。诸神们偷盗、乱伦、欺骗、嫉妒无所不为。诸神与人唯一不同的是：人是可死的而神是不死的。换句话说，神也不例外，人的习性中种种邪恶的要素同样拥有，只是在"不死"的名义下使其成为绝对的存在而已。可是，这样的神的观念一旦渗透到人的纯洁无瑕心灵，就意味着人的行为的诸恶将在神的行为中得到全部的肯定，不可避免地将会给社会带来道德的混乱。克塞诺芬尼对诗人的批判明确地指出了这个问题。他说："他们（荷马和赫希奥德）把所有的不法行为作为神的东西来叙述，（包括人的）偷盗、通奸，以及彼此欺诈。"① 还有赫拉克利特的荷马批判② 和后来柏拉图（Platon B.C.428-348）的"诗人驱逐论"③ 都与这些神话学的内容有关。荷马之后的赫希奥德，在其《神统记》里逐渐地转向对自然世界起源的解释。从神话对世界起源的解释的特点来看，诸神是自然现象神格化的产物。赫希奥德对诸神谱系的体系化构筑，体现了诗人对于世界万物的产生，宇宙秩序的保持所进行的一种阐释。这种解释是建立在故事与想象（mythos）的基础

① 内山胜利编：《ソクラテス以前哲学者断片集》（别册），（东京）岩波书店 1998 年版，第 27 页，"残篇 12"。
② 参见内山胜利编：《ソクラテス以前哲学者断片集》（别册），（东京）岩波书店 1998 年版，第 43 页，"残篇 42"。
③ 《理想国》第十卷。

之上的一种思维，只是对于世界的始源（arche）无条件地赋予了诸神以时间上的先在性，把世界之初的权威给予了神。而究竟为什么神是世界的开始，究竟为什么神是永恒不死不灭的问题却没有做任何有根据和原理的说明。当这种关于世界的解释成为信仰的内容时，它就要求人们无条件地接受和相信，而不允许人们怀疑和批判，① 那么，自然地这就成了一种宗教式的世界观。由于这种世界观不要求学问只需要信仰，不允许人们思考只需要人们服从，所以，它必然不可能适应社会的发展和思想的进步。自然哲学家们就是在突破这种宗教式世界观的基础之上开始了他们关于世界始源的合理性思考。

自然哲学家们不带着神话的有色眼镜看自然，不对自然进行宗教的权威和信仰的润色。他们只是把自然当作自然，当作诉诸于人的感觉的物质世界来认识。因此，他们在探索自然世界的本原（arche）时，其原理放在"逻格斯"（logos）即开放性的理论探讨里进行把握。也就是说他们不是凭主观的想象（mythos）来理解世界，而是追求客观的合理性说明。最初的自然哲学家们主要是在对构成这个变化世界的根本物质是什么的原理探索之上，他们探讨变化的自然内部存在着不变的根本物质，以这种物质作为世界的本原来解释变化不定、丰富多彩的自然（physis），从而达到对于自然世界的统一的合理性把握。米利都学派的学说充分体现了这一点。泰勒斯以"水"，阿拉克西曼德（Anaximandros B.C.610？-540？）以"无限定者"，阿拉克西美尼（Anaximenes 其壮年期为 B.C.540？）以"空气"作为自然世界的本原物质。这种把握世界的方法被称为"一元论的世界观"。然而，同样是立足于以一个原理解释变化的世界，毕达戈拉斯（Pythagoras B.C.570？-）却以"数"作为宇宙世界的根本，这里的"数"不仅仅是质料，还是一种性状和变化原则。因此，按照亚里士多德的四原因学说，米利都学派的探索属于一种对"素材因"的寻求，而毕达戈拉斯则有寻求"形态因"的倾向。后

---

① 比如说，传说自然哲学家阿拉克萨哥拉斯在雅典客居期间，由于他说太阳是炽热的金属块，因此受到雅典市民的控告，并被审判罚款和驱逐出境。（参见［古希腊］ディオグネス・ラェルティオス：《ギリシア哲学者列伝・上》，加来彰俊译，（东京）岩波文库 1984 年版，第 126 页）而苏格拉底被告时最重要的罪状之一就是"不信雅典的神祇"。（参见《申辩篇》26c-27a）

来的赫拉克利特（Heracleitos B.C.544？-484？）、恩培多克勒（Empedocles
B.C.492-432）、阿拉克萨戈拉（Anaxagoras B.C.500-428）、德谟克利特
（Democritos B.C.420？）等人则注重于对宇宙和谐秩序的探讨，所以脱离了以
一种"本原"解释丰富的自然，而是以多种"本原"的相互关系来把握自然
的变化和多样性。正是这些以"本原"的相互关系解释自然的生成变化、寻
求宇宙秩序的合理性说明，为我们理解自然哲学家们的伦理思想提供了线索。

　　由于自然哲学家们留下的著作残篇相当有限，除了德谟克利特有较多
的体现伦理思想的残篇传世，其他人最多只是几句箴言被别人引用后得以流
传。因此，要把握他们的伦理思想相当困难。特别是在自然哲学家的思考
里，人只是自然界的一种自然存在，并没有其区别于其他自然物的固有性。
也就是说，自然哲学家们缺少把人作为特殊存在的认识。但是，正是他们没
有区别人与自然的不同，他们在解释自然变化时以人类社会的结构原理，以
人的存在原理进行着自然的拟人化阐释。而这些阐释却体现了他们关于社会
规范和道德伦理的思考。赫拉克利特认为世界的表象是充满斗争的，斗争是
万物之父，① 而内在于这种对立表象的深处是和谐，世界的和谐是由相互对
抗力量的势力均衡构成的，犹如弓箭的弓与弦的关系。很显然，这里所说的
"斗争"，已不是荷马史诗里那种英雄的绝对力量对另一种势力的彻底征服，
而是一种相互之间的订立和保持，一方的存在离不开另一方力量的抗衡。因
此，他认为宇宙中心的"活火"不是孤立存在的，它之永恒来自于由"火"
向"空气"、"水"、"土"的相互之间生死转化过程中而获得不竭的能源。②
这种自然观提示了人们在社会生活中必须承认他者存在的价值取向，绝对的
征服是不存在的，只有相互的认同才是自我存续的根本。世界的一切不是神
也不是能够创造和支配的，生死有定数，存在有法则。③ 其实，早期米利都

---

① 参见内山胜利编：《ソクラテス以前哲学者断片集》（别册），（东京）岩波书店1998年版，
　　第45页，"残篇53"。

② 参见内山胜利编：《ソクラテス以前哲学者断片集》（别册），（东京）岩波书店1998年版，
　　第50页，"残篇76"。

③ 参见内山胜利编：《ソクラテス以前哲学者断片集》（别册），（东京）岩波书店1998年版，
　　第40页，"残篇30"。

学派的阿拉克西曼德的自然观里已有了这种思想的端倪。阿拉克西曼德认为，世界的生成变化，是对立元素之间行为"不义"之后，必然产生的惩罚与偿还的相互报应的结果。① 恩培多克勒的自然解释则更为明显地体现出人文社会的特征。他同样以"火"、"空气"、"水"、"土"这四种元素作为宇宙的根本物质。然而，他认为万物产生和消亡是这"四根"的混合和分离而致。这种混合和分离运动的原因来自于"爱与憎"的情感。当世界由"爱"的情感支配时，宇宙就达到最和谐的状态，犹如"球"一样完美无缺，而一旦"憎恨"的情感混入，世界的和谐就开始解体。"憎恨"支配着世界时，"四根"分离，万物消亡。② 这种人文宇宙论应用到社会生活中，自然地告诫了人们，美好与和谐的社会秩序的形成和确立，取决于人与人之间的相互友善与敬爱，憎恨与争端是社会不幸的根源。

自然哲学家对世界的合理性解释虽然存在着诸多不同，然而，他们有一个共同的特征，就是认为万物有灵（psyche），米利斯学派的"物活论"，阿拉克萨戈拉认为植物是地中的生物，枯荣是其苦乐的表现。③ 尤甚者是毕达戈拉斯学派把灵魂看作世界的理性，认为肉体（soma）是灵魂的坟墓（sema），通过"轮回转生"（palingenesia）的思想把来世的意义提高到现实生活的首位，从而改变了希腊人传统的现世肯定的价值观。为了净化（katharsia）灵魂，他们在教团生活中提倡"节制"、"友爱"、"诚实"的美德。而作为灵魂净化的一个环节，他们潜心从事纯粹的"理论研究"，即避免感觉器官对认识的参与。他们认为，灵魂要想得到真正的满足，不是通过感觉和主观来获取，而是由于灵魂拥有智慧与节制，遵照"逻各斯"而做到理性生存时才能达到。这种价值观，为后来的苏格拉底呼吁人们"关心灵魂"打开了道德思考的先河。

---

① 参见内山胜利译：《ソクラテス以前哲学者断片集》（第Ⅰ分册），（东京）岩波书店1998年版，第181页，"残篇1"。

② 参见内山胜利编：《ソクラテス以前哲学者断片集》（别册），（东京）岩波书店1998年版，第86—88页，"残篇17"。

③ 参见内山胜利译：《ソクラテス以前哲学者断片集》（第Ⅲ分册），（东京）岩波书店1998年版，第277页，"残篇117"。

毕达戈拉斯学派的灵魂观，在德谟克利特的伦理学说里以提倡精神生活优先的内容出现。德谟克利特认为，这个世界里真实的存在只有原子和虚空，连灵魂也只是一种物质性的东西，因此，一般认为他是原子主义者的唯物论者。但是，他的唯物论并不彻底，而是立足于合理主义，强调精神的倾向仍然存在。他把灵魂所进行的认识划分为感觉（aisthesia）的和思维（dianoia）的两种，而来自思维的认识才是终极的纯正的认识。通过这种认识所获得的终极之善才会使人达到"清朗无影的心境"，即"朗悦"（euthymia）状态，也就是人的心情不受快乐、恐怖、迷信等一切的感情所困扰，达到绝对宁静的境界。这是人的幸福（euesto）所在，也是人生追求的终极目标。很显然，这种思想充分体现了精神高于肉体的认识倾向。所以他说："肉体之美如果没有知性的内涵那只是与动物同样的东西。"① 但是，他的这种认识并不意味着对于肉体的完全否定。因为快乐的感情也是由于原子运动所产生的自然现象，如果对此否定，将会动摇他的原子论的基础。因此，他的这种生活理想与后来的犬儒学派以及斯多亚学派所提倡的禁欲性修炼不同。相反地，德谟克利特认为人生要尽可能地享受快乐，减少痛苦。② 由于考虑到这种快乐不能完全在肉体中获得，因为肉体的快乐缺少果敢性与自制性，那么就需要在精神里做进一步的追求。这就说明幸福不属于外在之善，而是源于精神的属性，"幸福与不幸都是属于灵魂的"③。但是，他的这种对精神的强调，并不意味着对外在之善的否定，只是认为如果外在之善不拥有知性，得不到遏制，就不能成为有价值的，有益的东西而提倡精神的。正是由于如此，他提倡节制与适度的快乐，让肉体快乐与精神宁静相结合，从而使心情不会被外在之善的过分追求所迷惑，达到精神的"朗悦"的境界。还必须注意的是，以精神优先为根本的德谟克利特的伦理学说，已把知

---

① 高桥宪雄译：《ソクラテス以前哲学者断片集》（第Ⅳ分册），（东京）岩波书店1998年版，第186页，"残篇105"。

② 参见高桥宪雄译：《ソクラテス以前哲学者断片集》（第Ⅳ分册），（东京）岩波书店1998年版，第210页，"残篇189"。

③ 高桥宪雄译：《ソクラテス以前哲学者断片集》（第Ⅳ分册），（东京）岩波书店1998年版，第206页，"残篇170"。

性的欠缺作为恶与不幸的原因，指出了那是由于人的"无知"（amathia）而至。他说："罪恶的原因在于对美好的事物的无知。"① 为此，有的学者认为，这是苏格拉底的"知识即美德，无知即罪恶"思想的先声。②

### （三）人文思想的兴起

自然哲学家们虽然为西方思想史带来了学问的诞生，他们以合理主义精神确立了希腊人的自然理解从神话思考向哲学思考的转变。但是，他们的哲学思考缺少应有的人文关怀，他们只把视线投向自然世界，在他们那里，人也仅仅是自然界的一部分，看不到人类区别于自然物的固有特性。因此，他们的伦理思想，只是从自然存在中理解人。即使像德谟克利特的哲学那样，对于人的行为，人的幸福问题已有所涉及，可是，他仍然与其他自然哲学家一样，并没有把人的问题，人生的问题作为问题直接地进行伦理探索。在希腊城邦，直接提出人的存在意义、体现人文思考的，只有到一群"智者"出现之后才真正开始。以职业教师身份出现的"智者"们，顺应当时希腊社会的历史文化气象，把人们的视线从自然研究转向了对人类自身的关注，开始了人们的世界观从"自然"（physis）向"人本"（nomos）转变。他们强调与追求人类存在的特殊性和固有性，提出了"人是万物尺度"的思想。他们在雅典城邦所推行的崭新的自由教育，具有一种人文主义启蒙的意义，从而为苏格拉底伦理思想的诞生起到了催化作用。

具体地说，在公元前6世纪初诞生的自然哲学，把自然作为客观的存在进行把握，主要是围绕永恒不灭的本原存在，根据合理的自然法则理解这个变化的世界。在这种理解里，人的思考（臆见），人是如何接受这个自然世界的，等等，有关人的价值取向问题没有楔入的余地。进入公元前5世纪，自然哲学家们的自然探索依然在继续进行着，并且他们关于自然世界的结构原理的解释还是放在对本原存在的把握之上。无论是对于经验的自然还是对于客观的自然，都没有把人作为独立的存在来思考。由于他们研究的中心只放在本原存在的问题，对人的意识作用的诸种形态，如意志作用、感情作用

---

① 高桥宪雄译：《ソクラテス以前哲学者断片集》（第Ⅳ分册），（东京）岩波书店1998年版，第206页，"残篇83"。

② 叶秀山：《前苏格拉底哲学研究》，人民出版社1982年版，第297页。

等这种与客观存在相对应的主观能力很少引起他们的注意，即使有被涉及也只是作为一种常识性问题被提起。特别是自然哲学经过爱利亚学派的严密的逻辑推演，本原存在的资格得到了进一步的强化，其自身成了独立的、唯一的、永恒不动的存在。为此，所有属于人的经验的存在，都被看成只是人的臆见①（doxa）和错觉，剥夺了其作为真实的存在资格，其结果是使人的独立存在的因素更加受到排除。然而，随着这种自然主义的自然观的确立和发展，关于这种思考的批判和反省也逐渐开始产生。那是因为，我们人的生活，与其说关注那些原子或者元素的离合集散，追求本原存在，不如说承认自己感觉能够捕捉到的东西，无论其存在的真实性如何，至少可以说在我们经验的领域里是存在的，不可否认的。我们感觉的世界既存在着运动，也呈现出众多的形态。我们承认现实中的各种色、香、味，这种经验事实是我们现实生活的基础。因此，不可避免地，一方面自然哲学家们客观的自然主义思考倾向越严重；另一方面人们对于自己生活经验的意识也就会表现得越强烈。这种意识终于汇成一股思潮，公元前 5 世纪中、后期，在希腊城邦社会出现了关于"自然的"（physis）和"人为的"（nomos）问题的论争。

自然与人为，这是一对古老的以各种形式被人们议论的对立概念。可是，在公元前 5 世纪中、后期，这一对古老的问题概念从政治的和伦理的角度被提起，成为这个时代政治变革与新旧思想对立背景的象征。如果说自然属于自身客观存在着的世界，那么，人的各种规范性约定，生活中的习惯与行为准则就是属于人的主观世界的产物。很显然，这里存在着自然主义（physis）立场与法的（nomos＝习惯、规范）立场的根本不同。由于法的立场属于人为的世界，而无论个人还是共同体，都与这种构成生活具体内容的行为规范直接相关。那么，这里的行为标准必将反映出个人或者城邦的习惯和品性（ethos）的特殊性。所以，这种价值标准也仅仅只能适合于行为者本身，而无法克服其仅仅只拥有相对意义的性质问题。当时，反映这种"人为的"社会思潮的有一部作者不明的题为《两论》（*dissoi logoi*）的著作。

---

① doxa 在我国一般被译成"意见"，笔者认为这种译法不理想。因为 doxa 的原意为"想当然"，译成"意见"不容易使人看出其在认识上的问题。所以，拙文改译成"臆见"。以下同。

在这部著作里，作者列举了很多关于无论何事都可以拥有善恶的两种判断的事例。比如，生病对一般人来说是一种坏事，但是，却是医生收入的源泉，所以对医生来说是一件好事。同样，沉船对于船主来说是一种灾难，而对于造船的工匠却恰恰相反，等等。① 不管什么事情都是相对的，都可以有两种相反的价值判断。这种相对主义的价值观随着与其他国家交往的频繁，了解到各国不同的风俗、习惯之后，就更为使人们信奉，成为当时的一种社会思潮。就在这样的思潮流行的社会背景下，一群被称为"智者"② 的职业教师出现在雅典城邦，活跃在青年们狂热的追随之中。

智者们既不是一个集团的活动，也没有形成规范的教育体系。他们出生地和各自擅长的领域也不一样。但是，活动的舞台都是当时作为全希腊的盟主，经济和社会的繁荣都达到顶峰的城邦——雅典。他们选择雅典城邦，不仅仅只是雅典在政治和文化的繁荣都走在希腊社会的前列，更重要的是雅典自梭伦（Solon B.C.?）改革之后，逐渐实现了奴隶主民主制度，其巨大成果在希波战争的胜利中得到了具体的体现。伯里克利（Pericles B.C.? - 429 没）执政时期，这种制度的繁荣已达到了顶峰。希波战争的胜利，使参加战争的平民阶层的意识得到高扬，那是因为按照传统的习惯，城邦的实权都掌握在世袭贵族，富有阶级的手里。而这次战争他们只是支付了税金，并没有直接参加战斗。直接与波斯大军作战的是平民阶级出身的水手和士兵。为此，一般的公民开始对自己的实力重新认定，感到对波斯的反侵略战争的胜利完全属于自己这些一般民众的胜利，从而产生了从来没有过的自信和参与国事的积极性。一旦公民们的自我意识得到如此的高涨，那么，在这实行

① 参见《ソクラテス以前哲学者断片集 V》，山口久译，（东京）岩波书店 1977 年版，第239—254 页。

② "智者"的希腊语是 sophistes，曾经被译成"诡辩家"，因为很长一段时间里，这个称号是哲学家们耻辱的代名词。其实，这个希腊语的原意并没有贬义的内涵，恰恰相反本来是一个褒义词。这个单词是动词 sophizo 的造语，与名词 sophia（智慧）和形容词 sophos（智慧的）属于同一词根。Sophizo 的意思是"善于发挥智慧"（自动词），"使人智慧得到发挥"（他动词）。那么，sophistes 的原意就应该是，"善于发挥智慧的人"，或者"使人智慧得到发挥的人"，即能够教育人的人，能够使人聪明的人。因此，后来就被改译成"智者"。

民主制度的雅典社会，至此为止门阀的高低、财产的多寡的价值标准就被重新审视，权力世袭的考虑方式遭到了排除，人们对于个人的人格和实力，即"卓越性"的重视，成为一种新的个人评估的标准。这种社会意识与价值观的转变，为智者们的出现提供了最好的活动舞台。那些梦想着参与国家公共事务、登上城邦政治舞台的年轻人，开始寻找着能够体现自己卓越性的知识或者技术。智者的最长老普罗泰戈拉（Protagoras B.C.490-420）就是宣言要教育青年人"齐家治国之道，能在公共场合发挥自己的卓越性"的[1]。这种卓越性，就是一种广义的"德性"（arete）。必须注意，无论普罗泰戈拉还是苏格拉底，他们所议论的"德性"问题，其意义更广泛，与今天道德意义的狭义的德性有所不同，它是指称每一种自然存在的"固有能力"。比如，刀的德性是锋利，马的德性是腿快，鱼的德性是善游，等等。而人的德性应该是只有人才有的思考能力，通过使用理性而使作为人的智慧得到最大的发挥。

不过，在相对主义价值观占统治地位的法的（人为的）世界里，德性，即人的卓越性也只是特定社会自身的一种价值取向。比如，对于尚文的雅典与尚武的斯巴达来说，其对于人的德性的要求就会不同。在这种文化与社会的背景之下，作为外国人的以普罗泰戈拉为核心的智者们，究竟是否能够教育雅典的青年人关于有用的，在社会生活中能体现自己德性（能力）的知识是受到质疑的。也许普罗泰戈拉自己也深知这个问题的存在，所以，他提出了有名的关于"人是万物的尺度"的学说。[2] 在这个学说里，他把人在自然中的存在提高到从来没有的高度。这是承认人的自身存在的独立性，赋予了自然世界之一员的人以理性存在的特权。在理论上如此，在实际教育活动中，智者们主要是教育青年在国家社会生活中如何体现其有能力的技术性知识，那就是"辩论术"的知识，以此来克服人们对于他们所传授的有关"德性"知识的质疑。因为辩论术是一种操纵"逻各斯"的语言技巧，自然哲学家和后来的苏格拉底、柏拉图也同样重视掌握这种技巧。但是，智者们追求

---

[1] 参见《普罗泰戈拉篇》318e-319a。

[2] 参见内山胜利译：《ソクラテス以前哲学者断片集》（第Ⅴ分册），（东京）岩波书店1998年版，第28—29页，"残篇1"。

的是使自己的理论能够达到说服别人的目的。而哲学家们则是通过"逻各斯"的技巧开拓通向真理的道路，两者不可混为一谈。然而，从对自己主张的有效性角度来看，无论其实际上是真是假，事实情况如何，只要别人能够觉得自己讲得有理，对方能够被自己说服，都可以达到预期的、体现自己有能力的目的。特别是人的认识能力总是受制于自身的局限性，那么，只要自己拥有说服别人的技术，在所有的领域里都可以达到获得与那个领域的专家同样的评价。正因为如此，高尔吉亚（Gorgias B.C.480-380）认为，辩论的技术对于人来说是一种"最高的善"，因为它一方面"可以使自己获得自由"；另一方面"能够在社会生活中支配别人，使别人成为效忠自己的奴隶"①。很显然，从这个意义来说，学会了辩论术，就意味着使自己获得了在社会上出人头地所必需的一种万能的手段，这就是智者们把教育的重心放在"辩论术"上的根本理由所在。也因此，智者们可以克服人们对于"德性"的相对主义问题而提出的诘难。

那么，为什么智者们所推行的教育拥有人文启蒙的意义呢？希腊城邦的传统教育是一种家庭式的教育。孩子小时候在听着母亲或奶妈为其讲述荷马史诗的神话故事、伊索寓言、希腊的英雄传说里成长。这种教育世代相传，母亲传给孩子，孩子再传给下一代。男孩稍微长大一些，就跟随着父亲或长辈见闻各种社会生活，学习待人接物，以及遵守社会规范的道理。女孩就跟随着母亲学习作为女人必备的守家待夫的妇道。由于内容始终不变，这些教育成了城邦公民必备的知识和教养。对于城邦来说，这种教育有利于公民们团结一心，形成统一的价值观，从而遵守城邦的祖训和传统习惯。因此，也可以说这犹如城邦的一种国策。但是，很明显，这种教育不会关心每一个孩子想学什么，只注重其对于城邦社会是否有用，只是教育者一方单方面地对被教育者进行灌输，不存在个人的选择和意志的自由。与这种教育完全不同，智者们的教育是根据每一个青年的要求而进行的。并且只要交得起学费，不分门第和出身，对谁都是一视同仁地教给他们想学的东西。普罗泰戈拉在回答苏格拉底提问时说："根据其需要的（知识）进行教育，其他他

---

① 《高尔吉亚篇》425，451d。

们不需要的、无用的东西一概不教。"① 这就是说，智者们的教育是因人施教的。他们根据青年的个人特长和爱好，进行其相应的教育，促使他们的能力能够得到最大的施展。因为个人所表现出来的求知欲，是一种自我目的性的需求。也就是说，不是为了某种需要而被迫接受教育，完全是根据自己的爱好而学习。那么，可以说在这样的教育里，里外关系不存在什么因果性，所以，这是一种"自由的教育"。亚里士多德说："求知欲是人与生俱来的需求"②，这是人区别于其他动物，人之所以为人，人的固有能力，即"德性"的高度体现。那么，人的这种能力如果得到充分发挥的话，当然人的德性就会最大限度地体现出来。智能者们所推行的自由教育，无论他们自己是否意识到这种意义，然而，在客观上已经拥有了这种使人的德性、人的卓越性得以最大发挥的效果。因此，这样的教育拥有一种人文主义觉醒的启蒙意义。不过，这里所说的人文主义（humanism），是植根于一种人作为人所必须达到的人性自觉的教养教育（paideia）精神。

其实，普罗泰戈拉在其关于人的诞生神话里③ 更为充分地体现了他的人文觉醒的思考。在这个神话内容中，人完全区别于其他动物，拥有了只有神才可以拥有的创造力（智慧与火）和思考力（虔敬与惩戒），这是人类社会得以形成，道德秩序得到保持的根本所在。这种思考已经把人从自然界的普遍一员的意识中独立出来，克服了自然哲学家们把人当作自然同类的自然主义缺点。在普罗泰戈拉看来，人虽然是自然世界的一员，但是人有权利按照自己的思考决定自己作为人的生活方式。人不但思考自然，同时思考人之所以为人的生存价值。因此，对于人来说，自然不仅是一种显现，而且是一种真实的显现，诉诸于人的感觉的自然世界是真实的世界。"尺度说"体现的就是这种人的主观思考与特权意志。这是对于自然哲学家的自然主义（physis）世界观的一种反动，完全属于人本主义（nomos）的世界观。但是，无条件的"尺度说"包含着自我与他者在认识上必然产生自相抵消的缺陷，从而决定了这种世界观带有彻底的相对主义的价值倾向。

---

① 《普罗泰戈拉篇》318e。
② 《形而上学》980a。
③ 参见《普罗泰戈拉篇》320d-322d。

## 二、伦理学的雏形

然而，智者学派对"人为性"的强调不可避免地走向人们价值判断的主观性的追求，这种倾向无法给社会带来客观的行为标准的确立。这样的人文主义思想造成了相对主义思潮的流行，其结果必然产生价值的无政府状态以及道德混乱。面对这种社会思想背景，苏格拉底与智者学派一样，同样以人的"德性"为主要探讨对象。但是，他认为价值标准必须从人的价值肆意性中脱离出来，追求客观的、普遍的道德理性。善恶、真伪、正邪等不仅仅只是一种人的价值判断，其自身必然有一种不变的本质（physis），这种本质是超越于人的主观的（nomos）多元性，拥有客观而普遍的存在。而对于其把握必须通过逻辑必然性的推演，在严密的"逻各斯"里寻找逼近真理的普遍定义。为此，他提出了"德性是知识"的客观道德论问题，并进行了他那关于人的道德行为和价值体系的客观标准的不懈追求。他把"善生"作为人和社会存在的最高目标，指出了"无知"是个人和社会的错误和不幸的根源。他从"目的论"的世界观出发，强调了人的无知之自觉，以及追求真正意义的"善"之认识是获得幸福的根本所在，从而在理论上和实践上，为伦理学的诞生奠定了坚实的基础。

### （一）苏格拉底的探索

苏格拉底，作为西方哲学思想史划时代的人物，都说他是把哲学从天上呼唤到地上的人。[①] 关于他的各种传说很多，然而对于他的真实情况却无法给予正确的把握。因为除了公元前399年，在他70岁时被雅典民主制政权处刑，饮鸩而死，以及他一生述而不作没有留下一行文字之外，其他的史实都无法确认。历史上有关他的生活和思想记载，主要是从阿里斯托芬（Aristophanes B.C.427-388）、色诺芬（Xenophon B.C.? -355 ?）、柏拉图的著作里获得的。而这三种资料所描绘的苏格拉底像却不尽相同。一般认为，阿里斯托芬的描写反映了当时社会对于苏格拉底的误解和评价，色诺芬记录

---

① 参见西塞罗：《在图斯科拉努穆山庄的论稿》第五卷第四章第十节（Lobe 古典丛书）。

了作为常人的苏格拉底，只有柏拉图是苏格拉底思想的真正理解者。虽然他对苏格拉底有美化、理想化的一面，但是仍然是为历史记载了哲人的苏格拉底。所以，我们要了解苏格拉底的伦理思想，也只有凭借柏拉图的著作中所提供的有关内容。

在柏拉图的哲学里，智者是最主要的批判对象，历史上赋予"智者"以恶名的，最初就是从柏拉图开始的。苏格拉底最主要的论战对象是普罗泰戈拉、高尔吉亚、希比亚斯（Hippias B.C.5 世纪）及其追随者们。前面已经说过，智者们的思想是立足于相对主义的价值观，代表这种价值观的是普罗泰戈拉的"尺度说"。普罗泰戈拉认为："万物的尺度是人，是存在者存在的尺度，也是不存在者不存在的尺度。"① 这个命题的含义是，每一个人在自己的感觉里捕捉到的东西，对于他来说是怎样的存在就是怎样的存在。也就是说，离开了人的感觉和臆见的真理自身，由于其超越了人的存在，究竟是有还是没有我们无法把握，那么，人只有承认可感与可判断的事物。即使各人的主观感觉存在着不同，而对于各人毕竟是那样地显现着，那么，对于那人来说那就是真实的存在。很显然，这种思想是把真理放在人的臆见里寻求，从而否定了真理的客观标准。如果仅仅只是对于外界事物的认识，这种思想不会有太大的问题。而对于现实的国家社会生活，人的道德伦理规范，这种思想就拥有极大的危害性。因为这种思想意味着国家或个人只要自己认为是正确的，那就必须予以肯定。而即使自己也觉得是不正确的，只要能够让别人感到自己是正确的，别人能够这么想，就可以把自己的思想或行为正当化。虽然普罗泰戈拉的"尺度"说是建立在人的正常的，良好的理性自觉之上的一种学说，可是，随着其相对主义价值观的发展，必然出现高尔吉亚式的抛弃事实内涵，只求利己结果的极端价值倾向。智者们声称自己是"德性的教师"，但他们所认定的人之"德性"，即"卓越性"，主要是通过"辩论术"来实现的。而对"辩论术"的操纵者来说，自己所论述的对象是否属于真正的知识并不重要，只要能够顺从大众的好恶，以巧妙的言词取悦于人

---

① 参见内山胜利译：《ソクラテス以前哲学者断片集》（第Ⅴ分册），（东京）岩波书店 1998年版，第 28—29 页，"残篇 1"。

们，让对方或听众信服，就可以达到被别人承认其有能力的目的。

在《理想国》里，柏拉图用"驯兽术"作比喻，① 揭露这种技术的本质特征。这样的价值观意味着自己的意图和欲望可以通过巧妙的说服手段得到现实化，特别是在实行民主制度的国家里，以及处于动荡多变的时代，其危害性是不可低估的。"强者正义论"就是这种价值观的极端例子。② 正义与节制等德性，本来属于人的固有本性的一部分，根据这种价值观必将这种本性隶属于人的自由意志的肆意性之下，个人或国家只要有权力或有能力使国民大众屈服或接受，强者就可以使自己的意志和行为正当化、合法化。那么，人们自然就会形成对于自己行为的本质善恶与否的轻视，一心追求利己主义结果的价值观，从而不可避免地促使反道德论社会思潮的流行。就这样，以反对自然主义优先为出发点，追求人之存在固有特性的人本主义而出现的智者们，却把最能体现人之卓越性的善恶、正邪的价值判断能力，在其相对主义的价值体系里受到了否定。

面对这种思潮，苏格拉底痛感建立客观价值标准的必要性。人的有能性、卓越性，即人的"德性"的意义，不能是智者们所追求的那样，只是取决于个人的自由意志与社会的评价标准，而应该是超越于这种现象的外在机制，寻找内在的、本质的挖掘与确立。那么，人的本质是什么？简单地说那就是人的灵魂机制。人的灵魂拥有生命和理性的两种机制。灵魂的生命原理不具有人的独特性，因为所有的生物都同样拥有这种机制。而只有理性原理才体现人的固有性。因此，要使人的固有能力得到完全的发挥，体现人之所以为人的卓越性，即德性，就必须关心灵魂。苏格拉底一生劝说、呼吁着人们"对灵魂操心"③，就是源于这种认识。人的"对灵魂操心"的具体表现，就在于采取有理性的行动，遵照理性的原则而生活。这就意味着人的生活必须努力追求正确行为的可能性以及道德原则的必然性的根据。这就充分体现了苏格拉底关于人的"德性"理解与智者们的根本不同。很显然，苏格拉底

---

① 参见《理想国》493a-b。

② 参见《理想国》338c。

③ 《申辩篇》29e，30b；《斐多篇》107c；《克拉底鲁篇》440c；《卡尔米德篇》157a；《拉凯斯篇》185e-186a。

是通过关于人的本质的重新界定以及价值客观性的追求，使在智者们的相对主义价值观里丧失的道德标准和善恶尺度重新得到根本的关注。

苏格拉底对于价值标准的追求，突出体现在他那关于德性定义的探索里。亚里士多德指出了苏格拉底对西方哲学的两大贡献，那就是对普遍定义的追求与归纳推理的运用。普遍定义是一种本质定义，归纳推理就是透过所探讨问题的各种现象形态，通过"哲学问答法"（dialektike）寻求本质定义的议论推演过程。柏拉图的初期对话篇里有关苏格拉底对于人的诸"德性"探索过程都有是在这个前提和方法中进行的。比如《美洛篇》里从"德性是否可教"的议论开始，逐渐引入了"德性是什么"的探索。因为如果不知道"德性是什么"，那么"德性是否可教"的问题根本无法探讨。这种"是什么"（ti estin）的探索就是寻求对德性的本质把握。对于苏格拉底的这种提问，一般的人往往不解其意，都是按照"是怎么样的"（ho poion ti）形式回答，或者说也只能给出"是怎么样的"答案。因为"是什么"要求的回答是本质内容，"是怎么样的"只是这种本质的诸种现象形态，而人的现实认识所能把握的往往只有本质所表现出来的种种现象。因此，接受过智者教育的美洛在回答苏格拉底"德性是什么"的提问时，就列举了男人的德、女人的德、并指出老人有老人的德，小孩有小孩的德，自由人也有自由人的德。[1] 毋庸置疑，美洛所说的这些与性别、年龄、身份不同的人相对应的行为规范，以此作为人的德性的说明在我们现实生活中是被人们普遍认同的。所以，从某种意义来说也可以看成是人们思考"德性是什么"这个问题的一种答案。但是，这种回答却不是苏格拉底提出的关于"德性是什么"这个问题所要求的答案。现实中种种人的德性的表现，那只是反映德性"是怎么样的"外在显现，不是德性的本质。苏格拉底所寻求的是人的各种有关德性的不同现象（事例）里所共有的一种不变的本质形态，即"一切的德性，因此而成为德性的一种共有的形相"（eidos）[2]。苏格拉底的这种追求，对于习惯于生活在传统的行为规范里，对于自己的行为不做必然性根据思考的人来说

---

[1] 参见《美诺篇》71e-72d。

[2] 《美诺篇》72e。

无疑是一种道德自觉的启蒙，而对于信奉智者们强调的相对主义价值观的人来说，这种探索拥有建立一种客观道德原理的挑战性意义。

正是这种对于德性普遍定义的追求，苏格拉底提出了"德性是知识"的根本命题。人的德性的具体表现形式有很多，苏格拉底所探讨的主要问题是关于人的智慧、节制、正义、虔敬、勇敢等问题。这些人的行为都体现着人之卓越性的某种具体现象形态，而对于其内在的、共有本质的把握，就是关于德性之知识的把握。那么，人在现实生活中所表现出的这些构成德性诸因素的共有本质是什么呢？简单地说那就是人的行为中对于"善美"的追求。因此，关于"善美"的知识成了德性知识的根本所在，从这种认识出发，苏格拉底提出了"没有人是故意作恶的"著名道德命题。因为人的一切行为都是立足于对自己有利，觉得对自己是好的才去做。而现实中的人之所以会作恶，那是由于其"无知"所致。因为没有关于德性的知识，人才会把坏事当作好事，从而产生作恶的结果。那么，可以给人的行为带来"善"的结果的德性当然应该是一种知识，以此指导人们采取体现人之卓越性的行为。因此，"德性是知识"的思想就成了苏格拉底道德论的根本。

（二）目的论的世界观

苏格拉底寻求德性的普遍定义，通过"德性是什么"问题的探索，企图确立人的道德行为的客观标准。这种探索，是建立在对终极存在认识之上的一种追求。把他的这种探索放在自然哲学家们的探索背景来看，明显地带有"目的论"思想的倾向。

亚里士多德总结了人的探索必然围绕着四个原因来进行。所谓"四因"，就是"素材因"、"形相因"、"始动因"、"目的因"。前面说过，自然哲学家的探索主要注重于对构成世界的"素材因"或者"形态因"的把握之上。而对于"始动因"问题，诗人们把世界的起源理解为神的力量，而自然哲学家则认为那是由于物质存在的"自动性"，或者自然秩序的"必然性"原则所致。苏格拉底则不同，他从"目的因"的角度来把握这个世界。

世界上一种事物的出现，一般来自于素材与形相的结合。换句话说，素材和形相的结合是事物产生的必备条件。但是，人的探索不会只停留在寻找素材因（是什么）与形相因（什么样）的阶段。始动因（是谁）与目的因

（为什么）的问题也会追问到底的。这种倾向是人之所以为人的一种表征。当然，上述的四种原因并不是呈个别形式出现的，而是内在于事物之中起到相辅相成作用的。只是人们对事物进行具体分析时，才会发现这四种原因不可缺少。比如说要建造一座房子，木料、石料等素材是必不可少的，这是房子的"素材因"，即用什么材料来建的问题。但是，这些材料要成为房子的材料，成为房子的素材因，房子的形状（形相因），建筑工、设计师（始动因），建造房子的动机（目的因）是不可或缺的。只有这些因素结合起来，才能使木材、石料成为房子的材料。不然，木材只是木材，石料只是石料，这些材料有其他的使用方式，不一定就是用来造房子的素材。木材、石料只有在为了建造某种形状的房子而被使用时，才能成为房子的素材。而仅此还不够，还需要根据图纸进行房子的建设，由建筑工人把材料与形相（图纸）结合成一座现实的房子。但是，建房子总得有目的，没有这个目的（为什么建房），前三种的原因就不会成为现实。就这样，四种原因必须形成一体，事物（房子）才能产生。

　　苏格拉底以前的自然哲学家们的探索，只停留在对素材因和形相因的寻找之中。他们先提出世界的本原（arche）是什么物质，然后以此为根本来解释世界的秩序和变化，在这个前提下进行世界的内在结构和生成原因的分析，后人把这种理解世界的方式称作"机械论的世界观"，也就是说仅仅以物质及其运动为前提条件来说明一切自然现象的一种把握世界的思考方式。当然，自然哲学家们坚持"机械论的世界观"有其内在的理由。那是因为他们对于自然世界的生成变化运动进行合性的解释时，如果进一步进行其他原因的探索，就必然要承认超自然力量的存在，那么，就会陷入神秘主义的怪圈。因为"始动因"和"目的因"在自然物质内部无法找到，那么，只有承认物质的运动变化来自于人的肉眼看不到的，别的超自然存在的意志支配而至。也就是说，只有设想在这世界之外神的意志的存在才能得到合理地说明。后来的自然科学排除外在的目的，努力对物质进行内在法则和自身运动与力量的探讨与还原，就是为了避免对世界进行合理的解释时陷入神秘主义的困境。

　　但是，对于探讨人的行为的目的何在，人的一切行为的基础和出发点是什么的苏格拉底来说，在这种解释方式里是无法找到答案的。苏格拉底想知道的是，世界为什么会是这种秩序井然的状态；应该是这样状态的形成原理是什么：是以什么作为生成运动的目的。也就是说，形成这样世界的和谐秩序的目的是什么才是苏格拉底关心的焦点。比如说，苏格拉底"坐着"，按照自然哲学的说明方式，那就是从构成身体的各个部分的骨、肉、筋等结构出发，进行能够"坐着"的理由和原因的探讨。而苏格拉底的视点不同，我为什么"坐着"；为什么要在这里"坐着"。这对人来说可以想到的理由很多，因为累了想休息，是为了恢复体力；因为站着累，坐着舒适；更进一步可以说是为了追求身体的和谐与完美等。这就说明人或者世界在保持某种状态时都是源于某种目的。因此，苏格拉底的思考被称为"目的论世界观"。他的关于世界及其人的行为的探索，就是立足于对其"目的"的探讨之中。他认为一切的存在都是在追求其完美性，以"善"为目标是其存在的根本理由。例如，宇宙天体都以圆形保持着，那是因为这种形状最合理、最和谐，是天体追求完美的结果。那么，雅典公民判处苏格拉底死刑是因为他们认为苏格拉底对城邦有害，除掉苏格拉底对城邦有利，虽然事实恰恰相反，他们认为是一件有益于城邦的好事才那么做的。而苏格拉底拒绝好友克里托的劝说，不愿意越狱逃亡国外（虽然实际上可以做到），那是他认为等待伏刑是自己作为雅典城邦公民必须服从的公民道德，是为了履行城邦公民的一种最佳伦理行为选择，等等。如果对这些"目的"进行归纳，那就是关于存在的"最佳"状态，是人生的"善"之行为的追求。就这样，苏格拉底的"目的论世界观"，成了一种对"善美"知识的终极关怀。

从上述的"目的论世界观"出发，苏格拉底呼吁雅典公民："真正重要的是，不仅仅只是活着，而是要活得好（eu zen）。"[1] 这里所说的"好"指的是"美好"、"正当"，与"善"是相同的。也就是说，人要追求"善"而活着，这就是苏格拉底著名的"善生"（eu zen）理想。苏格拉底认为，对于每一个人来说，如何做到使自己达到"善生"是人生最高的追求。而他的这种"善生"理想，是建立在以"善"为根本的幸福观之上的。"幸福"的希腊

---

① 《克里托篇》48b。

语是"eudaimonia"，这是名词，形容词为"eudaimon"，是与"eu prattein"（即"善行"）相关，属于同义语言。很显然，人的幸福离不开人的行为之"善"。正因为如此，苏格拉底认为，人之所以希望拥有"善"，那是为了能够"幸福"的缘故，① 而这种"善"必须通过现实中的"善行"来获得。所以，他强调"幸福"与人的"德性"密切相关②。他那"善人是幸福的，恶人是不幸的"③ 道德命题正是源于这种思想。如果人的"幸福"与人的从善行为息息相关，那么，人要从善，就需要关于"善"的知识，不然怎样的行为是"善"，如何"从善"也就不得而知。但是，从苏格拉底的知识标准来看，这种"善"的知识并不是相对意义的关于"善"之现象的认识，而必须是绝对意义的，即具有"普遍客观性"的关于"善"之本质的把握。这种知识观决定了苏格拉底清醒地认识到自己并不拥有关于真正意义上的"善"的知识，而通过调查考察后使他发现，现实中所谓的有智者（有别于智者学派的"智者"）们同样也没有这样的知识。问题是现实中的那些所谓有智者却不认为或者没有意识到自己是"无知"的，只是生活在"臆见"（doxa＝想当然）之中。只有苏格拉底对自己的"无知"拥有冷静的自觉，就是这种自觉，使他得到了"德尔斐"神殿的神谕所肯定，认为没有谁比他更聪明，这就是所谓苏格拉底的"自知其无知"④。苏格拉底在"自知其无知"的反省过程中，认识到"自知之自觉"是人的唯一可以称为"智慧"的东西，而人只有拥有这种自觉之后才会追求关于"善"的真正意义的知识，才有可能踏上通向"幸福"的道路。后来的人们往往把刻在"德尔斐"神殿里的一句希腊人古老而著名的箴言"认识你自己"，当成是苏格拉底所说的话，其原因就在于此。因此，可以说真正赋予这句箴言以深刻哲学意义的人是苏格拉底⑤。而柏拉图哲学的出发点就是建立在苏格拉底"自知其无知"的认识之上的哲学追求。

---

① 参见《会饮篇》204e-205a。

② 《卡尔米德篇》172a，174c，176a。

③ 《高尔吉亚篇》470e，507c。

④ 《申辩篇》21a。

⑤ 参见杨适：《哲学的童年》，中国社会科学出版社1987年版，第437页。

### （三）善生的追求

苏格拉底在理论上提倡"善生"的同时，在自己的行动上也进行着身体力行的实践。前面已经说过，苏格拉底认为，没有一个人是故意作恶的，人之所以作恶，是由于自己的"无知"而至。因此，对于人来说，虽然对于作为人的诸德性之根本——"善"之真知，还不能完全具备，还不知道那该是什么。但是，人却不能因为觉得其不知道而放弃追求，因为那是人之所以为人的根本标志，是人获得真正幸福的保证。人正是在其探索过程中，由于对"善"之真知的执着与信念，就会使自己避恶扬善，即使不知道"正义"是什么，也可以在行动中通过不行"不正义"而达到自己趋向"正义"，从追求"真知"与不行"不正义"的行动中获得"善生"（eu zen）。因此，他说"如果人非要在实行不正义与接受不正义两者之中作出一种选择的话，我宁可选择接受不正义而绝不实行不正义"①。他就是从这种道德理想出发从容伏刑，以生的放弃完成了自己的"善生"理想的确立。

在现实生活中，苏格拉底的"善生"追求体现在两个方面：一方面，他不顾贫穷与误解，把自己生活的全部用来探索人的"德性"的知识。由于德尔斐的"神谕事件"②，促进了苏格拉底的"自知其无知"思想的确立。但是，苏格拉底的认识却并没有停留于此。他认为，神不仅仅只是指出了"自知其无知"是人的唯一有价值的智慧，同时选择了他也是意味着神要赋予他以天职。那就是让别人也达到与他同样，对自己的"无知"拥有清醒的自觉。这是一种比自己卓越存在的神圣命令，如果不服从的话，就意味着是一种恶行。③因此，他每天出没在雅典的广场、市场、竞技场、剧场等人员集中的地方，与任何人以问答的方式对话，讨论人的各种德性问题。最初觉得对所提的问题已经知道、认为很好回答的人，最终都被苏格拉底问得无话可答，陷入思路的困境（aporia）。因此，有良知的人由此开始重新思考本来认为自己已经懂得了的事情；而另外一些人，特别是那些平时被人们看成是能人、有智慧的人觉得苏格拉底吹毛求疵，故意让自己当众出丑，为此怀恨在

---

① 《高尔吉亚篇》469b-c。

② 《申辩篇》21a。

③ 参见《申辩篇》29b。

心。这种情况，苏格拉底并非不知道，但是，他觉得自己不能违背神意而停止探索。所以仍然像一只令人讨厌的牛虻一样，整天叮咬着雅典这匹被养得又肥又壮的血统高贵的惰马，① 这就酿成了最终对苏格拉底的控告和审判。苏格拉底宣称："每天探讨德性以及相关的问题，对于人来说是一种至高之善，没有经受这种考察的人生是没有价值的人生。"② 他宁可放弃生命也绝不放弃这种追求。他承认自己与他人一样，对于所探索的对象是"无知"的。然而，他同时认为，这种知识已深藏于人的灵魂之中，是人与生俱来的东西，只要通过反复地问答、探讨，就会使人的这种灵魂之婴儿得以诞生。因此，提问者（教育者）犹如助产妇，被教育者就是"孕妇"，灵魂里怀有真正的知识，这就是苏格拉底有名的教育"助产说"。

另一方面，苏格拉底在努力探索人的客观价值标准的同时，又把自己在言论上所宣扬的道德理念落实到具体的个人行动中。他宣称自己无论在什么情况下都不做不正义之事，这具体体现在对人与对己的关系中。从对人来说，他一生唯有两次参加雅典的现实政治事务，而这两次都是由于感到现实的政治行为是不正义的，所以，他就冒着被牵连的危险拒绝实行。③ 虽然他个人的力量没有办法改变事态的恶性结果，但是，他维护了自己坚持正义的公民道德立场。而对于自己，苏格拉底除了在保卫祖国的战场上表现出冷静、沉着、英勇、无私、无畏的战士气概④ 之外，更重要的是他在面对被"众愚政治"所统治的雅典法庭和城邦社会强加给他的罪名时，为了不行"不正义"而视死如归。具体地说，在审判他的法庭上，他仍然不忘宣扬自己的道德观念。当他通过投票被宣告有罪时，本来可以为自己开脱申辩，但他没有那么做，结果导致了对他的死刑判决。最能体现苏格拉底绝对不行"不正义"这一道德理念的是，他在法庭上有关对自己的"量刑申告"和后来在狱中拒绝友人的"越狱逃亡"计划。在量刑申告时，苏格拉底面临着两难的选择。如果他认真地申告对自己的刑罚，就意味着他承认自己有罪。可

---

① 参见《申辩篇》30e-31a。

② 《申辩篇》38a。

③ 参见《申辩篇》32b-e。

④ 参见《会饮篇》220d-221b。

他不但认为自己无罪，相反地觉得自己对雅典城邦有功。因此，他不能申告一切对自己的刑罚。然而，如果他不申告，就意味着要违反雅典的法律，那样就是行"不正义"。面对自己的"两难"处境，他采取了两全的办法。既按法律的程序提出自己的申告，又使自己的申告与刑罚无关，并能间接地宣言自己是有功的人，从而维护了自己的一贯立场。这个申告就是著名的关于在国立迎宾馆里赐给他一顿"国宴"的申告。① 当然，苏格拉底也因此触怒了众陪审员，结果让告发者们如愿以偿，他被判处了死刑。色诺芬在回忆苏格拉底时感慨万千地说："我不止一次地感到奇怪的是，苏格拉底的原告们究竟使用怎样的语言说服了雅典的公民，使他们认为苏格拉底对城邦犯了死罪。"② 其实，根本不足为怪，是苏格拉底自己"说服了"雅典公民，因为他的申告决定了他将面对死刑的命运。如果说在法庭上苏格拉底放弃了一次生的可能性的话，那么，在处刑之前的狱中弥留期间，他再次放弃了生的机会。因为苏格拉底的友人和弟子们不服雅典法庭的不正义判决，所以安排好国外逃亡的去处，买通了狱卒，并派克里托进入关押苏格拉底的狱中劝说苏格拉底，希望他能够越狱出逃国外③。苏格拉底就以国法与公民个人的关系，阐述了他的公民道德的思想。他认为，他作为雅典城邦的公民，几十年来在城邦的保护下成家立业，接受教育，过着安定的生活，这就说明自己承认了城邦对自己的保护，同时也就意味着自己对城邦的法律没有异议。而对自己的审判是以城邦法律的名义进行的，那么自己必须接受城邦法庭对自己的判决。这是公民的权利与义务的关系问题。公民有权利选择自己的城邦，既然选择了接受这个城邦法律的保护，那么就得履行城邦所赋予公民维护城邦法律的义务。如果自己不服从城邦对自己的判决而逃往国外，就会造成对城邦法律的否定和损害，城邦的基础就会由于自己的贪生而动摇。每一个公民如果都这样，那么城邦的法律以及城邦全体就无法得以确立，④ 此其一。其二

---

① 参见《申辩篇》36d。

② [古希腊] クセノポン《ソークラテスの思い出》，佐々木理译，（东京）岩波书店1994年版，第21页。

③ 《克里托篇》44e-45c。

④ 参见《克里托篇》50a-54d。

是，即使法律被恶用，一部分人借用法律的名义对自己实行了不正义的审判和判决，而如果自己越狱逃亡，就是同样以不正义的手段，对付别人不正义的行为，这种"复仇"行为将违背追求正义的人的行为准则。① 因此，他认为，自己等待伏刑是作为城邦公民应有的道德选择，也是他道德理想的必然选择。他提醒克里托，作为有道德理性的人，不应该只是追求活着，更重要的是要做到最好地活着，② 那就是追求"善生"。就这样，苏格拉底以生的放弃，完成了他所追求的关于城邦公民道德理想的确立。

苏格拉底的伦理思想，明显地体现出他作为城邦公民的特点。在希腊城邦时代，个人与国家的关系是不可分割的。个人离开城邦这个共同体就失去了依存的母体，城邦的存亡与个人是一体的。城邦的公民没有独立的个人意识，个人是缩小的城邦，城邦就是扩大的个人。因此，个人的行为准则，就是城邦全体的行为准则；个人的伦理，就是城邦的伦理。这种特点来自于前面说过的城邦成立的历史与作为血缘共同体的内在机制所致。苏格拉底把自己的伦理探索，植根于他那为城邦追求最大的善的理解。他的"善生"的理想，不仅仅只是他作为个人的理想，也是追求城邦全体的"和谐（善）状态"的前提下进行的。这为其忠实的弟子柏拉图在后来构筑"理想国"蓝图提供了思想的雏形。而他的道德原则与人格理想在面对生死的选择时，更加体现了个人与城邦一身同体的关系。所以，他选择了城邦而不是个人，因为个人是服从于城邦而存在的。

## 三、伦理思想的深化

苏格拉底被处刑之后，他的追求与人格在当时产生了巨大的影响。因此，他的信奉者们以他为理想，从各个不同的侧面阐发和发展他的思想。由于他们所理解的苏格拉底只是主观的、片面的、外在的，而没有全面地把握

---

① 参见《克里托篇》49b-e。苏格拉底的这种"复仇禁止"的价值观，显然与希腊人传统的对"复仇赞美"——比如，在荷马史诗里可以看到希腊人对英雄阿基琉斯为好友复仇的赞美……的价值观不同，拥有崭新的道德伦理意义。

② 参见《克里托篇》48b。

和继承苏格拉底的思想，所以，他们的追求以及他们所形成的学派，一般笼统地被称为"小苏格拉底学派"。他们共同的特点主要体现在对苏格拉底所追求的"善"之解释方面。由于各自的理解不同，所以，他们对其思想的阐发和生活的追求也就各显其趣。这些学派中最具代表性的是："麦加拉（Megara）学派"、"居勒尼（Kyrene= 昔兰尼）学派"、"犬儒（Kynikos）学派"。"麦加拉学派"继承了苏格拉底的批判精神，他们从逻辑的形而上角度发展了"善"的存在意义。居勒尼学派信奉苏格拉底对困难与挫折不屈服的强韧精神，提倡人在快乐的时候要从心底感到快乐。因此，他们发展了苏格拉底思想快乐的一面。① 犬儒学派以自足性为生活理想，实行彻底的禁欲生活，追求尽可能做到不依赖自身以外的东西，达到精神的强韧与自由，他们把苏格拉底节制的生活发展到极致。但是，真正地从思想内涵上理解苏格拉底，并以其卓越的文学修养和诗人天赋把苏格拉底思想学术化、体系化、著作化的，只有雅典的哲学家柏拉图。

柏拉图是苏格拉底最伟大的弟子，他的哲学使起源于古希腊的西方哲学思想达到第一个高峰。20 世纪英国哲学家怀特海甚至认为，两千多年来的西方哲学都是对柏拉图哲学的注释②。苏格拉底述而不作，他的思想主要是通过柏拉图哲学才得到传世的。柏拉图在自己的哲学对话篇里，把苏格拉底的道德追求概括为"智慧"、"勇敢"、"节制"、"正义"四种德性，被称为"四元德"。并把这"四元德"放在他的存在论与认识论的高度进行阐述和把握，从而确立了苏格拉底的哲学追求在伦理学史上的奠基性意义。苏格拉底提倡的在人的道德行为中"对灵魂操心"的问题，在柏拉图哲学里发展成为比较明确的"灵魂论"。他从灵魂先在于肉体的观点出发，提出了著名的"回忆说"思想，从而解决了苏格拉底探索中存在的逻辑困惑，开辟了对终极存在探索的可能道路。同时，也为自己的"理型论"思想的构筑奠定了理论基础。苏格拉底之死对柏拉图的冲击是巨大的，它促使柏拉图不得不思考如何在现实政治中实现正义的正确道路。那就是探索如何使正义的人在现实

---

① 参见《会饮篇》220a。

② A.N.Whitehead, *Process and Reality*, Cambridge, 1929, p.53.

生活中得到肯定和保护，使其智慧和品德获得认可和推广，从而为全社会带来幸福的途径。他从"四元德"与灵魂的诸性能相对应的思考出发，描绘了一幅全体国民根据灵魂的素质进行社会分工，接受"哲人王"①的统一领导的理想国家的政治蓝图。

## （一）灵魂与四元德

柏拉图出身于雅典少有的奴隶主贵族之门，他父亲的家系可以追溯到雅典最后的国王，而母亲更是雅典民主政治的奠基者梭伦的后裔。到了柏拉图时代，亲属里还有很多人是当时雅典政治舞台的著名人物。然而他一生没有参与雅典的现实政治，那是他最尊敬的老师，也是作为正义的人最当之无愧的苏格拉底之死的缘故。传说柏拉图 20 岁时开始跟随着苏格拉底，从此耳濡目染着苏格拉底的哲学活动。28 岁时由于苏格拉底被审判并处以极刑，他因此离开了雅典到希腊各地游历了 12 年，40 岁时完全回到了雅典，创办了阿卡德穆（Academeia）学园，开始把老师的教导与自己的政治理想相结合，为现实政治培养真正的政治家。80 岁时留下了最后一部尚未完成的政治哲学巨著《法律篇》，在友人的婚宴上平静地死去。

柏拉图的伦理思想，是把苏格拉底哲学中所探索的有关人的诸"德性"问题进行理论性阐述的结果。他的著作共有 36 部对话篇传世，学术界一般把其分为初期、中期、后期三个部分，其中初期对话篇被称为"苏格拉底对话篇"。在初期对话篇中，苏格拉底着重探索"虔敬"、"友爱"、"节制"、"勇敢"、"思虑"、"正义"等等，与人的行为相关的诸种德性。但是，这些探索都有一个共同的特点，那就是探索的最后都以没有答案而告终。前面已经说过，苏格拉底追求"德性"的普遍定义，那是带有普遍意义的客观知识。苏格拉底的知识标准是，人如果知道某一件事，那么一定能够对其所知道的事物给予充分的理论阐明。②这里所说的"理论阐明"，必须是无论何时何地，在任何情况下都是驳不倒的绝对真理，而不是相对的理论。要使知识达到这

---

① 国内把"哲人王"翻译成"哲学王"，笔者觉得这种译法不妥。柏拉图说得很明确，哲人为王或者政治家从事哲学，在这里为王的是"哲人"而不是哲学。因此，被人采用"哲人王"的译法。以下同。

② 参见《斐多篇》76b；《拉凯斯篇》190c。

种纯粹的把握，就必须对探索对象"是什么"的认识，只有在认识了"是什么"之后，才能做到绝对客观的阐明。可是，苏格拉底自己不具备这种知识，而别人的回答也都不符合这个标准，这就决定了他的探索是找不到答案的。由于苏格拉底坚信这种知识存在，或者他认为这种知识必须存在，而他自己又不能给出答案，这样就必然引起人们的批判。一部分人认为他是"弱论强辩"的诡辩家，[①] 而另一部分人则认为，他可以指出别人的错误而自己却总说不知道，[②] 这是一种对别人装疯卖傻式的嘲讽。那么，更进一步，人们就提出疑问，如果自己不知道的话，从逻辑上来看是无法进行探索的。也就是说，人如果不知道某一种事物的话，根本就不会去探索。[③] 犹如小孩如果从来没有见过或听说过有游戏机存在，就不会向父母吵着要游戏机一样。只有知道了有这种东西存在而自己又没有，才会有所要求。然而，如果不知道那种存在是什么，即使在探索过程中遇到了其探索对象也无从辨认，就像不认识的人即使与自己相遇却不能相识一样。《美诺篇》就是围绕这种批判开始展开议论的。

苏格拉底的探索之所以存在上述的问题，主要是因为：首先，苏格拉底并没有对其探索对象进行理论性的界定。虽然苏格拉底已经指出众多的"德性"现象中有一个共同的"形相"（eidos），而有时也称为"实体"（ousia）存在，但是，他无法明确地对这种存在以及这种存在与现象诸形态的关系作出理论性的阐明。其次，苏格拉底习惯于对事物进行正反、对立的区分，缺少对第三种现象存在的足够认识。比如，美与丑、善与恶、正与邪等。可是，在这些对立的现象之间，还有既非此也非彼的第三种现象存在。那就是，既不美也不丑，既不善也不恶，既不正也不邪的现象在现实中是存在的。虽然这个问题在初期对话篇的《吕西斯篇》中已经开始被提起，但是，这不能看作是苏格拉底的思想，而应该属于柏拉图的阐释的结果。因此，虽然我们认为柏拉图的初期对话篇属于"苏格拉底对话篇"，但是，那也只是经过柏拉图消化过的苏格拉底，带有柏拉图自己的理解和初期思想的萌

---

① 参见《申辩篇》19b-c。

② 参见《理想国》506b。

③ 参见《美诺篇》80d。

芽。① 再次，苏格拉底对灵魂认识的不彻底性。虽然苏格拉底呼吁人们"对灵魂操心"，也因此有的学者称苏格拉底是"灵魂的发现者"②。但是，苏格拉底对灵魂是怎样的存在理解不明确，特别是对灵魂不死的认识是有所保留的，并没有形成坚实的灵魂观。这在《申辩篇》的苏格拉底最后"演说"里得到了充分的体现。苏格拉底认为死亡无非就是两种可能，一种是灵魂的迁居；另一种是永远的睡眠。③ 很明显，苏格拉底对灵魂不死的认识还没有以足够的信念来坚持。当然，这种现象的存在，主要由于希腊人传统的灵魂观所致。换一句话说，苏格拉底并没有完全脱离希腊人传统的灵魂观。

上述的问题最重要的是关于对灵魂的存在如何把握的问题。因为苏格拉底认为人的灵魂里已经拥有了知识，并且呼吁人们"对灵魂操心"，那么，灵魂应该是怎样的一种存在，如果不进行理论性把握的话，那种与知识有关的"形相"问题，还有为什么要关心灵魂的问题就找不到答案。因此，柏拉图离开雅典出游，最重要的目的就是到南意大利拜访"毕达戈拉斯学派"。苏格拉底死后，对柏拉图影响最大的就是"毕达戈拉斯学派"的灵魂观和数论思想。

根据希腊人的传统思想，那是对现世生活持肯定态度占统治地位的思想。也就是说，对于灵魂与肉体的结合状态，即人活着的时候给予积极的肯定，因为这种状态是人可以体验和感觉到的。而灵魂离开了肉体，即人死后的灵魂，由于无处可依，就如一阵烟雾随风飘散，根本上不知道将被风刮到何处，这是一种不安定的灵魂状态，因此，在希腊人的思想里没有灵魂单独存在的想法。这种倾向在荷马史诗里表现得较为明显。比如，在特洛伊战场上战死的勇将阿基琉斯的灵魂在黄泉下遇到奥德修斯的脱体之灵时说："奥德修斯呀，千万别想到死，即使在黄泉的国度（haides）当上死人们的王，也不如活着做一个既没有充饥的粮食也没有存在耕耘的土地的农奴。"④ 这段

---

① "伯奈特—泰勒说"中所持的初期的对话篇就是忠实地记录了历史上的苏格拉底的观点，在学术界已经不被采用。

② G.F.M.Cornford：*Before and after Socrates*，Cambridge，1932，p.50。

③ 参见《申辩篇》40c-d。

④ 荷马：《伊利亚特》第 23 卷。

话高度体现了希腊人传统思想中的肯定现世的世界观。在传统的希腊人看来，死后的灵魂是漂泊不定的亡灵，如影子无处依附，死的世界是一片凄凉的世界。战死后的英雄帕多罗克洛斯的亡灵来到了战友阿基琉斯的枕边，阿基琉斯要他靠近自己一点，并向他伸出依恋之手。可是，帕多罗克洛斯的亡灵却如一阵烟雾消失进地下，发出幽微的喊声。① 荷马史诗里的这些描写，充分反映了当时的人们对死后世界的理解与态度。

但是，到了公元前 6 世纪前后，在希腊出现了"复苏"，即"再生"（anabiosis）思想和信仰。这种思想最初在北土耳其一带流行，是以土著农民为草木复苏的信仰而举行的祭祀酒神狄奥尼修斯的形式开始的。犹如草木枯萎后春天再复苏一样，参加这种信仰的人们相信人也会死而复生。最初，这种信仰是一种很野蛮的狂信的节日，信者们在漆黑的夜里，男女（主要是女性）在山上挥舞着由牺牲的鲜血燃烧而成的火炬狂舞，以让自己达到"神圣的狂乱"（hieromania）状态，从而神志迷茫进入"忘我"境地。"忘我"的希腊语是"ecstaisis"，是"让出场所"，"出窍"的意思。对人来说指的是达到一种神灵附体的状态之后，灵魂离开肉体与神浑然同体。因此，人达到"忘我"状态之后就意味着灵魂与肉体分开，而与神能够同体的只是灵魂。在这个"复苏"的信仰里，已经衰败的东西，如草木，其外观的肉体腐烂消失，其内在的灵魂却会死而复生，产生新生命。因此，对于人来说，肉体固然腐败消失，而灵魂会脱离肉体寻找新的肉体再生。那么，根据这种信仰，人在活着的时候掌握主导权的并不是肉体，而是在于肉体中的灵魂。也就是说，灵魂成了生命运动的根本原理。奥尔菲教吸收了这个信仰，抛弃了其原有的野蛮性，把其改造成洗练而文明的教义，在公元前 6 世纪前后传入希腊。毕达戈拉斯学派（教团）继承了这种"再生"思想，把其作为教团的核心信仰。随着毕达戈拉斯学派影响的扩大，这种思想就在希腊世界传播开来，到了赫西斯多拉斯时代，已基本被雅典人所接受。

由于灵魂"再生"思想的传入，使希腊人的灵魂观发生了根本的转变。因为灵魂再生意味着灵魂不死，那么，人与其肯定现世不如肯定来世，从而

---

① 参见荷马：《奥特赛》第 11 卷。

使人们产生了对那个看不到的彼岸世界的关注。前面已经说过，毕达戈拉斯学派认为，肉体是灵魂的坟墓，由于肉体玷污了灵魂，使灵魂失去了原有的纯粹性。而人在认识世界时如果使用肉体的感觉器官，就无法达到对世界的真正把握。因此，人在现实生活中需要对灵魂进行"净化"的修炼，以寻求使灵魂在人死后能够脱离"轮回"回归永生世界。柏拉图接受了毕达戈拉斯学派的这种灵魂观，正是由于对这种思想的吸收，从而为自己找到了把苏格拉底的探索进行理论化的途径。英国古典学者康福德认为，由于柏拉图接受了毕达戈拉斯学派的灵魂观，使他从另一个向度对苏格拉底产生了共鸣，那就是认识到苏格拉底所追求的"形相"、"本质"，并不是非实体性的，如亡灵般的东西，而是具有实体的、一种集团的本性，是那内在于其中的灵魂。①

柏拉图吸收了毕达戈拉斯学派的灵魂观之后，对此进行了新的阐释，这主要体现在他对灵魂本质的理解之上。他认为，纯粹以理性为本质的灵魂进入人的肉体之后，就成为肉体的囚徒，经常受到激情特别是欲望所左右，因此，被分割成理智、激情、欲望的三个部分。欲望是一种对生殖、营养、占有的冲动，其支配着肉体腰部以下的部分。激情是名誉与权力的冲动，由于对理智的命令比较服从，地位高于欲望，占有人的胸部。只有理智才拥有追求智慧与思虑、观照真理的能力，所以，镇座人的头部。人的德性是来自于灵魂的作用，灵魂的理智部分的德性就是以"智慧"为目标，激情部分的德性要求是"勇敢"，欲望部分的德性要求是"节制"。为了使灵魂各个部分的德性得到正常的发挥，这些德性就必须有支配与被支配的关系存在。由于理智追求智慧，认识真理，所以必须支配激情和欲望。激情部分听从理智的领导，以免走向极端把勇敢变成鲁莽与狂妄。欲望部分更应该服从理智的命令节制而克己。三个部分服从理智的指导，各自发挥自身的德性优势，使灵魂全体和谐一致，这时的灵魂就拥有了"正义"的德性。当然，这样的人就是一个使正义的德性得到发挥的人。因此，柏拉图把苏格拉底关于人的德

①　参见［英］F.M. コーンフォード：《宗教から哲学へ——ヨーロッパ的思惟の起源の研究》，广川洋一译，（东京）东海大学出版社 1987 年版，第 288—289 页。

性的探索，归纳成"智慧"、"勇敢"、"节制"、"正义"这四种最基本的德性，后人称为"四元德"。就这样，柏拉图通过对毕达戈拉斯学派灵魂思想的吸收和发展，从而得到了对苏格拉底所追求的人的德性进行了合理的理论阐释。

### （二）从回忆说到善的理型论

有了明确的灵魂观之后，柏拉图为苏格拉底探索所必然面临的逻辑困难找到了出路。前面说过，苏格拉底总是强调自己是"无知"的。然而，"无知"的苏格拉底又如何能够进行探索呢？这是《美诺篇》中美诺提出的一个诘难。[①] 这个诘难当然也反映了当时的人们对苏格拉底批判的一种态度。对于这个问题，柏拉图更进一步指出，不仅仅是不知道的事物无法探索，就是知道的事物也不存在探索。因为如果人们对探索的对象已经知道的话，那也就不需要再探索。[②] 这就构成了人在探索时一种"两难"境地，逻辑学上典型的"两刀论法"（dilemma）结构。一般认为，知识是通过探索（学习）而获得的，也就是说，对不知道的事物（事情）通过探索而达到知道的状态。但是，这种看法如果进一步追究下去就是不合理的。因为，从逻辑上说，如果对某种存在不知道的话，对于认识者来说与不存在是一样的，那么，想要通过探索、学习获得关于有关它的知识也是不可能的。可是，在现实中人们对于学习的看法一般都认为，因为不知道才探索。这显然不太合理。然而，反过来说，如果已经知道了某种事物，也就不需要再进行探索。所以，无论知还是不知都不可能探索。其实，这反映了当时社会存在的一种对探索的否定论调。因此，才会有人批判苏格拉底尽在探索"天上、地下"不着边际的东西。[③] 从上述"两难"论调来看，如果不理解苏格拉底探索意义的话，这些批判不是没有道理的。按照对事物进行相对或相反"二分法"的思考方式，确实对这种论调找不到反驳的论据。但是，柏拉图却在其中找到了破坏"两刀"的中间存在，那就是在人的"知"与"不知"之间，存在着"忘却"的第三种认识状态。人之所以探索，并且可以探索，就在于人拥

①　参见《美诺篇》80d。

②　参见《美诺篇》80e。

③　参见《申辩篇》19b。

有"忘却"的认识现象。那么，人的学习、探索，并不是以完全不知道、不认识的东西为对象，而是以曾经知道过而现在已经忘却的东西为对象的。因此，柏拉图说："探索或者学习，其实从总体来看，那只是一种回忆。"这就是他那著名的"回忆说"（anamnesis）命题。①

其实，"回忆说"的内涵，并没有与苏格拉底的"助产说"有太大的区别，倒不如说两者是异曲同工。只是"助产说"对于人的灵魂里所拥有的"知识"是从何而来，怎么来的没有做更多的深入阐释。这主要原因在于苏格拉底的灵魂观并不明确的缘故。而在"回忆说"里，灵魂不死的思想是使其得以成立的根本。柏拉图的"回忆说"明确指出，灵魂是永恒不死的，人的灵魂里被忘却的知识，是灵魂进入肉体之前作为自身纯粹的存在时获得的。由于进入肉体后，灵魂被肉体所玷污而失去纯粹性的同时，那曾经知道的东西也就随之忘却了。很显然，柏拉图由于接受了毕达戈拉斯学派的灵魂思想，从而把苏格拉底的"助产说"理论化成完整的"回忆说"。由此可见，"回忆说"从表现上看直接是为了克服上述的，关于探索的"两难"论调提出来的，而其内涵却是植根于对苏格拉底的本质探索的理解和阐发。

在《美诺篇》里，苏格拉底的关于"德性是什么"的探索，是一种关于"德性本质"的探索。这种本质，是美诺所列举的众多德性现象里所共有的一种单一的形相（eidos），只有把握这个"形相"，才能对现实中呈现的各种本质的属性，即现象（德性的事例）达到真正的认识。可是，在现实中，人们能够体验到只是美诺所列举的种种德性的事例，其共有的"形相"是无法把握的。所以，人们将与美诺一样，一旦被苏格拉底指出其所知道的只是事例，属于本质的部分属性而不是本质，即不是"形相"时，都会陷入理解和回答的困境（aporia）之中。而苏格拉底自己也同样，无法提供一个标准答案。那么，如果这个"困境"无法超越，也就是说，如果苏格拉底不能以某种理论来阐述：（1）这种"形相"是存在的，（2）是怎样的一种存在，（3）并且证明，人们可能通过某种方式进行把握。那么，既无法说服像美诺一样的疑问者，也不能体现苏格拉底探索的真正意义。柏拉图的"回忆说"

---

① 参见《美诺篇》81d。

就是为了解决这些问题而进行的理论尝试。

根据"回忆说"的观点，正如人们在认知某种事物的同时，想起与其有关的或者别的事物一样，人们在面对不同的事物时却能够用一种共同的直觉进行共性的认知，这种认知就是对于内在于现象里所共有的"形相"的回忆。如鲜花有各种不同的种类和形态，然而，人们却用同样的语言"鲜花"来认知。而鲜花、少女、风景，虽然其所呈现的形式各不相同，然而，人们却同样地直觉其美，用一种感受："美"来把握它们。这里所说的"鲜花"和"美"，并不是现实中各自个别的可感觉事物，而是超越于这些现象而自身独立存在的一种"形相"。但是，这种"形相"是我们作为人而活着时从来没有见过的存在。那么，人们只有相信这种存在是独立于人之外而存在着，并且肯定人在出生之前曾经认识了这种存在。人的这种经验事实，恰恰可以用来证明，人的灵魂在进入肉体之前必然独立存在过，并且对于一切的真实存在已经拥有了知识。既然人拥有这种"回忆"的能力，也同样可以通过现象世界的感觉事物，以此作为"回忆"的媒介，努力达到对于这种现象背后所共有的本质，即"形相"的认识与把握。就这样，柏拉图通过"回忆说"理论，达到了对于苏格拉底所追求的"形相"之存在的确认，同时也指出了对其进行探索的可能的途径，即上述（1）和（3）的问题得到了解决。但是，很显然，"回忆说"却没有办法提供关于（2）的答案。为了解决这个问题，柏拉图提出了他那最重要的哲学思想"理型论"。

我们在谈到柏拉图哲学时，与"理想国"思想并列的就是他的"理型论"问题。"理型论"在柏拉图的对话篇里，从初期到后期都可以看到其以不同形式进行论及。"理型"的希腊语是"idea"，与此同义的就是"eidos"，也译作"形相"，现在学术界流行把这两个单词分别译作"相"① 和"型"。这

---

① "理念"是人们比较熟悉的一个概念，长期以来人们习惯了把"idea"译作"理念"。其实，"理念"的译法容易误导，会使人错误地认为这是一种思考内存在。在希腊语里，表现思考内存在的单词应是"noesis"，而柏拉图所说的"idea"是一种超越于人的思考的真实存在。因此，近年的学术界采用陈康先生的意见，改译成"相"。但是，"相"的译法也不甚理想，既让人不知所云，又容易与佛教的概念混淆。所以本文统一采用理型译法。笔者觉得译成"理型"，或者既然没有合适的汉语翻译"idea"，倒不如采用翻译"逻各斯"同样的音译方法，译作"一的亚"或许更好。

两个单词都是由希腊语"eido"（"看"的意思）这动词派生出来的名词。原来的意思是眼睛看得见的形状、形态，而柏拉图却用来指称去掉感觉要素的形状、形态。因此，可以说是柏拉图赋予了这两个单词以新的含义。那么，"理型"的本义就是没有物质要素的形态或形状，所以笔者认为译成"理型"合适。柏拉图在论述"理型"问题时，往往把两个单词交替使用，所以，很难对两者作出区别。在这里，只好笼统地归入他的"理型论"来说明。

在柏拉图哲学里，"理型"是超越于我们可以感觉的，变化着的现象世界的，一种永恒不变的存在。在《斐多篇》里，就有对"理型"定义般的叙述。柏拉图说："其自身只有一种形态，同样的形态，同样的状态永远保持。无论什么场合，无论从哪一点来说，无论怎样状况下都是不会变化的。"① 因此，"理型"也被称作"本真存在"（ontos on= 真实存在），或者"存在自身"（auto kathauto）。它超越于人的思维、臆见和想象而存在，又在众多的现象世界里捕捉到其之所以存在的显现，出现在事物的本质里，只有人的理性才能企及。比如，柏拉图经常提到"美的理型"，那是一种真正的美，不是现象世界里可见可感的那些"美的事物"，而是"美的本身"。它是众多"美的事物"，如鲜花、少女、风景等现象里所拥有的一种共同的本质一样的存在，然而"美的理型"与美的本质又不同，因为"本质"存在于事物内部，而"理型"超越于事物而存在。事物的本质是"模仿"（mimneisthai），或者是"分有"（metechein）了"理型"才拥有与此相似的事物存在。因此，"理型"就是事物存在的根据，是现象世界的理想，柏拉图称"理型"为现象世界的"范型"（paradeigma）。苏格拉底探索中所追问的"是什么"，就是要求对于这种"理型"的把握。人要想获得真正的"知识"（episteme），就必须以"理型"为对象，否则，一切认识都只是"臆见"（doxa）。

但是，所有的"理型"并不是同等存在的，在"理型世界"（相对于现象世界）里，有一种"理型"是特殊的存在，那就是"善的理型"。如果说"理型"是现象世界存在之原因，那么，"善的理型"就是理型世界存在之根据。因此，"善的理型"被称为"理型之理型"，是理型世界最高的存在而君

---

① 《斐多篇》78d。

临一切。柏拉图在《国家篇》里以"日喻"对"善的理型"作了说明①。犹如自然界由于太阳的照射，使自然万物成为可视的状态。那是因为，阳光使眼睛拥有视力的同时也让被视物得以显现。而更进一步，太阳不但赋予万物以光而且以热，从而促使万物成长，成为万物生成的原因。"善的理型"在理型世界的作用也与太阳一样，首先，它赋予思维存在的各种真理性与被认识的可能。其次，又赋予被思维存在之所以的存在依据。就这样，"善的理型"成为这两种因素得以成立的理由，也就是成为各种"理型"的存在与被认识的原因。那是因为，万物之所以要分有"理型"，以"理型"为目标，都是为了追求完美，要追求完美就必须"模仿"典型。而众多的典型之所以成为典型，因为它是存在的最佳状态。而这种最佳状态完全来自于"善"之赋予，"善"即最佳或者典范的终极。很显然，这里所说的"善"已经超越了伦理学的意义，是一切存在的最高理想与根本。而柏拉图以"善的理型"作为最高存在，是对苏格拉底"目的论"世界观的一种存在论的阐释。

就这样，苏格拉底对"是什么"的追求，在柏拉图哲学里发展成为对"理型"存在的把握。苏格拉底所追求的"德性"的普遍定义，就是为了达到对"理型"的认识。柏拉图认为，现象世界的万物由于以"理型"为范型而存在，而众多"理型"又都是由于"善的理型"的存在而获得其存在的理由和被现象世界模仿的原因。因此，"善"的理型作为最高的存在，成为一切存在的终极目标。从伦理学的意义说，这种存在可以看作是"神"，是一种无制约者，是一切正义、美、善的原因。那么，人的现实社会的一切追求当然必须以"善"为目的，凡事都要以追求"善"为根本，"四元德"的本质就在于以获得"善"为旨归，苏格拉底所追求的关于"善生"的根本意义也就在于这里。

**（三）城邦伦理的理想设计**

在柏拉图哲学里，最能体现其伦理思想的是他那有关理想城邦的构想。苏格拉底的伦理思想带有明显的自律性倾向，那是一种通过提倡个人伦理行为的自我完善，从而达到城邦全体的良好风尚实现的道德理想。与此不同，

① 参见《理想国》507a—509b。

柏拉图的伦理思想，却是立足于通过改革城邦的政治体制，明确各个阶层的社会分工，形成一个和谐的共同体后再来规定和实现个人的伦理行为。也就是说，通过他律和自律相结合来实现全社会的道德完善。所以，可以说苏格拉底所追求的公民个人伦理，到了柏拉图哲学已发展成为对城邦政治伦理的探讨。正因为如此，有的学者认为，《理想国》体现了柏拉图"体制伦理"的思想。①

之所以会有这种转变，是因为苏格拉底之死的缘故。在柏拉图看来，无论智慧还是道德，现实中没有人比得上苏格拉底，苏格拉底是最正义的人的典范。可是，即使是这样正义的人，也避免不了不正义的现实社会对其排除和抹杀。那么，要使正义的人有用武之地，并得到正义的回报，不仅仅只是注重于个人的道德努力和行为自律，还必须建立一个理想的政治制度，为个人实现正义提供良好的社会环境。因此，柏拉图提出了他那著名的"哲人王"统治的理想城邦的蓝图。

前面已经说过，在古代希腊城邦社会，个人与国家的关系是一体的，不可分割的。个人是缩小的城邦，城邦是扩大的个人。在个人的道德要求上，苏格拉底提倡"善生"的理想。个人的"善生"，体现在现实生活中自我"正义"行为的追求和实现。个人"正义"的实现，离不开灵魂所拥有诸德性的协调一致，和谐统一。那就是，人的欲望与激情服从理智的约束，理智思考与探索人之所以为人的"德性"的知识来指导人的行为，从而达到能够体现出人的"智慧"、"勇敢"与"节制"的协调与统一，成为一个"正义"的人。同样，理想的城邦当然也应该是追求在全社会实现"善的状态"，让城邦全体和谐得如一个人一样达到万众一心（homonoia）的状态。既然个人与城邦只是扩大和缩小的关系，那么，城邦的制度也必然与个人的灵魂存在着同构关系。个人的灵魂拥有"理智"、"激情"、"欲望"的三个部分，城邦的全体公民同样也可以分成三个等级，明确其支配与服从的相互关系。柏拉图认为，人的灵魂由于在进入肉体之前"观照"真实世界的时间不同，从而产生了素质上的优劣。那么，虽然人的灵魂都拥有"理智"、"激情"、"欲

---

① 参见姚介厚：《国家篇导读》，四川教育出版社 2002 年版，第 42 页。

望"的冲动，但是，各人的冲动有所侧重，各不相同。有的人善于思考，热爱智慧；有的人充满激情，追求名誉和权力；而大部分人渴望满足低级的欲望，对金钱与美色情有独钟。这些都是每个人的灵魂素质优劣的具体表现。所以，对于他们的"德性"要求也不可能一样。擅长思考的人以追求"智慧"为德，富有激情的人以崇高"勇敢"为德，而欲望强烈的人必须要求其以"节制"为德。因此，理想的城邦，必须按照个人的灵魂的素质不同，进行全体公民的社会职责分工。热爱智慧的人（哲人）应该作为领导（统治）阶层（archontes），统治城邦；崇尚勇敢的人必须形成军人（防卫）阶层（phylaces），防止城邦的外侵和内乱；需要以"节制"约束其低级欲望的人，由于人数最多且热爱财色，所以适合于从事农、工、商业活动，构成生产阶层（trophies），为社会创造物质财富。这三个阶层形成两个阶级，领导阶层与军人阶层属于统治阶级，而生产阶层是被统治阶级。统治阶级的领导阶层追求真理，通过在探索中"回忆"最高之存在"善的理型"来制定法律，让现实社会的法律尽量地"模仿"和"分有"这种"善"，以"善"教育和指导城邦，为全体公民谋求真正的幸福。而军人阶层服从领导阶层的领导，听从其指示。做到既忠实地履行职责，使法律得到执行，又勇敢地守卫城邦，使城邦获得和平和安定。被统治阶层由于人数最多又热衷于眼前利益，所以只能处于被统治地位。虽然他们提倡以"节制"为美德，但是，还需要监督和管理。他们必须在军人阶层的保护和监管下，努力完成自己的物质生产职责。只要各个阶层各尽其责，不互相干扰和越位，国家全体的和谐就会与个人的和谐相一致，完全实现正义的理想社会就得以确立。

柏拉图构筑的上述理想城邦的蓝图，是以实现全民一个不漏地获得"幸福"为目标的。那么，在城邦里实现三个阶层的社会分工，就不能通过武力的强制手段来进行。柏拉图认为，只要让全体公民从出生开始，通过教育与实践的双重考察，就可以分辨出其素质的优劣，以此为标准，来决定每个公民的社会分工。而城邦的各个阶层，只要充分发挥自己的职能，按照各个阶层的"德性"行事，就是个人的"德性"得到了最大的发挥，也就成了各个人在现实中的"行善"的标志。前面介绍过，苏格拉底认为，人的"幸福"源于善的拥有，"行善"是幸福的根本。那么，如果全民都能各行其责，忠于职守，也就说明了每个人都会是"幸福"的，不幸就从城邦的现实中消失。柏拉图的"哲人王"统治的理想政治论，蕴含着上述道德哲学的核心内容。

很显然，柏拉图的这种城邦伦理思想，是以"四元德"为基础，从"灵魂三分学说"发展而来的。也因此，柏拉图的"理想国"又被人们称作"灵魂的国家体制"。他的这种城邦伦理的理想设计，既是一种苏格拉底所提出的政治与哲学相结合的现实化模式，也是一条苏格拉底所追求的"善生"理想的现实化道路。

不过，柏拉图与苏格拉底也存在着很大的不同。虽然苏格拉底的伦理思想也属于城邦伦理思想。但是，在苏格拉底看来，只要是城邦公民都是一样的，没有个人之间的本质差异存在。因此，对于每一个公民提出了同样的伦理原则。苏格拉底在哲学探索的过程中，无论是谁，只要愿意都可以成为他的对话对象，共同探讨有关人的"德性"问题，这种态度充分说明了这一点。而柏拉图则不同，他强调个人素质的先天性的差异，认为人一出生就存着本质的优劣。这种思想在《理想国》里关于人的"金、银、铜"的三个种族之说，① 以及上述的通过人的素质不同进行社会分工的提倡等问题上已经体现无遗。正因为这种不同，学者们称苏格拉底为"市井哲学家"，而称柏拉图为"贵族哲学家"。因此，虽然两者都是在面对着"众愚政治"支配下，日益走向没落的奴隶主民主制，殚精竭虑地思考着城邦的命运，都提出"道德振邦"的道路，但是苏格拉底只热衷于寻求自下而上的改革途径，而柏拉图却潜心构思着自上而下的改革蓝图。

柏拉图虽然对苏格拉底的伦理思想进行了理论体系的阐释和深化，然而，柏拉图哲学里并没有系统的关于伦理学体系的构思和总结。那么，这个工作只有等待着他那伟大的弟子亚里士多德来完成了。

——本文是《西方伦理思想史》（宋希仁主编，中国人民大学出版社 2004 年版）的第一章内容，由笔者负责撰写，属于笔者的成果。

---

① 参见《理想国》415a。

诗　论

**(*Logos & Pathos*)**

亚里士多德从观察（Theoretike）、实践（Pratike）、创作（Ponetike）三个方面对人类的探索活动进行分类。而"创作"的部分就是"诗学"。当然，亚里士多德所谓的"诗学"，属于后世所谓的美学，是包括诗歌在内的人类一切审美活动的文学、艺术领域。而在文学、艺术中，诗歌更是该领域最璀璨的一颗明珠。可以说，人类创造性活动中诗歌创作是最为重要的组成部分。那么，哲学探索当然应该把诗论纳入考察的范畴。

然而，一般人们总是把哲学归入人类理性的范畴，而文学、艺术则被作为感性的、激情的产物。也因此，一般认为哲学是"逻格斯"（Logos）的产物、诗歌则源于"帕多斯"（Pathos）的结果。可是，只要进一步深究就会发现，哲学（Philosophia）之"爱智慧"的"爱"应该属于 Eros（恋爱），而非 Phlia（友爱），正因此，巴门尼德的叙事诗中的真理女神所指引的探索之路是对于真理坚定不移的"信念之路"，而柏拉图则指出哲人与一般人的根本区别，是哲人坚信（nomizo）本真存在的存在，这样的一种对于真理存在的坚定信念犹如信仰一般，是充满激情的，仅仅从理性方面来理解显然是不够的。

诗歌是情感的产物，但是诗歌中所包含的人类对于自身的审美观照是不可或缺的。这种观照的深层，充满了理性的生命审视。更何况诗歌是每一个时代最敏感的一根神经，最真切触及到时代灵魂最深的律动。特别是哲学探索源于人的存在对于真善美的追求，是为了审视人究竟是怎样的存在？人应该如何更好地活着等问题的探究。而诗歌正是人类创造性活动中最接近真善美的一种律动，更是人类为了活得更好的灵魂诉求。那么，通过诗歌现场的审美现状进行哲学考察，也应该是哲学探索不可或缺的组成部分。历史上许多哲学家同时也是诗人，这已经是一种不争的事实。

从上述的理解出发，本辑收入了笔者数年来对于当代中国诗歌现场的审美观察，通过特定的作者以及一些代表性作品，分析这个时代不同性别与不同境遇者灵魂律动的各个不同侧面，揭示人们如何活着以及如何寻求更好地活着的问题。当然，其中也有一些文体论探索的论述，这些属于美学范畴的问题更应该是哲学领域需要审视的探索对象。

# 浅谈散文诗与现代性

一般认为，"散文诗"这种诗体是"现代"社会的产物。这种判断，源于我们把波特莱尔作为散文诗的开创者有关。当然，也有一些人把中国古代的词、赋、骈文甚至把《庄子》的部分篇章都作为中国古代的散文诗来理解。然而，笔者并不赞同这种"征古主义"的认识倾向，散文诗的出现与现代人的生存经验密切相关，离开了人的"现代生活"经验，散文诗这种表现形式就失去了滋生的土壤。这是一种最贴近人的生命状态的文学形式，它的表现应该自然得像人的呼吸一样，是人的审美气息在文字中呈现。笔者曾在一次接受某杂志的访谈中谈道："有一种说法认为，诗歌是戴着镣铐跳舞，散文是一种散步，如果按照这种划分法，那么散文诗既然属于诗歌文学，又比分行新诗来得自由，那么自然属于没有镣铐的跳舞了。但我觉得把诗歌比作戴着镣铐的跳舞只适合于古典诗词，现代的分行新诗应该属于没有镣铐的跳舞，也就是说比古典诗词来得自由。而把散文比作散步，过于诗意了，因为在文体分类中，包括一张借条、几句留言都可以归入散文。所以，用走路来比喻散文更为贴切。而散步恰恰适合于用来比喻散文诗。也就是说，散步比跳舞来得自由，比走路来得富有诗意。为此，散文诗作为一种文学体裁，其最大的长处应该在于其'自由'的灵魂，如散步，可以放松身心，在从容的状态中展开思考、体现审美。正是因为'自由'，散文诗才可以吸收其他所有文学、艺术体裁的长处，为我所用，这是'散步者'才能做到的。但是，正如'自由'是建立在'自律'的基础之上一样，散文诗的这种自由，需要极其丰富的情感、敏锐的悟性、深邃的思想、高度的审美能力才能真正懂得其中的难度，才能真正拥有'散步'之从容。"① 那么，如此贴近人的生存状态的文学体裁，散文诗的诞生既然与近代西方城市化过程中人的生存之"灵魂的充满激情的运动、梦幻的起伏和意识的惊厥"（波特莱尔）经验有关，其当然应该属于"现代"的产物。在我们探讨新诗创作的"现代性"问题时，如果"散文诗"不能成为话题之一，不能不说是一种缺憾。然而，这个"缺憾"在中国诗歌理论界却一直存在着。数十年来，在文学理论界中散文诗的长期缺席，其诞生与现代性关系问题的探讨自然地被人们"选择性忘却了"。本文以"散文诗与现代性"为阐述对象，正是源于上述现实背景的考量。

为了探讨散文诗与现代性的关系，本文拟从"如何理解现代"、为什么可以说"散文诗是现代社会的产物"、在散文诗中都有哪些"现代性"的表现三个方面展开阐述。

## 一、如何理解今天所面临的"现代"：堂前燕与百姓家

关于"现代"，这是一个不明确的动态的概念，因为任何一个时代都有一个关于"现代"的问题。特别是进入 21 世纪，我们所说的"现代"与波特莱尔时代所说的"现代"之间存在着很大的差别。一般来说，我们现在已经进入了"后现代"，与此前所谓的"现代"，在社会性质上存在着很大的不同。那么，在思考"现代性"问题的时候，首先必须与发生于西方 18、19世纪的"现代"或者"现代主义"进行区别理解，不然，无法探讨"现代性"问题。

其实，关于"现代"（modern），在西方思想界是一个由来已久的问题，它最初只是相对于古典性、古代性（antique，antik）的意义而言的。只是到了 17 世纪末在法国兴起了关于"新旧论争"②，以及此后经历了从启蒙主

---

① 灵焚：《关于当代散文诗的一些思考》，《女神》，中国青年出版社 2011 年版，第 155—156 页。

② 17 世纪末 18 世纪初，欧洲出现了以法国为中心的关于古代与近代孰优孰劣的论争，这在西方思想史上被称为"新旧论争"。在论争中，古代派（以波瓦罗、拉－凡特努、腾布尔、斯维福特等为代表）高举美的绝对性理论大旗，提倡古典古代的诸多杰作，如荷马

义到浪漫主义思潮的发展，才有了 19 世纪中叶以后在文学、艺术领域中关于"现代主义"的艺术运动与相关的理论探讨。当然，这个历史是大家所熟悉的。正如大家所熟知，在西方所谓的"现代主义"，主要是建立在近代市民社会基础上的文学、艺术的主题，其中人的个体存在的自我主体性危机成了"现代性"的核心问题。这些"现代主义"文学、艺术的追求，主要是建立在对于近代市民社会中文化的自我满足的批判，以及日常经验中主体世界的崩溃与对于日常世界的超越的追求之中。在"现代主义"的文学、艺术运动中，"前卫"的追求是其最为重要的特征与理念之一。而这种"前卫"的追求，与作为社会文化的"知识垄断者"的"精英意识"有关。① 可是，当西方世界经历了第一次、接着第二次世界大战之后，人们开始产生了对于此前的文学、艺术态度的怀疑，逐渐发展成为对"现代主义"的暧昧性的反思与批判，特别是 20 世纪 60 年代以后，所谓的"进步主义"思想的抬头，开始出现了关于"宏大叙事"的批判等，至此，我们所面对的"现代性"问题，在尚未能够完全消化的思想困顿中，历史已经进入了所谓的"后现代"时期。

那么，何谓"后现代"？这又是一种仁者见仁，智者见智的问题。我们能够体验的是，在当下生存中的我们，谁都无法逃离消费性、商业性、物流性、虚拟性等要素无所不在的包围。其实，这些问题正是所谓的"后现代"社会所呈现的鲜明特征。20 世纪 60 年代之后，随着第二次世界大战的硝烟

---

史诗等仍然是审视现代艺术价值的一面镜子。而近代派的持论者（以贝罗、凡德勒尔、罗耶尔－苏塞提等为代表）却认为，现代应该具有与现代社会相对应的文学艺术。他们不仅提出了美的相对性的主张，更进一步强调现代文学的优越性。他们的理论中导入了"进步"的概念，从对于科学技术的进步以及人们生活的舒适度，物质的丰富性等问题，肯定现代社会远远超越了古典古代。那么文学艺术同样，当然也应该是现代比古典古代来得优秀、卓越。

① 之所以说这种"前卫"（avan-garde），追求源于"精英意识"，主要表现在艺术上的前卫追求，不仅意味着对于艺术的前卫探索，也包含着政治上的前卫观念、崭新思潮引领与社会进步的自主担当。其实，"前卫"是一句法语的单词，本来属于一种战争用语，被转用在艺术理论表现中。为此这种"前卫"同时蕴含着战斗性与破坏性的因素。也就是说，其中具有对于阻碍进步与发展的旧的思想、观念的破坏性使命。这种来自于艺术追求而承担的使命感，正是艺术运动引领者的一种"精英意识"使然。

消散，现代社会的物质生活空前繁荣，高效率、高速度、高消费的生存理念被西方先进国家的人们广泛接受。比如，原来只属于贵族消费的汽车走进了普通的市民家庭，流水线上的机械化生产速度，产品的整齐划一，批量销售，为社会提供了空前丰富的物质性。在这样的社会中，人们原有的对于生活用品等"这个想要那个想要"的欲望正在消退，物质性欲望基本上达到了饱和的状态。然而，即使这样人们的心理需求仍然没有摆脱"匮乏感"的纠缠，这究竟是为什么？这些仅仅以原有的所谓"精神空虚"是解释不了的。其中的原因应该更为复杂，这种复杂呈现着一种过剩与匮乏的并存结构。后现代商业社会的最大特点，表现在服务与休闲的强化。人们不仅仅追求消费品的享用，更追求售后服务的完备。巨大购物中心的出现，商场内休闲区域与设施的出现，原来只是一种商品集散地，销售点，已经逐渐转化为融购物与休闲于一体的庞大消费性怪物，并随着汽车社会的到来，从原来的市区繁华地段搬到郊外。这些商业模式的出现，就是为了调动人们处于物质饱和状态的购物欲望，唤醒人们心中始终挥之不去的"匮乏感"。比如，在日本经济高度发展的80年代，出现了一个非常有创意的广告词："想要的东西，还是想要（欲しいものが、欲しいわ）。"这是典型的为了唤醒那些处于物质饱和状态的人们继续产生消费欲望的潜意识暗示。而在中国，90年代也出现过一句著名的化妆品广告词："去年二十，今年十八"。这个广告词与日本的那句属于同样类型的商品宣传目的，具有同样的心理暗示效果。人的年龄是不可逆转的，却在广告词中暗示女性们只要肯花钱消费，青春是可以逆成长的。也就是说，这个广告意在提醒着女性们："想要的年轻，还是想要"，年轻是大家想要的，即使本来很年轻还是想要年轻，即使不可能继续年轻，但是年轻还是大家想要的。这些都是后现代社会，当物质达到高度丰富和过剩之后，出现的此前所谓的"现代社会"所没有的消费性、商业性中"匮乏感"唤醒策略。至于流通性、虚拟性问题，已无须在此列举和分析了。

大家一定也都注意到，在这商品经济高度发达的"后现代"时期，只要肯付出劳动，每一个人都可以享受到即使到了所谓的"现代"时期，仍然被贵族（或权贵）垄断的各种休闲与消费。在这种意义上，人与人之间在消费生活中的权利是平等的。在这种社会生存背景下，催生了文学艺术的崭新理念。比如，发生于现代后期的一个审美事件，即 1917 年，杜尚把商店里购买的男用小便池，贴上"泉"的命名，以此作为自己的雕塑作品参加纽约独立美展，从而诞生了日常生活用品（消费品）与艺术品之间审美界限模糊的全新艺术理念。杜尚颠覆了人们对于审美的固有认识，让人们不得不重新思考什么是艺术的问题。本来，艺术作品是艺术家们垄断的审美特权。然而，杜尚摧毁了这座圣殿，让每一个人都具备了艺术家的身份与可能，让每一件物品都具备了艺术品的资格。这就像上文所说，最初的汽车属于贵族阶层垄断的奢侈品，然而，进入后现代的人们，汽车已经成为普通市民的代步工具。从这个意义上说，几年前出现在中国诗坛的"梨花体"事件，与此举具有异曲同工之妙。当然，这还需要赵丽华自我意识必须达到了同样的认识高度。与杜尚是一名著名的画家一样，赵丽华在其"梨花体"出现之前，也写过许多很不错的分行诗。比如，她的《第五大街·逆光中的女人》写得多好：

> 一个神色恍惚的女人 / 走在第五大街 / 她仿佛丢了什么 / 她笑了一下 / 她走的慢极了 / 她有时候干脆就站在那儿 / 她站在那儿就挡住了从第四大街 / 走过来的人和 / 一些光线 / 但是在她后面 / 那些来自第六大街的人 / 仍在陆陆续续从她旁边走过去 / 我这样说你就能想象 / 她的头是朝向 / 她的身子也是 / 我与她的遭遇几乎是必然的 / 我沿着第四大街走过来 / 步履匆匆 / 手里提着两兜贡菜 / 我停下来 / 她看着我 / 是吃惊的表情 / 她极其认真地端详我 / 又笑了一下。

与之后出现的"梨花体"一样，同样采用的是口语性描述，但这首就好像一幅画，其丰富性可能让人有无数的想象。可她偏偏就不再这么写了，一定要把原有的丰富性削减得只剩下线条没有形体结构了，简单成了"一只蚂蚁，两只蚂蚁……"，或者"……我做的馅饼 / 是全天下最好吃的"那样，这确实跟人们所景仰的神圣诗歌开了一次巨大的玩笑。而"梨花体"的贡献，至少提醒了我们，凭什么诗歌就一定只有具备诗人天赋的人才可以写，凭什么一定要做到"语不惊人死不休"那样呕心沥血才行。她所带来的问题与杜尚是一样的。什么是诗歌艺术？如果说话就是诗歌，那还有什么不是诗歌？比如骂人更具激情，哭泣更为动心。而如果什么言语行为都是诗歌，那也就没有了诗歌存在必要了。然而，话虽这么说，"梨花体"不仅让我们需要思考这些问题，更重要的是她把诗歌从少数人的垄断中解放出来，向一般大众开放，让每一个人都成为诗人，让每一句日常生活用语都成为诗，让诗歌走下圣殿。

凡此种种，后现代社会就是这样："旧时王谢堂前燕，飞入寻常百姓家。"去特权化、去精英化，在凡庸中发现审美意义，赋予一切存在的平等机会以及重估一切传统价值，以观念确立当下生存中的话语与消费的权利。

可在人们无限制地追求物质消费的社会中，必然会出现人的动物性满足的极端需求，犹如青蛙与蝉的肆无忌惮、随心所欲地鸣叫那样，人类的儿童对于玩的无休止追求与成人对于性欲的无节制满足的渴望等，都呈现出前所未有的人的动物性放纵心理的社会性蔓延，在日本学界这种现象被称为后现代社会人的"动物化"（东浩纪）倾向。而在中国，随着商品经济的发展，90年代之后诗坛出现的所谓"下半身写作"等，就是这个时代社会心理的冰山一角的显露，其实此前的"口语化写作"也是这种社会心理的变形与审美前兆。

然而，人类与动物不同，动物的本能性生存、即自然状态在人类社会中却演变为与自然相适应的秩序性生存，从这个意义上说人类是秉承着与自然相乖离的方式获得了人类存在的意义。这种"秩序"是人的生存之可承受之"重"，可是到了"后现代"社会，这种"重"逐渐被"轻"（自然—不确定性—放纵）所替代，一切的秩序成为人的无节制自我满足（情动）实现过程中的藩篱，在文学艺术领域，以"去审美性"的倾向与追求的面目出现。前述的日本学者东浩纪在其分析德里达的哲学时提出了解构主义哲学中存在着"邮件性解构"的特征（"邮件性"是德里达的用语）。①

在通常意义上，人的认识总是相信认识主体与对象之间的关系具有明

---

① 参见［日］東浩紀：《存在論的、郵便的——ジャック・デリダについて》，（东京）新潮社1998年版。

确的区分，真理性认识建立在语言与对象的一致性关系之中。也就是说对象认识是可以通过观察得以确认与证实的。然而，人的存在总是伴随着苦恼、不安、情欲与享乐性追求等，那么超越科学性的知识追求自然由此产生。比如，我们总是在寻求用语言来表现以语言无法言说的感受，其实这也是海德格尔之后的西方现代哲学的根本问题。由此出现了所谓"解构主义"哲学。在这种哲学中一般被人们所熟悉的是"逻辑性解构"和"存在论解构"的问题。① 然而，问题是如果考虑到人与人的交流需要通过语言来进行，这种交流的不确定性关系是不可避免的，其中"转移"的问题如何克服又将成为新的困境。这种"转移"呈现着一种"邮件性"的特征。这就是东浩纪所说的"解构主义"的第三种倾向之"邮件性解构"。那就是如果把语言换成物质性存在来理解，其中交流过程即意义的转移过程——意义与解释之间——存在着破损、丢失、劣化的可能性。也就是说话者与听者之间由于观念、意识、情感等因素的存在，其中同样的观念、单一的语言意义能否顺利抵达值得怀疑。这正如邮件在"转移"过程中出现的投递错误，运输过程的破损一样，语言的多义性、歧义性、解释性等在人与人的交流过程中时有发生，说话者与听者的一致性是得不到保障的。这种人与人、人与世界，也就是自己与他者之间存在的这种"邮件性"关系，在后现代流通、虚拟世界中显得尤为突出，这种人的存在的主体性危机与意义的不确定性成为文学艺术的摧毁权威与圣殿的审美暴力，为近年诗坛的口语化、下半身写作等提供了滋生的土壤。也就是说，以平易的语言表达审美情感、以暴露的描写呈现隐秘性诗意，达到最大限度减少意义"转移"过程中的歧义与破损。无论作者是有意

---

① "逻辑性解构"，指的是在体系中寻求矛盾之所在的解构性论证。如笛卡尔的"我思故我在"，而这种"我在"也只是一种"我思"之间存在着无法克服的矛盾。这种自我存在的无根据，世界的漏洞等问题就是由于想以语言表达语言无法表达的问题而产生的。为了确立自身存在，对于终极存在的信念由此产生，这也是"形而上学"存在的基础。而"存在论解构"是指当海德格尔在存在论中发现了存在的逻辑性矛盾之后，其后期转向语言特权化的探索，从而走向了对于荷尔德林的诗歌研究，因为诗人就是这种特权的所有者。与萨特的人等同于存在的理解不同，海德格尔认为，正是存在先于人才有人的存在。人的存在充其量只是效果性的，不是决定性的。为了探索存在，他选择了倾听靠近世界的本源最近的诗人的声音。

识的追求还是无意识的追求，这种现象已经出现，成为文学、艺术中新的审美倾向。

## 二、散文诗"描写更抽象的现代生活"：波特莱尔的贡献

那么，有了上述的关于"现代"与"后现代"理解的背景，我们再来看看散文诗这种文体对于如何表现"现代"所具备的审美意义。

"散文诗"的诞生与"现代性"相关，这已经是学界的一种常识。① 王光明在《中国大百科全书——中国文学卷》的文体条目中，对"散文诗"作了这样的界定：

> 散文诗是一种近代文体，是适应近、现代社会人们敏感多思、复杂慎密等心理特征而发展起来的。②

王光明对于散文诗的文体判断，来自于他对于波特莱尔《巴黎的忧郁》的研究所得出的结论。被作为《巴黎的忧郁》"序言"的一封名为"给阿尔塞—胡塞"的信中，波特莱尔明确表达了自己为什么产生写作那些后来被称为"小散文诗"的作品的初衷：

> 我有一句小小的心里话要对您说。至少是在第二十次翻阅阿洛修斯－贝特朗的著名的《黑夜的卡斯帕尔》（一本书您知、我知、我们的几位朋友知，还没有权利称为著名吗？）的时候，有了试着写这些类似

---

① 虽然有些学者（如郭沫若等）认为，中国最早的散文诗可以追溯到庄子中的一些篇章。也有一些学者（如黄恩鹏等）把六朝骈文、汉赋、唐宋部分散文以及宋词、元曲小令，甚至部分古代文人笔记、书信等都作为散文诗的雏形来看待，认为尽管不以"散文诗"命名，其实这些就是散文诗。与此相对，又出现了关于散文诗的"征古主义"倾向的批判性观点（如陈培浩等）。理论界所谓的散文诗的"身份焦虑"，或者"身份尴尬"的问题由此而产生。但是，就目前的理解而言，笔者赞同"散文诗"就是舶来品的看法，它是始于波特莱尔以及他在信中所揭示的那样，属于"现代性"审美的产物。

② 王光明：《散文诗的世界》，长江文艺出版社 1987 年版，第 82 页。

的东西的想法，以他描绘古代生活的如此奇特的别致的方式，来描写现代生活，更确切地说，是一种更抽象的现代生活。①

由于这段话，关于散文诗的历史源头，就出现了两种观点：一种认为应该始于阿洛修斯－贝特朗，因为波特莱尔是受到贝特朗的启发才开始这种体裁的创作。而另一种观点则占主流，把波特莱尔作为散文诗的源头，因为是他最初使用了"小散文诗"来命名这种体裁的。笔者的观点也是如此，也许在表现形式上贝特朗在先，然而贝特朗描绘的是"古代生活"，而波特莱尔则是用这种形式表现"现代生活"。只有"现代生活"，才有"散文诗"的诞生。比如，接着上一段话，他是如此描绘这种创作冲动的。

在那雄心勃发的日子里，我们谁不曾梦想着一种诗意的奇迹呢？没有节奏和韵律而有音乐性，相当灵活、相当生硬，足以适应灵魂的充满激情的运动、梦幻的起伏和意识的惊厥。②

这段话是大家非常熟悉的，这是波特莱尔关于散文诗作为一种文体的审美性质的表述，因此，往往被用来回答"散文诗究竟是什么"的说明，更是被许多人作为衡量"散文诗"与否的一种审美标准：诗意与自由，音乐性、梦幻性、抽象性、意识律动，等等。然而，这之后的一段同样重要的内容却往往被忽略：

这种萦绕心灵的理想尤其产生于出入大城市和它们的无数关系的交织之中。亲爱的朋友，您自己不也曾试图把玻璃匠的尖叫声写成一首歌，把这叫声通过街道上最浓厚的雾气传达给顶楼的痛苦的暗示表达在一种抒情散文中吗？

---

① [法] 波特莱尔：《恶之花——巴黎的忧郁》，郭宏安译，上海人民出版社 2008 年版，第 425 页。
② [法] 波特莱尔：《恶之花——巴黎的忧郁》，郭宏安译，上海人民出版社 2008 年版，第 425 页。

波特莱尔的这种描述已经无须说明了，"大城市和它们的无数关系的交织"，"玻璃匠的尖叫声"，"街道上最浓厚的雾气"等，这些审视对象，就是波特莱尔《巴黎的忧郁》的审美背景，这些场景不正是我们所熟悉的"现代"社会中仍然司空见惯的日常吗？波特莱尔要把这些"写成一首歌"，或者"一种抒情散文"（此时他还没有使用"散文诗"），这种既是"歌"，又像"抒情散文"的表现形式，他认为是"如此奇特的别致的方式"，后来他把这样一种崭新体裁称为小散文诗。

那么，波特莱尔究竟如何在其所谓的"小散文诗"中表现出其在"现代生活"中的"灵魂的充满激情的运动、梦幻的起伏和意识的惊厥"的呢？

在《巴黎的忧郁》中，我们随处可见这种思想与灵魂的律动和暗示。比如在《穷人的玩具》中，富人的孩子不理会自己家中那些昂贵的玩具，却对于两个穷人孩子从笼子里拿出来，被作为玩具那样"逗着、弄着、摇晃着的"一只"活老鼠"感兴趣。[1] 诗人在这里呈现着一种从高贵与低俗的意义消解到物质性价值意义消解的现代性逻辑。然而，现代社会中一方面呈现出物质性价值意义消解的同时，另一方面物质性的物质意义却总在另一种时空中成为冲突的根源。与此有异曲同工之妙的《点心》一篇中，诗人叙述了自己的旅行所见，自己递给一个衣衫褴褛的小孩的只是一片面包，而那个孩子却把此称为"点心"。问题是进一步情节的推演，此时冲出了另一个"与他长得十分相像"的孩子，从而引起了为了争夺这片面包的兄弟之间一场残酷的战争。直到那片面包在争夺中成为碎屑，他们谁也没有获得。最后诗人不无伤感地自言自语：

有一个美好的地方，那里面包被称作点心，这甜食如此稀少，竟能引起一场兄弟间残杀的战争！[2]

---

[1] ［法］波特莱尔：《恶之花——巴黎的忧郁》，郭宏安译，上海人民出版社 2008 年版，第468 页。

[2] ［法］波特莱尔：《恶之花——巴黎的忧郁》，郭宏安译，上海人民出版社 2008 年版，第459 页。

这个结尾饶有意味，被诗人称为"美好的地方"，是一个物质相当匮乏的地方，所以"面包被称作点心"。然而，对于诗人来说，与那些物质丰富，每天面包吃不完作为垃圾处理掉的富足都市相比，它却是"美好的地方"。在富足都市这样的地方，物质的物质性意义是被否定的。然而，在被诗人称为"美好的地方"之物质匮乏之地，物质的物质性意义得以复活，"竟能引起一场兄弟间残杀的战争"。这里引出双重的与"物质"相关的"匮乏"内涵：在物质丰富的地方，对于物质的饥渴是匮乏的。所以，物质匮乏之地却成为"美好的"去处。而在物质匮乏之地，对于物质的满足是匮乏的，从而上演了为获取物质"兄弟间残杀的战争"之亲情的匮乏。这种物质性的物质意义，在"后现代"社会中演变为物质性"过剩与匮乏"的心理逻辑基础。因为物质从原有的使用价值转化为审美价值、身份价值、心理价值。

再比如一个母亲对于自己上吊而死的儿子无动于衷，却竟然只索取那根吊死儿子的"绳子"（《绳子——给爱德华—马奈》），因为对于母亲，现实中只有那根"绳子"的意义是确定的，至于儿子的死，那只是一种幻觉性的存在。对于那个母亲"没有一滴眼泪"的无动于衷，诗人最初认为那是"无声的痛苦"所致。可是当第二天收到许多人来信，竟然提出了同样的要求："索取一段悲惨而有福的绳子"，并且这些人中女人比男人多，而都不属于低下的平民阶级。此时，诗人揭示了母亲行为的原因，来自于以此获得"自我安慰"的方式、即通过人与物关系的幻觉来确认母爱的可确定性。又比如，在《狗与香水瓶》中，诗人通过一只狗对于两种性质相反的物品的态度揭示了对于不同存在物质的价值与意义的颠倒。狗对于诗人递给它的香水瓶"惊恐地后退"，并对他叫，责备他。而"如果我拿给你一包大粪，你会有滋有味地闻它，可能还会吞掉它"。诗人最后发出感叹：

　　你就像那公众……应拿出精心选择的垃圾！①

---

① ［法］波特莱尔：《恶之花——巴黎的忧郁》，郭宏安译，上海人民出版社 2008 年版，第439 页。

只有这样，才会被接受。在这里，诗人揭示了现代社会中自己与他者之间意义"转移"的破损、迷失之认识与价值的不可互换性。

凡此等等例子，在《巴黎的忧郁》中俯拾皆是。而在此书的最后一篇《好狗》中，诗人发出了如下宣言：

> 滚开吧，学院派的缪斯！我不要这一本正经的老太婆。我祈求家庭的缪斯，城市的缪斯，生动的缪斯，让我歌颂好狗、可怜的狗、浑身泥巴的狗……①

有一种观点认为，波特莱尔的意义在于"把丑恶，畸形和变态的东西加以诗化"。其实问题远非如此简单，更为重要的意义在于，他唤醒了在近代社会的城市化生活中的人们，对于古典古代的传统审美理想（这一本正经的老太婆）的价值重估（我不要）。

上述波特莱尔的这些作品，不是以分行诗的形式表现，而是通过故事性、情节性、象征性、细节性等场景的呈现与蒙太奇式的叙事剪接，在细节上采用了意象性，在叙事中融入了象征性等手法，从而使这种体裁如小说一般却没有完整的情节展开、人物刻画，更抛弃了叙事性的完整细节描写等因素，所以不是小说；而形式上散文一般却没有完整的叙事、纪实或抒情等特征，从而也不能称为散文。而这种形式上似小说却非小说，似散文却非散文的"如此奇特的别致的方式"，其内在的情境与象征意味，更接近于诗歌文学，只是表面上去除了诗的韵律、跳跃、简洁和规整跌宕的节奏等，虽然最初他是想要写"抒情散文"，却由于写出来后出现了上述这些特点，他才把这种在既成的文学形式范畴中找不到对应命名的体裁称为"小散文诗"。②

---

① ［法］波特莱尔：《恶之花——巴黎的忧郁》，郭宏安译，上海人民出版社 2008 年版，第 439 页。

② 根据王光明的理解，波特莱尔的散文诗，"摆脱了对于实生活的拘泥状态，获得了充沛的诗情"，在内容上"他已经不是把散文诗看作纯粹是'性灵'的个人表现，而看作是自我与外部世界的'应和'表现。在结构上，他主张去掉情节和事件过程的'椎骨'，不把'读者的倔强意志系在一根没完没了的极细致的情节线索上'，完全以消长起伏的情感逻辑来结构作品，'所有的篇章都同时是首，也是尾，而且每一篇都互为首尾'。"他的散

这些内容，这种表现形式，就是他为了呈现"出入大城市和它们的无数关系的交织之中"的现代生活而产生的。那么，显然，被波特莱尔命名为"散文诗"的这种体裁，是属于"现代社会"的产物。而正是因为波特莱尔的尝试与命名，才有立足于现代社会的"散文诗"问世。

## 三、"现代是'散文诗的时代'"：萩原朔太郎的现象

如前所述，散文诗作为现代社会生活的产物，自诞生以来，一直都伴随着现代社会的发展而发展。如果说波特莱尔的散文诗表现的是 19 世纪后期的巴黎这个颓废、病态而畸形的都市的生存现实场景，那么，之后的各国作家、诗人，都在各自不同时期，采用了这种表现形式呈现着自己所处时代的心灵与梦幻，揭示自己与现代社会之间抽象、紧张甚至神秘的关系。大家耳熟能详的名字在西方有兰波、屠格涅夫、王尔德、里尔克、圣琼—佩斯等，而东方也有泰戈尔、纪伯伦、鲁迅等，他们的作品成为我们理解与走进，至今为止的近现代社会在各个时期的心灵与梦幻的一张张导游图。对于这些大家熟悉的作家的作品，本文不准备在这里复述，但是，本文想介绍一位大家尚不太熟悉的日本现代诗人萩原朔太郎，通过他对于散文诗的态度的前后不同的转变以及其散文诗作品中所呈现出来鲜明的"现代性"特征，揭示散文诗与表现"现代性"的关系以及他从否定到认可散文诗所带给我们的启发。

萩原朔太郎（1886—1942）是日本现代诗的奠基者，一生著述诗歌作品很多，出版了多部诗集，而最晚年的一部作品集《宿命》，出版于昭和十四年（1939）。这是一本自选集，其中的内容由抒情诗（分行诗）和散文诗以及附录"散文诗自注"三个部分构成（由此可见他是有意识地为了"散

---

文诗，"让日常生活场景、细节从原来的自然物质状态中蜕变出来，成为思想感情的形象载体，然后通过散文诗艺术构成的心理综合，表现曲折流转的情感意绪，显露内心世界'瞬间转变如同云雾中山水的消息'。这是一种从有限事物中鉴别生活、向'无限'的锋利顶点飞跃的艺术"。（参见王光明：《散文诗的世界》，长江文艺出版社 1987 年版，第17—22 页）

文诗"而选编了这本最后的作品集）。其中散文诗部分共有 73 章作品，多数作品选自此前作为箴言集（而不是散文诗）出版的《新的欲情》、《虚幻的正义》、《绝望的逃避》，而其中只有 9 章是新作。也就是说在此自选集出版之前，他并不是自觉地创作散文诗，因此才会以"箴言"性质的体裁出版了上述作品集。可是到了他的晚年时期，却选编了"散文诗"，并把谈论散文诗的文章作为附录部分。根据当代日本著名的诗歌理论家、诗人北川透的研究表明，"对于朔太郎，散文诗曾是否定性的概念"，因为他把那些没有韵律性的所谓的散文诗当作"印象散文"加以排斥。所以，他最初不采用这种命名，而是作为一种箴言类的作品。① 然而，在他的最晚年（去世前三年），却改变了以往的看法，不但把自己的这些作品称作散文诗，并且在这本书的关于"散文诗"的文章中认为：

> 今日我国一般被称作自由诗的文学中，特别是那些优秀的上乘的作品（而那些既没有节奏又无艺术美的不好的作品属于纯粹散文）相当于西洋诗家所谓的散文诗。……与其他抒情诗相比，我认为散文诗可以称作思想诗，或者随笔诗。

最后他甚至指出：

> 实际上可以说，现代是"散文诗的时代"。②

那么，为什么萩原朔太郎晚年改变初衷，从最初否定散文诗走向承认甚至把散文诗提到抒情诗的最高存在来认识呢？

根据北川透的看法，这可能源于当时日本兴起了一场关于现代诗的

---

① ［日］北川透：《「散文詩」の時代のジレンマ—萩原朔太郎『宿命』・その他》，载《现代诗手帖》，（东京）新潮社 1993 年第 10 期。
② ［日］北川透：《「散文詩」の時代のジレンマ—萩原朔太郎『宿命』・その他》，载《现代诗手帖》，（东京）新潮社 1993 年第 10 期。

"新散文诗运动"所致。① 那是为了与这个运动的主倡者北川冬彦等对于以萩原朔太郎为代表的日本现代诗的诘难②，从而促成了萩原朔太郎把此前的自己的作品以散文诗的视角重新审视，表明自己对于散文诗的理解与态度，并把自己过去的作品重新编选，出版了一本以散文诗为主的自选集《宿命》，以此与之抗衡。北川透的这种观点，基本上触及了萩原朔太郎这种变化的重要原因之所在。然而，笔者认为，仅仅从抗衡的角度来理解只是触及其中原因的一个方面，另一方面更为重要的应该是萩原朔太郎到了此时，其对于自由诗与散文诗的理解和认识上发生了根本的变化，而这种变化可能恰恰就是来自于批判者北川冬彦的批判性内容启发的结果。

北川冬彦在其《往新散文诗的道路》一文中尖锐指出：

今天的诗人，已经不是果断的灵魂记录者。也不是感情流露者。/他们只是优秀的技师，通过尖锐的大脑，把散乱的无数语言进行周密地筛选、整理，构筑成一个构成物。

北川冬彦的这个批判，虽然没有指名萩原朔太郎，然而作为日本现代诗的奠基者与引领者，这种批判指向他是显而易见的。根据北川透的介绍，晚年的萩原朔太郎已经停止了创作，不，可以说是写不出来了。因为到了那

---

① ［日］北川透：《「散文詩」の時代のジレンマ—萩原朔太郎『宿命』・その他》，载《现代诗手帖》，（东京）新潮社 1993 年第 10 期。关于"新散文诗运动"的观点，请参照北川冬彦的《新散文詩への道》（《詩と詩論》第三册，1929 年）。

② 北川冬彦在《新散文詩への道》（往新散文诗的道路）中如此诘难当时的自由诗："不能把'新散文诗运动'看作'诗的散文化'，那是过于尊重语言的'音乐性'过去了的诗人的观点，只是那些被旧韵文学毒害的旧象征主义的见解。本来要求日本的诗中'音乐性'是没有意义的。"而萩原朔太郎最初把自己的非分行作品称作"箴言"而不是散文诗，就是因为他认为诗歌文学是需要韵律的存在。比如他在 1936 年的一篇文章中谈道："大正中期以后，诗人开始以口语体之言文一致形式写诗，诗这种文学完全丧失了韵律性，只是通过分行的形式，以表面上的韵文乱真，成为畸形的欺骗性文学。"（［日］萩原朔太郎：《純正詩のイデアを求めて》）"真正具有本质性的诗的表现，没有音律性要素是绝不可能存在的。"（［日］萩原朔太郎：《散文詩の時代を超越する思想》）等，由此而言，作为当时诗歌界重镇的萩原，就是北川冬彦不指名的批判对象。

个时期（大正期），在日本的口语化自由诗中，一直被萩原朔太郎作为诗歌
第一要素的"韵律性"问题，只是诗歌的其中一个要素，不再是绝对要素，
仅仅只是诗歌的其中一种修辞手法而已。当被作为绝对要素的诗歌"韵律
性"的要求，降格到了作为一种"手法"的地位，那么，作为口语化自由诗
还有什么是最重要的呢？这应该是萩原必须思考的问题，这时批判者指出了
当时的诗人作为"灵魂记录者"、"感情流露者"身份的缺失，让萩原从原来
的对于诗歌形式（"韵律性"）的注重中苏醒过来，转向了关于诗歌内容（灵
魂记录、感情流露）的审视。这种转变的结果，也就出现了前述引文那样的
新观点，把散文诗与口语化自由诗（他称为"抒情诗"）等同理解，并指出
散文诗是"思想诗，或者随笔诗"，这是关于内容方面的指涉，已不再是形
式上的问题了。正由于这种转变，他一反以前把散文诗当作"印象散文"的
态度、改变了对于散文诗所持的否定性立场，并进一步明确声明：

> 我决不否定散文诗，不仅如此，更是痛感其在诗歌形态上的近代
> 性意义。

这种对于"在诗歌形态上的近代性意义"的提出是值得关注的。正是
这种"在诗歌形态上的近代性意义"（日语中的"近代性"与"现代性"同
义）的认可，使他改变了原来对于散文诗的排斥态度，接受并肯定了诗歌
的这种新的表现形式。（萩原的这种转变，也印证了本文在第二部分谈到的
关于散文诗属于现代社会产物的论断）然而，即使如此，萩原也没有放弃他
对于诗歌文学的韵律性要素的要求①。只是此时，他由原来的外在形式上的
韵律性强调，转向内在韵律性要求。关于这种内在韵律的要求，他是这样
说的：

> ……虽然无视一定的韵律法则，以自由的散文形式来写，然而从

---

① 他在这篇肯定散文诗的文章中，仍然没有忘记强调诗歌的韵律性："然而，散文诗被肯定
　是一方面，另一方面，其道理并没有说真正的韵文之纯诗是不存在的。不，真正具有本
　质性的诗的表现，没有音律性要素是绝不可能存在的"。

作品全体来看音乐的节奏很强，且艺术美的香气很重的文章，称之为散文诗。

从外在韵律（韵律法则）的要求到内在韵律（从作品全体来把握音乐节奏感）的提出，萩原的这种转变也是一种从韵律的外在形式到内在内容的转变。作品全体的音乐性、即内在韵律是通过作者叙事中的内在情感、情绪，呈现思想的深浅、意味性的浓密来实现的。正是这种转变，让萩原重新审视自己以往的那些曾被作为"箴言"的作品，从"在诗歌形态上的近代性意义"上，从内在韵律的角度，那些具有"近代性意义"的作品，成为他所认为的"散文诗"。这样既坚守了自己所提倡的诗歌文学需要"韵律性"的一贯立场，又找到了以"散文诗"身份出场的依据。以此回应那些把自己当作"过去了的诗人"的"新散文诗运动"的倡导者们，表明自己早就已经写出了散文诗，那就是那些曾经的"箴言"。

当然，仅凭这些举措、即在旧作中自选出一本新诗集《宿命》，把曾经箴言作品换一个名称："散文诗"，把旧作重新包装出场，萩原是赢不了这场论争的。关键的是萩原的那些旧作中，作为具有"近代性意义"的散文诗、当之无愧的名篇《不死的章鱼》，为他稳固了作为日本现代诗（分行诗＋散文诗）奠基者的地位。即使那些推动"新散文诗运动"的诗人们，后来也没有人写出了一篇比这章散文诗更具有影响的作品。这章散文诗的内容是这样的。

### 不死的章鱼①

在一个水族馆里，屋檐的庇间，饲养过一条饥饿的章鱼。在地下昏暗的岩石下面，总是漂浮着悲凉的、青灰色的玻璃天窗的光线。

无论谁都忘记了那个昏暗的水槽。已经是很久以前，人们都认为章鱼已经死了。只剩下散发着腐味的海水，在充满灰尘的泻进来的日光中，总一直淤积在玻璃窗的槽里。

---

① 笔者翻译的这章散文诗在国内这是第一次被介绍。

然而，那动物并没有死。章鱼藏在岩石的阴影里。所以，当它醒来时，在不幸的、被忘却的水槽里，几天连续着几天，不得不忍受着恐怖的饥饿。什么地方也找不到食物，吃的东西完全没有了。它开始吃自己的脚。先吃其中的一根，接着再吃一根。最后在全部的脚都吃完的时候，这下把胴体翻过来，开始吞噬内脏的一部分。一点点地，从其他一部分再往另一部分，顺着吃下去。

就这样，章鱼吃完了自己身体的全部。从外皮，从脑髓，从胃袋，这里那里，全部一点不剩地，完全地。

某日早晨，突然值勤人员来到这里时，水槽中已经空了。在模糊蒙尘的玻璃中透蓝的潮水与摇曳的海草动了一下。而在岩石的各个角落，已经看不到生物的身影了。实际上，章鱼已经完全消失了。

然而，那章鱼并没有死。它消失之后仍然还尚且永远在那里活着。在破旧的、空空的、被忘却的水族馆的水槽中，永远——恐怕经过了几个世纪——有某种东西怀抱着异常的匮乏与不满活着过，（一种）人们的眼睛看不到的动物。

这章散文诗，最初发表在 1927 年日本发行的《新青年》杂志的 4 月号上，最初被收入箴言集《虚幻的正义》（1929 年）出版发行，而后又被选入 1939 年出版的萩原的最后自选诗集《宿命》中。根据日本著名诗评家、诗人高桥顺子的理解：

> 朔太郎似乎拥有本能的对于生的恐惧。他不得不承认人的一生作为生活者的无能，其结果，实际的人生只有不毛（之地）而没有别的。
>
> 这章散文诗表现的是恐怖的饥饿感，大概诗人觉得自己也是被饥饿感所吞噬的那样吧？这并非仅仅只是幻想性地描写了死后也许仍然存在的意识性诗作。①

---

① ［日］高桥顺子编著：《日本の现代诗 101》，（东京）新书馆 2007 年版，第 38 页。

这章从箴言集《虚幻的正义》中抽出来，被萩原作为散文诗重新编选的作品，无论表面上怎么看都不具有"韵律性"，然而，其内在所传递的强烈的情绪节奏在我们阅读过程中油然而生。其中"章鱼"自我吞噬的细腻描写，其画面感、场景性、细节性所发出强烈的恐怖声响，进而让"饥饿与不死"对应所具有的象征意味、梦幻意味等，都使读者的心情，自然产生了从现实到非现实、再回到现实之波特莱尔所说的"灵魂的充满激情的运动、梦幻的起伏和意识的惊厥"，也许这就是萩原所说的"从作品全体来看音乐的节奏"吧！而这章作品所具备的现代性意味，更是不言而喻的。北川透认为："在谁也不关心的场所，通过把自己吞噬殆尽而死获得永生的章鱼，也许可以读出近代艺术家、诗人的命运！"[①] 其实，从某种意义上说，这章作品可以说正是作者所生存的那个历史时期的社会缩影。1927 年，整个西方处在世界性经济危机爆发的前夜，虽然资本主义世界正在经历着短暂虚假的繁荣，但这种繁荣并不平衡，脆弱而缺乏竞争力的日本在这种不平衡中震荡，在强化国家垄断资本主义的同时，加快了军国主义步伐，整个社会深陷灰暗而冷漠的气氛之中。此后在美国爆发了 1929—1933 年席卷世界的经济大萧条，这正是第二次世界大战的直接诱因。这样的时期，萩原通过一条饥饿的章鱼自我吞食充饥之死而获得永生的寓意，准确地回应了那个时代的生存状态：无所不在的饥饿感，现实生活的无力与自我消耗的恐怖。也许他只是无意识地完成了这篇作品的创作，其结果却留给我们无数可解释的空间，这样的内容，只能采用散文诗这种形式——即对于章鱼的寓意排除了说明性叙述，对被叙述的对象的非现实性、超现实性的梦幻般细节性展开，以及象征手法等运用，从而使作品的意味拥有多义的解释——才可以在最有限的篇幅里，融进了最无限的内涵。反过来，散文诗也只有具备了如此丰富的现代性内容，才能呈现出这种表现形式的体裁独特性与艺术审美性。

总之，萩原朔太郎正因为认同了散文诗"在诗歌形态上的近代性意义"，才改变了原来对待散文诗的态度。换一种角度，正是散文诗这种形式

---

① ［日］北川透：《「散文詩」の時代のジレンマ—萩原朔太郎『宿命』・その他》，载《现代诗手帖》，（东京）新潮社 1993 年第 10 期。

所具有表现"近代性"的意义，才得到了萩原朔太郎的认同（"痛感"），此其一。其二，正是以"近代性"为尺度，才让萩原朔太郎从"箴言"中重新认识《不死的章鱼》的意义，而这章散文诗正是以其鲜明的"近代性"，成为萩原的散文诗乃至全部自由诗的代表作，同时也成为日本现代诗的不朽名篇。其三，《不死的章鱼》并非从创作散文诗的文体自觉出发而诞生的作品，仅仅只是因为这种寓意性、象征性的内容，只有通过散文诗这种形式才能得到如此充分的表现。这就印证了关于散文诗的一种观点，散文诗一定是非要以这样的表现不足以表达自己的情感、思想的情况下才会采用的体裁。按照萩原的观点："毕竟散文诗之所以为散文诗的原因，在于不能以此替代纯粹意味的诗。"① 也就是说，这种体裁有其独立的体裁意义，它的存在同样是其他体裁不可替代的。这些就是萩原朔太郎的现象带给我们的关于如何认识散文诗的启发。

——本文刊载《当代作家评论》2016 年第 3 期

---

① 转引自［日］北川透：《「散文詩」の時代のジレンマ—萩原朔太郎『宿命』·その他》，载《现代诗手帖》，（东京）新潮社 1993 年第 10 期。

# 也谈散文诗的可能性

## ——不仅仅只是与余光中前辈的偏见商榷

在一切文体之中，最可厌的莫过于所谓"散文诗"了。这是一种高不成低不就，非驴非马的东西。它是一匹不名誉的骡子，一个阴阳人，一只半人半羊的faun。往往，它缺乏两者的美德，但兼具两者的弱点。往往，它没有诗的紧凑和散文的从容，却留下前者的空洞和后者的松散。(余光中：《剪掉散文的辫子》一九六三年五月二十日)①

这是余光中先生在20世纪60年代对于散文诗所表达的观点。之所以笔者要重提这个观点，原因有二，其一，虽然时间经过了四十多年②，而在今天的大陆文学界，一谈到散文诗，仍然有不少人以"非驴非马"来界说它的文体特征，余光中先生的肤浅和偏见至今阴魂未散。其二，从近几年中国的散文诗创作现状来看，许多作品的美学与思想高度已经向新诗趋近，作为一种独立的文体，散文诗的美学特质越来越明显，谁也无法否定它与新诗、散文并存发展了。是时候了，散文诗可以理直气壮地矫正余光中先生曾经的偏执与轻狂了。

不管当时余先生出此言论时中国台湾文坛的现实背景如何，我们仍然可以说不知道是谁给予了这位诗人的这种权利，可以如此狂妄地认为散文诗不值得存在，其言辞达到了对于散文诗的存在几近侮辱的程度。正如玉米不

---

① 余光中：《寂寞的人坐着看花》，中国书籍出版社1998年版，第157页。
② 本文发表于2013年。

能说水稻长得矮小，南瓜不能嘲笑红薯不够肥大一样，它们都有一个共同的学名：庄稼。它们都可以滋养我们的身体，其不同只是味道相异而已。新诗作为现代汉诗的一种表现形式，其存在的原因就是因为它秉承了古典汉语文学中骈赋诗词等韵文学的一条支脉向现代延伸。而散文诗同样属于中国古典韵文学向现代汉诗发展过程中的另一条矿脉，其存在的独立性早已有许多文论家述及，它的存在与新诗一起构成现代汉诗的左右两翼，只有这样才能让现代汉诗展翅，实现中国韵文学从古典向现代健全地滑翔着陆，怎能说"它是一匹不名誉的骡子"呢？

因此，笔者认为有必要针对余光中先生的这段轻言，谈一谈散文诗的存在理由以及作为一种文体所蕴含的巨大发展可能性。

## 一、无论散文诗是什么，它的存在无法否定

从中国的新诗与散文诗的诞生来看，它们几乎同时出现，第一本新诗《尝试集》（1920）和第一本散文诗集《野草》（1927）的出版时期前后相距不到十年。更不用说《野草》作为中国现代文学的一部不朽的名著早已成为人们的共识。当然，究竟散文诗是一种怎样的文体至今尚无法给予明确的定论，而对于新诗不也是如此吗？除了在形式上采用分行写作，在语言上主要运用意象的表现技巧、情感节奏的紧凑简洁之外，我们还能找到更多的关于新诗的特点吗？这一点余光中先生在他的上述那篇文章中似乎也同样遭遇到新诗无法明确界定的问题。所以，他除了以"一切文学形式，皆接受诗的启示和领导"[1]来强调新诗的优越性之外，也无法更多地为其所推崇的现代诗进行自身优越性的炫耀。

我相信至今为止还无人敢说波特莱尔的《巴黎的忧郁》比其《恶之花》逊色。也没有人说过泰戈尔的《吉檀迦利》比不上他的其他诗歌作品（当然诺贝尔奖只是把这部作品当作诗集颁奖，而我们完全可以把它当作散文诗集来读，其分行形式和对节奏的把握已经超越了一般我们所熟悉分行的自由

---

[1] 余光中：《寂寞的人坐着看花》，中国书籍出版社1998年版，第157页。

诗）。而圣琼佩斯、纪伯伦、屠格涅夫、鲁迅、萩原朔太郎等大师所留下的散文诗名著，更是大家有目共睹的事实。散文诗作为一种独立文体在中外文学界被广泛运用，并留下了宝贵的创作遗产是谁也无法否定的。纵观中外文学界我们不难发现，有些诗人年轻的时候，一开始写过不分行的散文诗，后来才放弃了这种文体转向只写分行新诗，而有的文学大师却是在其艺术技巧和思想深度达到极其圆熟的时候才写开始散文诗，这种现象究其原因，应该是这种文体难以驾驭的缘故，因为它对作者的学识、修养、审美境界、人生境界等的要求都极高。①

对于散文诗的难写，自从这个文体被引进中国以来就被人们论及。到了 20 世纪 70 年代，林以亮先生也在《论散文诗》的文章中谈道："散文诗是一种极难应用到恰到好处的形式，要写好散文诗，非要自己先是一个一流的诗人或散文家，或二者都是不可。"所以他认为："散文诗并不是一种值得鼓励的尝试"，并进一步强调："写散文诗时，几乎都有一种不可避免的内在的需要才这么做，并不是因为他们不会写诗或写不好散文，才采取这种取巧的办法"。② 当然，笔者引用这个观点，并没有狂妄自大到认为写散文诗的人都是一流的诗人或散文家，只是想指出一点，散文诗绝非一种可以轻视的文体，那是写作者"几乎都有一种不可避免的内在的需要才这么做"的文体，所以，王光明先生认为："散文诗绝不是为了自由解放而自由解放的，是诗的内容就不该为了追求自由而写成散文诗——诗不应该有这种毁灭性……所以散文诗不是诗意的散文，也不是散文化的诗，它是一个独立的存在，一个完整特殊的性格。"③

从笔者多年来的散文诗创作经验以及一些散文诗作者的创作经验出发，大家一般都会深深地对上述的这些评论家精辟的观点产生共鸣。散文诗写作者之所以写散文诗，那是来自于自己生命律动的本能需要，需要通过这种文体才足以表达自己的审美感受，才能把自己的生命推演到极致。如果用新诗

---

① 林美茂：《散文诗，作为一场新的文学运动被历史传承的可能性》，《解放军艺术学院学报》2008 年第 4 期。
② 林以亮：《论散文诗》，《文学杂志》1956 年第 1 期。
③ 王光明：《关于散文诗的特征》，《福建文学》1983 年第 2 期。

来表现，会感到其不能完全地触及自己生命的底色，不能淋漓尽致地敞开自己，完成自己的生命绽放。当然这只是从我个人以及一些散文诗作者的创作感受而言，绝非含有否定分行新诗的意义。

## 二、散文诗与新诗在表现特征上的区别

从某种意义来说，新诗是一种可以隐藏的艺术，通过意象之间的组合、跳跃、张力等作用，把一些应该表现的东西为了追求精炼而隐藏起来，让读者在阅读中自己去完成。这是新诗的长处，然而也是它一种软肋，因为这样容易造成一些本来并不具备一流素质的诗人，在表面上看来却好像是那么一回事，而其自身究竟在写什么根本就不明确，甚至不知道，许多思想只是后来的评论家们过度阐释所赋予的。而散文诗则不同，它像一面镜子，可以让作者的学识、修养、审美高度、思想深度以及情感的起伏、节奏的舒缓、内在韵律的颤动一览无余。好的散文诗作者自己在写什么，要写什么，其中的思想、情感、审美、场景与意象的指向，极其明确，不然根本无法自然而自如地展开生命的律动细节，写出来的作品就会捉襟见肘，根本无法游刃有余，写不出好的散文诗。所以，与新诗可以隐藏相比，散文诗是一种暴露的艺术，所以，郭沫若先生称为"裸体的美人"①。

是的，散文诗需要裸体才能呈现其美，不能有任何遮掩。也许正因为如此，日本的现代诗奠基者萩原朔太郎先生在20世纪30年代不无感慨地说："在我国一般被称为自由诗的文学中，特别优秀的、比较上乘的作品才称得上是散文诗。"② 后来，他又在另一篇题为《超越散文诗时代的思想》文章中强调指出："我当然承认散文诗的艺术意义，并相信其在未来将取得更大的发展。毕竟散文诗作为散文诗的原因，以其艺术的意义是不可能被纯粹意义的诗歌所取代的。我绝不否定散文诗。……换一种看法，实际上也可以说现

---

① 郭沫若：《论诗三札》，《沫若选集》第 10 卷，人民文学出版社 1959 年版，第 201 页。

② ［日］萩原朔太郎：《关于散文诗》，参见散文诗集《宿命》的序文，转引自《现代诗手帖》，（东京）思潮社 1993 年第 10 期。

代是散文诗时代"①。有识者都知道，萩原朔太郎的一生主要成就在于现代诗的创作，而他最晚年的作品集《宿命》却采用了大量的散文诗这种表现形式，他不但没有排斥散文诗，相反，他更把散文诗置于新诗之上。他认为散文诗与抒情诗相比，内容上的观念性、思想性因素更多，所以，可以把散文诗当作音乐节奏强、艺术香气浓厚的思想诗。笔者在这里虽然引用萩原的观点，但并不意味着完全赞同他的观点，主要是不同意他简单地把散文诗放在新诗之上来认识。我们必须肯定几十年来新诗的辉煌成就，新诗的探索与发展为我国现代文学的繁荣留下了宝贵的遗产，那是散文诗无法替代的。

　　余光中先生作为现代诗的前辈，他在新诗方面的辉煌成就是有目共睹的，正因为如此，我们对他的贡献才极其敬重。由于他的巨大成就和对于现代诗创作上的贡献，也许有资格认为新诗君临于其他文体之上。但是，即使如此，他也完全没有权利否定散文诗，这与他在现代诗上的成就极不相符。从而让我们对于他的那艘满载乡愁的思想航船也只能看成一叶漂流在浅浅海峡中的小舢板了，实在令人惋惜。然而，可悲的是我国还有许多自己只能写出小学生作文水平的诗歌的所谓诗人，他们也在鹦鹉学舌地附和余先生，认为散文诗是一种"非驴非马"的存在，这些人好像自己这么一说就可以跟余先生的艺术与审美高度相提并论了，这种浅薄实在令人啼笑皆非。

## 三、余光中发言的历史背景

　　跟余光中先生学舌的那些肤浅之辈当然无心深入了解，余先生当年发表这种言论时台湾文坛的现实背景。其实当时的台湾现代诗坛正在为了是"横的移植"还是"纵的继承"问题展开了激烈的论争，最初在 50 年代中叶，针对纪弦先生强调新诗横的移植，提倡包容自波特莱尔以来一切新兴诗派精神与要素作为"现代派"诗群的美学主张。而余光中先生则代表"蓝

---

① 　［日］萩原朔太郎：《超越散文诗时代的思想》，转引自《现代诗手帖》，（东京）思潮社 1993 年第 10 期。

星"诗社明确表明反对这种主张，表示不愿贸然作"横的移植"①。而到了60年代初，经历50年代的那场被称为"现代诗保卫战"的关于现代诗路线和倾向的论争之后，台湾诗坛又出现了在诗人之间展开的关于如何面对新诗现代化问题的论争，其中影响较大的就是余先生与"创世纪"的洛夫先生之间的论争。以洛夫先生为代表的一群诗人选择了对于传统更为彻底的反叛。而以余光中先生为代表的另一群现代派诗人则转向对于传统的重新体认。本文开头引用的《剪掉散文的辫子》中的那段话，其写作背景即在此后不久的时期。我们无法进一步探知余先生当时说此话有没有现实的具体所指，如果仅从认为散文诗起源于西方、以波特莱尔作为最初的代表性作家的情形来看，反对"横向移植"的他发此言论我们似乎可以理解，更何况当时属于"现代派"成员的纪弦、羊令野等诗人都创作了大量的散文诗。然而，我们如果更进一步审视中国的古典文学，可以视为散文诗源头的辞赋诗文等亦大量存在，郭沫若先生甚至把屈原的《卜居》、《渔父》，庄子的《南华经》中的一些文字等也当作散文诗。② 那么，余先生即使再反对"横的移植"，而他既然认同了传统的价值，强调重新认识传统，那就不该持有如此偏执的观点，更何况余先生的诗歌作品中，有许多篇章基本都可以当作散文诗来读。当我们纵观这些，余先生的这种发言不免会让人感到与他在现代诗创作上的巨大成就极其不谐和。

从文字的表现上看，前面引述的那段余先生的关于散文诗的看法，措辞过于激烈，过于武断而轻狂，这一点是否与台湾文坛争论时的措辞习惯有关呢？笔者不得而知。不过，这种倾向我们似乎可以从其他人的文章中窥之一斑。比如，苏雪林在一篇题为《新诗坛象征派创始者李金发》文章中，痛斥台湾的现代诗"更像是……匪盗的切口"。甚至有的诗人谩骂台湾的现代诗是"可羞"的"李金发的尾巴"。而余先生似乎偶尔也有这种措辞倾向，他在与洛夫的论争中，说自己已经"生完了现代诗的麻疹"。此处的"匪盗"、"尾巴"、"麻疹"等都是粗俗的谩骂用语。如此看来，我们也许对余先

---

① 余光中：《第十七个诞辰》，载《余光中散文选集》（第二辑），时代文艺出版社 1997 年版，第 339—358 页。

② 郭沫若：《论诗三札》，载《沫若选集》第 10 卷，人民文学出版社 1959 年版，第 201 页。

生关于散文诗观点的那段话的措辞也不应该愤慨，因为这是他们的争论时的用语习惯，不值得放在心上。

然而，问题是余光中先生属于台湾现代诗坛的领军人物之一，他应该十分明白自己所掌握的话语权对于社会的舆论界，读者界具有极大的影响力，这就决定了余先生作为个体存在与作为公共知识分子，自己所应该具备怎样的良知的问题是需要思考的。我想这一点余先生不会不明白。更进一步，我们可以认为，也许他就是要凭着自己影响大、偏偏就不想顾及这些。然而，我们即使承认余先生在现代诗创作上的成就，可他的这些成就也远远无法否定被鲁迅先生作为散文诗著作的《野草》的存在。如此等等，笔者不想再就此深究。

总之，我们即使可以从余光中先生的上述发言的历史与现实背景以及其言说方式的地域性特点出发，从而做到心平气和地笑对其狂言，不计较他那与其身份不相匹配的肤浅与偏见，但也不能忽视他的这种言论对于当代文坛人们认识散文诗所造成的误导和伤害。笔者之所以要把余先生的这段话揪出来说事，并非针对余光中先生本人，因为对于我们散文诗作者来说，这是不值得的，他也不配我们计较。2009年，中国大陆文坛崛起了一群以"我们——北土城散文诗群"为核心的散文诗探索者，在他们所追求的"大诗歌"创作情怀面前，余光中先生的这种观点只是一颗小石子激发的浪花。"我们——北土城散文诗"的引领者周庆荣先生读了余先生的这段话，说了一段很能体现"我们"态度的感受："余光中曾经把乡愁写到了乡愁之外，我们有过经典的感动，对他四十多年前的轻言我只选择抖一抖肩膀，不会去介意，这进一步说明我们必须让散文诗有意义，让我们的写作与当下的生活有关，我相信，我们是有自己的信念的人，余光中先生动摇不了，比他更强大的人也同样动摇不了！"

## 四、余光中言论的滋生与存活的土壤

在我们检阅当代散文诗的创作成就时，重提人们对于散文诗偏见的言论，并非像以往那样，总是纠缠着散文诗究竟是什么的身份确认，散文诗发展到今天早已超越了它是什么的问题，更为重要的是它该怎么写、写什么的问题。当然也不是担心现在文坛上还存在的一些有关歪曲散文诗的言论会动摇我们探索散文诗巨大的美学可能性的认识。问题是我们在面对这种言论的时候，必须思考为什么会产生这种言论？其获得人们共鸣的原因何在？所以，我们有必要检讨当代散文诗的历史，其自身发展过程究竟存在着什么问题？一些问题来源于何处？明确这些问题对于我们今天的散文诗发展是极其必要的。

其实，造成人们对于散文诗这一文体美学偏见的责任不能全部都推到余光中先生身上，从某种意义上说，更重要的是来自于几十年来中国散文诗发展自身存在的一些模糊的、不自信的、不明智的言论为余先生的言论提供了获得受众的土壤。更具体地说，造成这种局面与一些前辈散文诗人对于散文诗认识的模糊与不自信有关。且不说鲁迅先生对于《野草》写作的感受："有了小感触。就写些短文，夸大点说，就是散文诗，以后印成一本，谓之《野草》。"① 这段话我们无论怎么看都可以理解为鲁迅先生自谦的表现，但同时也不能否定鲁迅先生在这里对于散文诗这种文体自觉依然模糊不清。当然即使这样，并不会影响到《野草》作为中国散文诗之里程碑的存在意义。问题是后来的发展过程中人们只抓住"小感触"说事，却忘记了其中承载着时代大悲痛是鲁迅先生"小感触"背后巨大的叙事背景。这就造成了几十年来散文诗创作在继承和断裂上出现了本末倒置的现象，该继承的没有得到继承，该断裂的没有被扬弃。比如，郭风在《叶笛集》后记中写道："写作时，有的作品不知怎的我起初把它写成'诗'——说得明白一点，起初还是分行写的；看看实在不像诗，索性把句子连接起来，按文章分段，成为散文。"② 而柯蓝则企图创建他所认定的散文诗美学特征：以小见大，短小精美。③ 鲁迅对于《野草》文体的模糊以及"小感触"之"小"的谦虚表达，这些表面上的东西被放大到作为散文诗的写作态度和美学特征被言说或者提倡。几

---

① 鲁迅：《南腔北调集·〈自选集〉自序》，载《鲁迅全集》第4卷，人民文学出版社1981年版，第456页。

② 郭风：《叶笛集》，作家出版社1959年版。

③ 柯蓝：《散文诗杂感》，《文汇报》1981年2月21日。

十年来，作为散文诗坛代表性作家都如此不明确自己要写什么，在写什么，或者都如此不自信或者那么缺少自知，散文诗还能期望得到别人公正的评价吗？

不过，有关散文诗文体认识问题，不仅仅中国的现状这样，在我们的邻邦日本也存在相同的现象。日本著名散文诗人粕谷荣市先生在散文诗的创作谈中也表达了相似的感受："长期以来写散文诗，近四十年了。然而，没有一次想到是在写'散文诗'。是想写诗的，自然地成为那样（散文诗）了。也许这就是所谓的不中用吧！为了自由，至少可以说，写作的时候我希望是自由的。就这样，不知不觉地采用了这种形式。这就是我的理由。"① 而在这章散文诗刊载的同一期杂志上，另一位散文诗人高桥淳四先生也同样拒绝承认自己是在写散文诗，他说自己只是根据内在节奏而需要句子的长短表现，所以，自己的作品被当作散文诗，而自己没有打算写散文诗，而是在写诗，② 等等。看来，无论中国还是外国，对于散文诗的写作，都存在着不自觉的、模糊的认识倾向。就是作者自身的这种非自觉写作，为那些否定散文诗的观点提供了滋生与存活的土壤。

然而，从中国当代的散文诗创作情况来看，这种非自觉的散文诗创作历史应该可以画上句号了。许多作者不再是想写新诗而写成了散文诗，而是自觉地、明确地要创作散文诗。特别是一些两栖性的作者，他们一方面从事新诗写作，另一方面明确地以区别于新诗创作不同的情感、思维驾驭方式、有意识地要写散文诗，并且能够比较清醒地意识到自己所采用的两种体裁在表现手法上是不一样的。这应该就是林以亮先生所说的"一种不可避免的内在的需要"，或者王光明先生所谈到的那样，应该写成新诗的内容，就不会为了追求自由而写成了散文诗的形式。这句话反过来也可以说，应该是散文诗就不可以采用新诗的写法，所以，像上述那些非自觉写作者那样，写自由诗因为不像成了散文诗，不可能从自由诗变成了散文诗。

---

① 粕谷荣市为散文诗《月明》所附的散文诗观，参见《现代诗手帖》，（东京）思潮社 1993年第 10 期。

② 高桥淳四为《天使》所附的散文诗观，参见《现代诗手帖》，（东京）思潮社 1993 年第 10 期。

总之，那些对于散文诗认识模糊的作者，不可能写出真正的好散文诗。也许，这是散文诗这种体裁处于草创、萌芽阶段所要走的一段必然的摸索路程。而在当今的中国文坛，这个阶段应该可以宣告结束了。散文诗的文体美学确立、创作繁荣的时代正静悄悄地开始了。

## 五、散文诗的可能性

所以，作为散文诗这种文体的探索者、实践者，我们根据自己的创作经验，绝不赞同散文诗像余光中先生所说的那样"兼具两者的弱点"，恰恰相反，它可以兼具两者甚至所有文学艺术的优点。正因为这样，我们觉得有必要替余先生纠正他的偏执，让他在现代中国诗坛更能显示出其存在的从容与大气。从中国现代诗的发展历史来看，余先生多少也可以算是我们这些后辈们的老师，他所追求的如何处理横的移植与纵的继承的关系，寻求中国诗歌从传统向现代的过度的探索都值得我们借鉴。恰恰因为我们敬重他的贡献，才需要纠正他的这种极其肤浅的认识，把他的观点提出来进行商榷。那么，笔者的结论是：散文诗不仅可以兼具散文和诗的优点，甚至可以吸收所有文学艺术中的精华元素来发展自己。

笔者的这种观点，不仅只是许多创作实践者来自于创作过程的切身感受，对于散文诗潜在的美学可能性，著名文学理论家谢冕先生也早已注意到了这个问题。他在1985年写的一篇题为《散文诗的世界》文章中精辟地指出："散文诗的'两栖性'便成了它在文学体系中的特殊的一种身份。它的'双重性格'使它有可能兼采诗和散文之所长（如诗对对象表达的精粹和飞腾的幻想性以及散文的流动、潇洒等），摒除诗和散文之所短（如诗的过于追求精炼而不能自如地表达以及诗律的约束，散文一般易于产生的散漫和松弛等）。在诗歌的较为严谨的格式面前，散文诗以无拘束的自由感而呈现为优越；在散文的'散'前面，它又以特有的精炼和充分诗意的表达而呈现为优越。在全部文学艺术品类中，像散文诗这样同时受到两种文体的承认和'钟爱'、同时存在于两个不同的环境中而又回避了它们各自局限的现象，大概是罕有的。这一特殊的地位，无疑为散文诗的生存和发展，提供了有力的保证。"① 笔者认为这是一位文学理论大家令人信服的敏锐眼光。

不过，笔者觉得还应该补充一些谢冕先生未曾论及的问题。一直以来，我们总是把散文诗当作散文和诗的结合，正因为如此，有些前辈就认为它是"美丽的混血儿"（王幅明）。笔者认为散文诗不是两者的结合，散文诗完全超越了这两者的存在，它是一个可以包容所有文学艺术中精华的元素来铸就自己的美学品格的文体。如戏剧一样，音乐、美术、诗歌、散文、小说等要素融为一体成就了戏剧这门艺术。所以，说散文诗"非驴非马"也许对，但它本来并非驴（散文）和马（诗）的杂交而诞生的骡子这一点必须明确。我们如果把文学进行大的分类的话，传统的看法无非只有诗歌（有韵文学）、散文（无韵文学）、小说（故事文学）三种。笔者认为散文诗的内在情绪节奏接近于传统的韵律，这就决定了它应该归入传统意义上的诗歌范畴，当然不是现代意义的新诗，也不是散文，更不是诗和散文结合的产物，为了区别这些，"我们"散文诗群使用了"大诗歌"的概念。因为它作为一种具备内在情绪节奏特质的文体，其本质上完全可以在创作中吸收音乐的节奏和旋律，散文的自由与从容，诗歌的意象与象征，小说的叙事与细节，戏剧的场景设置与情节安排，美术的构图、图像与色彩，光与影、泼墨与留白等手法，尽可能以精炼的文字，自由地绽放生命的展开机制，通过场景、细节、象征、情绪浓淡、节奏的舒缓等有机的诗化结构处理等，创造出一种既超越于单纯地为追求精炼而隐藏，为了分行而跳跃的新诗，又区别于松散、冗长、拖泥带水的叙事散文以及浅白直抒、单纯平面的抒情散文，使散文诗展现出具备立体审美可能性的、全新的、综合现代各种艺术技巧于一身的，属于现代意义的、具有内在韵律节奏的"大诗歌"范畴中的一种文体。特别是随着全球化时代的到来，快餐文化的普及和流行，人们的日常生活越来越被时间的因素所左右，那么，长篇大论的大部头小说将越来越被速度心理所拒绝，而散文诗恰恰可以把一些生命的具体场景和细节进行诗化的处理，浓缩成一篇精美的生命与情感律动的文字，可以预见，在未来的社会里它被更为广泛地接受。

---

① 谢冕：《散文诗的世界》，《散文世界》1985 年第 10 期。

所以，笔者一方面认同谢冕先生的观点，那是来自于自己创作经验所带来的强烈共鸣。同时，也承认中国散文诗九十多年来发展滞后于新诗的创作成就，散文诗的探索还远远不够，自身的突破尚且远远不足，谢冕先生为散文诗所作的美学定位还远远没有抵达，更不用说已经抵达聚各种文学艺术精华于一身的、具备立体审美可能性的"大诗歌"了。然而，笔者坚信谢冕先生是对的，当代的散文诗创作，正在通过各种探索逐渐趋近这种美学高度。这种高度的抵达需要生命与审美的极致飞翔，并且绝非一朝一夕之功，而需要几代人的努力。更进一步，笔者甚至要大胆展望，今天中国文坛的关于散文诗这种文体的一切美学探索实践，在将来的文学历史中，将有可能会绽放出具有世界性意义的意义。因为据笔者所知，当今的世界，只有中国人把这种体裁作为一种独立的文体，并有许多人正在进行着不懈的探索。

——本文刊载《梧州学院学报》2010 年 10 月第 20 卷第 5 期

# 散文诗身份尴尬的现状与成因

自从 1917 年刘半农在《我之文学改良观》中使用"散文诗"这个概念以来，散文诗的身份问题至今没有得到解决。也许我们可以否定散文诗不存在"身份尴尬"或者"身份焦虑"的问题，即散文诗作为中国现代文学史上追求诗体解放之诗歌运动的一部分，其本身就是一种独立的文学体裁，哪来的"身份尴尬"问题？确实，只要我们把它作为一种独立的文学体裁，所谓的"身份尴尬"问题自然地就成了伪命题。然而，现在从事散文诗创作的大部分作者都把散文诗当作一种独立的文学体裁探索追求，而理论界的一些重要的学者、如著名诗歌理论家谢冕、王光明等也都认为散文诗是新文学的一种，给予了"独立"的认定，可为什么长期以来散文诗总备受冷遇？正如谢冕所说："在中国文学史中的地位并不高，它在很大程度上受到了忽视"。①根据谢冕的观点，这可能是由于散文诗属于"两栖文体"的缘故。既然说到"两栖"，自然就涉及分类问题，有分类就自然要面临身份的确认。那么，即使我们坚持不承认散文诗有"身份尴尬"问题的存在，而在现实中又为什么却处处遭遇这种尴尬呢？本文拟就这个问题的现状及其成因进行一些简单的探讨。

## 一、在形式似乎比内容更为重要的现实面前

根据一般的文体分类，从外在表现形式上划分是最常用的标准。所以，

---

① 谢冕：《散文诗随想》，《散文诗》1999 年第 7 期。

诗歌与散文的区别，往往只是以分行为诗歌、不分行就是散文来归类。正是为了这种分类法的需要，有些新诗作品，明明只是一句完整的话，说是为了情感、节奏的需要而被故意改成两行甚至三行或者更多，这样从外观上看就能归到诗歌一类。而散文的外在特点当然是不分行，以段落与段落的形式展开具体的内容，从形式上看自然就与诗歌的分行方式区分开来。其实，如果严格地按内容进行文体分类，有些"诗歌"即使分行了，其叙事、抒情、表现等艺术内涵还是散文，不是诗；而有些较短的抒情散文，如果做一些简单的分行处理，远比一些所谓的诗歌更具张力，更接近诗。正如有些人写了一辈子诗却不是真正意义上的诗人，而有的人一生不写诗却更接近诗人的气质一样。虽然许多人都懂得这个道理，但人们却习惯地只把写诗的人称为诗人，不写诗的人不可能获得如此殊荣。诗歌界也如此，往往只是从形式上来区分散文和诗歌并进行相应的归类，很少有人愿意从内容上进行严格意义上的本质区分。本来作为一种存在，其作为存在的内容更为重要，且是根本。然而从现实看来，有时却似乎形式比内容更为重要，特别是为了辨认、归类等需要，形式更是不可忽视的要素。因此，写作者如果要挑战某种人们习以为常、约定俗成的形式，从而能够获得突破与创新意义认可的总是极为少数，往往只在未来人们的时间里才得见天日，因为理论总是滞后于作品。所以，在挑战者、探索者在场的时间里，这种探索往往只能忍受寂寞与孤独的命运。

散文诗的存在就是如此，按照现有的文体分类、无论诗歌的分行与散文的不分行都无法收容散文诗。在这种境况下，本来应该把其作为独立文体，另立分类。比如王光明认为"散文诗在本质上是属于抒情诗的"。但是"本质上的类似，并不等于功能的一致"。由于散文诗的功能是能够"负载比抒情诗需要'多得多的自由、细节'"，这种功能的不同，正是散文诗作为一种"独立文体存在的价值与意义"[1]。然而，这种声音在当今的理论界还过于弱小，而仅仅把本质与功能分开把握，还不足以为散文诗的独立意义获得足够的理由佐证。所以，至今为止一般的观点基本都是把散

---

[1] 参见王光明：《散文诗的世界》，长江文艺出版社 1987 年版，第 34—35 页。

文诗归入诗歌的一种，只承认其"本质上是诗"的认定。比如谢冕认为："它始终属于诗的，它与诗的关系，散文其外，诗其内，是貌合神离的。"①可是，诗歌界却仍然不承认散文诗属于其家族的一员。而纵观散文诗的发展史，散文诗的身份尴尬，正是发生在这种把散文诗作为诗歌的归属性认定之上。

从中国第一章散文诗《月夜》（沈尹默）②的发表（《新青年》1918 年第 1 期）至今已经近一百年了，从其诞生时期不难看出与分行新诗基本是同时出现在五四新文化运动的现代文学史舞台上，是追求诗体解放的产物。然而，在后来的发展过程中，分行的新诗成为从古典汉诗中解放出来的现代汉诗即"自由诗"的嫡系，同样是源于"诗体解放"的追求而出现的散文诗却逐渐被人们疏远，乃至后来被主流文学话语冷落了几十年。这种现象的产生有各种因素混在其中，但绝对不能否定其中存在着由于两者"表现形式"不同所带来的结果。其实，关于《月夜》这章散文诗，我们现在可以看到两种版本，一种是分行形式、一种是不分行形式。最初在《新青年》上发表的是分行的形式："寒风呼呼地吹着，／一月光明明的照着。／我和一株顶高的树并排立着，／一却没有靠着。"（一符号表示分行后退一格，为笔者所加）为此，根据王光明的观点，这只是一首"四行的押韵小诗……是草创时期带着散文化特点的自由体新诗"，把其作为"第一首散文诗"有失偏颇，第一首散文诗应是刘半农的《晓》。③确实，从形式上看，《晓》是一首不分行的作品，形式上作为散文诗更具说服力。而《月夜》却追求每一句末以"着"押韵，即使变成了不分行，也不应该当作散文诗。然而，不知道是否受此形式问题的影响，我们后来看到的沈尹默诗歌选集，只看到不分行形式的《月夜》："寒风呼呼地吹着，月光明明的照着。我和一株顶高的树并排立着，却没有靠着"。这是否源于愚庵把《月夜》作为"第一首散文诗"评语的影响，

①　谢冕：《散文诗》，载《北京书简》，人民文学出版社 1981 年版。转引自王光明：《散文诗的世界》，长江文艺出版社 1987 年版，第 30 页。

②　参见《新诗年选》（1922）愚庵对《月夜》的评语，转引自王光明：《散文诗的世界》，长江文艺出版社 1987 年版，第 93 页。

③　参见王光明：《散文诗的世界》，长江文艺出版社 1987 年版，第 93 页。

　　为了确保这种评价的合法性，在什么时候？是沈尹默本人还是别人把《月夜》改成了不分行呢？[1] 这是一个饶有意味的问题。但无论这是谁干的事情，这种现象已足以说明人们对于表现"形式"的重视。

　　按照王光明的说法，散文诗是化合了"诗的表现性与散文的描述性"的文体。[2] 这种表现过于抽象、笼统，不好理解。具体一点说，散文诗在形式上接近散文，以段的铺展为主，行的跳跃为辅；而在内容上却主要采用诗歌的表现，除了不可缺少的意象手法的运用之外，其中细节性、场景性、故事性等内容，也都是通过意象、意蕴、象征、寓言等因素的叠合，形成意象性细节或场景，并让这些细节、场景在跳跃性展开中重构世界，呈现抒情或者叙事的审美场域。正是这种形式与内容与一般文体划分规则的背离，曾招来了"非驴非马"（余光中）的诟病，对于习惯了以形式为标准的大多数分行诗作者和读者来说，很容易把她从诗歌的家族中除名。[3] 可是散文诗到了散文领域其遭遇却相反，与分行诗领域从形式上归类不同，散文家族则从内容上判断散文诗。由于散文诗与一般的散文表现手法很不同，不需要完整的情节、细节、故事性、场景性等内容，或抒情或叙事都在跳跃性、寓言性、象征性等聚焦式片段中展开，让读者在跳跃的留白处自我完成内在的完整内容的补充等，所以阅读散文诗要求读者必须具备较强的审美重构能力。根据波特莱尔的说法，在这种作品中"一切都既是头又是尾，轮流交替，互为头尾……不把读者的意志系在一根多余情节没完没了的线

---

[1]　笔者尚未找到 1922 年《新诗年选》进行确认，究竟《新诗年选》上是不是分行形式，按理说既然是"年选"，就应该按照杂志上发表的原样选入。如果这样，为什么愚庵把其作为"第一首散文诗"呢？大概是因为在当时无论分行诗还是不分行散文诗，都是作为"自由诗"来看待的未分化历史时期的原因所致。那么，后来怎么变成不分行的呢？究竟什么时候开始变成了不分行？谁所为？笔者尚未找到确切的依据。

[2]　参见王光明：《散文诗的世界》，长江文艺出版社 1987 年版，第 44 页。

[3]　据吴思敬教授介绍，《中国新诗总系》（谢冕总主编，人民文学出版社 2010 年版）在讨论编选方针时，"编委会经过了多次讨论，认为新诗的最后形式标志，就是分行，所以分行是新诗确认自身身份的底线，也是编委们讨论认为必须坚守的底线，因此，《中国新诗总系》才没有收入散文诗"。很显然，这里是以"分行与不分行"作为最低判断标准选稿，从而造成把散文诗从 100 年中国新诗发展史中删除的结果。（参见陈培浩：《文体、历史和当代视野中的中国散文诗》，《伊犁晚报》2012 年 1 月 11 日）

上"。① 由于在表现（内容）中尽可能最大限度地为读者留下审美重构空间，这是属于诗歌文学的特点，所以，散文领域同样拒绝承认散文诗与自己同族。就这样，散文诗既不被分行诗所认领，又得不到散文的接受、即所谓的"两栖性"，漂泊在两者之间。在追求形式重要于判断内容的现实中，长期以来它成了杂志、报纸填补空白处的花边文学。

当然，面对这种生存现状，散文诗完全可以考虑自立门户，追求作为一种独立的文学体裁而存在。可是长期以来，散文诗写作者要么只是不自觉采用了这种体裁写作；要么只是在自觉中非自觉写出了散文诗，尽管一开始就诞生了极其重要的作品、如《巴黎的忧郁》、《野草》等，却由于他们缺少真正意义的文体自觉，其所建构的艺术表现技巧无法得到应有的传承。那么，人们所追求的散文诗的文体独立只能是一种主观梦想，而现实中仍然无法摆脱等待着或诗歌、或散文给予认领的命运。

## 二、徘徊在自觉与非自觉之间的散文诗创作

一般认为，真正意义上的散文诗首创者应该是法国 19 世纪著名诗人波特莱尔。这是因为法国在波特莱尔去世两年之后的 1869 年，结集出版了他的一本"描写现代生活，更确切地说，是一种更抽象的现代生活"的小书"《巴黎的忧郁》（小散文诗）"。他在首篇献辞《阿尔塞·胡塞》中谈道自己是受到阿洛修斯·贝特朗（19 世纪初法国诗人）《黑夜的卡斯帕尔》的影响，试着模仿这位诗人描绘古代生活的奇特而别致的方式来描绘"一种更为抽象的现代生活"②。如果我们从这种叙述来看，显然贝特朗更早采用与这种类似的形式写作。但贝特朗所写的是"古代生活"，与企图描绘"现代生活"的波特莱尔不同，且其友人在贝特朗死后帮其整理出版《黑夜的卡斯帕尔》时也没有把其冠以"散文诗"之名，尽管这本书被波特莱尔当作"神秘辉煌的

---

① ［法］波特莱尔：《给阿尔塞·胡塞》，载《恶之花——巴黎的忧郁》，郭宏安译，上海人民出版社 2008 年版，第 425 页。

② ［法］波特莱尔：《恶之花——巴黎的忧郁》，郭宏安译，上海人民出版社 2008 年版，第 425 页。

榜样"，从而激发出"雄心勃发的日子"而写类似的东西，但波特莱尔最终却感到《巴黎的忧郁》是区别于贝特朗的作品之"特别不同的玩意儿"①，也因此《巴黎的忧郁》出版时在其书名后面用括弧形式，补充标明这是"小散文诗"，所以学术界一般把波特莱尔作为真正意义散文诗的首创者。②

从上述情况看，关于"散文诗"的命名究竟是不是波特莱尔的版权也值得商榷，因为究竟"小散文诗"是不是他自己的命名不得而知，因为《巴黎的忧郁》的出版是在他死后。如果仅从他在此书卷首的献辞《阿尔塞·胡塞》来看，他只是为了"梦想着一种诗意散文的奇迹"而创作，这种不明体裁的作品"没有节奏和韵律而有音乐性，相当灵活，相当生硬，足以适合灵魂充满激情的运动，梦幻的起伏和意识的惊厥……这种萦绕心灵的理想尤其产生于出入大城市和它们的无数关系的交织之中。"③ 所以他想"写成一首歌"，是要把这种情绪"表达在一种抒情散文中"。从这种表达中我们也可以推断，也有可能是他死后人们根据他所说的"诗意散文"、"写成一首歌"、"抒情散文"等，把他的这种崭新的体裁赋予了"小散文诗"之名。如果事实这样，很显然，波特莱尔在创作《巴黎的忧郁》的时候，并不是明确地要写"散文诗"；即使这个名称就是他自己命名的，他当时对于这种文体究竟是什么也是拿捏不准的，所以在献辞中没有使用"小散文诗"这个概念。那么《巴黎的忧郁》的表现形式，也只能算是一种不具备真正意义的散文诗文体自觉的创作。因为波特莱尔当时出发点只是尝试着模仿贝特朗作品之"奇

① ［法］波特莱尔：《恶之花——巴黎的忧郁》，郭宏安译，上海人民出版社 2008 年版，第 426 页。

② 当然，至今文学界仍有一些人认为第一个散文诗作家是法国的阿洛修斯·贝特朗，因为他一生写下了 64 篇散文诗，在 1841 年他死后由其友人为之结集出版，所以世界上第一本散文诗集是《黑夜的卡斯帕尔》（又译为《夜晚的加斯巴尔》）。波特莱尔是受贝特朗的影响，开始有意进行类似形式的创作，他的散文诗集《巴黎的忧郁》出版于 1869 年，比贝特朗的作品集迟了二十多年。之后，法国出现了大批的散文诗作家和作品。19 世纪末，散文诗首先出现在英国，接着俄国、德国、美国、印度、黎巴嫩、日本也兴起了散文诗。（参见彭燕郊：《拉丁美洲散文诗选·序》，花城出版社 2007 年版；田景丰：《当代散文诗发展概略》，《散文诗世界》2006 年第 6 期等。

③ ［法］波特莱尔：《恶之花——巴黎的忧郁》，郭宏安译，上海人民出版社 2008 年版，第 425—426 页。

特的别致的方式",企图在自己笔下实践"梦想着一种诗意散文的奇迹",其结果写出了现在我们看到的《巴黎的忧郁》这样作品,仅此而已。

当然,针对波特莱尔是否"自觉"地进行着散文诗的创作,许多人会有不同意见。比如,中国第一本散文诗论著的作者王光明就认为:"第一个使用'小散文诗'这个名称,并自觉用这种体裁进行创作的人是波特莱尔。"① 在他的注释中可以发现,他是沿用了徐志摩、滕固、李健吾、林以亮、柳鸣久等前辈的观点。确实,我们在滕固《论散文诗》中可以看到:"最先用这个名词,算是法国波特莱尔,所以法文叫 Petits poimeson prose",② 林以亮在《论散文诗》中也说:"第一个正式用'小散文诗'这个名词,和有意地采用这种体裁的形式的是波特莱尔"③ 等。对于这个问题,大家基本异口同声说是波特莱尔第一个使用这个名称,并进而肯定他是"自觉地"或者"有意地"进行这种创作。可是,我们从卷首的献辞《阿尔塞·胡塞》中却没有看到"散文诗"的表现,只是说"我给您寄去一本小书,……这里的一切都即是头又是尾,轮流交替,互为头尾","每一块都可以独立存在",是区别于贝特朗作品的、一种"特别不同的玩文儿",这段话可以作为其非自觉创作的一种佐证,说明《巴黎的忧郁》充其量只是一种自发性创作的产物。真正意义上的自觉创作需要明确自己要以什么形式(体裁)进行创作,而自发的创作只需要源于内在的需要,根据内在的需要自然地产生与这种需要相适合的作品即可。波特莱尔说他是要写出"足以适应灵魂的充满激情的运动,梦幻的起伏和意识的惊厥"的那种东西,很明确这是根据作者内在需要自然而然(即自发)产生了被后来的人们称作"散文诗"的这种体裁。所以,笔者认为波特莱尔的《巴黎的忧郁》只是一部在自发状态下写成的散文诗作品集,并非一种自觉的散文诗创作的产物。即使退一步说,那也只是一种"自觉状态下的非自觉"的产物。也就是说"自觉"地模

---

① 王光明:《散文诗的世界》,长江文艺出版社 1987 年版,第 16 页。
② 转引自王幅明主编:《中国散文诗 90 年(1918—1997)·下卷》,河南文艺出版社 2007 年版,第 1202 页。
③ 转引自王幅明主编:《中国散文诗 90 年(1918—1997)·下卷》,河南文艺出版社 2007 年版,第 1213 页。

仿贝特朗，要写出区别于《恶之花》那样分行并有押韵的表现形式，其结果诞生了"非自觉"的，又区别于贝特朗那样的作品——《巴黎的忧郁》。

其实，这种在自觉与非自觉之间徘徊的散文诗创作现象，在后来的散文诗发展史上一直持续存在着，许多作者往往最初不是明确要写散文诗而创作的，只是写作过程中不知道这是一种什么体裁而权且采用了"散文诗"这个名称。比如，鲁迅的《野草》就是这样，他在《野草》的"自序"中说："有了小感触，就写些短文，夸大点说，就是散文诗，以后印成一本，谓之《野草》。"① 而日本散文诗人粕谷荣市讲得更为明确："长期以来写散文诗，近四十年了。然而，没有一次想到是在写'散文诗'。是想写诗的，自然地成为那样了。也许这就是所谓的不中用吧！为了自由，至少可以说，写作的时候我希望是自由的。就这样，不知不觉地采用了这种形式。"② 与日本这位诗人有相近经验的是我国50年代以后代表性散文诗人郭风，他说："写作时，有的作品不知怎的我起初把它写成'诗'——说明白一点，起初还是分行写的；看看实在不像诗，索性把句子连接起来，按文章分段，成为散文。"③ 以上这些作者虽然都留下了重要的散文诗作品，却不是自觉地要写散文诗，而是根据内心的需要而创作，最终却写出了散文诗作品。就这样，大多数散文诗作者，只是徘徊在自觉与非自觉之间甚至一些人开始就没有写散文诗的自觉进行着属于散文诗的创作。

正是存在于散文诗创作中这种自觉与非自觉的现象，造成了人们对于散文诗究竟是一种怎样的文学体裁无法达到最基本的共识。所谓最基本，就是说这种体裁究竟是诗歌还是散文？还是这之外的另一种独立体裁？如果作为独立文学体裁，它应该具备怎样的固有美学特质？读者们该如何辨别这种特征？作者应该如何有意识地、自觉地按照其基本的美学原则进行相应的创作？等等。这些在散文诗诞生一百多年来都没有得到足够的确认与人们的正

---

① 鲁迅：《南腔北调集·〈自选集〉自序》，载《鲁迅全集》第4卷，人民文学出版社1981年版，第456页。

② ［日］粕谷荣市：《月明·散文诗观》，参见《现代诗手帖》，（东京）思潮社1993年第10期。

③ 郭风：《叶笛集·后记》，作家出版社1959年版。

视。这应该是散文诗的身份一直得不到主流文学话语认同的原因之一。所以，造成散文诗"身份尴尬"的直接原因，不得不说首先就是源于作者们对此长期以来的自觉模糊所致。这就造成了一部分作者虽然在写散文诗，却不承认自己的作品属于散文诗。比如日本诗人高桥淳四就拒绝承认自己的作品是散文诗，他认为自己的作品只是根据内在节奏的需要而变成长短句不同的表现，被当作散文诗是别人的事情，而他自己从来没有打算写散文诗，只是在写诗。① 而我国著名诗人昌耀的晚年作品、西川的近年许多作品基本上都可以归入散文诗，可他们本人却不认为或者没有意识到自己是在写散文诗。

## 三、缺少基本共识状态下的散文诗命运

前述这种存在于散文诗作者内部的问题，直接影响了来自外部的评价和认识。有一个著名的言论就是余光中对于散文诗的诟病，他说："在一切文体中，最可厌的莫过于所谓的'散文诗'了。这是一种高不成低不就，非驴非马的东西。它是一匹不名誉的骡子，一个阴阳人，一只半人半羊的faun。往往，它缺乏两者的美德，但兼具两者的弱点。往往，它没有诗的紧凑和散文的从容，却留下前者的空洞和后者的松散。"② 余光中的这种偏见，影响了许多人的散文诗观。一些根本就是末流甚至连末流都算不上的所谓的诗人，也总是以"非驴非马"的眼光看待散文诗。而理论界对于散文诗的看法也不客观，更不能说一致。比如，前述《中国新诗总系》（10卷），就出现了这种不客观、不一致的现象。据说对于散文诗是否入选的问题，编委会讨论了几次，最终决定以是否分行作为最低限度的新诗判断标准，因为散文诗在形式上不分行，所以就不收入这套代表中国现当代百年的诗歌总系。③ 可

---

① ［日］高桥淳四：《天使·散文诗观》，参见《现代诗手帖》，（东京）思潮社1993年第10期。

② 余光中：《剪掉散文的辫子》，载《寂寞的人坐着看花》，中国书籍出版社1998年版，第157页。

③ 参见陈培浩：《文体、历史和当代视野中的中国散文诗》，《伊犁晚报》2012年1月11日。论文中吴思敬教授对灵焚提出散文诗遭遇理论界"冷暴力"说法的回应。

是，有趣的是，这种编选方针并没有得到彻底的贯彻，由洪子诚编选的第五卷中，就选入了台湾诗人管管、商禽、痖弦等人的散文诗，其中商禽的《长颈鹿》最为著名。① 而张桃洲编选的第八卷也存在这种现象，其中昌耀的作品中有四首（章）、西川的《致敬》组诗（章）也都是不分行的作品却被选入。② 与此不同，由王光明编选的第七卷却是严格按照"编委会方针"，确实做到了一章散文诗也没有选，③ 可问题是他这么做却明显地与自己的关于散文诗的立场相悖。因为他始终认为散文诗是一种独立的文学体裁，但是归属于诗歌文学，比如他的代表作《现代汉诗的百年演变》中，专门辟出一章《散文诗的历程》来写散文诗。④ 如果散文诗属于现代诗歌文学的一部分，那么，作为现代汉诗一百年总结的《中国新诗总系》中应该把散文诗作为其中的一部分选入才是，然而，他似乎是为了遵循编委会的编选方针，却让自己陷入自相矛盾之中。即使我们不把王光明的编选当作一种自相矛盾，而认为散文诗是"诗的变体"、"始终是属于诗"的谢冕总主编，也难以自圆其说。以上现象说明，散文诗的身份尴尬不仅仅只是散文诗的归属问题，还让理论界的一些学者同样无法逃脱立场尴尬的窘境。

刚才说"不把王光明的编选当作一种自相矛盾"，笔者是想，如果从另外的角度来看，他的这种立场也可以理解为对于散文诗存在的良苦用心，是他对散文诗的独立无法释怀的坚持的体现。因为他坚持认为散文诗应该是独立的文体，所以，不应该在新诗中寻求身份认领。王光明关于散文诗的独立性观点很让人振奋，他说："散文诗不是散文化的诗，也不是诗的散文化；那种认为散文诗的好处是比诗解放、不受约束的流行观念也是表面的、肤浅的。散文诗不是为了自由解放而自由解放、避难就易的乖巧文体；恰恰相反，它是深沉感应现代人类内心意识和情感律动的独立文学品种。散文诗是既体现了诗的内涵又容纳了有诗意的散文性细节、化合了诗的表现手段和散

① 参见《中国新诗总系》第五卷，人民文学出版社 2010 年版，第 328—331、340—341、345、377 页。

② 参见《中国新诗总系》第八卷，人民文学出版社 2010 年版，第 8、11—15、107—118 页。

③ 参见《中国新诗总系》第七卷，人民文学出版社 2010 年版。

④ 参见王光明：《现代汉诗的百年演变》，河北人民出版社 2003 年版，第 163—182 页。

文描述手段的某些特征的一种抒情文学体裁。"① 其实在《散文诗的世界》一书中的这段话,是他写于 1982 年 9 月,发表于《福建文学》(1983 年第 2 期)上的一篇《关于散文诗的特征》文章的修订稿,这篇修订稿完成于 1985 年 7 月。正是这一年,谢冕也写了一篇《散文诗的世界》,发表在《散文世界》1985 年第 10 期上(王光明的这本散文诗论著的书名,就是借用了谢冕的这篇文章名)。从文章发表的刊物《散文世界》看,多少也折射出当时人们对于散文诗身份归属的不一致。谢冕在文章中指出散文诗的"两栖性"特征,同样发出了令人鼓舞的断言:"它的'双重性格'使它可能兼采诗和散文之所长(如诗对对象表达的精粹和飞腾的幻想性,以及散文的流动、潇洒等),摒除诗和散文之所短(如诗的过于追求精炼而不能自如地表达以及诗律的约束,散文一般易于产生的散漫和松弛等)。"根据王幅明在《中国散文诗 90 年(1918—1997)》的"导言"——《寂寞而又美丽的九十年》中我们可以了解到:"1984 年是中国散文诗历史上不同寻常的一年。其标志是中国散文诗学会在北京成立。成立全国性散文诗作家学术性团体,这不仅在中国,在世界可能都是第一次。"② 在这样令人鼓舞的现实面前,人的激情是很容易被点燃的。王光明在论著的"后记"中也谈到自己的感受:"如今,我国散文诗已经进入它有史以来最为繁荣的新时期。"③

然而,王光明对于散文诗美学特征的梳理与作为独立文体的论断都是建立在经典散文诗文本《巴黎的忧郁》、《野草》等研究之上的,而新时期的繁荣却很快让他感到了失望,这在他 1989 年为拙著《情人》所做的"序言"中可以找到其心境的印证:"面对近年令人眼花缭乱的散文诗繁荣景观,我有一种沉默的时候觉得充实,开口时反而感到空虚的感觉。"④ 常言道:"巧妇难为无米之炊",新时期散文诗的文本,无法满足王光明的理论框架,他

---

① 参见王光明:《散文诗的世界》,长江文艺出版社 1987 年版,第 45 页。
② 王幅明主编:《中国散文诗 90 年(1918—1997)·上卷》,河南文艺出版社 2007 年版,第 19 页。
③ 王光明:《散文诗的世界》,长江文艺出版社 1987 年版,第 239 页。
④ 王光明:《悲壮的突围——序灵焚散文诗集〈情人〉》,参见灵焚:《情人》,海峡文艺出版社 1990 年版,第 1 页。

的理论成果，来自于早期散文诗文本的支撑，特别是《野草》、《巴黎的忧郁》的美学高度。我们可以从他的《散文诗：〈野草〉传统的中断》一文得到佐证。他说："20 世纪 30 年代之后，中国散文诗近半个世纪由内向外，由城市心态向乡村景象，由象征到写实，由复杂到简单的艺术转变"。这种转变体现在作者"把内容、信息、政治要求高悬于艺术形式的要求之上，努力想把较广阔的社会现实和更广阔的社会经验意识纳进一切艺术的形式结构之中"，这样的作品"无法创造一个既体现着自我和时代，又超越自我与时代，有着自在生命结构的散文诗的艺术世界"。① 正因为如此，自这篇文章之后，他就很少谈论散文诗了。② 这个现象说明，中国的散文诗理论界企图跟上散文诗的发展步伐，然而，1985 年前后的中国散文诗坛曾一度"雷声大作"，其结果只是"七八个星天外，两三点雨山前"。人们所期待的"稻花香里说丰年，听取蛙声一片"（辛弃疾词：《西江月·西行黄沙道中》）的真正繁荣景观没有呈现。散文诗的身份尴尬怪谁呢？还是那句老话，散文诗坛自身的问题。

从上述情况看，至今为止散文诗的身份尴尬，并不在于是否需要有人认领，关键在其自身能否独立、以什么独立、如何独立的问题。如果按照黑格尔的辩证法逻辑来把握，20 世纪的中国散文诗的发展情况大概如下：处于即自存在（此在）状态下的散文诗，为了寻求独立身份从自身走出（繁荣造势），开始了对自存在（彼在）的外在检验（寻求反响），即由肯定向否定过度。然而，由于自身尚不具备坚实的、不断涌现的文本让自己足以确立，在对自性的否定性努力中恐惧丧失自身（掌声零落）的散文诗，又回到即自存在的状态（在散文诗学会内部相互加冕自醉），最终无法抵达"即自且对自"的否定之否定的肯定回归。那么，在其真正意义的独立身份得不到保障的情况下，只能陷入总是等待认领的"身份尴尬"的境遇之中，继续着自己"寂寞而又美丽"的梦。

---

① 王光明：《现代汉诗的百年演变》，河北人民出版社 2003 年版，第 192—193 页。

② 参见王光明：《悲壮的突围——序灵焚散文诗集〈情人〉》，见灵焚：《情人》，海峡文艺出版社 1990 年版，第 1 页。

　　总之，由于散文诗自诞生以来，许多最具代表性的散文诗人对于自己所创作的散文诗认识模糊，往往属于一种自发状态下非自觉地进行着散文诗创作，加上散文诗形式上采用不分行，内容上却有诗歌的手法，在缺少文体分类选项、其自身的文本发展又不足以自立类别的情况下，造成了其长期以来身份归属的尴尬。散文诗的归属不明现象至今仍然存在。一些杂志、选本的编辑，有的把其编入诗歌，而有的则编入散文，理论界也莫衷一是。正因为如此，为长期以来关于散文诗究竟"是什么"的老生常谈提供了话语空间，进一步需要讨论更为重要的散文诗应该"写什么"与"怎么写"的问题一直难以成为论说主题，从而使 20 世纪的中国散文诗发展成果甚微。无论是作品，还是理论的发展都严重滞后。谢冕所期待的那种："在诗歌的较为严谨的格式前面，散文诗以无拘无束的自由感而呈现优越；在散文的'散'前面，它又以特有的精练和充分诗意的表达而呈现为优越"的散文诗、即回避了散文与诗歌"各自的局限"① 的独立文体，只能期待新世纪的散文诗作者们自觉的追求了。确实，令人欣喜的事情发生了，进入 21 世纪，散文诗的发展出现了根本性的改观，王光明曾经所期待的繁荣，谢冕曾经所抒发的理想正在日益呈现、日渐成形……遗憾的是，新世纪已经过去了十多年，散文诗的崭新发展，还没有得到文学理论界应有的关注。

——本文刊载《诗探索》（理论版）2013 年第 4 辑

---

① 王幅明主编：《中国散文诗 90 年（1918—1997）·上卷》，河南文艺出版社 2007 年版，第 1259 页。

# 在虚构的现实中抵达远方

——谈弥唱散文诗集《复调》的审美倾向及其当下性启示

## 导言：从虚构的角度接近

"给你打电话关机了，你睡着了吗?! 但愿你一觉醒来就不烧了，又是太用功不注意身体的结果。"这是一个情境假设，你在晚上如果突然收到这样的短信，你的反应是什么? 如果你确实关机了，并且发烧了，正在睡觉，那么，这则短信也许就是发给你的，即使你不记得发短信人的电话号码是谁。然而，如果这些情况都与你无关，你还正在看着手机，也没有发烧，还没有上床休息，那你的第一反应可能是，这是一条发错的短信，迷路到自己的手机来。当然，可以想象的情形还有很多，而这种现象在现实中时有发生。上述的两种反应无论属于哪一种，都有一个潜在的前提，那就是说，收信者都相信"关机"、"发烧"、"睡觉"这些事实是真的，与是不是发生在自己的身上无关。但我们如果进一步假设，就会发现奇妙的事情，那就是如果把这条短信当作一种文学创作，它的情形就会发生根本的变化。一种观点认为这是一种真实的事件，曾经发生在作者的生命经验里，作者写作源于这种经验的记录或者重组。持这种观点的人，一定会采用从 19 世纪中叶开始至 20 世纪初的实证主义文学研究方法，对这个事件与作者之间的关系，事件发生的时间、地点、背景等进行不厌其烦的考察，努力寻求所谓的准确把握。另一种观点则不然，认为这是文学创作，这里所说的事情与作者没有必然联系，我们需要关心的应该是这段话中的文学性如何。比如，电话关机与睡觉的猜测如何得以可能? 为什么给对方打电话? 发烧的信息怎么来的? 判断对方已经睡觉了的时候发信者的心理活动怎样？最后一句带有赞扬性的责备口吻所传递的两者关系的信息如何巧妙地关联？作品的语言与故事之间的差异性、意外性得到怎样表现？等等，进行这些思考的人属于20世纪初开始于俄国的形式主义文学理论的追求者，把作者与作品割裂开来，反对实证主义文学理论对于文本的考古式解读。还有一种解读方式，那就是认为这条短信作为文学作品并未完成，是一种未定性的文本，需要收信者根据自己的生命经验补充完成。比如，在这里需要补充打电话者性别、身份的定性，这个定性是由收信者的亲友圈来决定的。而这里所说的"太用功"究竟是干什么太用功？这也是由收信者来决定其内容的。也就是说，作为一种文学作品的完成，是由读者来决定的，在这里读者由原来的被动接受文本，变成了主动的创作者。这是从20世纪60年代开始，发端于联邦德国、流行于西方的接受美学的文学批评理论。凡此种种，我们会发现，一种文本会有各种不同的诠释可能，而哪一种方法更符合文本？这需要读者根据自己的审美倾向作出的选择。

作为弥唱的读者，我一直很喜欢她的作品。她的短诗是我喜欢的，风格简洁、明丽，用词极其节俭，意象干净、到位，往往让人惊叹于其意外性、陌生性的修辞效果。在特朗斯特罗姆的短诗获得诺贝尔奖之前，弥唱就已经迷恋于短诗创作，而不是像其他诗人那样由于特朗斯特罗姆而开始热衷于短诗。散文诗集《复调》是她在短诗中不能完成的、更为丰满的汹涌。弥唱在《复调》的"后记"中写道："我首部诗集《无词歌》正躺在书桌上，那分行诗中不能倾斜的汹涌，我把它放在这些散文诗的章节里。嗯，作为另一种弹奏，它是'无词歌'未尽的旋律，是桃花之外的三月。是复调。"

然而，说实话，虽然喜欢她的作品，却总感到不知道该如何把握她的作品，阅读她的作品是一种角色设定的审美挑战。因为上述三种文学理论的方法如果单独使用，都无法很好地运用于她的文本诠释。采用实证主义的研究方法考证弥唱的作品与她的关系、产生的背景等，显然是不明智的，因为她的具体生活状况读者们所知甚少，关于诗歌的言论也很少，而作品中出现的一些场景与情景表现不仅带有人们的经验共性，有时还会让人有恍如隔世之感。这也就是一些人觉得她的作品不接地气的原因所在。那么形式主义的方法如何呢？把作品与作者本人的关系割裂，只注重文本研究，确实可以取得许多审美性收获，特别是弥唱的诗歌叙述角度新奇，其驾驭语言的能力超强，往往是匠心独运。如果仅分析文本，从诗歌语言与情感表达的关系角度解读一定会有所收获。然而，弥唱的诗歌语言极具个性化，对于如此个性化的语言，如果割裂了作品与作者之间的内在关系，显然无法分析其艺术内核之所在，其意象与情感关系的发生也就无从把握。而如果采用接受美学的方法，仅仅把其作品作为尚未定性的存在，显然也是不合理的，因为作者每一篇作品都表现出极具个人化的倾向。她的作品，许多地方只有她自己才能完成，读者们在面对她的作品所揭示的世界里重新思考自己与这个世界的关系时，弥唱的存在不只是这种思考的审美性契机，因为读者无法替代这种契机而成为主体性的存在。那么显然，要走进弥唱的世界，需要把这三种方法并用，根据不同问题采用不同的诠释方法，只有这样，才能让我们比较客观地理解弥唱的散文诗。

要三种方法并用，让笔者想起了文学作品的虚构问题。弥唱在作品中很善于虚构各种场景与心灵叙事。让看似平常的场景，通过一些虚构的内容使其情节环生，形成极强的叙事的展延性。她的作品往往首先让自己进入诗歌语言中的主体角色，然后开始自己与周遭世界的关系叙述。她的作品中"我"始终在场，而与"我"相对的你——即倾诉对象、倾听对象、审视对象也总是如影随形地出现、存在着。如果把这些叙事与作者自身的生存境遇一一对应，就会把作者作为一个极其个人化的自言自语者。然而，事实上每当我们阅读她的作品，却又觉得这不仅仅只是她的个人境遇，那是这个物质高度丰富，而人的精神世界却日益虚无的现实生存中，一些寻求生命高贵性灵魂的缩影。那里的叹息、坚守、呐喊、生命品质的追寻和呼唤等，是这个时代的普遍经验中某种共性的揭示，具有审美唤醒或精神挽留的意义。那么显然，把作者在作品中的许多叙事作为作者的非个体经验的文学虚构来把握才会更为合理。这正如本文开头笔者假设的那一条来历不明的短信一样，是把其作为现实的事件还是作为文学作品来阅读，其所产生的阅读效果是完全不同的，这也是我们日常经验中的事实。所以，本文最终决定采用"虚构"的视角，统筹前述三种文学批评理论的综合运用，以此作为解读弥唱的基本理路。

# 一、作为叙事策略的情感言说

美国诗人史蒂文斯在一篇题为《必要的天使——现实与想象文论》的文章"引言"中指出："诗人在任何时候都有一个功能，就是通过自己的思想和感觉来发现那一刻在他看来是诗歌的东西。通常他会在自己的诗歌里以诗歌本身的途径来显露他发现的东西。"其实我们打开弥唱诗集《无词歌》或者散文诗集《复调》（由于篇幅关系，本文只列举她的散文诗作品中的诗句），随处可见史蒂文斯所说的"发现"，对弥唱来说，生活场景中属于"诗歌的东西"俯拾皆是。美容院、咖啡厅、自助餐厅、卧室醒来的床上、钢琴声流淌的上午、季节（特别是秋天）、冰激凌、方块字、字条、音乐的专业名词、概念，一般的动词、形容词……这些都可以激发作者的"发现"，而她也正是通过这些生活中我们司空见惯的场景、情节、器物、景致、语言的词性等，"以诗歌本身的途径来显露他（她）发现的东西"。而在弥唱的诗歌表现的"途径"中，我们不难发现有一个共同的叙事策略，那就是无论什么内容，都是通过"情感言说"的形式，来抵达她所"发现"的在"那一刻"里向她敞开的诗意的世界。

比如，有一首写钓鱼岛事件的作品《再写九月》，像这样的作品很容易写成空洞的爱国口号，或者一种民族主义者的义愤填膺的谴责甚至谩骂。可她不是，即使这样的题材仍然采用"爱情"的表现形式，把祖国与钓鱼岛的关系、我与祖国的关系都写成一对情人般的深情相悦。日本右翼掀起的一场钓鱼岛购岛闹剧发生在"九月"，所以作者则以"九月"为关键词，诗中首先以"九月其实是天空的伤口，你生命中被季节占卜的一个漏洞？"问句来确立全诗的主题。进而关于作为中国领土一部分的钓鱼岛与祖国大陆之间在历史上归属关系，作者采用了"与你我有关的隐情充斥着陆地和海岸"来表现，在这里，两者关系中陡然出现了情人般、父子般、母子般的"你我"之隐情的身份确立。而诗歌到了最后，作者更是饱含深情地如此诉说：

给你仅有的这颗心。

把我们每一个炽炽的一颗心都捧给你。——祖国！

这够不够烘干岛屿的泪水，堵住九月的伤口？这能不能让你沉寂的额头向上，接住天空全部的雷霆以孕育彩虹？

这是正午。如果这时有风吹来，云朵会作为九月的翅膀，我们继续相爱，在心跳拥挤的地球上梦见天堂。

——《再写九月》

这最后的结句："我们继续相爱，在心跳拥挤的地球上梦见天堂"，显然是一种情人对于情人倾诉的口吻，是以爱情表现中常用的言说把祖国之爱，岛屿与大陆的关系呈现得淋漓尽致。

又如，有一首可能是写给女儿的作品《花季·冬季》，把一个母亲对于女儿的爱，通过对于正在成长中的叛逆女儿的行为与自己困惑、担心、期待、坚信等复杂的感情的对比得以饱满而感人的呈现。这里没有一句"爱"的直接表达，然而，满满的母爱跃然纸上。

从作品的情境叙述中可以知道此时的女儿一定是十六岁、即"第十六个冬季"。这是花季的年龄，那为什么是冬季？也许是女儿诞生的季节？也许是属于女儿反抗期的隐喻？因为诗中隐约可见内在的不和谐音、即"被你摔出巨响的门"关闭着早晨，在作者心中那是"忍受过冬季还将忍受春天的单薄时光"。还有"你坚硬的表情"，"你无法仰头呼吸晨间的晴朗"，以及"十六岁像一个错误，蛊惑全世界的重心"等描述，都在传达着母女之间的紧张关系。然而，这时母亲没有半句责备，只是觉得那是"你的书包太沉了，影子局促如身后剩余的时光"。这时母亲告诉我们："我越来越沉迷于追忆，在视线关闭后的黑暗里看你小小的脸灿烂的脸如何点亮人间烟火。""追忆"什么？追忆女儿天真、可爱、听话的童年、少年时光，你"小小的脸灿烂的脸"点亮过一家人的"人间烟火"，那是天伦，"那些梦境始终存有水银的质地，落到哪里都是圆满"。在这些回味、追忆之后，母亲恢复了对孩子成长的自信，即使"此时，花季里开满雪花，每一朵都有相同的名字"。"雪花"是什么？"雪花"既是冰冷的存在，又是洁白无瑕的，"像另一个我"。

所以母亲坚信，这个在花季年龄中的女儿，其成长正如瑞雪迎春："我知道，它们追赶的下一个季节，也是你的目的地。"花季然而恰遇心理冬季的女儿，她的春天，就在不远处。

按理说写母女关系，采用情感言说路径并不新奇，甚至可以说天经地义。然而，我们需要注意的是这里的情节处理，场景、叙事角度的选择：女儿的反抗期，花季年龄十六岁。面对着处在"像一个错误"年龄中的女儿，母亲以母爱的巨大包容性来承担女儿的一切叛逆，任你"踩踏我的浸染过彩虹的目光，踩过一层鸟鸣，又一层鸟鸣"。那是因为，母亲坚信那些花季里肆意挥舞的"雪花"，即洁白的叛逆者，其叛逆性行为是为了追赶下一个"目的地"，即春天到来的必然过程。这种经过了艺术化处理的内容，让一个极其个性化的家庭事件，获得了社会化的内涵。为此，如果对此文本进行实证性的阐述将会失去其公允性。我们应该注意，作者在这章作品中刻意省略了带有个性化的、排他性的具体细节，虽然诗中有摔门动作、书包沉重等场景、物象的描述，但是这些看似属于个体情境的特定性内容，其实都只是作为象征性的细节而存在，不具有作者个体性的内涵。而诗中其他的关于母女关系的叙述基本都是虚构性的叙事泛指，这样就把母女关系的描述从特定的家庭向所有的家庭的社会性扩散，获得了所有母亲与花季年龄中的女儿关系的共性回响。那么，很显然，这章作品中的事件性，是否在作者的现实生活中真正发生过，深究其事实性与否已经没有意义，也就是说，不能进行实证主义的文本研究，这样的文本，只有从形式主义的美学立场即文学性角度解读才更具备审美的意义。

如果说写祖国、写亲情的题材容易选择情感言说路径，那么，下面这章作品无论怎么说都与情感相去甚远，然而，作者仍采用情感言说策略来表现，让此诗达到奇妙的艺术效果。

我还是期盼着它们。当大片的夜色从远方袭来，当窗棂轻轻地敲打几声三月，当你的名字与历史的厚重碾过我的呼吸，我多想，掠过未知与它们相遇。

每天，我都和阳光一起走进。我小心翼翼藏在日复一日的空白处，孤单清冽。我微笑着，不断嵌入养分，保鲜一颗易碎又易蚀的水样心愿。似乎，我的生死已系在它的脖颈上。

远方，依然芳菲着梅雪。我似乎，看见一扇门在三月，如何沉重地拒绝着一只蝶。

而时光将与我相伴，等待属于我的章节。我唱不出的低音，必将暗哑着你的行板。

我静默着，在薄雾蔓延的云端，我是被你忽略的笔画，无法完成的排列。

——《方块字》

把"方块字"作为审视、审美对象，一般的情况下都会围绕"方块字"展开想象，完成创作。然而作者却不写方块字如此这般，而是通过方块字诉说爱情，这种爱情当然是指对于诗歌创作的爱。虽然方块字暂时还不能完全实现自己的艺术表达，不能圆满自己的诗情倾诉，但"时光将与我相伴，等待属于我的章节。我唱不出的低音，必将暗哑着你的行板"。因为现在的我"静默着，在薄雾蔓延的云端，我是被你忽略的笔画，无法完成的排列"，所以"我多想，掠过未知与它们相遇"。"它们"是什么？当然是"方块字"。这种初涉写作，却无法写出自己满意作品的心情，犹如一只被三月拒绝在门外的蝴蝶，"藏在日复一日的空白处，孤单清冽"地翩然。

这章散文诗，属于弥唱的早期写作，虽然其艺术性不及后来的许多佳作。但是，这里所表现出来的写作特点，是弥唱写作中贯穿始终的一种倾向，那就是情感言说叙事策略。后来的大多数作品也都是这样，比如同样是早期的作品《倒春寒》、《沙尘暴》、《微生物》等，以及之后的《植树节》、《雨夹雪》、《慢板》、《合唱》等，在此后的"纯五度"、"布鲁斯"、"慢板"几辑中的大多数作品也都是如此。可以说，任何一章作品的题目，都只是作者的情感或情绪的倒影，作者只是借用某个概念、场景、物件作为标识，以此承载属于自己，却要触及当代社会多数女性的灵魂叙事。如果从这个意义来说，理解弥唱的诗歌作品，接受美学的方法论有时是有效的。也就是说，有些作品需要读者根据自己的生命经验、生存境遇进行自主性完成是必要的。

从上面例证中引用的三章作品中，我们不难看出，作者写作中的情感言说叙事策略，都是通过场景、细节、情节的虚构性表现来达到其内在的思想与审美的展露，情感的诉求在其中既是抒情的需要，也是虚构的基点，由于虚构的运用，把现实的一切确指都引入审美性的能指，在成为审美虚指的同时，让叙事抵达比现实存在更高的真实境域。

## 二、虚构开始的地方

那么，弥唱散文诗中的这种对于虚构的钟情，究竟是怎么发生的呢？我们从《复调》中能找到的、属于弥唱的最早一章散文诗是写于 2008 年 4 月 28 日的《彼岸不要我》，在这之前她是否还写过练笔性的作品我们不得而知。因此，如果仅从这个时间来判断她的虚构现实的开始时间不一定准确，因为这里还有一个因素需要考虑，那就是作者把曾经的练笔性旧作通过修改后变成了现在的作品，而写作时间仍然保留着原来的初稿时间不变。之所以需要如此判断，因为我们从封面折页的"作者简介"中可以找到相关信息，在简介中作者告诉我们她"最初习诗"时间是 2009 年，这就说明，此前她可能有过属于心情文字类写作而并非被当作"习诗"的最初阶段。然而，即使如此，我们把后来也许被修改过的作品《彼岸不要我》作为其虚构的起点仍然可以成立。理由是：首先，如果有修改，修改过的内容一定不会太多，不然作者不需要保留原有的习作时间。其次，改动的地方也不一定就是其中我们将其作为虚构起点的这些内容。这些内容就是作品中几个关键词：我、彼岸、梦、现实。

这章作品，作为散文诗作品是当之无愧的，因为根据波特莱尔的美学界定，散文诗是一种适合于表现现代人灵魂的梦幻性惊跳的文学艺术形式，而另一个著名作家屠格涅夫的散文诗，有大量是写梦境中境遇的内容或梦醒后对于梦的追述。弥唱的《彼岸不要我》就是从梦境开始着笔的。开篇"梦里没有雨"一语道出了场景的来源。接下来写梦里所见"苍茫的蓝色，明媚的艳阳。而自己正在坠落，直抵深渊地在空白里飞落"。在这种飞落的姿势中醒来的作者，发现自己乘坐的车飞驰在林荫道上，她自己是乘客，方向盘握在别人的手中，时速已经超过 120 公里，且仍在加速，此时作者的意识从梦中回到现实（当然，此时的现实有些恍惚），道出了此时的心声："前方，是我要的彼岸，那是没有疼痛的天堂。"（《复调》）作品中的"彼岸"就是在这种情况下出现的。飞速行驶的车上，疼痛中的作者，此时因为疼痛而"没有恐惧"。那么，此时"前方"的尽头，没有了"疼痛的那个""彼岸"究竟何指？这已经不需要说明了。当然，最终一切都没有发生，作者从这种"没有恐惧"的恍惚中完全苏醒，回到现实，当"人间重新在我眼中静止的时候"，她所看到的现实：

> 熟悉的尘埃早已环抱着我。抬头，已没有晴朗的颜色，风也撤离到最安全的地方。阳光依旧暖暖地亲近我。
>
> 脸上的潮湿一如昨天的爱，他坐在身边，还是原来的样子。供我心痛。
>
> 彼岸不要我。
>
> ——《彼岸不要我》

这个场景的描写十分简约然而细腻，现实包围自己的只有熟悉的"尘埃"，没有了"晴朗"，"脸上的潮湿"告诉我们作者此时还在落泪，而在身边的他还是原来的样子"供我心痛"。心痛的我巴不得"彼岸"敞开大门，接纳我，然而"彼岸不要我"，我还需要在这不干净的，充满"尘埃"的现实中继续经营人生。

这章作品背后隐含的现实心灵事件笔者不想猜测，因为对于弥唱的许多作品，我们都不能仅仅从作品与作者的关系出发，进行前述的实证主义的考察。她是虚构写作的高手，非常善于构架作品的虚构性叙事，把现实的种种思考，通过一些虚构的情节、细节性进行呈现，从而达到对于当下社会带有普遍性、共有性意味的个体生存的指认。

笔者之所以把这章作品作为作者虚构现实写作的起点，除了其作为在时间上是属于作者的第一章作品之外，更为重要的是这里所预设的"我"与现实之间的关系，对于为什么让作者一开始创作就走上虚构现实的途径以及为什么需要虚构现实等问题，都提供了最基本的信息。

作者厌倦的现实都被"尘埃"包围着，"爱"留在昨天，今天虽然还是"原来的样子"，但是，这些只能"供我心痛"。在这里，我与现实的关系是一目了然的。现实的"尘埃"就是作者在这本作品集中反复出现对于"白色"、即不染尘埃的追求的原因所在，从而产生了"远方"的信仰。然而，此后反复出现对于"远方"的向往与倾诉，就是由于现实的"爱"成了昨天的记忆所致。"远方"既可以是"昨天"的，也可以是"明天"的，那是一种想往而心之所系的地方。而这章作品更深层的意味还在于作者为我们指出了生存的被动性。这种被动性的呈现，很容易让给我们想起海德格尔哲学中的重要的概念，人的生存之"被抛"的状态。

我所乘坐的车，方向盘握在别人手中，我以为飞速的汽车将带着我直达"彼岸"，可是，"彼岸不要我"，也就是说，无论行动还是意志，我都不具有主动权，我只是在被动地接受被现实选择的境遇，而现实没有"晴朗"，只是那么多的"尘埃"包围着我。被动、无奈、但还要选择接受，这就是我们现代人的生存境遇。正是这样被动的生存境遇中，作者选择了"远方"的想往，只有在这种想往中才能找回人的主动性，主体性意志，那里属于作者的另一种梦境的世界：

> 远方照耀我，比夜色更透亮。它洁净的额头沉默并匍匐于我的眼中，它和我一起剥开夏天的内部……
>
> 坠落。我穿过风，穿过露珠，穿过拥挤的生活，我的轻盈一点一点陷入，在那面水。……我必须继续陷入。我还要沉溺，我还要看深渊的尽头你等我的样子。
>
> ——《沉溺》

这是与《彼岸不要我》刚好间隔两个月之后的作品，在这里，我们再一次与作者的梦境相遇，虽然作者不直接点出这是梦的世界，而这里一切显然是在梦里，并且只停留在梦里，不再回到现实。这个梦，就是照耀着我的

"远方"，是在自己"下坠的声音"中，作者所触及的"夏天的内部"之深渊般的存在。所以，在这里作者再次写到了"坠落"，然而同样是写"坠落"，《彼岸不要我》中的"坠落"，作者告诉我们那"是我需要的姿势"，是一种"直抵深渊"的被动性坠落，这个坠落的结果是作者从梦中醒来，回到现实中。而《沉溺》中的"坠落"却是作者主动的，具有主体意识的行为，她说："我必须继续陷入，我还要沉溺，我还要看深渊的尽头你等我的样子。"很显然，作者通过对于"远方"的想往，把自己原来身陷被动性的现实生存，转换成主动的行为意志，所以作者说："远方照耀我。"在"远方"，作者不再看到包围着自己日常的"尘埃"，而是"穿过拥挤的生活"，看到"它洁净的额头"。必须注意的是，在《彼岸不要我》中具体而现实的"他"，在这里变成了无生命的或者非人类的虚指的"它"，显然，这是梦境、是远方的抽象代词。就这样，作者选择了对于"远方"的想往之"陷入"，之"坠落"，在这个过程中"穿过风，穿过露珠"，抵达"你等我的样子"。也许正是这个原因，作者把这篇《沉溺》作为全书的开篇，为全书定调。

就这样，作者在这章作品中，为我们提供了一个完整的心灵路径：从梦境中苏醒，经过恍惚回到现实，再从现实经由对"远方"的憧憬和呼唤之恍惚再次抵达梦境。这是一条通往虚构的路径，而这条路径正是弥唱的许多散文诗所呈现的一种艺术结构。她之所以需要如此虚构现实，源于对现实的无奈与失望，通过虚构现实，让无奈的现实重新获得生命的激情与意义。

## 三、在通往"远方"的路上

当我们明白了弥唱作品中的虚构性起点与朝向之后，进一步必须寻找的是这种虚构如何得以确立，其目的是什么等问题。其实关于目的的问题在前文中已经部分触及，那就是为了心中的那个"远方"，通过"远方"的预感和想往，让当下的现实生存获得生存的意义，获得生存品质的审美性高贵性提升。

关于"远方"的想往，从作者的最初作品开始就可以得到确认，这是随处可见的一个核心意象。当然，其中经历了从最初的模糊、游离、不确定，到后来逐渐明晰、坚信与确定性，这些过程我们可以从其《复调》中的各章作品写作时间里得到把握。在 2008 年的那些作品中，我们可以看到，最初的《彼岸不要我》（4 月 28 日）中，"远方"只是作为"远处"、"前方"出现，还有"彼岸"，但这里的"彼岸"具有特殊意义，与后来的作品中重新出现的"彼岸"含义显然不一样，所以不能作为"远方"理解。第二章作品《聆听》（6 月 23 日）中出现了"遥远"的意象，而从时间上看属于第三章作品《沉溺》（6 月 27 日）中第一次出现了"远方"。然而，在《虚无》（8 月 1 日）、《彼岸》（8 月 23 日）与《放生》（9 月 26 日）中又回到"远处"的表现，只有《类似》（8 月 8 日）中采用的是"前方"。这些就是《复调》中收入的写于 2008 年的所有作品，从这些作品中可以看出，此时的"远方"尚未确定，在表现意识上是模糊的，虽然在《沉溺》中似乎已经模糊地拥有了关于"远方"的想往。可是，进入 2009 年之后的作品开始，"远方"、"天涯"的意象，在表现基本上被固定下来，作者对于"远方"的想往基本成为心灵的主调。绝大多数的作品都出现"远方"的意象或者关于"远方"的审美朝向。

那么，作者以怎样的方式触及"远方"，通往"远方"呢？或者说她与"远方"关系如何得以确立的呢？以下的这章作品，可以提供相关的线索。

*黄昏，总是裹着一层蓝色的雾气缓缓驶来。潮湿、暧昧。像山涧流动的一些情话。心底生长的一小朵忧郁。渐渐地弥漫暮鼓——那些必然的日落，和漆黑。*

我返回你。在镜中，和远方对话。用一枚残红，反复抚摸镜中的表情。这为你存留的深水。我不确定，这一张素颜还需经过多少日月的交接，季节的风是否能始终绕过她肌肤上浅浅的光芒。我不敢错过树叶的动乱，不敢听从秋天越来越凉的安排。夏季，书页般一张张翻过。我必须仰望晴朗，守住仅有的绿色——这镜子里倾城的女子。子夜梦境中全部的理想。一扇门后小小的闪亮。

我必须于雨季之前，抵御另一场雨水的陷落。

我这样返回着你。远方，在对面的镜中。黄昏，成为之前的局部。

此时的黑暗使镜子里的事件更加明亮。

谁还在一座空城，唱着群山之间的爱情？那神性之水。

"远方，除了遥远一无所有。"当你住进我的身体。当镜面关闭。当我，成为这个夜里你唯一的起点，和结局。

——《镜中》

之所以这章作品需要全文引用，因为它几乎道出了作者与"远方"关系的全部信息。第一个信息就是作者通过"镜中"抵达心中的那个远方："在镜中，和远方对话。"第二个信息是作者对于时光的忧虑。由于岁月不饶人，期望者自己保持永远的年轻："我不确定，这一张素颜还需经过多少日月的交接，季节的风是否能始终绕过她肌肤上浅浅的光芒。"第三个信息是镜子深处就是作者的远方"远方，在对面的镜中。"第四个信息，由于远方只在镜子之中存在，所以作者在此引用了海子的诗句表达自己的感受："远方，除了遥远一无所有。"那么，只能让远方"住进我的身体"，只有这样，我才能"返回你"。你是什么？是青春和姿容，是正在消逝的年华。

那么镜子中的我又是什么？那是自己的过去和现在，所以作者在这里用"返回你"。显然照镜子的人，企图在镜子中找到自己的过去，那些在岁月中消逝或者即将消逝的容颜。但在这种"返回"的愿望中，镜中的过去和现在都成为虚构。企图挽留消逝的岁月，这种愿望是虚构，而不希望岁月在容颜里雕刻时光，"季节的风是否能始终绕过她肌肤上浅浅的光芒"的疑虑同样也是虚构。为什么用"始终绕过"呢？我们从《护理》中可以找到相关的信息，那就是有可能作者"始终"保持着与年龄不相称的容颜。

……努力闭上眼睛，用惯有的方式回应着美容师一惊一乍的询问和感叹。我依然被当作是"二十几岁"的人。毫无被惊美后的喜悦。这些华美之词，仿佛十月的叶片，太密集的散落，反而覆盖了最初的凄美。自嘲的同时，我听到另一个声音说：就是因为这些表面。

——《护理》

"我依然被当作是'二十几岁'的人。"作者没有为"这些华美之词"而喜悦，却是"我听到另一个声音说：就是因为这些表面"的自知之明。当然，其中仍然有私自窃喜的成分，所以才会有这章作品的问世吧！《护理》写于 2008 年 10 月 27 日，而《镜中》完成于 2010 年 7 月 13 日，时间经过了接近两年，岁月的流逝让作者在镜子中得到确认，所以，希望远方，你，能"住进我的身体"，在镜面关闭的时候。

关于"镜子"的意象，后面还反复出现过几次，而这些出现"镜子"意象的作品中，几乎都与作者对于时光流逝的意识有关。比如："不要以菩提之心，中断一束绣满来世的流淌。夜色里，我是唯一的镜中人"（《复调》）、"此时，我呈现的将来时过于密集。镜子里的契约晃动着"（《真相》）、"让它们都慢下来。让日头一直向东，一朵花只开到一半；让水流模仿树影的节奏———一句话被风衔着，还没有说出来。让我在镜子里优柔"（《慢板》）等，这些时光的意识，暗示着作者企图表现人的存在与岁月流逝的抗争。然而，正如她借用海子的诗句"远方，除了遥远一无所有"想表达的那样，人的存在是无法抗拒青春流逝、岁月流淌的。那么，这种对于"远方"的想往，只能在愿望里虚构，在现实中虚构它的"慢"，在愿望里让岁月"慢下来"，"让我慢到时光的起点上"，"我巨大的想念也同时拖住这企图遁走的光阴"（《慢板》）。

不过，必须注意的是，关于"远方"，作者有时用另一个意象"天涯"来替代。这在弥唱少有的组章写作《雪上的五声音阶》中集中出现。比如，"无须辗转，天涯即是我心中的远方"（《阿勒曼德》），"从天涯，到天涯"（《独唱》），"天涯太远。唯有用自己的温度遮蔽那些季节的重量"（《宣叙调》），"我思念着刚刚翻过去的旧书页，那存放着太多相同词语的一年黑暗。我想念着天涯之外的天涯"（《卡农》）等。在这里，"远方"基本与"天涯"意义重叠，同样贯穿着作者的时光之思。不过，其中有一些区别。那就是"远方"是一种虚指，而"天涯"带有实指的内核，即"远方"是梦，不可到达的乌有之乡，而"天涯"在现实中存在，只要动身就有可能抵达的地方。正因为这样，作者同时告诉我们："你不是远方，你仅仅在天涯"（《比月亮更远的》）。

当然，无论"远方"还是"天涯"都是属于作者的虚构，这种虚构来自于作者对于琐碎、庸常、日复一日疲惫、喧嚣而空洞的现实生存的不满，这个问题在前面关于"虚构开始的地方"已经涉及，但前面那个部分只是笔者的猜测，或者只是作者早期作品中留给我们的倾向性预感，而能够证实这种预感的是在 2010 年 9 月作者写下的《冥》这章散文诗：

> 这样的夜晚是奢侈的。偌大的客厅里，我不再来回穿行，安排房间里那些坚硬或者柔软的物什。那生活的秩序。我不再停顿于杂乱，忙碌于静止的沉重。我不再一遍遍重复一个疲惫的幸福，然后裹挟些许满足和失落亲近书房。今夜，我坐在你的座位上，让弦乐四重奏吞噬我一整天的喧嚣和空洞。那白昼里面具的生涯。一只蜂的飞舞和绝望。
>
> 今夜，我需要仔细地温习你，让思绪倒退，让大提琴在低徊中翻卷一些旧天气，那被磨损被异变的时光。鲜艳的硬伤口。我需要用你的光亮掩埋自己暗淡的轮廓。我需要忘我地给予，救赎一个被颠覆过数次的灵魂中一朵小小的妄想。
>
> 我撤下阳光里烂漫的事物，搁置全部的悲伤，忘记季节中与你无关的颜色——曾浸染我变换我的盛大荒芜。山坡上倾斜的雨雪。拐角的不幸。我收起夜晚的惯性，纸张里躲闪着的灾难。今夜，我要享用这昂贵的安宁。我要在每个词语上都镌刻你的名字。名字里的笔画，我将郑重地描涂，用蔚蓝色，正楷。我要开启一扇为你预留的房门。门内的窗是落地的，玻璃上的露珠盛满你熟悉的味道。
>
> ......
>
> 我掀开一枚尘封的书页。我再次成为多汁的章节，章节里沉默的罪人。
>
> ——《冥》

像"一只蜂的飞舞"一样，忙碌了一天的作者"亲近书房"、终于坐下，打开音乐，开始享用自己的读书、写作时光："今夜，我要享用这昂贵的安宁"。在音乐的环境中"救赎一个被颠覆过数次的灵魂中一朵小小的妄想",这种"妄想"是什么?那就是"我收起夜晚的惯性,纸张里躲闪着的灾难。……我要在每个词语上都镌刻你的名字。名字里的笔画,我将郑重地描涂,用蔚蓝色,正楷。我要开启一扇为你预留的房门。门内的窗是落地的,玻璃上的露珠盛满你熟悉的味道"。对于作者来说,"这样的夜晚是奢侈的"。其实在这章作品中,我们与她最初的《彼岸不要我》中所说的"熟悉的尘埃早已环抱着我"基本同样的生活情境相遇。然而此时,已经懂得了如何拥有"远方"的作者,不再是原来那样,赌气着希望被驶入"彼岸",终结自己。而是在"我不再来回穿行,安排房间里那些坚硬或者柔软的物什"之后回到书房坐下,打开音乐,开始了书中徜徉、纸上行走的时光,让庸常的现实暂时忘却,在心中享受奢侈的夜晚。这种享受当然是在冥想之中,你的存在,我的远方、我的天涯等,都在冥冥之中走来,构成了作者的今夜之"昂贵的安宁"。

以上这种解读,当然属于实证主义的方法,然而,如果解读停留在这里,我们只是看到作者的一个生活场景的再现。可是,我们在她的作品中却不仅仅只是领会到其中某种生活场景的揭示,而是一种更高的审美性冥想叙事。那么,如果我们更进一步从形式主义的文学性探索的角度,进而采用接受美学的立场,让这种场景还原在自己的生命经验里完成,以此重新面对这章作品,我们将不得不承认作者对于生存现实的虚构性意义。这种虚构,也许更多来自于作者个体幻想的成分,正如史蒂文斯所说:"幻想是一种心理活动,它将选择——不是意志——的事物拼合起来,作为心灵存在的一个原理,努力在认知自身中实现自身。于是,幻想是一种从已经由联想提供的物体中进行挑选的操作,一种为了不是在当时当地形成而是早已固定了的目的而作出的挑选。"然而,即使人的个体性的幻想是建立在"早已固定了的目的而作出的挑选"之上,可正是这种选择,比如弥唱诗中的场景,即以读书、写作状态的选择来抗拒现实生活的庸常,从而获取生存的审美性、灵魂高贵性的提升。在这种现实虚构的提升中,让作者或者读者把目光从物质的、庞杂的、卑近的现实中移开,抬起头来朝向更远的前方,从而让"远方"在审美的虚构中现身。

源于以上理由，作者宣言："我必须持续歌唱，苦心练习一生的旋律。必须沿着一道未知的水域，被远方抵达。我必须，在昨天与明天之间两全其美。"（《复调》）显然，写作是作者对抗现实，虚构现实，抵达"远方"或者"被远方抵达"的自我救赎的路径。当然，作者的审美虚构在通往"远方"的路上也不总是惬意的、和谐的、宁静的，有时也会出现彷徨、纠结、无奈和痛苦，甚至有一种"章节里沉默的罪人"的自觉等。这些问题由于篇幅所致，不能——阐述。尽管如此，正是"远方"的存在，追求和想往的存在，梦的存在，使作者拥有了积极的、与现实生存取得和解的、精神上高贵性和审美性坚守的可能。

## 结语：弥唱的当下性启示

作为诗坛的新秀，弥唱以她良好的艺术素养，过人语言天赋和艺术表现力而一枝独秀，她的分行诗作品如是，散文诗作品更是如此。由于她受过良好的音乐教育，所以在诗歌中充分调动音乐的概念、意象、表现性，对于音乐知识匮乏的读者，往往容易造成陌生感且难以理解。也许正是她音乐艺术的熏陶和滋养，音乐的抽象性使她养成了善于在具象的事物、情境中进行形象思维、抽象联想的习惯，从而获得了极强的现实虚构能力。本文阐述中选用的那些作品，并不是弥唱最好的作品，《复调》中比这些好的作品很多，由于阐述角度的需要本文并未引用。这些被引用的作品，只是想回应一种误解，那就是一些读者认为弥唱的作品不接地气，所以引用中选择了那些"接地气的作品"展开论述。我经常纳闷，为什么一些读者会觉得弥唱的作品不接地气，如此接地气的作品为什么读不出所谓的"地气"来。后来慢慢明白，那是弥唱的作品不像许多人作品那样，把自己的情感与思想明白地"说出来"，而是通过场景、细节、意象等"表现出来"。（所以那些习惯于阅读"说出来"作品的人看不懂。）比如，她写祖国发生在九月的钓鱼岛事件，用一句"天空的伤口，你生命中被季节占卜的一个漏洞"表现；写女儿的反抗期的行为，则以"踩过一层鸟鸣，又一层鸟鸣"来表达；而关于年轻，她用"肌肤上浅浅的光芒"来表象等，像这样的表现，在弥唱的作品中俯拾皆是，每一处都运用得极其形象、奇绝、传神。散文诗之所以为散文诗，其最大的美学特征之一就是能够做到把散文中直接性描摹、"说出来"的叙事，通过意象性情境、细节"表现出来"。如果不能娴熟运用"表现"或者"表象"的艺术形式进行散文诗的艺术表达、呈现，就不能做到以有限的内容，最大限度地抵达无限的内涵延伸，就不能留给读者最大的审美再创造空间。那么，像散文诗如此短小的篇幅，怎能做到与其他文体一样，立体地呈现这个丰富的世界？而"表现"技巧最重要的基础，就在于作者抽象现实，进行形象叙事的虚构能力，虚构性大小，决定了作品抵达真实性的深浅。在弥唱的作品中，细节性内容，各种表现性叙事只是她的小虚构，即在散文诗表现上运用的技巧性虚构，然而，统合这些虚构的还有一个整体的大虚构，那就是所有作品中共通的、所具有的情感、思想的统一朝向，那就是她的"远方"意象的虚构。这种虚构是一种审美性的内在暴力，以此抵御着一切外在的来自现实凡庸的种种暴力，从而让人的现实生存抵达高贵，或者崇高的保持。

弥唱的"远方"虚构，反映的不仅仅只是她个人的审美性、高贵性诉求，其实，这种虚构现实的现象，在中外文学传统中比比皆是。陶渊明的桃花源、梭罗的瓦尔登湖，乃至柏拉图的理想国，莫尔的乌托邦等，这些都是人类的虚构现实的典范。弥唱的"远方"并没有如此宏大的叙事，其"远方"也只是心中的"在别处"的寻求。她只是为了抗拒现实的庸常与疲惫，在心中为自己建构了一座梦境与生命保鲜的家园。然而，弥唱的这种审美倾向却不仅仅属于她个人性的诉说，她代表着当下社会许多白领女性、知识女性共有的困惑和诉求。当人们的物质生活日益丰富，消费性生活也趋向饱和与过剩的现实生活中，多少女性都跟弥唱一样，每天都是处在"一遍遍重复一个疲惫的幸福，然后裹挟些许满足和失落"的状态中生存。弥唱因为选择了"亲近书房"，从而拥有了"远方"，而其他人怎样呢？并不是每一个人都具有创作诗歌或追求其他艺术表现的天赋的，那么她们以什么去获得属于自己的"远方"呢？所以，我始终认为弥唱的作品是接地气的，她的创作不是为了个体生命的自言自语，她在为当下女性们喊出自己的生存状态的审美提醒，审美性与高贵性生存的呼吁。对于弥唱来说，无论自己确立的那种"远方"是否真实，即使真实如天涯也无论是否能够抵达，心中拥有了这个"远方"已经足够，足以让自己获得一种"昂贵的安宁"。这就是弥唱"远方"，她的灵魂的栖息地。

——本文刊载《星星——诗歌理论》2015 年第 6 期（复印报刊

资料《中国现代、当代文学研究》2014 年第 5 期转载）

# 用悲悯与良知抚触时代的疼痛

## ——浅谈耿林莽散文诗的民生关怀倾向

即使在谷雨四月，京城的雨也是很少见的，所以每一场雨都显得可贵。每当下雨，总会想起耿林莽的《黄沙万里行》，可怜那些零星的雨滴，该如何抱住那成千上万沙粒的飞翔。我静坐在高高的阳台前已近半日，手上捧读着一个月前刚收到的耿林莽的新著：《三个穿黑大衣的人》，久久难以放下，心，怎么也不能平静。这是我回国后收到的第三本耿林莽的作品集，远眺窗外，那常年与我寂寥的书斋遥遥相伴的绵延西山和静淑的颐和园，此时早已消失在迷蒙的黄沙雾雨之中。不知道咋的，我的思绪怎么也无法从一种莫名的沉郁中涉水而过。我知道，此时的心情与半日来阅读耿林莽的散文诗有关。当然不是由于耿林莽作品所传达的"忧郁美"所至，[①] 而是受到一种清醒的时代良知，一种"悲天悯人"的情怀感染的结果。

如果大家需要谈论当代散文诗领域最大的贡献者是谁？那么耿林莽、海梦、邹岳汉是当之无愧的，我相信大家对此不会有任何的异议。在这里三位的顺序没有意义，因为三者贡献的方式各不相同，笔者只是从自己与三位前辈相识的时间顺序来排列的。我与耿林莽"相识"（至今尚未面识）于20世纪80年代，当时我还是一个爱好文学的青年，从作品中认识了耿林莽，查到了他的工作单位，斗胆去信，没有想到他马上给我回了信，让我十分感动。我想被耿林莽感动的当代散文诗作者中远远不止我一个，许多青年因为

---

① 王志清评价耿林莽的散文诗具有"颤栗人心的忧郁美"。（参见王志清：《心智场景》，中国华侨出版社1996年版，第73页）

耿林莽的存在才把自己对于散文诗的钟情坚持到底。笔者相信许多作者都会有相同的感受，在此不需要关于这个问题展开叙述。本文只想从耿林莽散文诗的诸多成就中截取其中的一个问题，谈谈自己对于耿林莽散文诗的阅读与由衷的崇敬。

耿林莽的散文诗所涉及的内容极其广泛，历史的沉思、文化的心旅、时代的审视、人生的谛悟等，这些内容都是他的思考与审美对象。为此，想用一篇文章来谈耿林莽作品的全部思想完全是不可能的。虽然笔者总想对耿林莽的作品进行一次综述性把握，然而，时间实在不如人意，想着却一直没有办法去做。这篇文章，实在不敢奢望能够谈论许多，笔者只想把近年来耿林莽作品中所表现出来的一种极其明显的倾向做一次归纳梳理，以此为当代散文诗创作提供一种思路，一个极其需要散文诗作者们付诸创作实践的审视与思考向度。我所说的倾向是耿林莽散文诗所体现的一种悲天悯人的民生关怀，冷峻而深沉的现实忧患。

# 一、从当代文学的"民生写作"倾向
# 看耿林莽的民生关怀的意义

关于当代文学的"民生写作"问题在近年来日益引起人们的关注。中国的改革开放在 20 世纪 90 年代开始，随着向市场经济转型加快了发展的步伐，入世成功与国际接轨的追求让中国逐步实现向现代化社会的结构转型。社会的这种急剧变化所带来的多元价值观在现实中的重叠与交错，为文学创作之新的审美倾向提供了契机。比如，在 20 世纪 80 年代后期，曾经的历史反思、政治批判性关怀、人性解放的呼唤，逐渐被个人与时代的否定性审视、对传统文化寻根性反思的追求取代之后，当代的诗歌创作逐渐暴露出现实内涵缺失的"怎么写比写什么重要"的审美空洞与疲倦，由此导致了近年来走向审美情趣极端低俗的"梨花诗"和"脱裤子朗诵"等否定文学之人文意义崇高性的审美事件。然而，也正是这种现实背景下的另一种倾向，即通过网络等媒体而抬头的"民生写作"群体的陆续登场引起了人们的关注，一种新的审美倾向唤醒了人们回归生存现实的徘徊与迟凝。一般认为，这种创作最初是从在深圳、广州的"打工诗歌"开始的。那么，很显然，这种创作倾向属于急剧的社会转型所带来的生存大背景的产物，是当代诗歌创作的一股新生力量。这些作者与此前的活跃在各个高校的"佼佼者"，或者说"精英写作"情况不同，一般都是生活在社会的底层、名不见经传甚至就生存在量化生产的流水线上的无名青年，所以，也被称为"底层写作"。根据著名诗评家王光明教授的总结，理论界对此还有其他说法，比如"在生存中写作"，"草根写作"，或者"新批判现实主义写作"等。对于他们创作的关注，有几篇文章很值得我们注意：《底层能否摆脱被表述的命运》（刘旭，2004）；《草根性与新诗的转型》（李少君，2005）；《中国的"文学第三世界"》（孟繁华，2005）；《诗歌：重新找回对社会责任的承担》（梁平，2006）；《近年诗歌的民生关怀》（王光明，2006）等。王光明教授对于"底层写作"的出现与存在归纳了三大特点：一是他们表现被遮蔽的世界（我们时代的主流是发展与财富，人们追求日常生活的审美与小资情调。为此容易忘记承担这些社会进步的牺牲者，那些被主流遮蔽的世界通过他们得以袒露）。二是他们属于诗歌的边缘部落（他们职业无定、身份不明、不被文学的主流刊物所重视，是属于我们这个华丽的时代被迫边缘化的一群）。三是他们的存在不仅仅只有社会学的意义（他们的"直接性"写作所具备的现实性、时代性、批判性的特点，由于脱离了旁观者与观察者的局限，拥有了社会学与文艺学的双重意义）。①

近年来文学界出现的上述这些"民生关怀"的写作倾向，当然不仅仅停留在诗歌创作领域，相关问题的小说、散文的作品也逐渐增多。由于散文诗至今还没有完全摆脱被文学界边缘化的境遇，文学评论家们不会太注意到散文诗的创作动态，所以，也没有人提及散文诗对于这种新的创作倾向的表现。当然，主要原因还是在于散文诗作品中这种创作倾向不太明显。虽然散文诗创作中民生题材也有所表现，比如赵宏兴《空巢的老人》和《返乡》（外四章），陈劲松《赤脚穿过城市的孩子》、司舜《满足的民工》等，而他

---

① 参见王光明：《近年诗歌的民生关怀》，载《2006·中国诗歌年选》，花城出版社2006年版，第1页。

们对于这种题材并不具备明确的民生关怀特征，只是作为一个旁观者或者局外人的姿态出现。也许是笔者的孤陋寡闻，在我所读到的作品中，只有少数民族散文诗人莫独《浪迹城市的村姑》（十章），才表现出比较强烈的民生关怀的特点。正因为散文诗人们这种自觉性的追求不够，这样的作品在散文诗领域中还是太少，所以无法引起文学界的关注。

其实，对于民生问题，耿林莽早已在 20 世纪 80 年代末就在作品中有所涉及，他的一些作品本来早应该引起我们的重视才对。然而，十多年来并没有发现多少散文诗作者作出相应的反应。而在近年，耿林莽的散文诗中民生关怀的作品出现了更多。从《草鞋抒情》（2002）、《人间有青鸟》（2004），到《三个穿黑大衣的人》（2008），这种倾向一直有增无减。前面谈到，耿林莽的作品呈现着多元而丰富的审美向度，而民生问题却是他审视现实时表现出来的一个极其自觉的追求。他在一篇题为《散文诗能否野一点》的散文诗论中谈道："不关心现实人生，没有悲天悯人的情怀，对于腐败黑暗的事物熟视无睹，只关起门来闭门造车，抒发装点自家'内宇宙'中那一点点个人悲欢，就很难将境界拓宽"。文中还指出了散文诗缺少"社会使命感"，"对善良弱小者的真切同情以及忧患意识"等问题。① 对于散文诗领域存在着这些社会与创作关系问题的反省，一方面体现了耿林莽的"时代良心"，另一方面也说明了耿林莽对于自己创作的清醒追求。遗憾的是耿林莽的这种呼吁与追求，并没有引起散文诗作者们的太多共鸣，许多作者还是停留在"内宇宙"，或者"小感触"的沉迷之中。如果散文诗界更多的作者都能够像耿林莽那样，对于当下的生存现实、时代变迁拥有冷峻的目光，深沉的忧患，那么，今后的散文诗坛可能会更从容地走上当代文学创作的审美前沿，实现真正的独立和时代大背景的审美参与。仅从这一点来看，耿林莽这些作品的意义是巨大的。

那么，耿林莽的民生关怀表现在哪些方面？值得引起我们重视并且积极参与创作尝试的都有哪些问题意识？其中需要怎样的审美精神？

---

① 参见耿林莽：《草鞋抒情》，四川人民出版社 2008 年版，第 220—221 页。

## 二、对于社会进步中潜藏危险性的冷峻提醒

耿林莽散文诗的民生关怀倾向，最初是从现实变化的冷静审视开始的。他对于这个时代的发达、进步、繁荣并不是一味地乐观，而是首先摆脱了赞美者的姿态。比如，代表现代商业文明的道具的"电梯"，对他来说并不是登楼的轻松与速度以及购物的舒适环境问题，而是"人让位于物"的失业忧患。而在这个机械的立方体内，充满了"人与人面面相觑／相见何必曾相识"的冷漠（《体验电梯》）。而象征这个信息时代工业文明的"手机"，他所关注的不是便利与沟通的省事，而是短信息中词语的"疲倦"与意义"从诞生到死亡"的速度。而这种"都市里到处都有"的虫声，却人人追求，人们无动于衷于那种"旁若无人"的鸣叫（《信息时代》）。这里所传达的并不是表面上看来对于时代进步的拒绝，而是更为深层地审视着"时间"对于人的自然存在所拥有的原始意义的提醒。关于这种提醒，在《提速》、《蚂蚁叹息》、《闪过》等篇章中体现得更为明显。"蚂蚁们穿过高速公路，也学会了亡命的奔波"（《提速》），因为如果不那样的话，"时代的车轮"，会把它们碾成粉末（《蚂蚁叹息》）。当然这种速度的追求，应该代表着一个时代的发展，问题是这种发展所带来的结果究竟如何，我们是不应该忽视的。当人与人的交流转变成以短信的方式沟通，那么，久而久之，人的情感的温度也会逐渐成为数字的形式而失去了质感；当城市与城市之间，住宅小区与住宅小区之间，以最快的速度连接，那么这种时间的短缩，效率的追求所付出的代价将是"车上与车下相互的对视"只能在一瞬中完成，人们自然地"来不及接触爱情，天长地久的爱情，都只是闪过的一瞬"（《闪过》）。也许就是因为人们逐渐习惯了这种"一瞬"的情感传达，在近几年才会有些人把男女之间的情事当作一种随便的行为。长此以往，生命与生命的交融，灵魂与灵魂的翔舞将渐渐在"速度"中被人们遗忘。情侣们况且如此，更何况说突然在车上看到街上走着多年不见的老友、熟人呢？他们往往连一个招呼都来不及打，"风驰电掣的车子一闪

而过"①，机遇稍纵即逝。许多人可能此后的很长日子，甚至终生不再有机会谋面，虽然居住在同一座城市。

对于近现代文明发展的批判，按理说是一种已经成为比较传统的人类审视生存意义的主题了。马克思哲学对于产业劳动异化问题的揭示与批判，存在主义哲学对于近代社会人们生存孤独与荒谬的揭露等也是众所周知的事情。而自从《第三次浪潮》一书出版以来，人们对于后现代工业文明所带来生活方便、信息发达充满舒适预感的同时，对于其所带来结果的冷静反思在西方早已成为一种所谓的后现代思潮。在这种所谓的后现代生存背景下所产生的音乐、绘画、文学等各种艺术的追求，正在日益改变着人们审美趣味。既然我们坚信散文诗也是一种独立的文学体裁，那么，以散文诗的艺术手法来审视和表现时代的思考与审美当然也是理所应当。然而，中国当代散文诗作品中拥有这种反思的作品却不多见。而以工业文明的工具、机械为意象来表现的作品就更少了。也许就是为了填补这种缺失，耿林莽在自己的作品中，有意识地尝试着把电梯、手机、楼房、广告、列车、桑塔纳、奥迪、酒店、酒吧等工业与商业文明的冰冷意象，都成为他的思想载体，以散文诗特有的艺术手法，即摘取其中一个富有特征或者本质性细节片段进行审美的展现，以此折射作者对于时代进步的审视与反思。由于他的这些作品都是从批判性的角度入手，所以，耿林莽就谦虚地自嘲："多么没有出息的时代落伍者的我！"② 然而，正是这种"没出息"或者所谓的"落后"，深深刺痛时代的要害，让人不得不驻足深思。

那么，明明知道"落后"却要固执地发言，这究竟是为了什么呢？根据笔者的理解，那是作者一方面需要提醒沉醉于时代进步中人们：在发展速度中"总会有跟不上趟的人"，这些人的命运是不可以被忽视的。而另一方面应该更为重要，即使那些跟上了时代发展速度的人，其结果的代价究竟是什么也是需要冷静思考的。那么，很显然作者在这里的真正目的在于警告人

---

① 耿林莽：《一个老人坐在铁轨上》，载《人间有青鸟》，广西民族出版社 2004 年版，第 26 页。

② 耿林莽：《一个老人坐在铁轨上》，载《人间有青鸟》，广西民族出版社 2004 年版，第 26 页。

们：必须反思在追求发展的过程中所潜藏的盲目性与危险性。

## 三、揭穿繁荣背后的底层民生

当然，对于时代的反思不能只是停留在上述那些外在大环境变化之后人的生存状态的省思，如果仅仅那样，充其量只是一个旁观者的角色，其提醒所能达到的只是隔靴搔痒式的触及，无法产生疼痛的力量。所以，进一步揭示生活在这些大环境变化中的每一种个体生存的命运，才是最值得关注的问题。对于这一点，耿林莽是极其清楚的，并且充满着深切的情怀。他所关注的个体，并不是那些时代的宠儿或者社会转型中的受益者们，而是把视觉锁定在那些支撑着这个时代发展的重要力量，然而却是容易被人们遗忘的人群身上。农民工，这是近几年来耿林莽一直关注的对象。这些生活在社会的底层，挣扎在城市化、商业化社会缝隙中廉价的劳动力，他们为当今社会的繁荣、发展流着最多的汗水，然而，他们只是贡献者却不是享用者，这种献身与待遇的逆转，不公平的社会现实结构是耿林莽思考得最多的问题。

在一篇题为《仰望民工》的作品中，耿林莽指出：他们生存在城市的每一座拔地而起的高楼建设工地上，他们"虽然'高高在上'，他们的生活待遇和社会地位，却远远不是那样适于'仰望'，而是被安排在不起眼的底层之一角。成了'俯视'的对象"。他们每一天基本上都是从高高的脚手架上下来，疲惫得像"一条游不动的鱼，钻进马路边的窝棚，躺下汗水淋湿的——七尺之躯"。这是写于 20 世纪 80 年代末的一章作品中的一节，说明了耿林莽对于这个问题的关注是由来已久的。而在此后的作品中这种民生思考不断与读者见面。《登楼演习》、《竹叶吹梦》、《乌衣巷》、《陷落》、《手的档案》等都是这类作品。《登楼演习》写的是一座新楼岿然落成，在即将撤离工地时一位小民工钻进电梯，登上高楼的情景。在顶楼"盘腿而坐，像菩萨那样感受五分钟的庄严"。是的，我们这个歌舞升平的时代，那些广告塔、星级酒店、购物商场、豪华公寓……哪里没有他们的汗水？然而，一旦那些繁荣落成之后，他们都只是繁荣的局外人，即使充满依恋地在这些地方偶尔逗留张望，也只能遭受鄙夷的目光，或者被保安们驱赶，他们的自作多情只能给自己招来嫌弃甚至怀疑。《乌衣巷》写的是孩子们都外出打工了，家中的老人经常"伫立在小屋的门口"等待，犹如被风"磨瘦了站立多年的山"，"只有乌鸦们每晚按时归来，与老人相伴"。《陷落》同样也是写老人的等候，内容却更为令人触目惊心。煤矿陷落，孩子深埋在黝黑的地下，"背倚墙根的老人，还在那里静坐。/目光枯竭了，水已断流。/却还在等候。等候什么呢？"这最后的一句"却还在等候"，犹如一把匕首，刺在读者的心上。如果说《乌衣巷》中的等待还包含着某种希望，那么《陷落》中的等待却是一种绝望。很显然，这是一种民生控诉的等候，一种社会良知的等候。而《手的档案》则是截取生活中的一个看手相的细节入手，提醒着人们记住一个"没有人查阅"的事实，这个都市化过程中的每一座高楼的一砖一瓦里面都封存着农民工们的汗水和指纹。

如上所述，耿林莽散文诗中有关民生关怀的作品还很多，比如《弄蛇儿和他的蛇》、《一九八号小屋》、《走过，走过街头》等。笔者在此无法一一细述，只能简单地向读者们提供一种阅读的提醒。我们知道，任何一种社会的转型，必然都会带来一些社会的弱势群体的牺牲和疼痛，而这些疼痛的群体往往不具备揭示自己生存的话语权，所以很容易被公共社会所遮蔽。那么，这就依存于在社会上掌握或者拥有一定话语权的人们，面对这种疼痛时所采取的态度。当然，我们知道有的人熟视无睹，有的人无动于衷，有的人麻木不仁……然而，我们的老诗人却以一颗悲天悯人的炽热之心，抚触着那些挣扎在社会底层的炎凉民生；以自己仅有的社会话语权利，掀开繁荣表象掩盖下的多重社会真相。在这些作品中，一位老知识分子的良知与情怀、使命与信念回响着震撼人心的力量。

## 四、在良知与使命中写作

那么，耿林莽的这些民生题材与前面谈到的民生写作有什么不同呢？显然，耿林莽不是站在"在生存中写作"的角度揭露、表现民生的真实。所以，作品不可能是底层民生的参与者、体验者，最多也只是以一个旁观者、观察者的角色体恤民生。面对街头、路旁待价而沽的民工队伍，他甚至"缺乏走近他们促膝攀谈的勇气"，因为不欲承受他们发现自己无力相助时的"沮丧之情"(《仰望民工》)。为此，除了在心底"仰望"他们，"敬重"他们而别无选择。这里值得我们注意的是作者不是以"同情者"的姿态出现。我找遍了耿林莽的作品，只发现一处使用"同情"的字眼。是在谈论杂文的特点时提到的。① 他呼吁作家要有"悲天悯人"的情怀，"悯"与"怜"在本义上并不完全相同。"悯"侧重于"哀"、"爱"，而"哀"、"爱"的情感就没有太多居高临下的因素。是的，耿林莽的民生关怀总是以平等的姿态来实现的。

最能够代表耿林莽这种姿态的作品当然首推《仰望民工》，他在文中告诉我们："我常以充满敬意的目光，注视这些建设者的身影。"那是因为："尽管街头有烈日的炙烤，有冷风扑面，有霏霏细雨，有飘飘皓雪，他们的目光中依然闪耀着期待的火花和献身的热望。"再比如，他在面对宾馆礼仪小姐的微笑时，不是居高临下地感到那是应该的，不去追究那是不是发自内心的问题，而是相反地想到那种服务所带来的疲惫："只那么一瞬，你却／很累。"而更进一步，想到那些微笑背后可能潜藏的某种辛酸："想起了医院里，妈妈病中的呻吟；／想起今天，一场不愉快的约会：情人的脸上失去了笑容……有人从面前走过去了。／你想推出微笑，已晚了一步。／一滴雨，渗出了眼窝"(《微笑的失踪》)。

大家知道，在今天商业社会里，服务性行业的从业人员，微笑服务是一种天经地义的内容。也因此，许多人一到饭馆、酒店，稍微服务人员态度不够恭敬，就大发雷霆，经常为此欺负那些好不容易找到工作的女孩。然而，在这章散文诗中，作者完全没有居高临下地寻求接受服务的"上帝"心态，没有服务与被服务的观念存在，而是在一种极其平等的心态中感受微笑的服务。正是因为这种姿态，决定了作者即使自己不是属于底层生活的参与者，却也可以用心体恤底层生存中潜藏的某种真相。

虽然我们都知道任何的国家和时代，作家、诗人都是那个时代的一根最敏感的触须，深入到时代最本质、最疼痛的部分。然而，这并不意味着所

---

① 参见耿林莽：《草鞋抒情》，四川人民出版社 2008 年版，第 221 页。

有的作家、诗人都能够做到这一点。只有那些具备清醒的良知、拥有深沉使命感的人才能达到这种境界。耿林莽当然属于那种具备崇高人格与充满人文情怀的散文诗人之一，他心仪那些为诗歌而献身的诗人，他借用诗人孙静轩的诗句表达自己的文学理想："如诗歌死亡，我愿做孤独的守墓人"（《诗的守墓人》）。他津津乐道法国散文诗大师圣·琼·佩斯的一句话："对诗人没有更多的要求，如果他能体现自己时代经历创伤的良心。"毋庸置疑，耿林莽的民生关怀体现的就是这种"自己时代经历创伤的良心"。这是一种时代良知的追求，也是一种话语使命的自觉担当。

由于受到鲁迅的影响，文学界的许多人都认为散文诗只是"小感触"。而耿林莽却坚信："小感触"不等于就是"易碎品"，"小感触"不等于"小摆设"，"小感触"一点也不小，里面可以拥有震撼人心的"大思考"。当然，要做到这一点，散文诗作家们必须以"伟大的人格修养，丰富的人生经验，深邃的思想和艺术储备作基础"（《散文诗能否野一点》）。而他的散文诗，就是在这种理想追求的指引之下，沿着这条路几十年默默走来的。

——本文刊载《文明 21》（日本学术期刊）2011 年第 26 号

# 乡土中国的灵魂叙事

## ——《鹅塘村纪事》阅读印象

题记："我不清楚我所等待的人到底是谁 / 但是　只要我等他　他就正在路上 / 将来有一天　也许是在阳光下的荒凉里 / 谁看见我泪流满面　我就与谁拥抱　跟谁走。"

——《等待》

很少这样，读完之后感到那么熟悉的一部书却让我几天来找不到一个合适的题目来写一篇印象文章。我从来所要写的任何一篇关于诗歌的评论文章都不可能占用我三天的时间，一般情况下都是在　个昼夜里就可以完成的。可是这本书却让我三天三夜都找不到一个合适的题目，让我一直无法动笔。我的写作习惯是根据读完后最强烈的第一印象冒出一个题目，有了题目就已经完成了一半，接着拟出几个要写的小标题，就完成了百分之九十，剩下的就是让自己的灵魂叠合在作者的灵魂上重温那个过程，让自己成为作者，对着电脑把那种曾经的律动敲出文字来。可是这本书却让我犯难，因为觉得哪一种题目都不合适，都无法准确地表达我的感受。阅读最初两辑觉得这是一种现实乌托邦的显现，可是读到第三辑《时光重现》和第四辑《半跪的人》这种感觉完全消失了，乌托邦是一个人人向往的美好的理想国，然而这里除了最初的童话般祥和的世界之外，却让人触摸到悲凉的、无奈的、贫穷的甚至死亡阴影到处游荡的世界。接着就想到了这是面向城市的孩子们讲述的一部发生在乡村的灰色童话，全书①的内容一半是童话般的美好和向

---

① 罗小凤博士有一篇评论周庆荣散文诗的文章：《灵魂叙事视阈下的"我们"——观察周庆荣散文诗〈我们〉的另一维度》，本文的"灵魂叙事"的概念借用于此。

往，另外一半则是一群贴近乡土随遇而安的小人物们的生老病死、婚丧嫁娶的悲喜苦乐，所以说是灰色的，不是五彩缤纷的世界。可是，童话哪有灰色的，童话是为孩子们提供梦境的，而这里所发生了的许多故事我倒希望能从孩子们的心灵中永远消失，虽然贯穿全书的善良、悲悯、知足、感恩是需要的，然而这种善良、悲悯、知足与感恩所换来的都是尘土般微不足道的、悲凉的甚至不幸的结局，人们都是那么听天由命地对生存的境遇逆来顺受，令人叹息。除此之外，还想了很多，比如乡土的指纹，善良人灵魂的栖息地等，都不合适，最后，只能以"乡土中国的灵魂叙事"作为主题，笼统地表达我的阅读感受。因为，这本诗集表现的正是一个出生于农村的诗人所经历的那些渗透骨髓的乡土事件，以及一颗质朴、善良的灵魂对于自然万物的平等与虔敬的生命姿态。诗人在这里似乎是要倾注他对于这块乡土的认同、亲近、依恋以及深深的同情和美好的愿望。

# 一、一部中国乡村的缩影

首先我想说的是，这是一部比较完整地浓缩了发生在中国农村的乡土故事，而这些故事是通过灵魂话语和凝练的细节得以呈现的。之所以说"比较完整"，那是因为在这里诗人所涉及的心灵事件涵括了一个贫穷、落后，山东地图上"小小的甲虫"一般大的村庄（《暖风》）的全部日常，以及所有的亲属和邻里的生存痕迹。这里涉及了生、老、病、死，婚、丧、嫁、娶等这些属于乡村日常生活的全部内容。除此之外，在亲属关系中，有祖父、祖母、父亲、母亲、叔、婶，兄、弟、姐、妹，妻子、儿女，熟悉的乡亲等，这些中国家族伦理中最主要血缘者的日常都是诗人的审视对象。在一本薄薄的诗集中能够这么全面地涉及中国乡土文化构成元素的作品，在我的读书阅历中是绝无仅有的。而作者所揭示"鹅塘村"当然不一定就是现实中存在的一个小村庄，这应该是诗人所创造的乡土中国的一座灵魂的村庄，把那些世代与土地捆绑在一起的乡里、亲属，甚至生息在这块大地上的生灵、五谷、六畜们的全部角色，以及他们的日常生活中所发生的一切与生命过程相关的事件都放在这个"村庄"里发生。这些元素，当然是滋养了作者的童年、少年、青年时代灵魂的水土，它已经成为血液一般渗透到诗人骨髓中的生命底色。这里所说的小，只是一个浓缩性概念，其实这里所发生一切，可以放大成整个乡土中国。正如诗人在《致蜗牛》中写道："房子　亲人　大地　五谷　六畜／一切就绪　预备——开始／缩小成一百倍　一千倍　一万倍／缩小成心脏　缩小成你背上的小漩涡／给你足够的路途和眷念／在背阴的角落　缓慢地去爱。"他就是要把一个几千年来偌大的乡土中国，缩小成一个"鹅塘村"，并把镜头拉近到当下，近到自己所经历的成长经验来叙事和展现。所以，这里的每一个人所背负的命运，也是乡土中国世世代代延续下来的生存状态的聚焦、缩影。

　　按照该书的划分，全书共有《俯身大地》、《我的鹅塘村》、《时光重现》、《半跪的人》四辑，第一辑属于诗人的灵魂宗教，提供了一个乡土乌托邦世界的图景。第二辑属于第一辑的思想与情感延续，但是显得更为具体，表现了作者与这个灵魂村庄的关系。第三辑与第四辑基本上表现的是诗人的心灵乡土的情感与思想来源以及自己的成长经验等。所以，作为一部乡土中国的缩影，主要内容在第二至第四辑中得到了具体体现，不过第二辑里具体的现实场景比较少，除了《故乡》、《村里发生的事》、《平度和鹅塘村》、《暖风》之外，基本上都是一种灵魂村庄的场景。而我们会在这里注意到，这四首作品的内容都与母亲有关。诗人在这部诗集中多次写到母亲，每一次写到母亲都显得那么地具体而亲近，充满了深深的感恩之情，这是否暗示着诗人与乡土关系的来源认识，我想是的。正如诗人自己所说，一个人可以有许多选择，就是无法选择出生，这种选择与母亲的命运紧紧绑在一起。"一个女人嫁到鹅塘村是命／我被生在遍布牛粪的苦菜地也是命"（《故乡》）。而母亲在诗人的人生中扮演的角色，恰恰是诗人与这片乡土无法割舍命运的媒介。即使多年之后诗人已经离开了这片土地，母亲的探亲到来又会给他带来往昔乡村经历过的日常，只要母亲存在，诗人无论走到哪里，他的乡土就带到哪里。正如母亲所说的那个瞎眼老太"天天拄着拐棍围着村里的枯井转圈／她总唠叨　如果她的光棍儿子先她而去／剩下的日子可怎么过啊……"（《村里发生的事》）。所以，诗人不无感慨地告诉我们："我在这座小县城教书　写作／这座小县城是树梢和虚幻／老家是我的根　枯叶与肉体的安葬地"（《平度和鹅塘村》)。

关于乡村所发生的事件，诗人的成长经验主要集中在第三辑《时光重现》和第四辑《半跪的人》。从标题来看不难发现第三辑是诗人成长的回忆，而第四辑属于诗人眼中的匍匐在土地上卑微地活着的缘亲乡里。在这里，诗人仍然多次写到母亲，比如《上学》、《夕照》、《摇篮里的孩子》、《娘》、《爱》、《半跪的人》等，当我们读到《半跪的人》，基本上可以明白，诗人成长经验中所有的人，都是这个被母亲所代表的生存意象："半跪着"。诗人对于这个生存意象，发出了对于乡土中国"你还有多少寂寞和苍凉必须有人半跪着来担当"的慨叹。

在诗人为我们所提供的关于母亲的意象中，我们所看到的是一个隐忍、善良、勤劳、病弱、坚强的女人，这个女人植物一般朴素、泥土一般卑微，背负着乡土的贫瘠、辛劳，没有一声怨言、默默地忍受着生存所强加给她的一切。而鹅塘村中出现的其他亲属、乡里基本都是围绕着这个母亲的存在而派生出来的，甚至父亲也是。在这里，父亲在《上学》和《骑在父亲的肩上》两次出现，一次酗酒，一次是带着幼年的作者逛庙会。其他的亲属如妹妹、姐姐、弟弟等，还有乡里中病危的老人（《娘》）、疯女人（《疯女人》）、好人老帮头、光棍曾旗（《村里发生的事》）等都是与母亲有关的存在。当然，除此之外，还有其他的一些人。可是出现在诗人眼中的女人们，基本都是跟母亲一样的苦命的人，诗人所看到的每一个农村女人的一生，就是由女儿变成了某人的媳妇，然后"她像一盏摇摇晃晃的灯笼／在疼痛中守护着微弱的火苗／劳动　生儿育女／倒下的时候／闪电又在她的坟上狠狠抽了一鞭子"（《命运》）。而男人宛如附属性的存在，要么带着病体，比如"父亲"的胃病、"下巴长满茅草的那个人"带血的干咳、村民"聂高贵"的心脏病等，要么常年离家不在，在外谋生，如"离家多年的爷爷去了边疆"、漂泊的"盲艺人"、外村来的"瓦工"等，这些为我们提供了这样的信息，农村的那些男人除了那捆绑他们的土地之外，偶尔还会在外走动，而留在村里的家园主要是靠女人们守着，许多女人可能一生没有离开过她们生活的乡村。男人当然也跟那些女人一样的穷苦、寒酸，但他们却偶尔可以抽烟解闷甚至酗酒发泄，而女人只有默默忍受（《上学》），实在走投无路时，除了选择自杀（《苦命的人》），她们没有其他可以表达反抗命运的行为。而在乡村，死去一个人如一片树叶飘落，回归泥土激发不起一丝波纹。按照诗人的理解，那是"肉体落地　灵魂终于松绑"（《我所理解的死》）。确实，在这个贫穷、劳苦的人间，只有死亡对于她们才是解脱。

也许是受到这种现状和生存环境的影响，在第二辑到第四辑的这些篇章中，死亡的气息幽灵一般笼罩着鹅塘村。一共101首的作品中，有43首都出现与死亡有关的信息。从小学上学路上可以踢出骨头，到童年伙伴的夭折，孤寡老人的病危、苦命女人的投湖自尽等，村边的墓地是童年的诗人坐在土墙上就能目及的场所（《晚了》），连捉迷藏也会遇到数天前还在一起的小伙伴的"新坟"（《捉迷藏》）。死亡在这里似乎属于司空见惯的事情。是的，在这里死亡属于日常事情，所以，那么自然而然，看不到人们多少悲痛的痕迹。甚至死亡的世界不但不可怕，有时却是美好的，那是我的"出身地"（《如果你来看我》）。在诗人看来，对于在这块土地上世代生息的人来说，那也只是"多少年了　岁月收割一批人　又播种一批人／一个姓氏在大地上摇曳　一岁一枯荣"（《回家过年的人》）而已。

以上就是诗人成长经验里的乡土，由于篇幅关系不能继续涉及其他方面的内容，特别是"病痛"在这里也是很重要的一个侧面。可是这里没有医院、当然也没有电影院、图书馆、娱乐场所等，唯一的有一所可以供作者上学的小学是这里的孩子们观看外边世界的窗口。这就是哺育着诗人童年、少年时代的村庄。诗人所看到的那些亲人和乡里，他们一个个都是与自己的母亲一样"半跪"着生存，活着只是逆来顺受、任劳任怨。她们勤劳、善良、卑微，自己的生老病死、婚丧嫁娶，一切都交给了自己的"命"。即使这样，这些乡野麻雀一般卑微的生命，"但我从来没有看见它们哭泣　停止卑微的生活"（《我所见的麻雀》）。正如母亲一样，即使活到了六十三岁，"再过二十年／如果还能活在这世间／她一定还会在同一种秋风里弯腰除草……娘最爱干农活／看着庄稼拔高　吐穗／一寸寸接近天堂／娘捶捶干瘪的胸口／长时间不说话／我知道／她爱这牢狱般的广袤大地／但就是说不出"（《爱》）。这种乡土之"爱"，基因一般遗传给了这位母亲的孩子——诗人，正是由于这种即使大地"牢狱"一般囚禁着自己，却仍然可以"爱"着的生命的生存之坚忍，成了诗人对于这片土地，这块贫瘠、落后、朴素得"萤火虫"一般的乡土产生了深深眷恋和悲悯的原因之所在。

## 二、灵魂的乌托邦为谁而建

我之所以要先从后面三辑的问题说起，梳理出诗人的成长经验与灵魂底色的来源，就是为了理解在本书的前面两辑，特别是第一辑《俯身大地》中诗人所构筑与吟哦的灵魂乌托邦的思想与情感基础。可是，至今为止，我还没有办法在自己的灵魂中找到和谐的律动，仍然是一种强烈的矛盾、不和谐的感觉梗在胸口。因为从诗人的成长经验来说，不应该产生书中所揭示、呈现的那种乌托邦构想的。那么，难道诗人背叛了他的乡土？

在第一辑和第二辑的一部分作品中，我们看到了一个美好、祥和、自足、充满生命和谐的乡土。这个环境仍然是诗人从小所熟悉的"鹅塘村"，可是这个"鹅塘村"却与前面所见所闻的乡土情调存在着巨大的不同，这是一个人人向往的崇尚自然、万物和谐共处、安详宁静、赏罚有序、知足常乐的生命乌托邦。

这当然是诗人为我们建设的一个乌托邦。在这里，一头牛的祖国是一亩三分地，一只蚂蚁的祖国是一棵参天大树（《祖国》），一朵花的凋零有人为之招魂（《为花招魂》），一只瓢虫爬到躺倒在地上休息的我的嘴唇休息（《月亮升起》），一只小小的蚱蜢靠着我的脚背安然睡去（《躺在黄昏的麦秸垛上》），一只受伤的丹顶鹤有人为之疗伤（《告诉丹顶鹤》），有人为松土的蚯蚓让路（《我不是一个完全闲下来的人》），有人为爬行的蚯蚓捡去途中的玻璃碴等等。同样写到死亡，在这里的死亡只是"告别一部分亲人　去见另一部分亲人"（《在深处》），只是"累了，想小睡一会儿"，稍等，将会在一株小草、一颗露珠，一只小羊纯洁的泪眼中之"另外一个地方醒来"（《小睡》）。我们只要注意，不难发现，我在这里所说的"有人"其实都是诗人自身，都是以"我"的第一人称叙事，所以，我才说这是"诗人为我们建设"，而不是让我们在这个"鹅塘村"看到了其他人行为中的这些生命的自觉追求。诗人除了向我们展示了他在鹅塘村中的这种理想生活之外，还为鹅塘村的孩子们制定了"从热爱大地一直热爱到一只不起眼的小蝌蚪"到"好好学习 天天向上 尤其要学会不残忍 不无知"的20条行为守则（《小学生守则》），还演绎了一场设在三间砖瓦房中的乡村法庭上关于昆虫、风、人、挖掘机、汽车、流行音乐、楼群等万物行为正当性与否的审判（《乡村判决》）等。正是由于整个鹅塘村的主角只有诗人，也可以说这里只是诗人自己一个人的乌托邦。诗人在这里向人们揭示了他的"俗世之爱"，那种"活全干完了我就在花香中歇息，想你了我就回家"，在生命的最后那天，"你用皱皱巴巴的嘴唇亲着我说爱我"的自足、自在、自然的简朴生活理想（《俗世之爱》）。他知足地坦言："爱一个人 / 不但得到了她的呼吸和白藕 / 她还一下子给我生下了两个女儿 /——一份幸福就够了"，"失眠时 一勺月光就够了"，"失败时 一个温暖的词语就够了"（《够了》）。他很自信地告诉人们："来到鹅塘村 / 你们会情不自禁地拿起农具 / 爱上缓慢的岁月 半斤果实 十斤汗水。"所以，希望大家能来看看，只要看看就行了的这样一个祥和安宁的童话般的美好村庄（《来到鹅塘村》）。

当我们读到这些，或者从徜徉在这些如梦如幻的场景中清醒过来的时候，不禁会发问，究竟诗人的这些梦境来源何在？我首先想到的是，由于诗人看到了、经历过了太多的乡土日常中人们的艰辛、贫困、卑微等劳苦、不幸的生活场景，然而，那些人却仍然那么质朴地、植物一般自然地、俯首大地默默地生存着，由于那些人没有文化，"被灰烬封住嘴巴"（《巧合》），所以无法表达自己的心灵世界。诗人思考着这种隐忍的原因，作为他们的代言人，揭示了"那些正在忍受疾苦的人"的心灵世界，那个世界就是诗人所描绘的这个童话般美好、自然、宁静、知足的净土。正因为这样，他们才会隐忍如此，平静地接受生老病死的境遇。可是，这样显然解释不通，因为诗人在书中多处出现祷告性的叙述，比如《大地上一朵小花》、《写在沙上的祈祷》、《暮色》、《愿》、《求你》、《活着》等。如果那些生存在这片贫瘠的乡土中平凡得尘埃般微不足道的生命，他们心灵的世界有一个童话般的乌托邦，那么他们根本就不需要为了某种愿望祈祷。所以，我们只能认为这是诗人自己的灵魂宗教，是诗人在为那些微不足道的生命祈祷。特别是诗人明确地告诉我们，他的这些思想的来源与"雅姆"有关（《雅姆与我》）①，而被母亲所代表的那些被捆绑在土地上的人们是不知道"雅姆"是谁（《爱》）的。只是诗人自己要像"那个骑着驴子为穷人祈祷的人"雅姆那样，为这些乡亲们祈祷的。

根据翻译家、诗人树才的介绍："雅姆就是一位把土地当作命根子的自然诗人，他的一生都贴近土地，离不开土地，他的全部诗情都用来歌唱土地上的众生之善，万物之美。"这样看来，诗人徐俊国诗中所表现出来的自然情怀确实是受到了雅姆影响的结果。从《雅姆与我》一诗中我们也不难看到自己这一点："雅姆从我母亲怀中接过我 / 教我走路 认字 写诗 / 又教我给穷人和小毛驴做祈祷 / 看见胡桃树生病 / 他会绕树三圈 流下蔚蓝色的泪 / 碰到蚂蚁去世 / 他会让我挖坑深埋 敬献花圈 / 雅姆说 / 如果脸上有泥的人从对面走来 / 要脱帽致敬 先让他们过去……"显然，上述的这种诗人所建设的乌托邦理想村庄与这首诗中所揭示的雅姆的自然观是一脉相承的。

然而，问题是诗人为什么要把这种自然情怀作为灵魂的宗教来建设他的"鹅塘村"。难道"鹅塘村"的亲属和乡亲们的贫困与不幸的原因是因为他们没有与自然和谐共处所致，所以需要这种宗教？可是，在本文的第一部分已经分析，诗人在他的成长经验里却没有提供任何关于乡亲们违背自然生存的内容，相反地，那些善良的人们只是被动地接受着来自于大地、疾病、人文对于他们的生存强制。从某种意义上说，他们的那种听天由命的生存也是一种自然状态的生存。那么，他们无论怎样认识到与自然万物和谐共处的重要意义，也是不能够改变自己的生存苦难的。从诗人为我们提供的乡土经验来看，他们贫苦的根本问题在于近于麻木的隐忍，而对于这些人，进一步给予他们以"雅姆"为文化与精神象征的西方意义上的宗教，这就等于进一步给予一群愚昧、麻木的人，加上一副精神的麻药。所以，我才会怀疑诗人背叛了他的乡土，因为他的乡土绝对不能再进行这些洗脑。

---

① 弗朗西斯·雅姆（1868—1938），法国旧教派诗人。他笃信宗教，热爱自然，他的诗把神秘和现实混合在一起，大都写得质朴，很少有绚丽的辞藻。作品有《早祷和晚祷》（1898）、《裸体的少女》（1899）、《诗人与鸟》（1899）、《基督教的农事诗》（1911—1913）等。

然而，我坚持相信诗人是不会背叛他的乡土的，相反地，他对于那片虽然贫瘠但仍然充满亲情的乡土流下了满腔同情的泪（书中有关泪水的意象随处可见），更是表现出诗人发自灵魂的感恩。比如：雅姆"他回到了他的比利牛斯山／我留在了我亲爱的出生地／——需要我心疼一生的老中国"（《雅姆与我》），"那时　你就是我辽阔的天／我还叫不出白云／一如我无法喊你一声娘"（《摇篮里的孩子》），"如今　她病重　余日不多／我不知道拿什么来偿还三十年前的恩情"（《娘》），"我这一生　一共需要多少热泪／才能哽住落向鹅塘村的一页页黄昏"（《半跪的人》），等等。对于一个懂得感恩的人，背叛的行为是不可能存在的。

那么，既然诗人不会背叛他的乡土，却又像他人一般地为那个贫瘠的鹅塘村、那些默默忍受着艰辛和贫困的父老乡亲建立了一个与万物和谐共处、知足常乐的灵魂乌托邦，这种矛盾、不和谐灵魂的根源究竟何在？无论诗人怎样一厢情愿地希望让"地上受苦的人四处有家"（《暮色》），而"那些正在忍受疾苦的人／十有八九会被灰烬封住嘴巴"（《巧合》），他们是无法自己喊出苦难与疼痛的。所以，正如诗人少年时代所经历的那样，不管自己如何对于那个苦命的投湖女人说自己"爱她未散的悲愁　淡蓝色的苦命"（《苦命的人》），却仍然无法阻止不幸的发生。因为诗人所企图表达的爱的方式，同情的方式从根本上是错误的。

综上所述，我想说的是，诗人在这里的立场是极其不明确的、矛盾的甚至令人怀疑的。作为一个来自于农村，目睹着、经历过贫困与艰辛的诗人，不应该产生这种灵魂乌托邦的自我欺骗。这种乡土乌托邦只有对于那些住在城里，没有经历过乡村的落后、贫困、劳累、疾苦的人的"强说愁"式的所谓回归自然的"贵族病"幻想，对于仍然处于尘埃般生存着的那些世世代代被捆绑在土地上的人们，这种所谓美好、自然、知足的生存状态，是一种带着粉饰苦难的"贵族"理想世界，这是极其不公平的。所以，我只能不客气地指出，这座乌托邦只是为城里人建设的，在这座乌托邦里，那些住在贫瘠乡村里的人的艰辛生存现实是被忽视的、被排除在外的。从这个意义来看，诗人在这部诗集中所体现的灵魂状态是分裂性的。

## 三、作为乡土经验者的在场与作为诗人的不在场

那么，诗人本身是否意识到这一点，回答当然是否定的。诗人如果意识到这一点，他不会如此粉饰他所见证过的贫瘠的乡土、卑微的父老乡亲所承受的、现在仍然一直在承受着的贫困与疾苦的。诗人之所以没有意识到这一点，主要原因在于诗人的灵魂还没有穿透自己的成长经验，没有把自己的成长经验上升到更高的属于灵魂的宗教高度。换一句话说，那就是诗人在自己的灵魂中存在的地狱和天堂之间的通道还没有真正打通的时候，他就已经从这片贫瘠的乡土上出走了。

在这部作品中，我们基本可以看到诗人作为乡土经验者的在场，与作为诗人不在场的交叉叙事。《村里发生的事》这首应该可以作为这种在场与不在场叙事的代表性作品。这首诗表现的是牵念着孩子的母亲从家乡来，与已经离开贫瘠的乡村，在县城里教书的儿子（诗人）一场母子拉家常的场景，很温馨，充满了浓厚的母子共处的天伦之美。作为母亲的孩子，母亲所说的"谁家娶了媳妇　谁家的猪下了崽／谁孝敬父母　谁做了亏心事被鬼缠身"，以及谁生了什么病，谁死了等，这些都是诗人作为乡土生活的经验者所熟悉的家常，对于诗人来说，他是曾经在场的，所以母子找到了共同的话题。可是，在这里通过母亲转述的方式，说明了诗人此时已经不在场了，他退到了旁观者的位置，属于倾听者在经历着乡土。虽然在诗的最后，当母亲的手被针扎了一下时又一次把诗人拉回到乡土的现场，而全诗基本上都在揭示作为诗人对于乡土的不在场。

除了《村里发生的事》之外，从这部诗集中我们还可以多次遇到诗人的不在场叙述。比如《兄弟俩》中，诗人勾勒着自己与弟弟的不同人生，弟弟从小就要帮父亲一起干农活，而"我天生柔弱　偎在草窝里读课文"，多年之后，兄弟俩都长大成人，诗人已经是城里人，从外面回乡，递给弟弟一支烟，"我触摸到蛤蟆皮一样的手／风吹响屋后的高压线／弟弟缩回了他瓜藤一样的目光"。这一首作品很重要，向我们透露了一个重要的信息，那就是读书对于农村孩子命运的意义。在整本诗集中，我们能看到的只有诗人是

这个乡村接受过教育，所以走出鹅塘村，改变了自己乡土生存命运的人。而父亲也把儿子（诗人）从乡土出走当作自己家族的荣耀："俺大儿子在城里教书　会画画　写诗……/ 顺着眼前这条灰白色的土路忘过去 / 我似乎看到父亲正掏出半截将军烟"（《四月四日偶遇四叔》），等等，这些作品都为我们提供了作为曾经乡土经验者的在场，与从乡土出走之后，作为诗人之后的同一个人的此时对于乡土的不在场，即从亲历者向旁观者的角色转变。正是这种命运与角色的转变，使诗人眼中的"鹅塘村"变成了一个乡土乌托邦，诗人才会拥有"够了"的知足常乐的生存姿态，面对在二十年前曾经遭受过雷击的那棵玉兰树，"当我重回故乡 / 它递来更多的浓香"；才能感受到这里的"大地如此宁静　花草相亲相爱"（《这个早晨》）；才能从容地做到"如果一只益虫需要帮助 / 我愿意放低身子 / 该蹲的时候蹲　该跪的时候就跪"（《我不是一个完全闲下来的人》）；才能抵达"我只是来到这里 / 只配静静地看　痴痴地想　暖暖地感恩"（《大地上的一朵小花》）的生存境界……等等，这些都是属于一种作者作为诗人面对乡土时自身不在场的写作，无意识中陷入了一种站着说话不腰疼的局外人状态。

　　因此，可以说诗人在第一辑中所体现的灵魂乌托邦的理想，属于诗人从乡土出走之后，生存状态被城里人意识改变之后重返乡土的审美结果，并不是诗人对于曾经乡土经验的升华结晶，不是的！诗人并不是穿过地狱之后，从地狱中看到了天堂，而是逃离了地狱之后赋予地狱以天堂般的幻想。虽然诗人也反复表示自己与这块乡土"息息相关"，他承认"在老家　除了爹娘 / 还有那么多事物与我息息相关"（《息息相关》）；并也担心自己被忘却，"我不甘心被人忘却 / 但我会请求鹅塘村的风记住我"（《记住》）；并且声明："我不甘心就这样走 / 我想守着这个不为人知的小村庄 / 一天天变老"，所以"我祈求自己早日驼背"（《记住》）。然而，出走似乎已经成为诗人的必然选择，他并不甘愿永远被捆绑在这块贫瘠的乡土，他知道"平度是我的前途　白日梦和车轮子"，而鹅塘村只是"一湖月光"，只有"小教堂由远及近的钟声"（《平度和鹅塘村》），那只是一种属于他的灵魂宗教，他的"前途"不在那里，尽管小县城平度也只是"树梢和虚幻"，然而他却认定那是他的前途。如果不是这样，诗人就不会发出这样的感慨："无论闯荡多久　总要

回到出生地 / 这就是泪水汪在眼眶里的原因"(《回家过年的人》)。因为诗人在自己成长的过程中，亲历了这里的贫穷、疾苦以及每一个亲人、乡里极其卑微的命运。他们的生存与蚂蚁无异："有时候我们就是那只蚂蚁 / 在生活中失去痛觉 / 被深深地砸进泥里"，那是因为他们"活命的本领太小……眼睁睁看着灾难砸下来 / 甚至没有嗓子用来哭泣"(《蚂蚁》)。尽管诗人向世界发出了振聋发聩的"脚底下的虫子 /——那也是一条命呀！"的良知的呼吁(《乡村词典》)，然而对于许多人来说，"一只蚂蚁的死却微不足道 / 悄无声息　好像什么也没有发生"(《蚂蚁》)。

　　当然，有一点我们必须肯定，那就是诗人对于哺育自己成长的这块乡土是认同的，他把自己的归宿放在这里，不管自己如何出走，他都不愿承认自己会离开。他告诉人们："我只是随便出去走走　若干年后　一定回来"，"只是随便出去走走 / 我还要原路折回 / 一条缀满野花的小路　一架吱吱扭扭的马车 / 细雨中打瞌睡的那个老头　还是一贫如洗的样子"(《验证》)。他总是牵挂着自己的曾经乡土，比如，"我的妻子上香时的那缕炊烟 / 总飘向东南　而不是别的方向 / 看到老家的大姜长得茂盛 / 看到亲人们过得幸福 / 我携着更加温暖的祷告　久不散去"(《息息相关》)。所以，他想象着自己晚年回归乡土、让自己的骸骨回到这里安葬的场景。他要让"儿女们在我的身体上面耕种 /……我努力把胸口朝上 / 让走过大地的脚感到温暖"(《在深处》)等。这些叙述，都深深地透露出诗人的渗入骨髓的乡魂。也许，对于生存在乡土中国的知识分子，由于读书打开了自己与外面世界的窗口，那么出走与回归，看世界之后落叶归根的人生过程似乎属于一种宿命般的生存，中国人耳熟能详的"少小离家老大回 / 乡音无改鬓毛衰"的诗句之所以脍炙人口，就是因为它道出了几千年来乡土中国读书人的生存境遇。诗人徐俊国也一样，他知道鹅塘村"是我的根　枯叶与肉体的安葬地"。其实何止肉体，那也是诗人灵魂的安葬地。

　　如果从这个角度来看，我们是否可以对于诗人建设灵魂乌托邦的初衷进行重新审视呢？比如，我们可以考虑，诗人之所以以一种崇尚自然、知足常乐的心态赋予自己的乡土经验一个祥和宁静的乌托邦，那是因为诗人成长的经验过于贫穷、清苦、卑微，所以，只有给予哪怕一点点的条件改善都是那么知足、感恩，通过自己的感恩，给予当今被商品经济鼓捣得日益膨胀的人的欲望提供一种提醒。如果可以这样理解，那么《鹅塘村纪事》就不再是一种诗人的乡村情绪，不再是灵魂的乌托邦，而是具有某种针对乡土中国知识分子人文情怀的警示，一种呼唤。可是，当我进行这样解释的时候，诗人的一个极其重要的表白否定了我的假设，"我不清楚我所等待的人到底是谁／但是　只要我等他　他就正在路上／将来有一天　也许是在阳光下的荒凉里／谁看见我泪流满面　我就与谁拥抱　跟谁走"（《等待》）。很显然，诗人对于自己究竟追求什么，"等谁?"是不明确的，他还在想着随时准备"跟谁走"。然而，我想，那个被诗人等待的人，除了他的父老乡亲，还会有谁呢?如果那样，诗人应该是从父老乡亲的日常中看到生命的神性内涵，看到他们生存中表现出来的灵魂乌托邦的倾向，而不是诗人赋予他们的，那些属于诗人一厢情愿的个人乌托邦。

我是极其痛苦地完成了这篇文章，痛苦的一方面是我把握不准诗人的心灵律动、价值取向究竟是什么?所以文章写得很痛苦。另一方面的因素更为重要，那就是感到了这部诗集对于自己良知的提醒。我自己也是来自农村，我们这些所谓的知识分子，一旦自己远离了曾经的生存苦难，成为社会与历史的话语担当者，我们在自己的话语中，总会多多少少忘却一些曾经的境遇，相反地，却自觉与不自觉地粉饰、美化了乡土的苦难，这种反思让我陷入痛苦之中。那么，从这个意义上来说，这部作品可以为我们敲响良知的警钟。所以，我不想从赞美的角度看待"鹅塘村"的乡土童话、不想肯定诗人在这里建立一座灵魂乌托邦。

诗人徐俊国作为当代代表性的青年诗人，他是当之无愧的。我曾经对朋友说过，如果要我阅读圣琼·佩斯，我宁可阅读徐俊国，如果要我认真地阅读《瓦尔登湖》，我宁可把时间花在《鹅塘村纪事》上。现在许多作者，至今仍然带着殖民地的大脑阅读与写作，一味地模仿西方的情感与审美，并且只会模仿那些被人翻译的诗歌、文学作品。写出来的东西，根本看不出那是中国人还是西洋人，都是翻译诗歌的句子和场景的模仿。把中国元素丢得一干二净。而徐俊国的作品不同，一看这就是中国的，只有乡土中国才能产生如此朴实无华、却光芒四射的审美意象。虽然他说受到过雅姆的宗教自然观影响，然而，从徐俊国灵魂中吐出来的血仍然是带着中国泥土味的。对于这一点我是发自肺腑地想喊一声：俊国兄弟！

可是，对于他的灵魂状态所存在的审美分裂，我感到很伤感，他应该更进一步挖掘自己的乡土深度，应该从那些平凡、朴素得植物一般的父老乡亲身上读出他们的豁达与自尊，读出他们身上散发出神性的光芒。而不是让他们继续作为尘埃般微不足道的存在，背负着乡土的苦难与沉重，成为同情与悲悯的对象。徐俊国还年轻，他的质朴、善良、知足、感恩的品质，加上他的聪明与才华，我相信他会很快让我们看到他那从地狱看到天堂的思想性升华的。

在这本诗集的封底，有一段这样的文字："这是一本值得静心一读的诗集，作者用充满爱心和悲悯情怀的笔触，展示出一个中国小村庄的美丽、这种美丽是纯朴，更是清澈、清苦，还有悲伤；与此同时，也体现了诗人对美好人性的褒扬、对自然的敬畏、对世界的感恩／徐俊国对乡村具有深刻的洞察力，这来自他的乡村骨肉般的联系。而作为一个习过现代美术的诗人，浪漫与写实、想象与现实，都在细节的重新剪辑中完成，并以超出常理的联想与乡村本来就蕴含的冲突，出奇制胜，力透纸背的诗句犹如神来之笔。"① 我觉得这种评价基本符合读者们可能抵达的阅读感受，特别是对于徐俊国的诗歌写作手法的评价是极其中肯的。

我一直以为新诗是不需要细节的，也不适合表现细节，然而，徐俊国的诗歌颠覆了我的偏见，他的诗中随处可见极其高妙的、通过细节展现其思想、情感、审美的佳句。除此之外，徐俊国的诗歌语言极其朴素，许多地方接近口语性叙述，然而，有时一个动词，或者形容词、名词的妙用甚至视觉、听觉，或者触觉在细节、场景中恰到好处的运用，使全诗充满审美、思想、情感的张力。可以说，无论哪一首拿出来单独阅读，都会让人回味无穷，原来诗歌可以写得如此贴近生活，又超越生活，有的直逼梦境。所以，如果只是单独地拿出一首，或者全书的某一种类型的作品全部归类阅读，上

① 徐俊国：《鹅塘村纪事》，作家出版社 2008 年版，封底。

述的封底的第一段综述性评价可以说是很到位的。然而，遗憾的是，把徐俊国的诗歌全部集中起来阅读，我所分析的审美与思想、情感在灵魂中的冲突感觉是不可避免的。由于作者没有注明写作时间，我看不出作者的心路发展历程，我只能抛弃纵向审视，而采用了横向的比较，那么作者在作品中所表现出来的灵魂的分裂是我们必须看到的。从这个意义上说，封底的那段话只能说明评论者要么没有全部读完，只是选了部分分析，在喜欢的作品阅读中得出了上述的印象性结论，要么只看到作者所提供的情感与思想表象，没有更深一步去思考这种"美好"的展现对于作者究竟是否合理，所以，无法发现作者作为乡土生活的经验者与作为诗人之间存在的不和谐，使这段评述只是谈到其所体现的和谐的一面，停留在浅阅读状态。

著名诗人、原《诗刊》主编叶延滨为该书写了一篇《〈鹅塘村纪事〉读稿心得》的序文[①]，我对其中的许多观点都有共鸣。比如："这是一个属于徐俊国的独一无二的鹅塘村，每棵草和每只小虫都重新变成诗人徐俊国独一无二的美学对象"，"诗人对家乡写下的这本诗集，从基本特征来讲，就是将储存的生活细节，重新拼接和组合，完成诗人对故乡的重新诠释"，"诗人徐俊国笔下的鹅塘村，正是我们熟悉的那个村庄，那个喂养我们的童年，又让我们离去的穷困的母亲！"等等。可是，他的结论性的一句话让我不敢赞同："诗人以动人的亲情，为我们展示了一幅正在消失的乡村农耕文明那凄美的晚景！"我倒希望这个"凄美"的乡村，能够尽快从我们的大地上消失。因为这种"凄美"对于我们住在城里，在繁荣和丰富多彩的经济、文化环境下生存的人们来说它似乎具备"凄美"的审美性，甚至产生一丝"贵族性"乡愁，可是对于世世代代匍匐在那里的人们，那是一种无奈，一种贫瘠和悲凉。我甚至感到某种悲哀，悲哀他们的那种逆来顺受、听天由命、接近愚昧的隐忍。

——本文刊载《诗探索》（理论版）2010 年第 4 辑

---

① 徐俊国：《鹅塘村纪事》，作家出版社 2008 年版，第 4 页。

# 一个等待着被完成的女人

## ——李见心诗歌印象走笔

现在，我一袭黑衣 / 躲在黑夜的镜子里 / 头发垂腰　像二尺阳光 / 照耀我——/ 残剩的青春 / 和未完成的爱情（李见心《三十九·怀旧》）

——题记

　　虽然这个世界变得越来越世俗，然而写诗的人却越来越多了，这样没有什么不好，我们不要总是以附庸风雅的眼光看待那些虔诚。文学、艺术本来就应该是一种生活姿态的自我审美，一种品格、品位坚持的载体。当然，我们也应该承认一种事实并没有改变，在这些众多的所谓的诗歌中，好诗，依然享受着读者们特殊的礼遇，犹如这个地球上的岩石与钻石，同样是石头却经历着不同命运。李见心原先是我并不认识的诗人，一个朋友希望我读一读她的诗，这就让我经历了一次在这没有日夜的繁忙，被生活的尘土掩埋着的厚厚的日常之中，感到了一种享受着发现钻石的收获性愉悦。这就再一次让我相信，这个世界并不缺少存在，只是缺少发现，发现所带给人的愉悦往往超过存在自身。

　　李见心的诗，会让人强烈地感觉到她来到这个世界似乎是为了揭穿生命的秘密而来的，而她就是这个秘密的所有者。她的每一首诗都在揭开生命在每一个细节中的真相，而她自己本想就藏在这种真相背后不露声色。然而，这只是她的愿望。因为她很快就发现了自己不知不觉中，在什么时候也已经陷入了她所审视的对象的命运、拥有同样的存在境遇，她虽然挣扎着企图离开，然而这是徒劳的，因为她原来所揭穿的就是她自己，她必须为揭穿真相付出相应的代价。她只能以生命的真实中两个核心的领域：情感与审美，随心所欲地去点燃一切文字成为诗句，在没有等待的等待中为自己的孤独、渴望、燃烧而呐喊。

没有系统读过李见心的诗歌，更不知道她所经历的以及现实生活的一切情形，所以不敢说我对于她的诗歌的理解可以企及她的心灵世界的全部。然而，就手头所拥有的《诗探索诗丛——李见心集》（太白文艺出版社 2007 年版）和一些打印的手稿，足够可以让我震撼她的语言、情感、生命、思想所包含的巨大力量。我看到了一个等待着被完成的女性，那种炽热、矛盾、敏锐的内心世界的跃动。她的诗歌就像一道道伤疤，一团团火焰，一滩滩灰烬。那是她把自己的生命经验在生存事实的上空忘我地飞翔时，在每一个猝不及防的时空里跌倒在某种事实上面所留下的带血的痕迹。犹如一只蝴蝶或者蜜蜂，重重地摔倒在花瓣上，那一个个疼痛的瞬间，那一道道淌血的伤口里沾满了正是她所要采集的最甜美的蜜。所以，她注定要痛，而她只能用诗的花粉敷着那种被现实磕破的灵魂止痛。

# 一、一枚青果的早熟与代价

作为女性，李见心成熟得很早，甚至可以说过早，也许这是 60 年代出生的这一代人的宿命。我所能读到的她最早的三首作品：《自白》、《初吻献给谁》、《恋夜的女孩》，分别完成于 1987 年和 1988 年，那时，她二十来岁。我甚至不敢相信这些作品出自一个花季女孩的情感独白："我长久地坐在一面镜子里 / 做一千次冰冷地等待 / 与镜子外的那个人做一次石破天惊的重叠"（《自白》）。

爱照镜子应该是女孩的特点，甚至可以说镜子就是为了女人而存在的，所以，这本来并不令人奇怪，问题是一个花季少女总在镜子里冰冷地等待，这就让人不得不关心那种等待本身是怎样的心境。女孩照镜子主要透露两种信息，一种是不自信，一种是自恋。不自信的人往往在意周围的目光，就会经常在镜子里确认自己的形象，只有这样才敢走进人群。而另一种情形就是很自恋的人也会经常在镜子里欣赏自己的形象，就像古希腊神话中那个成为水仙花的男孩最终迷失在自恋里。虽然我不熟悉李见心，但她的诗歌告诉我她是喜欢照镜子的人，除了在诗中多次出现关于镜子的意象之外，在近期的作品中还有一首题为《镜子缠绕我》的诗。从她的诗歌所传达的信息告诉我，她属于后者，是一个自恋型的女孩。李见心对于自己的美是充满自信的，特别是那一头悠长而乌黑的秀发让她不断发现自己的美丽。她在诗中经常让我们看到她对于秀发的关注。比如近期的一首《头发齐耳》中道出了她自我发现的秘密。那是她在第一次远行火车上，在车窗的玻璃深处，第一次发现了自己的美丽："头发齐肩／我美得一塌糊涂"。而在自传性的《三十九·怀旧》一诗中，她更是把自己的成长史分成四个阶段，除了出生之前，她还活在母亲子宫里那个时期之外，每一个阶段都是从对于"头发"的描写入手，而最后也是以头发结尾，头发垂腰 像二尺阳光／照耀我——／残剩的青春／和未完成的爱情（《三十九·怀旧》），就这样，秀发几乎成为她形象的代言者，一种美丽的象征。

照镜子，在镜子中等待，如果这种等待只是让世界向她走来也许不成问题，可是，她不是这样，而是主动地让这种等待，"那团虚无的梦幻"由自己来完成，因为她对于自己的美丽拥有足够的自信。所以，当她预感到那个被等待的"那个神一样的人／那个人一样的神"就藏在夜色里，她就成了"恋夜的女孩"，与夕阳一起壮烈地跳进那海一般的夜晚，那很咸的渴念促使她告别冰冷的等待，走出镜子以外的世界。

然而，毕竟那时她还年轻，还缺少足够的现实经验，当她带着瀑布般的激情从夕阳中跳进夜之海时，却发现自己"忘记了自己不是一条鱼"（《恋夜的女孩》），曾经的夕阳已经属于另一方的白天，她只能与夜共存，因为"离开水离开透明的呼吸／就得死"。为了让自己成为一条鱼，她意识到"你必须死一次／否则无法活下去"。这是花季女孩"学做母亲"的代价，在那禁不住诱惑的年龄，"殉情于水是唯一的生存"成为她最初的醒悟。

李见心的这次醒悟对于她来说代价是巨大的，让她过早地发现了情感世界的真相。二十岁前后的花季少女，羞涩、矜持、稚嫩是一种含苞之美，是俘获男性的法宝。女性主义者们一定对此说嗤之以鼻，认为这种审美是男权主义的产物。笔者不想对此展开论辩，只想告诉她们，既然我们不否认世界是由男女构成的，女人需要男人来完成，就如男人需要女人来完成一样。那么，异性的审美情趣就需要纳入自己的成长经验才能成就自己，不要一味地否认世界存在着这种性别的差异。然而，作为少女的李见心，她早期的诗歌中看不到这种性别倾向，更多的呈现着开放、大胆与成熟。《初吻献给谁》是一首无论哪个男人读了都会被震撼的作品。她在开头就大胆宣言："这世界既然公认了维拉斯的美丽／也就默许了你可以有两个或更多的爱人"，然而，她却表现得极其成熟："怎能做平庸的奉献／轻泄红宝石的秘密与财富／爱人多了有时并不安全／仇人多了也并不危险"，虽然"许多人虎视眈眈围攻那两片／城门的黎明／而她始终缄默"，那是因为"无人听懂"她那句口香糖般含在口中的话语。

对于一个少女来说，初吻与初夜几乎同样神圣，那是她一生也无法忘却的经验。许多女人由于稚嫩、单纯，所以往往都是稀里糊涂就交出了自己的最初神圣。而她却成熟得令人却步，"活了二十年保持了二十年的孤独"，等待着把那第一次献给她所应该奉献的人。

《初吻献给谁》不愧为她的早期的代表作，也因此成为她第一本诗集的书名。在这首诗中，我们看到一位少女令人惊讶的早熟。这里看到的何止是一位二十岁少女的芳龄自觉，更重要的是我们认识到她作为一个女人的觉醒，也就是说，作为女性，她清醒认识到不是谁都可以成为自己所要奉献的人，这种神圣需要那个"听懂"自己的人。然而，最初由于这种神圣的他者的不在，她那句含在口中话，"始终未说已渐渐融入血液／化作无声的喧响"。

在这里，很容易让我们想起舒婷的《致橡树》。同样写女性的人格独立自觉，舒婷抒发的是一种浪漫主义的情感，宣言式地坦怀作为女性的人格理想。而李见心的这首诗却是地地道道的现代主义情绪，揭示式地完成了自己作为女性的独立意识吐露。这种权利意识与独立性的清醒，完全超越了她的年龄，让所有的同龄人黯然失色。而李见心的这种早熟就是来自于刚才谈到过的"醒悟"结果。正是因为这种早熟，使她在不满22岁的时候就已经体验到自己作为女人不可回避的那种"隐痛"，这是非常可怕的结果，注定了她从此无法克服挥之不去的境遇清醒对自己的意识和情感的围困。

　　写于 1990 年 3 月的《女人的杰作》是值得关注的早期另一首力作。这首诗向我们透露了她作为女人被完成的整个过程以及完成之后的隐痛与空虚。全诗分为三个部分，首先，她以提问的方式掩盖自己的潜在不安："谁能说最初的母亲不是我"，好像在质问别人，其实是在询问自己。从作为女儿开始跨入成为母亲的门槛，由于不安她必须"避开上帝的眼神"，尽管知道那可能会"走向绝望"，她还是"像鸟儿倒向天空 / 怀着从冬天获得的意外温柔 / 以一根肋骨的姿势围拢 / 你的胸怀　复制大海　让预感兑现春光"。这是第一部分内容，写自己将要触及"最初的母亲"的心情和预感。接着进入第二部分，写自己作为女人被完成的细腻感受。"果子悬在空中　对土地 / 构成威胁 / 一种下降的姿势年轻如我 / 以水果般透明的心情 / 渴望　一束雪亮的目光 / 水果刀般　洁净而灿烂 / 切开自己　溅起 / 甜蜜的隐痛　经久不息…… / 一种上升的欲望永恒如我 / 任果汁殷红　涂抹黎明与黄昏"。这里所使用的象征性意象，"空中"与"土地"，"下降的姿势"与"上升的姿势"，"水果"、"切开"、"甜蜜的隐痛"、"果汁殷红"等，其中所对应的事与物，不需要我做具体的阐述已经一目了然。对于性，做到如此细腻而隐秘的描写与揭示，真是令人叹为观止。问题是到了第三部分，当"土地与天空分离的一瞬"她马上发现了自己无论怎样"双臂交叉"，也无法掩盖从此留下的"漏洞"，从这个"致命的伤口"中，源源不断地"流淌世界上最纯洁的脓汁"，"流淌没有性别的忧伤"，就这样，她完成了从女孩向女人的升华，本来应该属于一种美好的跨越，她却发现了自己告别作为"最后的女儿"后的隐痛。

　　我怀疑这首诗可能是李见心对于自己初夜的诗意描述，由于刻骨铭心，所以惟妙惟肖。在这里，我们看不到迟疑，也没有忸怩和羞涩，而是那么主动、坦然、大胆地交出了自己，接受了作为少女的最初和最后的疼痛。最初，她即使承认这是一次"受难"，然而她还是坦言自己"不思悔改"。甚至还认为这是自己作为女人所完成的一次、一首生命的杰作。如果从《初吻献给谁》中所传达的她那对于情感的慎重来看，应该说李见心所决定的神圣奉献的对象是经过了精心选择的结果，因为她曾经表示自己宁可在镜子中等待，在等待中把那句话融进血液也不轻易吐出，这还只是"我爱你"这句话，还只是初吻，更何况初夜呢？所以，这次奉献中收获一定大于"隐痛"，她才把这次奉献命名为"杰作"。

可是，无论她对自己的需要什么如何清醒，知道怎样的男人才是自己所要飞翔的天空，刚步入少女年龄时的她，肉体毕竟已经成熟，欲望比理性更高，处于"容易受诱惑的年龄"。她的那句融化在血液中的无声喧闹，就是在这种情况下，在"甜蜜的隐痛"中第一次流出。然而，好景不长，她很快发现了这种奉献的真相。只过了半年的时间，在同年9月份完成的《圣鸟的天空》中，她就已经告诉了我们："我的心／它已驮不动一滴泪水的重量。"那是因为："我数着他吸完一盒香烟／恰似我在一夜之间失踪的白烛和年龄／他最后吐出一口生硬的温柔／亲密却陌生。"她很快发现了自己与献给的那个人之间，存在着无法被烧熟的"夹生饭"般的尴尬。本想自己作为一只鸟儿，期望着在他的天空中"舒豪一生"，而今却只能"在没有轨迹的云端／我看见一双被文字伤害的眼睛"。

就这样，早熟的诗人本来应该正处于享受年轻，挥霍天真、烂漫、憧憬的阶段，却过早地看到了生命的"漏洞"，发现了情感悲剧的真相。她明白了自己所被完成的只是肉体，而灵魂的饥饿却从此犹如掌纹，死死地罩住了此后的每一天，她只能在干燥的梦中渴望。

## 二、圣鸟在寻找天空

在李见心的诗歌中，"鸟"的意象与"天空"的意象经常同时出现，除了一处使用"火鸟"的意象（《纸婚》）暗喻着爱抽烟的男人之外，"鸟"基本上都是她自己作为女性的象征，而"天空"就是她要寻找的那位能够让她舒展自由的男人。也许只是偶然的巧合，或者潜在的基因被灵感唤醒的缘故，她的意象选择让我想起中国古代神话"精卫填海"中那只由女性化为鸟的精卫与水的关系。

迄今为止还没有哪位学者作出令人信服的解释，他们总是从自己所处的时代的价值观出发，把"精卫填海"故事作为人类不畏大自然的抗争精神来把握，这真是离题万里。其实，这是中华大地上逐水而居的先民女性们生殖崇拜巫术文化所留下的痕迹。其中的女娃游于东海，溺水而死，指的是少女与水神圣交媾（沐浴）而失身（＝死）的过程，而化为精卫衔石填海，就是性行为的动作抽象，是一种生殖崇拜巫术场面的描述①。李见心在初期代表作之一的《恋夜的女孩》中，明确地以在水中死亡象征少女交出的初夜，"你必须死一次／否则无法活下去"。她的诗歌中经常使用死亡意象，基本上都是隐喻自己作为女性被完成过的记忆。而她就是从这种"死亡"中，完成了自己不是"鱼"而是"鸟儿"的自我意识的确立。

我们可以从 1992 年的一首《粟色小鸟》中，明确地把握到李见心的这种象征性意象的所指。这是一首典型的自画像，她毫不隐瞒地说出自己是一只"喜欢轻信又深疑的鸟"，这句诗基本体现了李见心的性格与本质特征。她之所以会受伤，就在于她的这种"轻信又深疑"。那是因为，"轻信"容易使人忽略事情的动机，"深疑"又让人对每一种结果的不信任，这种矛盾构成了她的生存本质。这首诗基本上是在反思自己的过去经历而写成的。她审视自己，发现自从自己告别了在镜子中等待，就"飞啊飞　离你越来越远／独自在天空刻写海拔……／从不收敛被梦幻涨痛的翅膀"，她渴望着自己能够被默默地接纳，所以呼唤着，"猎人　你将怎样伸出一双洗涤千遍的手／小心翼翼地捧护她／在即将碎裂的正午／殷红的阳光里　沉默不语"。这里我们应该注意"一双洗涤千遍的手"的这种信息。自从她交出了自己，带回了隐痛之后，她似乎患上了洁癖，在1991年5月，也就是经历那场初夜（回忆？）之后的一年零两个月，她在《呓语》中写道："两只猫叫作践了不带一丝指纹的夏天／那一刻我感觉妊娠般恶心呕吐。"在这时，听到猫们的叫春，她不是兴奋涨潮，而是呕吐逼胸。为什么呢？因为那时，她已经对男人不信了："生活中每个男人都暗藏一把锋利的凶器／它们除了扼杀性别的偏见别无所求／而女人的肉体空空荡荡如一块松软的海绵／谁渴水时谁挤榨只是别问　处女之血已流失。"她明白了一个残酷的现实，自己的神圣初吻所要献给的是"最后的男人"，是"死神"。她为此在"暗夜里默默痛哭"，而"所

① 关于这个问题的详细内容，请参见笔者《浅析"精卫填海"神话中生殖崇拜文化的原型》（上下）[《爱知论丛》第 59 号（1995）、第 60 号（1996）] 一文。

有的人都在哈哈大笑"。

正是因为如此，她那最初所见到的"殷红的果汁"、"最纯洁的脓汁"，已经不再是甜蜜的爱液，而是令她恶心的隐痛。这一只本是"无缘无故"的小鸟，在这个世界上从此"无家可归"。属于她自己的"只有洗绵长的澡露短促的笑"了。在这里我们再一次与李见心的另一个习性、隐私相遇，她除了爱照镜子，还爱洗澡。她在生活中的每一次"出场"，都必须"把自己的身体打扫干净"（《出场》）才行。所以，她才会要求那只伸向她的猎人的手，必须是"洗涤千遍"的、干干净净的。

那么，之后的李见心找到了她所期盼的那双干净的，伸向她、呵护她的手吗？而那一片能够让她自由地展翅，却仍然高于翅膀的天空，能使她获得土地般辽阔的天空出现了吗？

在她跟最初"倒向"的那一片天空产生不和谐，发现其情感"夹生饭"真相的那首《圣鸟的天空》同一个月，她写下的另一首《思念海盗》，我不敢妄加猜测其中的故事究竟属于同一个他呢？还是另有所指？因为这里所体现的情感陶醉，绝不是前面所分析的那样："亲密而陌生"的尴尬（《圣鸟的天空》），而是一种可以触摸的，一阵刻骨的销魂与满足。

> 敢于征服大海的勇士 是你／从冬天获得额外的力量／在我身后伸出春天的手臂／风一样不可抗拒地围拢我／让一阵颤栗的温柔以下移的光芒／洞穿某种隐秘的疼痛／掌纹一样／死死地罩住我的一生／一滴海盗的泪 全部世纪的／爱／越过错位的时间／漫漫无边漫漫无边／把我无家的灵魂／洗劫一空（《思念海盗》）。

在同一个月里写出两种完全不同情感经验的作品不免让人疑惑。当然这是她的隐私我不想进一步深究。我想指出的是，除了这一首，也是唯一的一次让她为情感陶醉和满足之外，从此以后我再也没有从她作品中找到这种感觉了。这是在 1991 年之前，在她对男人不信的发言（《呓语》）以前的作品。此后的中期与近期的作品中，虽然我们仍然可以与她充满矛盾的情感相遇，在那些作品中，除了《火焰之后》还可以触摸到她几度燃烧过的痕迹，其他的、我们所能看到的，基本都是她的爱情观、价值观的吐露，爱情只是成为一种假设进入她的审美与思考互动。比如中期的《我要是个疯女人该多好》、《看着我》，近期的《剩下的都属于你》、《不穿肉体地爱你》、《模拟爱情》、《说出的就不是爱情》、《要给就给你最好的》、《让我作梦的人》等，即使《火焰之后》也已经把云雨的痕迹完全抽象化、观念化了，只剩下"火焰"这个强烈的意象，以"灰烬"的残留提醒着人们她在几度销魂中灵魂的涅槃。这种变化向我们揭示了李见心成长的轨迹，她从原来的理想、较真，逐渐过渡到豁达、开放，甚至有些自欺欺人。也许，这也意味着她作为女人的真正成熟，而不是早期的那种青果般夹生的早熟。然而，这种成熟的结果对她并不是一种好事，只能导致她产生了看破一切后的颓废，不然就不足以弥补自己灵魂中那个"漏洞"。

> 亲爱的，既然世上没有真正的爱情／让我们模拟一段爱情，好吗？／你假装爱我，我也假装爱你／……在假装过程中，我们体验到了真实的颤抖，纯粹的激情／它远比真正的爱情活得更长久（《模拟爱情》）。

这首近期的作品与早期的《初吻献给谁》之间的变化是一目了然的。早期的那种面对情感的神圣与理想，在此变得玩世不恭。而比《模拟爱情》更进一步的是另一首《十一月情诗》，其中所表现的对于早期的反叛更为强烈。"十一月／我只想恋爱／而不管恋爱的对方是谁／……和每一个遇到的陌生人／一见钟情、相爱到老"。这些情感态度与"怎能做平庸的奉献"（《初吻献给谁》）所体现的早期爱情观简直判若两人。那么，她为什么会发生这么大的变化呢？难道仅仅只是最初奉献的失败造成的吗？问题远非这么简单。我们当然不能否定她那最初的理想情感的破灭所带来的契机性结果，但是，这不是最根本的原因，更深层的原因应该从她的成长经历溯源。

确实，在经过第一次之后，首先让本来就多疑的她变得更加敏感而理智："我没有看你／却知道你在看着我／看出我年龄的破绽／看出我睫毛上颤栗的灰"（《看着我》）。她也希望自己能够逃离理智的围困，然而理智却牢牢把她捕获："如果我是个疯女人该多好／可理智已像穿过耶稣身上的钉子／钉在我身上／从不松动"（《我要是个疯女人该多好》）。理智让她明白"要给就要给你最好的、最初的——／……要爱就要给你最完整的、最圆满的——（《要给就要给你最好的》）"。而对于她"最初的"已经不存在了，"最完整的"已经破碎了。对此，她还企图通过否定过去："四十岁之前，我不承认自己活过／四十一岁的女人才是一岁的女人"（《元叙述·年龄》），"风从来就没有声／就像我们从来就没有出生"（《风从来就没有声》），从而让自己重新开始。然而她实在做不到，难忘的过去与残留的现实无法遮盖她的良知："我本身就是一个有瑕疵的词／无论怎么掩饰／也遮盖不了它内心的漏洞／只要心每跳一下　它就会流血不止"（《字词》）。

　　现实中许许多多的人都会有第一次失败的经历或者相似的经验，而对于李见心之所以会伤害得如此之深，这应该与她的成长经历有关。从她的作品判断，李见心的母亲似乎早逝："白雪从天而降／母亲披着婚纱从天庭徐徐走过／大片大片的雪花乳汁般围拢／你的嘴唇／你感到一种婴儿的寒冷和饥饿"（《白雪从天而降》）。"我没有见过母亲／她死得比我的记忆还早／比前世还早"（《双亲》）。母爱的缺失本来还可以寻求父爱的弥补，然而，他对于父亲的记忆并不温馨："我除了在他身上收获虚无　一无所获／当他把我叠成风筝　在天空放飞／却突然松开了遥控我的手／我断了与这个世界的联系"（《双亲》）。这种亲情的空白造就了她早熟中的"轻信而深疑"的性格，然而，即使她经历了从女孩到女人的完成之后，她那潜在的亲情渴望也并没有泯灭。因此，她才会看到街头卖花的妇人，怀疑那是前世的母亲，看到窗帘摇动，怀疑那是父亲的魂灵。正因为这种渴望亲情呵护又缺少应有呵护的成长经历，使她对属于自己的围城怀抱巨大的期待，一旦发现那种依靠不牢固，她就会产生恐惧，一件不经意的或者本来不需要在意的事情都会让她激情成灰，本能地拒绝走进围城。比如："'停电，怎么拉灯绳，灯也不亮'／你说完这句话，夕阳就停止了在我手缝间的燃烧……／那一刻我才醒悟到／我从来没有爱过"（《日记·火烧云》）。这个连最起码的事情都做不好的人，怎能是自己要爱的人呢？"一个老者／比我的父亲还老　与我日渐亲密／我担心他的年龄／胜任不了我的爱情"（《日记·雨》）。这个一定会比自己提前离开这个世界的人，怎能完成自己所寻求的呵护呢？就是这样，她的成长经历，决定了她的情感理想是有条件的，不能做到忘我地投入。这让人想起梁小斌的诗句："我唯一的缺点就是在我亲吻时心思散漫"（《真实的亲吻》）。由于她的情感火一般清醒，又冰一般的火热，所以，她最终明白了自己所要实现的那种理想，或者所要寻找而又缺失的那个人："你就像上帝从不穿肉体／就让我这么不穿肉体地／——爱着你"（《不穿肉体地爱你》）；而让她做梦的那个人"本身就是一个梦"（《让我作梦的人》）。当她的理性穿透了这种情感的真相之后，她在现实中只能活在种种的假设里，逢场作戏也好，玩世不恭也罢，甚至纵欲也都是来自于她对于自己的情感理想的崇高追求。

读到这里，大家可能会认为李见心已经成为水性杨花的女人，不，事实恰恰相反，她至今还没有放弃自己的理想。她告诉我们，虽然自己的欲望"比冬至的夜晚／还要黑，膨胀"，但是，"没有一片覆盖森林的山坡／让她顺势躺下来"，"她想着去流浪／雪花一样迷失自己／可大雪封门／她只得向自己的内心出走"。这是她的近期的一首新的自画像《见心之冬》中的表白。这个走向内心的信息让我们明白了，她只是在诗歌中点燃自己的生命，用文字为渴望呐喊，并没有现实的具体行为，因为"大雪封门"。如果不是这样，那么我们现在应该会读到更多的，比早期的那些描写更为细腻的、审美生命的诗篇，然而，前面已经说过，《圣鸟的天空》以及《女人的杰作》、《思念海盗》之后的作品中，我们再也没有发现相关的"杰作"了。因为没有生命的每一个临场经验，她只能在文字中"让不能存在成为存在"（《日记·雪》），"以灵魂的方式躲避肉体"《元叙述·年龄》，仅此而已。

## 三、谁是她的完成者？

至此为此，我们分析了李见心诗歌所揭示的她那情感与生命的审美经历、失败的过程以及造成的后果。但是，还有一个重要的问题一直还在闲置着没有涉及，那就是造成她那奉献后悲剧性结果的原因究竟何在呢？这个问题我们还需要进一步深究。

从她的作品中，我们不难发现其中的三个原因构成她情感悲剧的必然性。其一，她拒绝凡庸，追求情感"石破天惊的重叠"的理想。其二，性别的自觉与反叛的冲动。其三，她那看穿世界背后真相的深刻成了她的软肋，她必须为自己的每一个发现付出代价。

其一，在前面提到的《呓语》的一诗中，她明确地道出了自己与对方情感龟裂的真相："身后是谁的手把我推进平庸的陷阱/并且堆积日常的灰尘将我深深的掩埋"。这种平庸使她在深夜每每被一种恐惧从梦中惊醒。在白天她可以像月亮隐入云层般躲在人群里，而到了夜晚，恐惧就会使她"清晰明亮地疼痛"。而在《初吻献给谁》中，她更加明确地宣言自己不做"平庸的奉献"。到了中期和近期，她的这种姿态一直保持着。如《挑剔春天》、《剩下的都属于你》、《别人的赞美诗》，都是她拒绝凡庸的心灵写照。

在男权主义主宰了数千年的人类历史与现实中，女性一旦拒绝凡庸，其悲剧的命运似乎是注定的。人类进入了现代社会，虽然到处都在提倡男女平等，但是这种倡导本身就意味的不平等的现实依然存在。确实现在不像从前，在追求恋爱、婚姻自由的问题上女性获得了平等的择偶机会。可是，机会的平等，不等于结果就一定平等。在谈恋爱阶段，女性可以与男性一样，自由选择自己喜欢的人。而一旦女人结了婚，走进家庭，男人往往只要求女人单方面作平庸的奉献，许多女人也因此屈服于作为男人附庸的境遇。这里明显地存在着机会与结果的背离，也就是说机会的平等并没有带来结果的平等。那么，不愿意被日常的灰尘掩埋的李见心，她那理想的奉献注定只是一场梦。正因为这样，她在中期的作品中，一针见血地指出："除了死亡，梦是上帝赋予人的第二种平等"（《元叙述·季节》）。那么，也就可以说，女人与男人之间的真正平等，除了死亡与做梦之外，似乎很难得以实现。

其二，也许是来自于这种疑问与觉醒，从中期开始，李见心的诗歌中，关于性别问题开始成为她思考问题的一种向度。甚至我们会发现，在中期与近期的作品中，她有时会使用男性的人称，即"他"出场。比如《室内生活》，《一首诗主义》、《第八日》、《男孩儿》等，当然有些作品可能是观察别人，或者写给别人的诗，然而《男孩儿》却是值得我们关注的一首。在这首诗中，她把自己设想成母亲的一个潜在的愿望："我是你臆想中的男孩儿，你把我喂养得/比死亡还胖"。"没有人能够逃离时间的追踪，死者也不

能 / 除了我，因为我还没有出生"，"从你孕育甚至还没有孕育我的那天起 /
我就没有怀疑过我的性别 / 我也没有让你失望 / '两只小球在滚动'"，这种
匪夷所思的想象力，完全建立在她那潜意识中存在的另一种性别愿望的换位
假设。

　　写诗的人一般都会有同样的创作经验，一首诗歌，首先要有一个人称、
性别的定位，然后选择自己的审视与抒情的角度或角色，创造每一种诗意的
述说语境。不同的人称、性别，由于其审美角度、情感取向不同，在表现上
其语言的特点是不太一样的。在这些作品中，虽然李见心并没有很自觉地
区别这种性别换位后不同的审美担当，甚至最初只停留在作为局外人对于
"他"的审视之中（比如：《室内生活》、《一首诗主义》就是这样）。但是，
在《第八日》中却已经开始明确地区别两种性别不同所存在的关系："第八
日，男人的寂寞创造了肋骨般弯曲的女人"，"第八日，他提出退学，理由是
看见我就心疼"。在这里，我们可以看到她明确地揭示了女人处于活在男人
的感觉里的生存处境与命运。

　　李见心诗歌中存在的上述情感与思想发展过程，让我们不得不怀疑她
是否受到女性主义思潮的影响。由于相关思想线索并不是很明显，所以可能
也只是她在追求女性人格独立过程中无意识的产物。然而，我们不得不说这
种追求的过程，与 20 世纪 60 年代兴起于美国的女性主义运动的发展过程不
谋而合。女性主义运动的起因就是从美国的贵妇人们拒绝平庸，追求独立、
平等的生存权利引起的。随之向权利平等问题中存在的机会平等与结果平等
相背离现象的问题追究发展，近年来基本上着重点转到了性差问题的研究与
揭发。上述的李见心诗歌中所表现出来的作为女性独立意识的发展不正是隐
隐约约经历了这样的三个阶段吗？

　　男权主义历史中，男人除了要求女人凡庸，还要求女人符合自己的审
美趣味。其实，我们现在所认定的关于女性的审美，几乎都是男人所赋予
的。比如，男人喜欢羞涩、矜持、含蓄的女性，那么，女性几乎也都把这种
审美趣味作为自己的美丽标准。然而，李见心似乎有意反叛这种传统，她的
作品表现得热烈、大胆，有的甚至开放得令人退却。在习惯了在男女关系的
谎言系统中生存的男人们面前，她却以文字毫无保留地在揭开了自己在每一

个生命现场的细腻而逼真的情感与肉体的审美真相。这就使她不可避免地看到了一双双被自己的文字"伤害的眼睛"（《圣鸟的天空》），而这种伤害正是她与他之间出现"陌生"的开始。

其三，除了上述这两种原因之外，我们还不能忽视另外一个极其重要的原因，那就是她能够从事物的现象看到其背后真相。她不轻易相信当下、不相信眼前的事物，因为她认为："我们见到的生活不是生活／而是与生相反的事物"（《风从来就没有声》），"能听到的风声不是风声／能看到的寂寞不是寂寞／能触摸的爱情不是爱情"（《第八日》）。所以，她往往能从事物的背面、背后，暴露着每一种问题中深藏的悖谬，揭穿每一种既定价值观的意义骗局。这种特征具体表现在她的诗歌中，通过反义词的大量调动和巧妙运用，或者通过相反意义的两种事情的对立叙述，在同一句诗，或者同一段中，构成思想与内涵的巨大张力，使那些诗句不断迸发出极其意外而深刻的思想和艺术效果。这种诗句，随手捡来比比皆是。比如：

"我誓死爱着我的仇人／我永生恨着我的爱人"（《初吻献给谁》）。"用亲近疏远你／用敞开拒绝你"（《元叙述·季节》）。"你说不后悔时已经后悔不已"（《字词》）。"以虚掩的方式敞开着／……以敞开的方式遮蔽着"（《玫瑰的秘密》）。"像不存在一样真实／像真实一样虚空"（《出场》）。"它切近到遥远　遥不可及／它清新到恍惚　恍若隔世／它真实到失真／它存在到不存在"（《蝴蝶，作为一个词》）。还有如："光荣的耻辱"、"鲜艳的腐烂"、"芳香的臭气"（《玫瑰的秘密》）等等。

对于这样一种通过矛盾事物之间的意义撞击，以反义词语的并列揭示或对比运用，使她的作品获得了意外的深度，她的思想在不断展现着深刻。按照李见心的说法，那就是："给我两个相反的词／我就会为你天平一样把世界摆平"（《字词》）。这句似乎随口而出的诗句，其实极其重要。李见心在这里隐藏着关于人与人平等问题的思考。犹如反义词之间是一种绝对平等且密切的关系，男人与女人之间也一样，无论在意义上还是作用上都是如此。两种相反的事物之间之所以能够构成对立、矛盾的关系，就是因为它们之间的力量是均等的。

由于她的这种善于透过事物的表面审视，或者抛开事物的单独性把握，进一步挖掘潜藏在事物背后的那种意义的真相，去发现与该事物相关的、相反事物的意义和作用，使她必然不甘于让自己处于不平等的境遇中，成为男人的附属而接受平庸、日常地生存。为了走出这种境遇，她思考着性别的差异，审视着自己作为女人的命运。她在各种事物的反向审视中，触及到了每一种生命被遮盖的另一半真实。这一方面让她的思想获得了冷静和深刻，另一方面也让她为了这种发现付出巨大的心灵代价。虽然她也告诫自己要"忍住"，甚至梦想着"只要你再忍一会 / 你就会羽化登仙 / 蝴蝶一样飞起来"（《忍住黄昏》）。然而，她实在无法容忍自己停留在事实的假象上面浪费情感、掩饰空虚。

不过，有一个事实我们不能忽视，在中期和后期的李见心的诗中，有一种现象日益显著，那就是她所要爱的那个人逐渐从人性向神性过渡。如果说初期的《初吻献给谁》中的那个"谁"以神性的存在来理解也未免不可的话，那么，她从最初开始所企图献身的那个对象就注定了不在这个世界上存在，那么，她所想爱的那个人注定是永远也不会出生的。从"最初的母亲"和"最后的女人"等隐喻性的意象中，我们当然容易想起夏娃的身份和角色。然而，初期的李见心基本上还是带着肉体和人性、动物性寻找着她的另一半。然而，进入中期，《元叙述》、《日记》、《我的身体周围》等，她开始审视、反省自己作为带着肉体生存的、有"漏洞"存在的种种际遇，之后出现了转变。在《我的身体周围》中，她开始明显地表现出对于肉体的抵触。"到处都是摆脱不了肉体的男人和女人"、"他们不调情就无法继续 / 调完情也无法继续"。在此后的作品中，她在诗中使用神性的意象和叙述暗示逐渐增多。要把诗歌"献给一个纯洁得不会出生的人"（《室内生活》）。"那时，你就逃出了上帝 / 我也逃出了人类"（《看着我》）。"风是我们凭空捏造出来的声音 / 替人类当羊"（《风从来就没有声》）。这是中期的一种明显的转变。而到了近期，在《说出的就不是爱情》一诗中，这种神性思考的特色就更为突出了。"你的名字只有生，没有死 / 超越我生命的长度 / 超越人类的语言 / 超越时间的界限"，"你就是存在本身。秘密本身 / 比火焰还清澈 / 比灰尘还干净 / 比没有发生还原始 / 比原始还缄默 / 不沾一丝人的指纹和嘴唇"。而在《剩下的都属于你》中更是进一步指出她的真正所爱："我们会用绝世的爱做成诺亚方舟，让玫瑰比橄榄枝提前露出头 / 亲爱的，熬过了这一轮人类 /——剩下的都属于你"。

这种转变属于一种从她最初作为个体生存向人类这个集合概念的存在性升华，进入人类生存大背景的审视。这本来是一种深度的跨越，应该出现一种可喜的结果。可是，我们却发现她在这种升华的同时，不知不觉中陷入了让自己也成为神性存在的幻觉之中，无意识中成全了神的创世阴谋。"现在，我把自己的身心打扫得干干净净了 / 像一个朝代打扫另一个朝代的战场 / 我准备迎接你，我只为迎接你——/ 我神圣的君主 /——出场 /……为了迎接你，打扫完了今生"（《出场》）。她甚至幻想着自己就是"精灵"、"安琪儿"，认为自己"你是不属于人间的尤物 / 却偶然地为追逐一只蝴蝶来到人间 / 你不以人类的存在而存在 / 却为人类的悲哀而悲哀"（《别人的赞美诗》）。我们不希望她在转变后的这种结果，不希望她真的成为陷入水边的那位美少年，自恋到自己成为一簇水仙花活在水（镜子）中。

我从来不认为夏娃偷吃禁果属于蛇的唆使，不，那是人类自己的意志，也是上帝的故意。既然我们被赋予了存在的肉体和欲望，我们就应该去获得属于自己生命的快感，即使那样做伴随着苦难。都说上帝是完美的存在，那么由造物主创造的世界上一切生灵也应该是完美的。人作为被创造者之一，我们来到这个世界，本来应该让我们从开始就能够遇到自己心爱的人，并且美好得用完造物主所赋予的生命长度。可是，多少人都是一生流浪，寻找自己的另一半，等到找到了，却往往没有条件，或者没有能力获得那好不容易现身的美好。这种现象和结果只有两种答案，其一，那就是被称为神的造物主不存在，不然不应该这样。其二，如果这种神的意志存在，那么，人的一切苦难都是神的阴谋。故意让人类得不到可望而不可即的另一半，好让人类把神供祭起来。那么，如果这样的话，我们要么否定神圣的存在，自足自立于当下生存。要么相信神的存在，相信完美，但同时更为重要的是要认同自己作为有限存在的不完美境遇。所以，我们不希望李见心，从现实的情感际遇走进神的视野，生活在情感、理想得不存在的世界里。我们宁可看到她在《日子像群羊》中所明白的那样，自己也是人类无数中的一个，活得像一只羊，被平凡的日子驱赶着，"我也喜欢停在草地上 / 吃草　打架　做爱"，而不是活在"不穿肉体地爱你"的世界里，过着中世纪修道院修女一般的生活。从这种愿望与意义出发，我们千万不要把李见心的生命审美过多地从神性高度来诠释，这样只会把她拴在她那迷恋的镜子里，一生都只能在梦的世界里冰冷地等待着那个没有出生的人的到来。

我们只能、也只愿意认为，作为女人的李见心，因为她害怕凡庸，而一般的男人需要的就是女人的凡庸，那么，这就注定了她不可能简单地被一般的男人所完成。一般的男人也许可以与她一起完成肉体的渴望，然而，这种完成只会给她带来更大的空虚，使她发现自己更深的"漏洞"（这是一个她所爱用的意象）。她虽然表现出让神，那种永远不会出生的那种存在来完成自己的企图。然而，她不能忘却自己作为人，带着肉体存在着的现实。她的灵魂、她的精神，虽然需要异性的媒介（即使这种存在是神也应该是男性），但更为重要的是，她自己作为女性应该摆脱对于神圣重叠的苛求，从理想的历史中走出，进入现实的历史，通过对于当下生存的宽容与体认，克服自己把自己所喜欢的蝴蝶一般、镜子深处的那种梦幻当真的幻觉，在这种从苛刻到宽容的成长过程中，逐步获得每一个阶段性的完成。

从李见心的作品中所表现的审美倾向来看，她的整个审美观还只是属于现代主义的范畴，并没有克服精英意识的束缚。现代主义思潮与之前的浪漫主义、理性主义一样，都属于专制、集权意识的产物，它们只是表现方式不同而已。李见心要想不断完成自己，填饱自己灵魂的饥饿，可能应该从现代主义意识中所存在的那种恐惧凡庸的阴影中走出，走下圣殿，进入后现代主义的意识领地。后现代主义是平等社会的产物，拥有摆脱精英主义的精神内核，所以，能够在当下与日常中找到意义。那么，如何学会认识平庸与日常的价值，以后现代主义的审美理想重构真相，在一切的事物、际遇而不是神性中找到当下的存在意义，这应该是诗人李见心走向自足性完成的一个重要课题吧！

——本文刊载《文明 21》（日本学术期刊）2014 年 第 33 号

（论文题目做了更改）

# 肉身可以出走，精神如何返乡

——对于杨方《骆驼羔一样的眼睛》中"故乡词"的探险

## 一、一只逃亡的鹿

黄昏时分我一转头就看见了那只鹿

它穿越一切的目光正和我静静地对视

它是我生命的一部分吗？是我生命中的那只鹿吗？

——《寻鹿记》

《寻鹿记》是一首很特别的诗，接近于作者的自画像。一只鹿，被饲养它的主人锯断了鹿角，取走了鹿茸泡酒。那是因为"养鹿人不懂得，那庞大的鹿角 / 是繁星和一座森林组成的，回家的路"；不明白"在长出新角之前，那只鹿是多么忧伤和愤怒"。本来这只鹿只是"被一根粗绳子拴着，在河州上吃草"。然而，这只只顾"低头吃草"的鹿，却被养鹿人剥夺了属于自己的美丽和高傲，剥夺了家园的梦（繁星、森林、回家的路）。为此，"我看见它以绳子为半径，一圈圈奔跑 / 迎着风向嗅着远山的气息，呦呦地鸣叫"。终于有一天，"它挣脱绳索，狂奔而去，无影无踪"。

这首诗对于杨方颇具象征意味，似乎就是她自己曾经生态的写照。通读她的整本诗集，从故乡"出走"是基调，并且她的肉身已经"出走"了，问题是她的精神仍然与故乡存在着不可割断的牵扯，却又回不了已经"出走"的那个故乡，更不知道应该如何才能返乡。所以，她在一只被主人锯断高傲的鹿角的鹿的命运中，找到了自己存在的对应物，找到了同病相怜的存在："黄昏时分我一转头就看见了那只鹿／它穿越一切的目光正和我静静地对视／它是我生命的一部分吗？是我生命中的那只鹿吗?"所以，她在"出走"的路上，"一直在寻找那只鹿，那只无视时空法则的鹿"。

这里所说的"时空法则"究竟何指仅就这首诗，其意义是极其不明确的，所以，我在杨方的诗集中需要努力寻找她从故乡"出走"的原因。然而，无论怎样，我都找不到一种确定性的答案。如果从《寻鹿记》这首自我生存隐喻性的作品看，故乡对于她既是生养过她的土地，又是隐藏着狰狞暴力的空间，这也许可以说是她出走的最根本原因。这种判断，我们可以从她的另外一些诗句中得到佐证。比如："我不能回到刀光闪现的伊犁河边，独自坐下来哭泣"，（《悲伤是这儿的，也是我的》）"我有祖国，有父亲母亲，有混血的出生地／我在那流血和开花的地方生活了很久"（《我是故乡的》）。

很少有人像她这样描写自己的故乡："刀光闪现的伊犁河边"，那是一个"流血和开花的地方"。故乡的"伊犁河边"，那流水却是一种"刀光闪现"的印象。那故乡本来应该是美好地方，因为那是"开花的地方"，然而却也是苦难的记忆，因为那是"流血的地方"，这种复杂、矛盾、充满紧张、冲突的情感，就是作者对于故乡的记忆。而这样的情感与记忆体现得更为完整、更为具象、更充满恐惧的是《女高音》这首诗：

### 女高音

唱《玛依拉》的女高音，高音爬到装甲车上
钢铁的装甲车，不是手风琴，不是儿童玩具
它开过汉人街，让人想起利比亚、叙利亚、中东

女高音，七月的石榴花点燃了你吗？
欢快的旋律，爱情的旋律
歌词，像机关枪吐出的弹壳般弹跳

装甲车开过的马路，像削下来的连续不断的苹果皮
如果它一直开下去

地球，会成为另一个削了皮的苹果吗？

削掉战争，动乱，仇恨，纷争

削掉所有不安宁的，有伤疤的表皮

削掉故乡，出生地


如果没有了出生地，是否我从不曾出生过？

如果出生地可以在一片苹果花中藏好它自己

地球可以在一堆苹果中藏好它自己

我可以在女高音中藏好我自己


我已经没有词语，不需要说话

像一个老乞丐没有了零碎的钱币

我只能沉默，但沉默会

土炸弹一样在拥挤的公交车上突然爆炸

那不是一个芬芳的蛋糕，不是青春，不是尖叫

不是一辆装甲车，和女高音一起驶过汉人街


　　作者在故乡的"汉人街"，却想起"利比亚、叙利亚、中东"，在那里"女高音"爬进"装甲车"，"歌词，像机关枪吐出的弹壳般弹跳"，使她无处藏身，此时，"我已经没有词语，不需要说话"，只能沉默，然而即使这样，不知道什么时候，沉默也会像"土炸弹一样在拥挤的公交车上突然爆炸"。

　　恐惧！无所不在的恐惧。这种恐惧已经从她的感觉进入到知觉，从肉身侵入进灵魂。正因为这样，作者在其他诗中告诉我们，她"看见受伤的大雁，一只一只哀鸣着飞离"，深深感到"我再不能奢望回到这儿，死在这儿，安葬在这儿"，"我不能回到刀光闪现的伊犁河边，独自坐下来哭泣"（《悲伤是这儿的，也是我的》）。

　　我们都知道，故乡对于每一个人都是不可替代的存在，是心灵的出发点更是灵魂的归宿地。无论这个故乡带给自己的成长记忆是美好的、还是艰辛的，是幸福的、还是痛苦的……一切都是自己宿命里需要接受的阅历、自

己不可更改的历史。正如作者所说："我的爱情，是新疆的，没有谁能把我半路抛弃。"（《我是故乡的》）这句话虽然略显固执，并且一厢情愿，但是这是一种事实，别人甭想把自己从故乡抛弃，自己想抛弃也是不可能的。

是的，作者出生在新疆，她称为"混血的出生地"，那是一片美丽的土地，那里的蓝天、白云、鲜花、草原、湖泊……让多少人为之流连忘返。然而，正如我们所熟知，近几年来，由于西方某些企图阻止中国发展的国家在背后撑腰，唆使一些民族分裂主义者制造了一系列恐怖事件，从而让这片天堂般的土地溅起了苦难的血腥，鲜花与流血，歌声与子弹的转化往往发生在人们猝不及防的瞬间。正是这种生存经验使然，作者的诗句中的故乡不再展现出我们所熟悉的蓝天白云、雪山镜湖的胜境梦幻，而是"刀光闪现"的暴力魅影。作者自己也坦诚告诉我们："这其中，有暴力的沉默，有美，有苦难"、"故乡对别人，是一种温暖和归宿，是母亲子宫般安全的住所，对我，是一种伤害和逃离。"在这种复杂的感情中，她选择了"对于这个话题，我不想多说"的态度。这种态度，用作者自己的话说，那就是对于故乡"你越热爱，你就越被伤害"① 的一种悖论性的特殊情感经验。

以上的这些信息，让我们有理由判断，那只受伤的、逃亡的鹿，就是作者自身的写照。故乡应该是美好的，然而这个被伊犁河滩肥美的绿草所养育的、缀满繁星的梦——她的高傲的犄角——却被养育她的主人——那片美丽的土地——以暴力的方式剥夺了。所以，她"迎着风向嗅着远山的气息"，最终选择了逃离，选择了远方。

## 二、邮包的隐喻

> 陌生的信使，当你把包裹交给父亲和母亲
>
> 就是把我重新交给故乡
>
> 我以一个两公斤重的邮包出现在饭桌上

---

① 杨方、霍俊明：《"走在分叉的树枝上，走在分支的河流上"——杨方访谈》，《首都师范大学驻校诗人杨方诗歌创作研讨会论文集》，2014 年。

　　我是饭桌上的缺席者，我是故乡的缺席者

——《寄往故乡的邮包》

　　然而，随着我对相关资料阅读的深入，上述的这种对作者从故乡出走原因的判断却被另外一些表明颠覆："每次走出果子沟，都仿佛穿过狭长和险峻的路途，再一次回到温暖光亮的故乡"、"果子沟是我每次回家时的必经之路，它在我心里是一条通往灵魂归宿的路"。[①] 根据作者的介绍，在以前，果子沟是她的故乡伊犁翻越天山与外界唯一的通道，回家时走出这里，就进入了伊犁河畔广阔的、薰衣草连天的原野。作者在回答霍俊明访谈中说出的这两句话，明确告诉我们自己的出生地是一个"温暖光亮的故乡"，那是"一条通往灵魂归宿的路"。显然，这与第一部分我们所看到的"刀光闪现"的流血之地是截然不同的。

　　当然，如果根据作者的另一段自述，我们不难发现，她所说的"故乡"，也许不需要那么具体，那是一个相对抽象的概念，只是一种归宿的精神性指向。在《淡灰色的眼珠》一诗中作者告诉我们："真的，没有地方可以把我留在任何地方／地表的条条大道都不能通往虚拟的故乡／唯有那条通向死亡的路途，鲜花一样，远方一样"。这里所说的"故乡"显然是抽象的。或者，即使有具体的地域，也还是抽象的精神性存在。比如她说："我把一个自治区缩小成一个村庄，把一个村庄缩小成三棵树，把三棵树缩小在我的身体里。冥冥之中，我固执地认为那个荒凉的，只有三棵树的，被我偶然路过的村庄，就是我前世的故乡。我仿佛从那荒凉中来，终将回到那荒凉中去。"[②] 也就是说，她的故乡，不一定需要具体到穿过天山，过了果子沟之后的那片伊犁河畔的原野那个地方，她所说的故乡只是整个新疆，或者在她出走途中偶尔路过的某个村庄。那里有时是"温暖明亮的"，有时却是"荒凉的"。如果可以这样理解，上述的似乎存在相互矛盾的叙述也就不矛盾了。

---

①　杨方、霍俊明：《"走在分叉的树枝上，走在分支的河流上"——杨方访谈》，《首都师范大学驻校诗人杨方诗歌创作研讨会论文集》，2014年。

②　杨方、霍俊明：《"走在分叉的树枝上，走在分支的河流上"——杨方访谈》，《首都师范大学驻校诗人杨方诗歌创作研讨会论文集》，2014年。

　　然而问题是，对于作者的来说，她所反复提及的那个"故乡"如果没有了具体的定位，她那"寄往故乡的邮包"又该投递何方？

<h2 style="text-align:center">寄往故乡的邮包</h2>

请写上，一个邮包的详细地址
一百六十六万平方公里的维吾尔自治区
三十五万平方公里的哈萨克自治州
一公里长的斯大林街，五米宽的胜利巷
写上父亲和母亲的名字
写上重量，品名，到达时
几千公里外响起的门铃声
一辆怎样的四轮马车，疲惫，落满尘土
在黄昏时将它送达
一路上的流水都是熟悉的，马儿止步的地方
不是外邦，不是异域，不是另一个星球
那里是我的出生地，我像每个人一样出生
我是伤口里的孩子，敏感，深情
小时候用乌斯曼草描眉，用海纳花涂染指甲
院子里的石榴树，无花果
都是风中的植物，流血，秘密地开花
它们从不传递爱情的花粉，暗自用伤口滋养果实
那只低飞的夜莺，也是从伤口里飞出来的
时常落在清真寺的拱顶上，有时也落在门楣
它在夜间发出声音，像一个流亡的灵魂
陌生的信使，当你把包裹交给父亲和母亲
就是把我重新交给故乡
我以一个两公斤重的邮包出现在饭桌上
我是饭桌上的缺席者，我是故乡的缺席者
没有了故乡，我们会怎么样？

没有了平和安详，故乡会怎么样？

那么，请写上：小心，轻放！

不要粗暴和伤害，再写上我的邮编和电话号码

那是一长串阿拉伯数字，断头的红玫瑰般依次排列

　　这首诗是我在这本诗集中读到的最喜欢的作品之一，除此之外，还有如《遗址上的乌孙国》、《我看见我还站在那里》、《清明上河图》等也都是我所认为的好诗。

　　可以说《寄往故乡的邮包》是这本诗集中作者所呈现的另一种生存状态的隐喻，是我们在这本诗集中看到的第二幅自画像，与《寻鹿记》恰好构成某种潜在的对应。如果说《寻鹿记》隐含着作者出走原因的某种信息，那么《寄往故乡的邮包》则是出走后的作者某种返乡形式的隐喻。其实这首诗在语言上并没有什么独特之处，甚至都是一些平淡无奇的句子，叙述一个"邮包"被投递的细节。然而，正是在这种毫无做作、修饰的朴素叙事中，既准确又富有象征意味地揭示了作者与故乡之间某种必然的联系。

　　大家知道，邮件投递是需要具体地址的，是有明确方位和去向的。对于作者，那个地址"不是外邦，不是异域，不是另一个星球／那里是我的出生地"，是"几千公里外响起的门铃声"，这些都是具体而现实存在着的投邮之地。所以，对于作者来说，她的"故乡"首先应该是具体而真实的，既不可以缩小，也不能扩大，那就是她的出生地。然而，问题是出走之后的作者，她的返乡形式是令人不安的，完整而正确的到达是得不到保障的。因为她只能像一个"邮包"，只能交给"陌生的信使"传递。路上是否会破损、是否会发生投递错误等都是未知的、不可预测的。所以，"交给父亲母亲"，"重新交给故乡"都是自己的一厢情愿。即使退一步说，作者如愿以偿，顺利被投递到出走前的那个曾经的出生地，但她仍然清楚"我以一个两公斤重的邮包出现在饭桌上／我是饭桌上的缺席者，我是故乡的缺席者"。

　　是的，对于故乡、她永远只是以一个"缺席者"的身份存在着。如果把"邮包"当作一种情感、一种灵魂的象征物返乡了，而作者真正的肉身却还在异乡，在出走的远方，所以她也只是"饭桌上的缺席者"。即使可以再

退一步，把"邮包"作为肉身的替代物，她的返乡也只是"被邮寄来"的，这就说明灵魂仍然不在此地，所以她当然是"故乡的缺席者"。正是这种双重"缺席者"身份的漂泊意识，让她深深感到："我对故乡有一种无限亲近又无限疏离的感觉，我回来了，同时我又是再也回不来了。"①

综上所述，如果仅仅把作者的返乡情结理解为对于形而上存在，即"虚拟的故乡"的归依显然是不合理的，对于她来说，故乡更多的是具体的，现实中存在的。正因为如此，她才会说"我不打算离开这里，和你一样／母亲给了我一个弯月的天空和低垂的大地／我怎能将它舍弃／我无法在其他地方找到一个新的故乡／或者在陌生的土地上重新建立一个故乡／关于故乡，那是与生俱来的，我们舍此无他"。（《我无法找到一个新的故乡》）虽然她有时也偶尔谈及"虚拟的故乡"，甚至向往"像白云一样生活"，因为她有时会"觉得每一朵云，都是一个镀金的菩萨端坐在莲花上。她将引领你去往一个比精神更高更明亮的地方。"② 然而，在她的诗中，故乡往往是具体的，是她的此生的受肉之地，是与生俱来的那种存在。

## 三、建立在伤口上的故乡

就像我来到雾灵山，或者去别的什么地方
都只是路过，我最终要去的
是今生无法依托的故乡，和死后的故土

——《雾灵山，风朝一个方向吹》

那么，是不是说作者诗中的"故乡"只有具体的，现实中存在的去处呢？这样的理解当然也不尽然。在诗中，作者还为我们讲述了另外一种相对明确的"故乡"，那就是死亡之后灵魂的去处。比如："如果跟随一群迁徙的

① 杨方、霍俊明：《"走在分叉的树枝上，走在分支的河流上"——杨方访谈》，《首都师范大学驻校诗人杨方诗歌创作研讨会论文集》，2014年。
② 杨方、霍俊明：《"走在分叉的树枝上，走在分支的河流上"——杨方访谈》，《首都师范大学驻校诗人杨方诗歌创作研讨会论文集》，2014年。

候鸟，跟随／悄悄向北移动的春天，雨水，暖气流，大气压／是否就能到达蓝色幽暗的贝加尔湖／那又大又圆的墓地，是圆满和宿命／亲爱的陌生人，没有人告诉我／那一年，那一天，那一个傍晚，时光无限延伸／高原之巅的博尔塔拉，永远无法到达，永远，孤悬在天涯。"（《亲爱的博尔塔拉，亲爱的陌生人》）又如："但我还没有回到我的故乡……／我还没有回到一条大河的上游……／我还没有回到一座山脉最高的峰顶。"（《我还没有回到我的故乡》）诗中所说的"那又大又圆的墓地，是圆满和宿命"、"高原之巅的博尔塔拉"、"一座山脉最高的峰顶"等都是与"死亡"联系在一起的，"墓地"自不必说，"高原之巅"、"山脉的峰顶"，这些都是灵魂的去处，生者是无法到达的。所以她告诉我们"我还没有回到我的故乡"，"我最终要去的／是今生无法依托的故乡，和死后的故土。"（《雾灵山，风朝一个方向吹》）这个"故乡"，当然就是肉身永恒的归宿地：死亡。

这样一种相对地属于形而上的"故乡"意象，当然源于她现实中"故乡"的生存经验使然。前面已经分析，在此需要再次述及，她在诗中明确告诉我们"而我的故乡，如你所见／伊犁河从不睡眠，日夜逃离它的两岸／夕光在河面上铺开，像一把闪闪的大镰刀"。（《在伤口上建立一个故乡》），显然，这里不是人们梦萦魂牵的那种乐园，相反，那是一个危机四伏，脖子上横着"大镰刀"，时刻与死亡为邻，人们"日夜逃离它的两岸"的作者出生地。

就这样，现实的生存经验形成了作者的精神质地，也成了她的"伤口"，使她带着一颗被伤害的心灵出走，企图寻找替代"故乡"＝出生地的地方，建立一个新的故乡。然而，这个故乡，对于她却也只能建立在自己的这个"伤口"之上。虽然，她来到了父母的出生地，她的社会学意义上的籍贯：浙江永康。然而，她却无法认同这里，那只是父母的故乡。所以她说："就像我，生活在一个叫永康的地方／每天吹着那里的风，被阳光明晃晃地照着／但一切仿佛梦境，我从不属于那里，我只是路过。"（《另一个故乡》）她始终只能在"伤口"里确认自己、寻找自己："一个带伤的人走在大路和小路上／越走越远，离开了故乡，尘埃和苦难／一个带伤的人走在地球表面上，忘记了自己。"（《今夜，只有一棵杨树向着月亮长高》）所以，她告诉我们："大地上我们都是被鞭子抽打的牲口／马不停蹄地奔向盲目的远方"。（《急胡相问》）而这种牲口般生存的命运、情状，也是她从"故乡"出走后的精神写照。在这里，我们可以找到作者的第三张自画像：《黑走马》。

## 黑走马

我看见过一匹黑走马

在河州，冬天的榆树林

疏离的枝条上，月亮像狙击步枪的瞄准圈

黑走马，戴着绊马索，黑夜的皮毛洗得发亮

鬃毛披散下来，像夜晚的歌


它可是邻居家拉车的那匹马？

白天被鞭子抽打，在尘土的马路上

拉着高高的麦草垛奔跑

夜晚在低矮的马棚，被结实的拴马桩拴牢

无声地嚼食着夜草


不，它一定不是那匹温驯的马

它一定是一匹想在枪口下，走遍大地的黑走马

像个穿越黑暗的旅行者，像个诗人，流亡者

不安，动荡，追寻

笼头上的铁扣子，闪闪发光

马蹄铁清脆，给大地留下马蹄形的伤口


它带来什么消息？

被无尽而广阔的空间，囚禁的黑走马

怎么走，都走不出去的黑走马

我要用风中的无花果树，摇曳的叶子和果实

用牛奶和露水洗干净，喂饱它

让它去往无知的途中

让它永远是一匹陌生之马

让它戴着绊马索，走遍大地

让诵经者的祝福，追上它，贴着影子和它一起走

让它在自己的故乡被流放

让故乡在山脉的另一侧，沉睡如山脉

"一匹想在枪口下，走遍大地的黑走马／像个穿越黑暗的旅行者，像个诗人，流亡者／不安，动荡，追寻"。这当然喻指诗人自身，"被无尽而广阔的空间，囚禁的黑走马／怎么走，都走不出去的黑走马。"这里所说的"无尽而广阔的空间"当然是指"远方"，这不正是被无尽的远方所囚禁的，从"故乡"逃离却四处寻找"故乡"的诗人吗？而"让它在自己的故乡被流放／让故乡在山脉的另一侧，沉睡如山脉"当然是怀抱"返乡"愿望的诗人的心灵愿景的写照。这样的生存境遇、状态，在作者的其他作品中也可以得到相关印证："真的，没有地方可以把我留在任何地方／地表的条条大道都不能通往虚拟的故乡"（《淡灰色的眼珠》）。对于作者来说，现实中可以收留她，让她通向美好的"故乡"都只是"虚拟的"、不存在的。所以，我们的诗人，在出走的途中，她企图建构的另一个新的"故乡"，这个"故乡"，始终脱离不了"伤口"的记忆，那里的生存是在"鞭子下"，背对着"枪口"一般的生存。处在这样的生存意识下的诗人，除了感到："唯有那条通向死亡的路途，鲜花一样，远方一样"（《淡灰色的眼珠》）之外，不会有其他的解脱途径。

作者在这里所提示的这些信息，使我们不难把握，她的肉身虽然已经从那个疼痛的、苦难的"故乡"出走、逃离了，然而，其精神并没有真正从过去的记忆中挣脱。对于她来说，一个明确的故乡是出生地，另一个不明确的新的故土在远方，只知道它通往墓地，她只能活在摇篮与墓地之间，人生就像一道不能愈合的"伤口"，无论找到怎样的新"故乡"，都只能建立在这一道"伤口"之上。"伤口"，就是她的故乡。

# 结语: 伤口里的孩子

作者的这种"建立在伤口上的故乡"所透露出来的悲观情绪已经不需要太多解释了,问题是作者为什么会如此悲观? 这让我们不得不深思。

按照作者的说法,她是一个"伤口里的孩子"。(《寄往故乡的邮包》) 那么当然,她被疼痛所包围,疼痛的记忆是一种宿命。然而,正是为了逃离疼痛,她选择出走、逃离,寻找新的故乡,选择远方。如果这个远方仍然只有"那条通向死亡的路途,鲜花一样,远方一样",那么她的出走有意义吗? 反正都是死亡,当初何必逃离,即使出走了,认识到了远方没有新的故乡,那倒不如回到出生地的那个故乡,至少那里还有父母亲人。然而,为什么她还要留在不是故乡的远方呢? 她最多只想到,当自己死了之后回来。所以她说:"如果有一天我无辜死在这里 / 我请求以这棵石榴树的形式再次回来 / 以六月花朵的热血和热爱 / 以九月果实打碎的牙齿和疼痛 / 充满恐惧地颤抖着回来"。(《我无法找到一个新的故乡》) 对于作者的这种选择,我一直在她的作品中寻找答案。

如果按照林莽为这本诗集所作的"序"中说的那样,作者是一个"为寻找而不断行走的人",而作者本人也承认:"我认为我的寻找是永恒的,我的寻找可以是心灵里的故乡,也可以是另一个故乡,另一个自己。这个寻找将如影随形跟着我。"①

"寻找",这应该是一个冠冕堂皇的理由,可是我看不到她在寻找什么? 故乡吗? 她已经在诗中告诉了我们:一个是出生地,一个是墓地,其他的"我无法找到一个新的故乡"。那么,剩下她还寻找什么? 如果作者寻找的是"另一个自己",那就意味着作者的出走,源于她自己成了"自己的异乡"的缘故。如果那样,问题自然就上升到哲学的层面,进入了关于整个人的存在的审视。遗憾的是作者并没有真正意识到这一点,所以她只在自己之外寻

① 杨方、霍俊明:《"走在分叉的树枝上,走在分支的河流上"——杨方访谈》,《首都师范大学驻校诗人杨方诗歌创作研讨会论文集》,2014 年。

找，并没有回到内心进行自我确立。当然，她如果能够像"等待戈多"的那个人那样等待着一个"远方"也行，"另一个自己"也罢，然而作者在作品中拒绝的正是这些不可或缺的深刻。她自己也坦诚地承认："我不想把诗歌'存在的启示'这样重大的东西压在自己身上，我认为女人的思维不需要那么重大，女人本性浅薄，而生命本来就是拿来消耗和虚度的，由此可见我是个扶不起的刘阿斗，只要有地方可以乐不思蜀，就绝不往风口浪尖上站。"①

显然，作者不想从"存在的启示"上为自己的"出走"与"返乡"之间的矛盾，进行进一步的关于人的"存在性"意义的思索，她不思索我为什么必须如此活着。这些需要作者进一步思考的问题，在她的作品创作过程中基本被省略了。因此，她无法把自己对于故乡的那份归宿性渴望，上升到人类精神返乡的高度来把握。虽然，她也企图用自己情有独钟的"河流"来比喻人的孤独，认为"河流其实就是一个孤独的人，从一个孤独的地方来"，想通过"河流"进行人生的追问，并相信"如果逆流而上，我们的灵魂终会回到最初的洁净的源头。"②但是，在诗集中的那些有关"河流"的作品，并没有让我们看到她对于"故乡"的经验与以"河流"比喻人生之间的关联等。这些遗憾，当然源于她拒绝对"存在的启示"问题的思考所致。

总之，阅读杨方《骆驼羔一样的眼睛》，虽然我的主要问题集中在"故乡词"这一辑，但我的总体印象还是：认识了一个充满才情的诗人，却看不到一个富有思想的灵魂。其实，这也是当代诗坛的一种通病，许多诗人仅凭着才情写作，而一旦与之交谈或者听到其与人交谈，就很让人失望。写作虽然不能是处在图解思想的状态下进行的，而更多需要凭借作者的无意识、意识流的作用、即才情是不可或缺的。正如古人所说："夫诗有才，非关书也；诗有别趣，非关理也"。(严羽《沧浪诗话》)然而，在写作之前，或写作之后，其思想的磨炼，所抵达的高度，对于某些问题认识的深度，决定了其作品所能抵达的深度与高度。为此，我认为杨方需要从自己特殊的故乡记忆、

① 杨方、霍俊明：《"走在分叉的树枝上，走在分支的河流上"——杨方访谈》，《首都师范大学驻校诗人杨方诗歌创作研讨会论文集》，2014年。

② 杨方、霍俊明：《"走在分叉的树枝上，走在分支的河流上"——杨方访谈》，《首都师范大学驻校诗人杨方诗歌创作研讨会论文集》，2014年。

生命经验出发，认真思考肉身出走与灵魂返乡的关系与人的存在性问题。应当认识到"当自己成为自己的异乡"之时，"远方"的意义是什么？"远方"究竟意味着什么？而不能只满足于"我为了追寻，一生都在盲目地乱走"（《燕山之顶》）的"谦卑"之中。如果那样，她永远只能是"故乡"的局外人。

人，在该沉重的时候，是不能潇洒的。

——此文刊载《诗探索》（理论版）2014 年第 4 辑

# 文　论
（*Mythos*）

中国自古有"文以载道"之说，关乎"道"的言说，皆以"文"的形式揭示。"文"承载着"道"的蕴奥，呈现"道"的启示。而"道"作为中国哲学的核心概念，虽然其为最高范畴，却省略了西方哲学所固有的严密的论证性追求。即使曾有过关于有无之论，言意之辩的探索，那也只是止于以"文"构喻，崇"言"立教的层面。正因为如此，中国哲学之有无的质疑一直伴随着这个学科的产生与发展。

然而，如果把"哲学"作为一种精神而非一门具有定性的学科来理解，关乎人类的一切言说形态都可以成为哲学探索的一种形式，可以作为哲学研究的一种对象。正如所知，"文"的本意为胸前纹身之饰纹，其本质为一种非自然的人为性活动，后来狭义地沿用于人的一切文字形式。而即使单指文章，其涵盖范围仍然过于宽泛。那么作为哲学的审视对象，除了归属于散文的各种论说、成为韵文的各种诗词歌赋，那些以神话、故事、随笔等文学形式呈现的人类审美与思索，当然也不能被排除在"哲学"的精神之外。虽然从西方哲学诞生而言，似乎正是古希腊人从神话思维中脱离出来，才有了哲学的开始。但是，西方人在哲学探索与言说过程中，一直也没有脱离过文学的要素甚至形式的运用。

从上述认识出发，本辑以"文论"命名，把前两辑的"逻格斯"（logos）、"帕多斯"（pathos）倾向之外的探索对象，在"缪多斯"（mythos）的领域中进行归类。选入的四篇论文，则是从神话、小说、随笔、文化史角度，各自审视其中的哲学意蕴。当然论文的写作方法，采用的也是哲学探索的方法，呈现哲学思考在这些故事性、随想性、特定的习俗性对象研究中的具体运用，从而揭示哲学精神在人类一切审美营为中的脉动。

# 神话《精卫填海》之"女娃遊于东海"文化原型考略

《精卫填海》这个神话，在我国可谓家喻户晓，它一直被作为一种精神性的象征被人们所喜爱。所谓精神性象征，是指小鸟精卫勇敢无畏地面对大自然——大海——的复仇行为所体现出来的人类不屈不挠的抗争精神。因此，在我国"精卫"的形象已成为勇敢无畏者的人文借喻。形成这种社会文化的审美心理定型，来自于我们从来对于这个神话的解释所采取的理解向度基本上都是社会学视角，具体地说，也就是从社会学的描述性、解释性功能出发，理解与把握这个神话内容所体现的精卫行为"是什么"、"为什么"的问题而得出的结论，并且上千年来在中国几乎达成了不可思议的一致。

根据清代吴仁臣的《山海经广注》，我们可以把这种心理向度上溯至晋代。晋代的文人左思、陶潜最先把"精卫"分别作为："怨（冤）禽"、"志鸟"来歌颂。① 这种文化心理传统，一直被后代所继承，直到今天仍然如此。南北朝时代梁的任昉，唐朝的崔融，明朝的徐光启等，都有歌颂"精卫"的诗文，其视角也都基本一致。而我国当代神话学界，这种认识的传统基本没有改变。如郭沫若、袁珂、刘城维等都是如此。② 郭沫若在《读诗札记四

---

① 左思的《魏都赋》：抵抵精卫，衔木偿怨……陶潜《读山海经诗》：精卫衔微木，将以填沧海。刑天舞干戚，猛志故常在。[（清）吴仁臣：《山海经广注·卷七》，台湾商务印书馆1987年版，第183页]

② 袁珂在《中国古代神话》（中华书局1960年版，第73—74页）中说："我们想想，这样一只小鸟，在波涛汹涌的海面上，从高高的天空中，投下一段小枯枝，或一粒小石子，要填平大海，这是多么悲壮！我们谁不伤念这早夭的少女，又谁不钦佩她的坚强志概？（点为笔者所加，下文同）"。刘城维也认为：在精卫填海中，美丽的形态与不幸的命运，

则》里的一段话基本可以概括这种理解的价值观基础。他说："'精卫填海'行为有类愚公移山，古代留下了这个传说，是很富有教育意义的，精神十分可取。"① 虽说郭沫若的这种解释与其政治立场有关，但我们不能否认这种理解基本上属于一种传统的沿袭，没有更多的新意。也就是说，历史上关于这个神话的研究和解释上存在着一个共同的问题，那就是从研究者所处的文明时代的价值观、人生观的社会学立场出发理解或阐释这个神话所体现出来的某种人文精神，或者某种与生存状态有关的意义。正因为如此，即使时代不同，由于出发点一致，视觉一致，那么，也就容易产生一致的结论。

从社会学理论来看，上述这种理解体现出一种文化的"基本性格"的心理结构。当然作为形成这种"基本性格"的"第一制度"并非原理论中以先史文化习惯的制度化为基础，而是之后中国几千年的专制统治制度。那么，在这种制度中深感压抑的人们通过对于神话的理解凸显其"第二制度"的特征，从而形成民族的集体无意识中对于"反抗"或者"斗争"的憧憬。"精卫"的形象成了人们某种诉求的最好象征。我们不能否定这种理解也是一种解读的角度，其中的生产性和情感性成果都是无可置疑的。然而，对于多数源于史前文化断片而形成的我国神话资料，仅仅从社会学的立场进行诠释，作为一种学术观点无可厚非，但其能否真正做到接近这种记述本身值得深思。如果我们不否认我国神话的史前文化因素，那么就应该对于我国的诸多神话进行广义的文化人类学的实证性考察。具体地说，也就是通过最新考古发现复原人类无文字记载时期的社会文化面貌，探讨某种文化的起源和演变；还要从语言学、民族学角度考察语言、行为与社会环境、思维方式、民族心理和宗教信仰的关系，努力还原先民文化的原型，探讨文化的起源和演变。

也许源于上述这些问题的存在，我国关于神话研究的学术倾向，在国外鲜有共鸣者。从日本汉学界来看，他们解释这个神话时采取的显然不是社会学的思考倾向。甚至有的学者对于这个神话根本不关心。比如日本汉学界

---

娇小的身材与坚毅的性格，天真的行动与顽强的斗志，集中于精卫的形象里，织成了一幕撼人心弦的悲壮剧。(刘城维：《中国上古神话》，上海文艺出版社 1988 年版，第 351 页)

① 郭沫若：《读诗札记四则》，《光明日报》1982 年 11 月 16 日。

中国神话研究代表性学者白川静和御手洗腾两氏，在他们的著作中找不到对
《精卫填海》这个神话的任何论述。而著名汉学家森三树三郎虽然提到了这
个神话，却也显得相当的冷淡和有所保留。他说："……这只鸟（精卫）也
许不是实际存在过的鸟，在贫乏的中国神话里，像这样的零星片段大概可以
找到很多吧！"① 日本学者显然不像中国的学者那样，把神话的叙述上升到文
明时代的人文意义的领域去理解，即没有用文明时代的人文思考框架去替代
古老神话的原型。这不仅是方法论上的不同，更为重要的是价值取向上的迥
异。同样是森三树三郎，他对中国神话的研究问题提出一个重要认识，他认
为："在上古中国，有一种把各种动物当作神圣物看待的风俗，……那些（传
说）大概在实际的巫术行为（的理解上）具有重要意义，但其倾向是故事性
的因素贫乏。"② 这是一种富有见地的认识。近年我国学者对于《精卫填海》
神话也出现了类似的审视角度。比如，谢选骏在《中国古籍中的女神》论文
中指出："现代人在面对'填海'的壮举时，仅视之为意志的表现，其实，
精卫填海并非空头泄愤，而有实际功能，即含有巫术功能。"③ 这些观点，显
然已经脱离了长期以来的社会学视角，出现了文化人类学方法的觉醒。

上述谢选骏的指涉与森三树三郎是一致的，已经超越了神话内容的叙
述表象，捕捉到了其内在的"巫术功能"的文化原型。但是，正如上所述，
森三树三郎对"精卫"神话冷淡而有所保留，而谢选骏虽然直接指出"精
卫"神话的"巫术"文化原型，却仍然把"填海"行为视为"复仇的、死
本能"的隐喻，从而又回到了传统思维的框架，依然是从内容本身所传达
的"感情"为旨归，不得不说这与"不屈的意志"、"复仇"的精神所体现的
价值取向同出一辙。也许是出自这种认识上的局限性所致，他仅仅在此表达
了直观的印象，而最终对于"巫术功能"没能做到任何深入的挖掘和细致的
论证。因此，其中认识上的文化人类学元素的觉醒也就只能停留在觉醒的层
面，没有任何更为具体的内容。

---

① ［日］森三树三郎：《中国古代神话》，（京都）弘文堂书房1969年版，第265页。
② ［日］森三树三郎：《中国古代神话》，（京都）弘文堂书房1969年版，第248页。
③ 王孝廉、吴继文编：《御手洗胜博士退官纪念论文集》，台湾联经出版1988年版，第
182页。

这种研究现状让我们认识到，对于《精卫填海》的神话，虽然向来受到人们的喜爱并传颂，然而却由于人们总是拘泥于叙述内容的表象上的把握，没有深入冷静地进行叙述表象后的原型挖掘，对此研究可以说几乎处于一种认识上的抄袭传统之中，精卫作为勇敬、无畏、不屈不挠的精神、意志的象征，在学术界获得了惊人的统一，一致得使其成为一种几近完美的定型。近年来虽然已有人捕捉到其"巫术功能"的文化倒影，却由于从来的认识所带来、并形成的巨大稳定性以及站在新视野上的论述不够深入，始终无法改变从来的认识传统所形成的崭新学术向度。因此，我们完全可以这么说，对于《精卫填海》这一神话的研究，学术界存在着一种严重的片面理解，无异于一种历史空白。深入研究这个神话背后的历史文化原型，对于我们探索上古的文化历史应该是富有意义的工作。当然，仅凭一篇论文，由于篇幅的局限，无法涉及这个神话内容的全部，拙论仅围绕神话叙述中的部分内容，即"女娲遊于东海"问题进行分析，呈现这个神话所包含的文化人类学的一种视角。

## 一、相关文献资料的再检讨

接触这个神话，就会发现关于这个神话的研究，不仅在可作为参考的研究文献问题上内容相当匮乏，而且关于该神话的文献记载也存在着许多不一致。既然先行研究资料匮乏，我们就必须从其记载的历史文献所存在的不一致入手，找到可以接近这个神话真实的某种线索。为此，我们首先需要对这个神话的文献记载上的异同进行梳理和辨析。

关于《精卫填海》的神话传说，常被学术界引用的一直是以下三个文献。

一是郭璞注《山海经·北次三经》记载："又北三百里曰发鸠之山其上多柘木有鸟焉其状如乌文首白啄赤足名曰精卫其鸣自詨是炎帝之少女名曰女娃女娃遊于东海溺而不返故为精卫常衔西山之木石以堙于东海。"①

————————

① （晋）郭璞注：《山海经》，上海商务印书馆印江安付氏双箭楼藏本（明成化刊刻本），此本为郭注《山海经》中最古藏本，以下同。

二是张华《博物志》记载:"有鸟如乌文首白喙赤足曰精卫昔赤帝之女娃往遊于东海溺死而不反其神化为精卫。(注云……自昔赤帝至此二十二字原并脱去,依御览九百二十五卷补与山海经合)故精卫常取西山之木石以填东海。"①

三是任昉《述异记》记载:"昔炎帝女溺死东海中化为精卫其名自呼每衔西山之木石填东海偶海燕而生子生雌状如精卫生雄如海燕今东海精卫誓水处犹存曾溺于此川誓不饮其水一名鸟誓一名冤禽又名志鸟俗呼帝女雀。"②

上引的三个文献,其中的异同之处一目了然。三个记载的相同之处是:炎帝之女溺死之后化鸟,鸟名为精卫,溺水处为东海。因此衔木石以填海。但是,我们需要注意的是以下三个不同之处:

其一,炎帝之女的名字不同:《山海经》(郭注本)——女娃。《博物志》——娃。《述异记》——无名字。

其二,《博物志》的记载上存在着重要内容脱落的疑点,即"昔赤帝女娃往遊于东海溺死而不反其神化为精卫"脱落,这就存在着关于精卫来历的记载内容有无的问题。

其三,《述异记》记载存在着前后矛盾。前述"炎帝女溺死东海中",而后面却说"曾溺于此川誓不饮其水"。溺水处由"海"变为"川",我们知道,海与川是两个不同的名词。

根据上述的三个文献,我们基本可以判断这个神话传说来源于古本(区别于郭注本而言,以下同)《山海经》,郭璞只是为此做了注释(当然,也进行了编撰、收集、整理,这是可以想象的③)。张华的《博物志》也受到了古本《山海经》的影响,这可以从《博物志》卷一开篇的叙述中得到佐证:"余视山海经及禹贡、尔雅说文地志,虽曰悉备,各有所不载者,作略说出所不见。"(《博物志》卷一)对此,袁珂也在《中国神话史》中指出,《博物志》的卷一到卷三的内容完全像是《山海经》的缩写。

---

① (晋)张华:《博物志》,《百部丛书·指海》第五函,以下同。
② 《四库全书》第 1047 卷。
③ 根据《伪书通考》记载,古本《山海经》只有十三篇,今天所传《山海经》共有十八卷,是经过郭璞的整理编撰加上注释而形成的。

　　任昉属于张华、郭璞之后时代的人，我们可以明显看出他的《述异记》中出现的"精卫填海"的内容，应该是受到张华、郭璞，左思、陶渊明影响的结果。但是，古本《山海经》已经散佚，就连散佚的年代都不清楚。而根据《伪书通考》，郭璞在编纂、整理、注释《山海经》的时候，其所见到的《山海经》与我们今天见到的似乎不太一样。然而，现在我们可以看到的《山海经》，只有郭注本最为古老。由于古本《山海经》的散佚，我们比较三者记载上的相异时谁为最准确变得相当困难，要克服这种困难，我们只能从三个文献的内容进行比较分析，从中寻找线索和答案。

　　传到今天的郭注本《山海经》与古本《山海经》最接近，是现存文献中最具权威性的文献，这在学术界基本已成定论。用日本学者前野直彬的话说："即使不能达到完全一致，至少可以说内容和风格上是相同的。"[1] 但是，问题出在郭注本《山海经》与张华的《博物志》谁更准确的疑点上。首先，郭璞为东晋人，而张华为西晋人，郭璞晚于张华。虽然《博物志》的确切成书年代不明，但大致的范围可以断定，《博物志》大概出现于西晋武帝年间（即公元前 265 年至 297 年），即张华 33 岁以后的著作。张华比郭璞年长了 44 岁，[2] 那么，《博物志》问世之时，郭璞尚未出生，或者尚处于童年或少年时代。由此推断，《博物志》上的记载，显然比郭注《山海经》来得早。然而，遗憾的是，张华的《博物志》也已散佚，现存文献只是后人根据散见于其他文献的有关《博物志》的引文及参照郭注本《山海经》等书编撰而成的[3]。为此，《博物志》的可信度只能委让于郭注本《山海经》了。[4] 因为我们首先不能断定张华的《博物志》上是否拥有这个神话的记载。其次，即使拥有关于"精卫填海"的记载，其详细内容是否与现存的后人重新编纂的《博物志》的内容完全一致也同样无据可考。也许是出于这个原因，有些学者索性不提《博物志》的"精卫填海"神话记载。比如，日本学者前野直

---

① 参见《山海经·列仙传》（诠释汉文大系·33），（东京）集英社 1975 年版，第 9 页。

② 张华出生于 232 年，郭璞出生于 276 年。

③ 参照《四库全书》中有关《博物志》的成书说明。

④ 《四库全书》第 1047 卷中对于《博物志》的提要中写道："……原书散佚好事者掇取诸书所引博物志而杂采他小说以足之故"。

彬与我国神话学界代表性学者袁珂就是如此。①

　　然而，不能肯定并不排除拥有这个记载的可能性。只要我们不能否定其有记载的可能性，就需要对此二者的内容进行比较分析。前文已指出，炎帝女的名字郭注本为"女娃"而《博物志》却为"婹"。在张华和郭璞所处的晋代，古本《山海经》仍然见存于世，并且两人可能都读过此书。那么，以上所说的不同之处其原因究竟何在？我想有如下三种可能：

　　其一是，"精卫填海"的神话传说，当时除了古本《山海经》以文字记载之外，可能还有一种存在于民间的口头传承的资料，而口头传承中的炎帝之女名为"婹"，张华综合了两种资料而辑录于《博物志》中。其中炎帝女的名字采用了民间的口传资料。前文提到的《博物志》卷一的引文中说到"出所不见"是否与此类内容有关是值得思考的。

　　其二是，流传于晋代的古本《山海经》可能不只是一种文本，有两种或者更多的文本，而西晋的张华与东晋的郭璞所采用的文本不同，那么两人所记载的炎帝之女的名字，由于采用的文本不同而存在着以上的不同是很正常的。

　　其三是，炎帝之少女本来是没有名字的，只是郭璞与张华注释或记载上的新内容。甚至于张华的《博物志》中炎帝之女也无名字，只是《太平御览》的编纂者根据郭注本《山海经》和民间口头结承的资料补充而成的。收入《指海》的注释中"依御览九百二十五补与《山海经》合"的一句容易让我们提出这个疑问。

　　那么，《博物志》里所欠缺的重要内容、即缺少关于"精卫"来源于炎帝之少女"女娃"溺死而化身的部分内容该做何解释呢？其实这明显是后人传承上的遗漏。其理由如下：首先从现存的《博物志》的记载内容看："……赤足曰精卫。故精卫常取西山之木石以填东海"。仅从这句话"精卫"填海的原因不得而知。显然，这里的"故"字是承接前文原因的用语，但是这里

---

① 前野直彬在《山海经》译注中，其"补遗"中只看到《述异记》的引用，没有提到《博物志》[参见《山海经·列仙传》（诠释汉文大系·33），（东京）集英社 1975 年版]。而袁珂与周明编撰的《中国神话资料萃编》中有"精卫"一项，而没有收入《博物志》的记述。

"故"字之前没有任何有关说明"精卫"来历及"填海"理由的内容，那么为何"常取西山之木石以填东海"原因就不得而知了。因此，我们可以断定在"故"字前面遗漏了说明来历及填海原因的内容。那么这内容是否与郭注《山海经》相同呢？我们可以从同样晋代的文豪左思的赋中找到证据。左思的《魏都赋》说精卫的填海行为是为了"偿怨"。很显然，这与郭注本的记载内容基本相符。所以，我们可以推断古本《山海经》里应该拥有关于炎帝女溺死于东海化为精卫鸟的这些记载，两晋时期此书尚见存于世，张华、郭璞、左思等都熟读此书，而现存《博物志》中的欠缺内容，应属于后人辑录时的遗漏所致。

再来看看任昉的《述异记》。在任昉的这部著作中，"精卫填海"的神话传说显得相当的详细而富有故事性。当然其中增加了新的内容的部分也显而易见。从《述异记》的记载内容看，我们似乎可以发现一个意外的事实。即古本《山海经》到南北朝时期已经失传，当时能见到的只有郭注本的《山海经》，而任昉在搜集整理"精卫填海"的神话资料时也遇到与我们今天同样的问题，即炎帝之少女的名字模糊不定，郭注本《山海经》、张华的《博物志》及民间口传资料各不相同，为此索性不写出具体的名字，只写作"炎帝女"，从而使我们今天能见到的南北朝时的文献内容变得更为丰富。除了张华、郭璞以外，还有左思和陶潜的赋、诗中的"冤禽"、"志鸟"的文学形象。在这些人的影响下，任昉的《述异记》中"精卫"的神话传说又多出了"冤禽"、"志鸟"、"帝女雀"等新内容。

通过以上的梳理、比较与分析，我们可以得出以下结论：关于"精卫填海"的神话记载最初出现在古本《山海经》，而现在对我们来说，主要的内容与细节，只有郭注本《山海经》较为可信。至于"炎帝女"的名字，当时存在着三种情况，很有可能本来就没有名字，女娃或者娧只是传承上后人附会的结果。这其中的纠结、原因何在，只能委让于我们在下文进一步分析、考证之后才会有结论。

## 二、"女娃"何指?"东海"何处

对于"女娃"的原型,学术界有两个主要观点,一种是袁珂的"女娲"说,还有一种是丁山的"禹虢"说。其实,这两种观点的思考很相近。这里所谓的相近,指的是他们都是从一神多面的思维角度出发而得出的结论。

袁珂认为,"女娃"可能就是"女娲"。其理由是"精卫"填海的行为与"女娲"的"补天"后"积芦灰以止淫水"的治水业绩存在着某种同构关系。他的推理是:"精卫"的填海行为是一种"征服自然的渴望",而"女娲"的补天治水同样是征服自然的壮举。[①] 根据袁珂的理解,女娲补天的主要目的是"治水",而女娲的"治水"与精卫(女娃)的"填海"行为存在有某种内在衍变关系。换句话说:在袁珂看来,精卫的"填海"也是属于一种"治水"行为的隐喻。而丁山则认为:"女娃"即东海之神禹虢。[②] 丁山根据甲骨卜辞分析,认为卜辞中"虢"则写作"虎"或"魌",而"魌"与"娃"为一音之转。"禹"又能作为"女"字的音转,即东海之神"禹虢"。由此可见,溺死于东海的"女娃"当然有可能被作为东海之神来祭祀。所以,"女娃"就是东海之神"禹虢"[③]。

我认为这两种观点都存在着学界历来解释上类似的思维,那就是只孤立地摘取神话中的个别、局部的细节加以联想,以偏盖面建立假说,没有从神话的全体去考察这个神话的意蕴,那么,其结论各执一端也就在所难免了。

第一,袁珂把"填海"理解为"治水"显然是过于表面化的联想。对"填海"行为本身的意义是什么没有弄明白,却进行简单的类比显然过于武断。更何况女娲之"治水"究竟能否作为"征服自然"之解也是值得怀疑

---

① 参见袁珂:《中国古代神话》,中华书局 1960 年版。
② 《山海经·大荒东经》曰:东海之渚中有神,人面鸟身,珥两黄蛇,践两黄蛇,名曰禹虢……黄帝生禹虢,禹虢生禹京,禹京处北海,禹虢处东海,是惟东海神。
③ 参见丁山:《中国古代宗教与神话考》,上海文艺出版社 1988 年版,第 63 页。

的。① 而丁山从汉字的读音角度去推定"女娃"的原型，这个出发点本身就值得商榷。前文已详述，在关于这个神话记载的不同文献里，这位炎帝之女的名字各不相同，或"女娃"，或"媱"，或索性以无名形式出现。由于我们无法确认古本《山海经》上的记载如何，我们甚至可以大胆假设，那就是如果原文是"炎帝之女娃……"，这里的"女"和"娃"不一定是一个单词"女娃"，如果各自分开，"娃"字可以不作人名解，而应该是作为美丽的少女解也未免不通。根据许慎的《说文解字》对于"娃"的解释："圜深目兒，或曰吴楚之间谓好曰娃，从女圭声。"这里的"圜深目兒"，"好"皆为美貌少女之称。而如果古本《山海经》的原文为"炎帝之少女媱遊于东海"，这里的原文中"媱"字不仅可以不作为人名解，还可以进一步把"媱"字与后面的"遊"结合，作为"媱遊"一个单词来解。根据《说文解字》，媱为"曲肩行兒"即女子的"游戏"或"舞容"。《说文解字义证》曰："曲肩行兒者，广雅媱戏也。方言媱遊也。江沅之间谓戏为媱，楚辞九思音晏衍兮要媱。注云要媱舞容也。"②

根据上述的假设，我偏向于前文中提到的第三种可能性，即炎帝之女本无名，正如任昉以"炎帝女"泛泛所指一样，在这个神话里关于"炎帝之女"问题，可能仅仅只是炎帝族女性的泛指或总体意象。到了晋代，经张华、郭璞等人的搜集、整理、引用和注解，使炎帝之女变得更为具体，就有了名字。那是一种传承和理解上的产物。当然我们见不到古本《山海经》的原来记载，以上的分析仅仅是一种倾向性或者可能性的假设。不过只要我们进一步分析关于"东海"及"遊于东海"问题，通过这些细微之间的相互关系与印证，上述的假设将会变得更具说服力（后文详述）。为此，丁山认为"女娃"溺于东海，自然成为东海之神，这种推论实在缺乏内在的理论依据。

---

① 近年有一位学者高友谦对女娲治水作出一个大胆的解释。他认为：洪水传说是"人类自身再生产过程中所遇到的一种生理性灾难的象征……其原型乃是生育过程中的血崩和难产"。在其论文中，他把"女娲"设想成一名"接生巫"，女娲所止之"淫水"是女性难产的大出血，医学上称为"血崩"。因此他把女娲补天治水的神话中的"水浩洋而不息"理解成那是"经血不止"的难产现象。（参见王孝廉、吴继文编：《御手洗胜博士退官纪念论文集》，台湾联经出版 1988 年版）

② （清）桂馥：《说文解字义证》，上海古籍出版社 1987 年版，第 1089 页。

从来的文献都没有提到过"女娲"成为东海之神的记载,不仅如此,"女娃"溺水的"东海"与"禺貌"所处之"东海"(丁山认为即今之渤海)是否同出于一处更是值得检讨的问题。正是这种地名上肆意的简单同定,成为丁山建立"女娲即禺貌"假说的依据所在。

第二,根据《山海经》(指郭注本)的"五藏山经"部分的统计,① 有关"海"的地名共出现28次,其中东海5次,西海3次,北海2次,渤海2次,海泽1次,海15次。这里出现的东海、西海、北海、渤海今为何处是一项值得考证的工作。更进一步说,在《山海经》中关于"海"的文字含义与今日的"海"是否相同也是值得探究的问题。根据中国的版图与位置,只有东部与南部面临海洋。而西部与北部却远离海洋,那就不可能存在有"西海"与"北海"的地名。然而,为什么《山海经》中存在"西海"与"北海"呢?当然,如果从中国人起源于西北方与北方的骑马民族的学说来看,西边与北边与大海近邻可以想象。但是,如果那样的话,东边、南边与西边、北边距离太遥远了,对于先史时代的部落民来说,只可能临近其中的某一个海域,与四方的海域都近邻是不可想象的。

那么,究竟为什么《山海经》中出现了东西南北都存在海洋(即有东海、西海、南海、北海)的记载呢?以下的推断应该是可以成立的。那就是先史时代中国大陆各地散开居住着许多小部落,并且这些部落民应该都是选择水源地附近居住。长期的历史发展过程中,通过战争、兼并等手段,小部落逐渐被大部落所吞并、同化形成更大部落,各小部落的文化都基本融入大部落之中,最终只剩下炎黄两大部落的对立。那么,曾经居住在东西南北各地的小部落,在融入大部落之后,他们对于祖先的历史文化只有通过口头传承的形式,在后世子孙中被保存下来。另一方面,长期历史中逐渐形成的大部落一定会经过数次文化与习俗的大统合,原来小部落的历史与文化就成为大部落文化中的一个小符号,构成了大部落文化中的一部分内容。那么,在文字产生之后,后人们在对于这一时期的习俗通过文字符号的形式进行追述

---

① 所谓"五藏山经",即《山海经》最初部分的南山经、西山经、北山经、东山经、中山经的五个部分。学术界一般认为,把此东、西、南、北、中五经作为《山海经》中最古老的内容。

时，小部落时代附近的水域就成了一种"海"的追忆。因此，《山海经》中出现的关于"海"的记述，不一定是我们所说的"海"所拥有的意义。其中有与我们今天所说的"海"是同样的意思，而大部分可能只是先民曾经生息地域中的大川、大湖、大泽，也就是属于一种具有较大面积水域的水源地的指称。那么，根据这个推断来理解"精卫填海"中出现的"东海"这个地名，就应该是与这个神话有关的炎帝族的活动地域中的水域有关。为此，我们必须通过对炎帝族的活动范围的考察，寻找对于炎帝族来说"东海"究竟意味着什么。

第三，有关炎帝族的活动范围，通过以下文献可以得到基本的把握。

《国语·晋语四》曰："昔少典取于有蟜氏生黄帝炎帝，黄帝以姬水成炎帝以姜水成，成而异德故黄帝为姬炎帝为姜，二帝用师以相济也，异德之故也。"

根据历史记载，黄帝与炎帝"相济"之地有两处：（1）《新书·制不定》曰："炎帝者，黄帝同父母弟也，各有天下之半。黄帝行道而炎帝不听故战于涿鹿之野，血流飘杵。"① （2）《列子·黄帝》曰："黄帝与炎帝战于阪泉之野，帅熊罴豹貔虎为前驱，雕鹖鹰鸢为旗帜。"②

以上的引文中有三个地名供我们考察。即炎帝的出生与成长地：姜水。③炎帝与黄帝交战之地：涿鹿或阪泉之野。

根据《中国古今地名大辞典》，我们大概可以找出其所在范围："姜水即岐水。在今陕西岐山县西。源出岐山，南流合横水入于雍。〈水经注〉岐水东迳姜氏城南为姜水。炎帝神农氏长于姜水，固以姜为姓。"④ 顾祖禹的《读史方与纪要》云："姜水城，在县（今宝鸡，笔者注）南七里城南有姜水。相传神农氏妃有乔氏所居。"⑤

---

① 袁珂、周明编：《中国神话资料萃编》，四川省社会科学院出版社 1985 年版，第 33 页。

② 《列子·黄帝》，《四库全书》第 1055 卷。

③ 根据记载，炎帝的出生地还有一个，"华阳·尚羊"。《初学记》卷九中的引"帝王世纪"曰："神农氏，姜氏也。母曰妊姒……名登。游于华阳，有神龙首。感女登于尚羊，生炎帝。"

④ 臧励龢等编：《中国古今地名大辞典》，台湾商务印书馆 1966 年版，第 607 页。

⑤ （清）顾祖禹：《读史方与纪要》索隐二，光绪二十七年仲秋二林斋藏版图书集成局铅印（霞山文库），第 1173 页。

如上所载，姜水应在今陕西省境内，这里应是炎帝族的发源地。那么再看看涿鹿或阪泉两地如何。同样上述两书认为："涿鹿之野"应在直隶县（即今河北省）北，而"阪泉之野"应在直隶县东。① 也有个别学者认为涿鹿之野与阪泉之野同属一处。但是，《梦溪笔谈·辩证一》却认为："阪泉在今山西省运城县。"阪泉究竟是在山西还是在河北，尚待具有说服力的考古发现，由于缺少有效的资料，本文无法进一步考察。根据何新在《诸神的起源》中的观点："炎帝起源于'姜水'，所以姓姜。虽然姜水究竟在何地，我们目前尚不能回答，但炎帝族的主要活动区域，是在今日的中原即河南省的伊洛平原上，这一点却是可以肯定的。传说中炎帝的受孕地在华山南侧的陕、豫交界之处，……其建都在陈（今河南新郑）。而黄帝族团的起源主要活动区域是在泰山、曲阜一带。……炎帝族的活动区域是比较偏居西南的。"②

不管怎么说，从上述与炎帝族活动有关的三个地名的位置，我们基本可以推断炎帝族的活动大概范围。那就是炎帝族发源于陕西至山西一带，其势力慢慢向东并沿黄河流域而下，进入河南之后得到重大发展，这里成为主要的活动舞台。进一步其势力向东北方向移动，至河北省的西部或中南部后与黄帝族的势力遭遇，并被黄帝族渐渐吞并而灭亡。当然，其中的时间经过了漫长的数百年乃至数千年的历史，中华大地的两大势力逐渐走向融合一体，成为今天我们所谓炎黄子孙的共同祖先。

从上述炎帝族的活动范围看，与其说其与东部的海洋有关系，不如说其与黄河息息相关。如果根据何新的观点，认为炎帝是周人的祖先，那么其与东部的海域更是无缘的存在。因为周人起源于西北，甚至与草原的骑马民族有关。为此，"精卫填海"神话中炎帝之女往遊之地"东海"，不像是我们

---

① 详细内容请参照《古今地名大辞典》"涿鹿山"、"涿鹿县"、"阪泉"项。根据《轩辕黄帝史迹之谜》一书观点："古史料、古文物及考古发现证明，约在距今四、五千年前涿鹿山便依山下长竹子。竹林有野鹿而得名为'竹鹿山'。轩辕黄帝约在距今 4500 多年历史上，曾居于此山之下一个黄土丘陵之上。并战蚩尤于竹鹿山东北的平野之地。战炎帝于竹鹿山北的阪泉之野。"（曲辰：《轩辕黄帝史迹之谜》，中国社会科学出版社 1992 年版，第 423、821 页）

② 何新：《诸神的起源》，三联书店 1985 年版，第 163—164 页。

今日所说的东部海洋，更不可能是丁山所说的更为具体的渤海。

其实，"东海"不应理解为"海"的问题在任昉《述异记》叙述上的前后矛盾也有所体现。前文已经指出，《述异记》记载的开头部分说炎帝女"溺死东海中"，而后面却说"曾溺此川誓不饮其水"。这种前后矛盾不应仅仅理解为叙述上的不一致，而有其对"东海"认识上不确定的某种踌躇的暗示。那就是这里所说的或"东海"或"川"都只是关于水域的名词，没有其具体地名上、概念上的实际意义。其实，在我们中国，把湖称为海的命名现象到今天还仍然存在，比如，云南省的"洱海"，那只是一个大湖。而较近历史的北京"后海"、"北海"等都能说明在中国这种语言使用现象是存在的。而日本也一样，今天的滋贺县的"琵琶湖"，在古代称为"近淡海"、"鳰ノ海"等。也许正因为如此，对于任昉来说，无论"东海"，还是"川"，都只是广阔水域的存在，所以才会出现前文所述那样貌似前后矛盾的记述。

根据以上分析，我们基本可以得出以下结论：炎帝之女本无名，这个神话里关于"炎帝之女"的记述，可能仅仅只是炎帝族女性的泛指或总体意象。女娃或者媱，都只是传承上的产物。而神话中所谓的"东海"地名，也不具有地名上的实际意义，那只是作为体现大面积水域的意指。"东海"的"东"，可能只是方位的意义，"东海"只是指"东边的水域"。我们可以把其认为那是炎帝族活动范围内的河川，湖泊，溪谷，甚至可以联想到其可能是几千年前的某个时期的古黄河雨季来临泛滥时所造成的大片汪洋般的水域。

## 三、"遊于东海"该做何解

当我们对于"女娃"与"东海"有了以上的认识之后，那么，拙论的核心问题"遊于东海"的叙述原型就比较容易理解了。

在甲骨文里"遊"字写作"𝍤"或"𝍥"。《甲骨文学典》的〈解字〉曰："从㫃从子，象子执旗之形。小篆从水，乃后来所加。《说文》：遊，旌旗之流也。从㫃，汓声。古文遊。”①

我们知道现在与遊有关的有三个字，即“斿”、“游”、“遊”。对于这三个字的区别，日本汉学家白川静《字统》的解释值得参考：“遊：声符斿，斿是氏族揭其氏族之旗外遊之意的字，‘遊’为‘游’的最初文字，这个字又写成‘游’。……所谓遊，指遊行、移动之事象。《诗经·周南·汉广》：‘汉有遊女，不可求思’句之遊女，指的是水的女神。这首诗是古代祭祀汉水的女神时咏唱之歌。《诗经·秦风·蒹葭》被认为其诗意不明，其实这首诗也是祭记水神之歌，咏叹追悼女神，这是祭祀女神的基本形式。移动的自由不拘都称作遊，其最初是与神灵遊行有关的用语。”②

从甲骨文的字形看，“遊”为人执旗而行，对于这字，学术界多数意见认为，这个字与古代先民的遊牧、游猎有关，但我觉得白川静的学说有相当独到之处。前文已经分析论述，“女娃”为炎帝族的女性之泛指，“东海”为水域之意象。远古的原始先民，女人们在水边“执旗而行”不能简单地理解为一种“遊戏”活动，这应该是带有某种巫术功能的行为。宋耀良《中国史前神格人面岩画》一书中指出，③中国古代具有神格的人面岩画分布地理上的特征是“都锈凿在水源边”，而所有的人面岩画中都绘有“同心圆的伴生符式”，他把这种伴生符式理解为“太阳的一种变体”或者是“生殖崇拜的符号图”，“同心圆”就是女性生殖器的符号化图像。并指出这种同心圆等在仰韶文化的彩陶纹饰中多次出现。根据考古与神话学者的观点，仰韶文化与炎帝族有着密切的关系（笔者将在另文论述，在此不进一步涉及）。

关于在水边的巫术（或者其他原始宗教活动）的仪式，根据古文献记载，多与求子祭祀活动有关。孔子的《论语·先进》有“暮春……浴于沂”一段孔子与弟子的对话，蔡邕的《月令章句》注之曰：“《论语》‘暮春浴于沂’自上及下古有此礼，今三月上巳祓除于水溪，盖出于此也。”④另外，《周

① 徐中舒主编：《甲骨文学典》，四川辞书出版社1988年版。

② ［日］白川静：《字统》，（东京）平凡社1990年版，第837页。

③ 宋耀良：《中国史前神格人面岩画》，上海三联书店1992年版。

④ （清）马国瀚：《玉函山房辑佚书》（二），文海出版社1969年版，第900页。

礼·春官宗伯·女巫》也有与这种相近的记载："掌岁时被除衅浴。郑注：岁时被除如今三月上巳如水上之类，衅浴谓以香薰草药沐浴。"①

以上文献中关于"上巳"，这是我国古代重要的节日名，每年三月三日举行。对其起源，多数的学说认为源于群婚杂居时代部落民的生活习俗。原始先民以春天万物复苏，生命力勃发，情欲旺盛。对于男女来说，这种多情是群婚杂居时代求偶的最佳季节，由此发展成为后来文明时代的具有宗教文化意识的祭祀（宗教）活动，其节日的性质自然地与求子祈育联系起来，并赋予某种巫术宗教功能。根据徐协贞的《殷契通释》，"上巳"一词在甲骨占卜辞中也有所见，刻作"〇呆"。

对于"上巳"节源为求子祈育的节日问题，学术界已有相当多的论述，在此不另费笔墨。但是，对于"上巳"节的"沐浴"仪式，有必要作更为深入的探讨。宋兆麟的观点，基本上可以代表学术界相对有新意的理解。他认为："上巳的沐浴，实际上是一种巫医的水疗法，特别是利用春天的桃花水洗涤妇女身上的不洁，驱走各种恶鬼，为妇女生育创造条件。"②

把宗教或巫术仪式之前的"沐浴"解释为洁身驱邪的认识应该是我们现代人的常识，在世界许多民族的民俗及民间宗教仪式里几乎都有如此现象，并且我们似乎都作如此解释。但是，宗教组织化、体系化是在人类脱离原始阶段之后的事，各种宗教经典的成立和解释更是进入有文字文明时代才能做到的。处于这种时代的人类，在阐释理解宗教起源时，不免带着时代的痕迹，不可能全部接近原始时代人类的巫术宗教心理。而这对于"上巳"节求子的"沐浴"仪式的理解，同样存在着上述的问题。因此，我认为"上巳"节中的"沐浴"的原始宗教心理，不仅仅就这么简单，应该具有更加丰富的内容。

巫术比宗教的产生更早，与原始文化更为接近，其仪式、行为更具神秘性和非理性的特征。那么，与那些特征相关的各种文化、习俗需要充分的认识与挖掘，对其每一种仪式的神圣意味必须进行详细的考察。因此，关于

① （清）阮元校勘：《十三经注疏附校勘记（三）·周礼注疏》，（京都）中文出版社1989年版，第1762页。

② 宋兆麟：《生育神与性巫术研究》，文物出版社1990年版，第31页。

"上巳"节中"沐浴"仪式，需要跟中国古代先民对于水的神秘信仰文化现象结合起来考虑。

在中国的先史时代，对于水的原始心理，总是与生命之源的理解联系在一起。先民们认为，水不仅可以带来生命，还可以赋予人强大的生命。不仅中国如此，印度的兴都教也拥有同样的思想。当然，这些原始人的宗教心理，只是他们朴素的自然观的表现，与现代自然科学研究所揭示的地球的生命从水开始诞生属于不同层次的认识。

《后汉书·南蛮西南夷列传》记载："夜郎者，初有女子浣于濛水，有三节大竹流入足间，闻其中有号声，剖竹视之，得一男孩，归而养之，及长，有才武，自立为夜郎侯，以竹为姓。"[1] 当然，水带来生命最著名的应该是《史记·殷本纪》中关于殷的祖先起源的传说："殷契母曰简狄，有娀之女，为帝喾次妃，三人行浴，见玄鸟堕其卵，简狄取而吞之，因孕生契。"[2] 根据《诗经·商颂·玄鸟》毛传[3]，简狄的"三人行浴"是在"郊禖"的祭祀活动之时。学术界基本认为，"郊禖"是我国古代一种节日，就是"上巳"节。"上巳"就是"郊禖"的祭祀活动而来。

从以上两例中可以让我们明确认识到，从水边或者沐浴中获得的生命，其成人之后，都成为人中的王者。水可以带来生命的信仰文化心理究竟是如何产生的至今仍然没有定论，但是，《老子》的帛书《道篇》中的一节，可以作为究其原因的一个事例。"浴（谷）神不死，是胃（谓）玄牝，玄牝之门，是胃（谓）天地之根，緜緜呵若存，用之不堇（勤）。"[4]

对于老子的"谷神不死"，从来就有各种各样的解释，但多是从"道"的角度去理解，正如何新所指出："所谓谷神，究竟何指？前人鲜有能确指者，因此这一句话，二千年来，竟一直未得到达诂。"[5] 根据他的观点，"谷

① （南朝宋）范晔：《后汉书·南蛮西南夷列传》，中华书局 1989 年版，第 2844 页。

② （汉）司马迁：《史记·殷本纪》，中华书局 1959 年版，第 91 页。

③ 《毛诗》（汉文大系十二·毛诗卷第二十）曰："《毛传》汤之先祖，有娀氏之女简狄，配高辛氏，帝喾与之祈于郊禖而生契。"

④ 陈鼓应：《老子注译及评介》（附录一·帛书老子甲本释文·道经），中华书局 1984 年版，第 419 页。

⑤ 何新：《诸神的起源》，三联书店 1986 年版，第 56 页。

神"为月神,"谷神不死",指月之盈缺。不过,我更倾向于萧兵的新解。①
虽然他的推理过程仍然值得推敲,但是其结论是可取的,即把"谷神"与女
性的生殖系统联系起来思考。他的分析是:"谷字从水,玄牝是指有水的溪
谷,是女性的生殖器的象征。'谷神不死'变成了'天地之根'的'玄牝',
是因为溪谷里注满水,水是生命尤其是农牧民生命的来源,有如女性的生殖
系统充盈液体以及子宫充满羊水孕育、养育、产生生命,当达到'谷'成了
生命之'神','緜緜若存,用之不堇'之时,便进入一种永恒的境界,与天
地万物的根源'神玄的女性生殖器'合二为一,成为宇宙的本质。"

可以说,何新的观点想象的因素太多,缺少应有的依据。与此相对,
萧兵的看法其结论可以接受,即把溪谷当作女性的生殖器来解释有一些道
理,但是到达结论的过程分析仍然让人难以全部接受,即为什么"溪谷"成
为"玄牝"的原因没有给予有说服力的解释。我认为,"玄牝"即指女性的
生殖器,这个女性的生殖系统能够获得"緜緜若存,用之不堇"的无限生命
力,其原因正是通过女性的身体与大自然的"水"接触、即"沐浴"之后,
与大自然成为一体性的存在,从而获得大自然的根源性力量,拥有了大自然
同样的巨大生殖能力、从而成为"玄牝"。为此,老子所谓的"谷神不死",
指的是女性通过某种巫术仪式与"水"接触,其身体就与具有緜緜不绝生成
能力的"水"融成一体,其生殖系统就成为孕育生命的不死存在。帛书中
的"谷神"被写成"浴神",应该就是这种思考的一种体现。我们在上述的
历史传说以及《老子》中所看到的这种记述,说明了古代中国的先民们,把
"水"作为具有无限生殖能力的神秘性信仰文化是存在的。

综上所述,我认为"上巳"求子祈育过程中的"沐浴"仪式,不一
定与"水疗法"有关,也不仅仅只是为了"驱邪"求洁而为之,这应该是
上古女性,通过与万物的生命之源"水"的接触,寻求其生殖能力达到与
"水——自然界之本源"同样的緜緜不绝的存在,从而获得自然界生命和生
命力的注入而孕育子孙。除此之外,似乎还包含着更深一层的原始人心态,
即由于这种生命是从与自然界——水的直接接触(或可以说为一种巫术"交

---

① 参见萧兵:《老子的文化解读》,湖北人民出版社 1994 年版,第 552 页。

感")而获得的,其所获取的那个生命的生命力也将与自然同样巨大有力的原始人的朴素追求。我们只要从各种关于来自水边的生命及水边感生神话里,不难发现这一种原始心理的倾向。由此可见,史前中国的部落民们在水边举行的各种祈子求育巫术活动,其隆重而神圣的程度,远远不是我们这些现代人的想象可以企及的。

那么,我们回到前面的问题,即这种水边求子祈愿的巫术行为与炎帝族的少女们水边之"遊"是否有关联的问题。我们从《毛诗》注释中不难发现,简狄就是高辛氏之妃。("……简狄,配高辛氏")。何新在《诸神的起源》中指出:"从典籍记载看,炎帝族号高辛氏"。那么,显然"上巳"与炎帝族存在着千丝万缕的关系。即使我们不能肯定炎帝族与高辛氏存在着必然的传承关系,通过以上的分析,我们也可以作出这样的论断,"女娃"遊于"东海"时的"溺而不返",恰恰就是这种求子祈育巫术祭祀活动中的"沐浴"仪式的变形,"溺而不返"可能就是这种仪式中的一个重要环节。①

根据以上分析,我们对于此神话中"女娃遊于东海"部分该作何解可以获得比较明确的认识,结论是:这个神话中的"东海",是指一种大面积

---

① 当然,如果从前述部落民吞并融合的发展历史角度看,这种"溺而不返"与后来的化为精卫鸟的"填海行为",也可理解为一种关于祖先之"死的记忆"与"复仇心理"之间存在着某种潜在关系,从而展开另一种关联性解释,由于篇幅限制,笔者将另文论述其与"填海行为"关系。本文仅就选择史前文化的文化人类学视角,把此作为生殖崇拜巫术文化的变形理解。其实,关于少女入浴作为一种神圣成人仪式,在现代的民俗学资料中还可以看到一些源于这种传统文化的保存。比如在南太平洋某岛上居住着土著的习俗中,当女孩初次来月经时,必须进入一种名叫"月经屋"的特殊地方居住入浴三天,三天过后清晨未明之际,母亲为其准备椰子的新芽并对其念咒文,当身上涂抹着黄粉从"月经屋"出来时,让其戴上椰子新芽结成的名为"乌普多"吉祥避邪物,标志这女子已经是成年女子可以生育。之前少女时期只能在腰部围着芦苇细条编的围裙,经过"月经屋"入浴仪式之后,就要围上氏族妇女们为其准备的织好的岛布遮羞,从此进入生育阶段。(详见濑川清子:《女の民族誌——そのけがれと神秘》、东京书籍株式会社、昭和五五年、第一刷)。在国内,似乎与此某些相似的风俗在陕西省合阳县洽川镇也存在。这个镇紧挨着黄河,到处都是温泉一年四季从地下冒出来,是黄河重要的水源之一。相传这个古镇的历史可以追溯到上古史前时期。古镇上有一处"处女泉",女子临出嫁时都必须到这个**温泉浸泡沐浴**,因此得名。

的"水域"，所谓的"遊"，从字义上看，属于"与神灵游行相关"的用语，那么很可能这与炎帝族在水边举行的某种巫术仪式有关，"遊"指的是舞蹈行为。这个仪式的主角是"女娃"。而这里所谓的"女娃"不应该仅指某一个特定的女孩，而应该是炎帝族少女全体概念。那么，所谓的"女娃遊于东海"，意味着炎帝族的少女们在水边举行某种隆重的巫术仪式的巫术舞蹈场面，其目的应该就是祈子求育，甚至可以考虑那是后来史书中所记载的"郊禖"、或者"上巳"节的某种起源性关联。那么，进一步可以推断，"女娃"的"溺而不返"，应该是其仪式中最隆重的一环，即少女在水中"沐浴"与水神圣接触（"溺"），通过"沐"，其少女之身从此成人，再也回不到原来少女的状态，而是进入了需要孕育生命的成人身子，其作为母亲时期从此开始（遊于东海的少女"溺而不反"可能就是此意的原型）。我们甚至可以大胆设想，从某种意义上说，这个神话很可能属于炎帝族少女们的一种成人巫术仪式传承上的变形。

——本文刊载《中国人民大学学报》2014 年第 1 期

# 比较中韩传统商道中的儒家伦理

## ——以电视连续剧《商道》与《乔家大院》为线索

在商品经济高速发展的 21 世纪中国，我们确实感受到了国力正在不断增强，但与此同时，也看到了过去没有经历过的各种社会问题正在日益凸显。这些问题的存在，不但阻碍着中国走向世界、面向未来可持续的健康发展，更为重要的是有些问题现在就已经直接威胁到我们的日常生活、甚至生命的安全。特别是近十多年来，各地发生的食品安全问题、药品药物安全问题、环境破坏问题等，追根溯源，发生这些问题的根本原因，几乎都是由于在商品经济社会中，企业经营者们一心追求利润的最大化所带来的结果。上述这些问题件件触目惊心，件件都令人发指。但是，有一种共性的现象却总被人们所忽视，那就是事件的围观者个个群情激愤，而行为者却无动于衷。问题是，在前一个事件中群情激愤的围观者，可能在另一个事件中就成为那个无动于衷的行为者。所以，我想把中国当代社会的这种构成伤害的相互性现象称为："从加害者共同体到受害者共同体的人间大剧场。"

那是因为，在现实生活中，我们每一个人都会由于私利的追求而以不同身份、在不同层面，从不同意义上成为一个"加害者"的角色。然而，其结果却让每一个人最终都成为不折不扣的"受害者"。所以，我们谁都没有权利指责别人，希望别人应该怎样。那么，在这样相互伤害的时代背景下，我们应该如何克服从"加害者"到"受害者"的发展命运？或者说，如何克服各种类似的事情在社会上反复或在自己身上重复发生？这是值得深思与亟待解决的问题。一方面需要我们的政府尽快完善各种相关立法，建立健全的监管机制，强化执法力度之外，另一方面则更为重要，那就是如何做到能够让每个人自觉地从内心约束自己，培养人之为人的健全理性、确立自觉向善的人伦精神。正如《论语·为政》中所言："道之以政，齐之以刑，民免而无耻。道之以德，齐之以礼，有耻且格。"①

关于人的道德行为的自觉性培养问题，我们的祖先们为我们留下了许多宝贵的思想遗产。为此，在我们文化传统中寻找有价值的东西应该是一件有意义的探索。这可能也是近年来反复探讨"哲学与中国传统文化的当代价值"的意义之所在。中国传统文化的当代价值问题，有许多不同的角度可以进行相关研究，本文只想针对当今社会存在的各种商业伦理道德缺失问题为切入点，探讨中国传统文化与确立"商道"理念之间的关系，揭示立足于儒家思想的经营伦理对于当代商业社会的有益启示。由于中国传统文化不仅仅限于中国社会，整个东亚的历史社会都是中国传统文化的传播与繁衍之地。为此，本文采用东亚视野看待中国传统文化的意义，以中韩两国同样历史时期的商业社会为背景，通过两部同样是揭示"商业伦理"问题的纪实性小说与电视连续剧《商道》与《乔家大院》的具体情节内容，比较中韩两国在"商业伦理"中所体现的传统儒家思想及其不同特点，探讨中国传统的人伦精神在商业活动中的理念性意义，以此揭示中国传统思想、文化所具有的当代价值。②

---

① 除此之外，《礼记》中也有类似的内容："子曰，夫民，教之以德，齐之以礼，民有格心。教之以政，齐之以刑，则民有遯（遁）心。"（《礼记·缁衣》）

② 这里可能会产生一个疑问，那就是当代人写的纪实性小说或者由此拍成的电视连续剧，怎能说那是属于传统的商业文化呢？凡是看过这两本书或者这两部电视连续剧的人都知道，这是以历史上真实人物的从商故事为背景，根据主人公生前事迹以及遗留的相关文献为基础进行加工创作的具有很强纪实性文学作品。既然是纪实性内容，其中不可虚构性的元素自然会存在，那么，我们从这些元素中就可以读出传统商业精神的内容。退一步说，通过这些作品至少可以让我们从中看到当代中韩两国如何还原传统，把握本国的历史中所具有的商业伦理精神。那么，这种伦理精神，当然也是我们解读传统文化的一种路径。

# 一、真实的人物传记

关于《商道》与《乔家大院》的电视连续剧，相信大多数人都看过，两者都有历史原型。《商道》先有小说，成为当年韩国的畅销书，一年后在韩国被改编成电视连续剧，改编后的情节、人物、具体内容都有一些变化。很快在中国、日本都有了译本。而《乔家大院》则是先有电视连续剧的剧本，后来在剧本基础上改写成小说，据说在日本、韩国也都有译本。应该说两部作品都是人们关注的内容，所以都成为畅销书，在社会上引起很大反响。不过有一点必须指出，《乔家大院》显然是受到《商道》影响的产物、即在主要的情节安排、人物设置等问题上基本上属于《商道》的中国版，虽然这部作品在国内得过各种大奖，但其本质包含受《商道》影响的嫌疑是不会改变的。虽然这种模仿技巧并不高明，但至今仍无人指出这个问题。① 当然本文并非为了探讨这个问题而浪费笔墨的，选取两者比较是为了揭示同样的问题——在商业活动中传统伦理的价值有哪些？中国传统伦理对于商业活动具有怎样的意义？特别是两部作品都揭示着同样的主题、即在商业活动中如何处理"利"和"义"的关系问题。如果将商业活动或企业经营之"商"

---

① 从两部作品出现的时间看两者的关系，《商道》在韩国 MBC 电视台首播时间是 2001 年 10 月 15 日至 2002 年 4 月 2 日（韩国版本 50 集，香港版本 60 集）。属于小说改编，小说初版于 2000 年，作者崔仁浩。该书出版后很快成为 21 世纪最初的畅销书，在韩国的销售量就突破 200 万册。而改编成电视连续剧的导演是李秉勋，编剧为崔完奎。该剧在中国首播出时间：云南台生活频道 2005 年 8 月 11 日，辽宁台综合频道晚间 10 点《韩剧时间》2006 年 1 月 1 日。台湾 TTV 电视公司八点档，2008 年 12 月 22 日—2009 年 2 月 12 日播放。香港 Now101 台星期一至星期五 21：30 播放，2012 年 4 月 24 日—2012 年 7 月 18 日。而在此之前，首先是在 2003 年 8 月，中文版译著《商道》由世界知识出版社出版，译者王宜胜等。而我国电视剧《乔家大院》首播于 2006 年 2 月，编剧朱秀海。朱秀海在连续剧即将播映之前的 2005 年年末，把连续剧的脚本改写成长篇历史小说《乔家大院》出版。从上述时间一目了然，《乔家大院》是在中文版译著《商道》出版后才出现的作品。那么，再比较两部作品中的人物设置、情节的整体安排等，都与《商道》存在着极其相似角色与内容，基本上没有脱离《商道》的整体框架。只是在人物关系的性质上做了中国化的处理。

一词换成日语的训读表现，则为"商い"（Akinai，经商），这就很容易让人想到另一个短句"飽きない"（Akinai，不知满足）。然而，如果经商之人利欲熏心见利忘义，则势必导致可怕的后果。本文之所以选此两部作品为考察对象，因为两部作品的主人公都是由于正确处理好"义利关系"，从而使其在商业上取得巨大成功。而这种成功就是得益于把中国传统伦理思想内化到企业经营理念所带来的结果。

具体地说，无论是韩国《商道》中的主人公林尚沃（imusannoku，1778—1855，享年77岁）还是中国《乔家大院》的主人公乔致庸（kyoutiyou，1818—1907，享年89岁），二人都是历史上实际存在过的商界翘楚。更为重要的是二人几乎是生活在同一时代，在各自的国家都是名噪一时的巨商富贾，并且二人的经营理念、经营之道也有许多相似之处。虽然同一时期我国还有红顶巨商胡雪岩（1823—1885）也可以作为比较对象，但作为山西商人（晋商）的乔致庸，他所秉承的"以义取利"的经营理念、以及他在经商过程中所处的山西、内蒙的自然与社会环境的恶劣程度，与韩国义州商人林尚沃有更多相似之处。

那么，首先从前者的介绍进入主题。以林尚沃的一生为题材完成的此部小说是现代韩国的代表性作家崔仁浩（tyeino，1945—   ）①。他曾说"我认为取材林尚沃是传承韩国国民的自豪感与今日商界精英之精髓的最好办法。这是因为林尚沃在临死之前将毕生的全部财产还原社会，留下'财上平如水，人中直似衡'（财产如平等之水，人似平等之秤）的遗言，呈现其做人与从商的最高境界"。如果读了小说便会知道，主人公林尚沃出生在与清朝边境接壤的义州穷困的贸易商人家庭。他身份卑微，却凭借自身的努力、品德、商业头脑与机遇，克服千难万阻，成为朝鲜王朝时代最大的贸易大王。关于真实人物林尚沃的历史记载有《朝鲜王朝实录》与林尚沃的著作《稼圃集》和《寂中日记》，但故事中所牵扯的其他人物在历史上既有真实存在的也有虚构的形象，不过，小说中主人公与各种人物之间的关系与纠葛则

---

① 崔仁浩：1945年生于首尔、延世大学英文专业毕业。1963年以短篇作品入选《韩国日报》新春文艺。1967年入选《朝鲜日报》新春文艺正式登上文坛。获1972年现代文艺奖、1982年理想文学奖、1999年天主教文学奖等。

基本上属于虚构的内容。

因为故事内容基本上是虚构的，所以改编后的电视剧做了比较大的改动，改得远比小说更富有戏剧性和合理性。小说的内容说教味很浓，只就主人公林尚沃一人的生意故事展开。而电视连续剧《商道》则情节复杂，既有商场上的善恶两道，也有让人百转回肠的紧张感，形成了跌宕起伏的"商道"内容。为此，本文将就小说与电视剧两方的故事予以关联阐述。

与此相比，《乔家大院》在我国作为电视剧首播于 2006 年 2 月，而在连续剧即将播映之前的 2005 年年末，长篇历史小说《乔家大院》出版。连续剧的编剧就是小说的作者朱秀海。① 与《商道》不同的是，《乔家大院》的小说与电视剧内容是完全相同的。

这部连续剧的主人公乔致庸也是历史上的真实人物，是清朝中至末期"晋商"中的红顶商人。与韩国义州商人林尚沃通过与清朝的人参贸易而富甲一方，不同的是，山西商人乔致庸主要为中国西北边境守备军供给粮食、马的饲料，从中国东南沿海的福建、安徽等地采购茶叶低价卖到北部蒙古草原、俄国边境城市。之后在"票号"（中国近代银行的雏形）业倾注心血，以"汇通天下"为目标构筑全国金融网络，使"票号"的经营大获成功。他彻底践行"诚信"的经营伦理，不断壮大祖上继承下来的产业，以自身杰出的商业才能与商业道德为依托获得了巨大财富。清华大学出版社出版的《晋商翘楚：乔致庸用人、经商、处世之道》的"前言"中有这样一节：

> 乔致庸远比其他商人更为重视诚信、仁厚的商业美德，他对信誉、义与利的看法是：信誉至上，其次要讲义，最后才是利。他以此身体力行，给顾客最大价值，为自己赢得了更多的顾客，实现了利润长久最大化，赢得了其他人难以企及的赫赫声威和崇高地位，使他在商业精神领域里成为一代巨商的典型代表。

---

① 朱秀海：中国海军政治部创作室一级作家，1954 年生于河南。至今获文学奖无数，是取材宽泛的军人作家之一。连续剧《乔家大院》自播放以来，获得中国最具代表性的电视电影奖项"金鹰奖"、"飞天奖"等数奖。同时有日语、韩语版本。

正因为是以历史上真实存在的人物为主题创作的电视剧，无论《商道》还是《乔家大院》播映后，在韩国、中国、日本都引起了巨大反响，出版的小说创造了超过数百万部的发行纪录。特别是全球化时代背景的推波助澜，在市场经济全球化蔓延的商业社会中的商人与白领之间，这两部作品的人气不断飚升、经久不衰。

如前所说，两部作品都着力于表现商业活动中的"义利关系"，通过两位主人公对于"义利关系"的体得与践行，揭示了中国儒家思想在"商道"中的重要意义。但是，即使都是同样揭示"先义后利"的商道伦理，在两者身上却体现出不同的侧重点。从结论来看，义州商人林尚沃的经商理念立足于"仁义"基础，而晋商乔致庸则秉承着"信义"的原则，两者的成功都来自对于中华传统"五常"伦理的坚守。如果说两部作品存在着立意上的区别的话，首先在这一点上是极其明确的。

## 二、"仁义"与"信义"：《商道》与《乔家大院》的异同

在生意场上，如何面对"义"与"利"的关系是无法回避的问题。正确的商道原则是先"义"后"利"，这个原则不论在《商道》还是《乔家大院》中同样都得到了应有的重视，成为他们的成功之源。但是所谓的"义"基于什么？其内涵则有所区别。诠释两国"商道"思想的这两部电视剧展示了其中的不同之所在。

《商道》所描述的义州商人林尚沃的成功秘诀在于"仁义"二字。对此，《乔家大院》所描绘的山西商人乔致庸通往巨商的发迹秘诀则在于"信义"。这两部电视剧所阐释的商魂略有不同。当然，从这点便断言两国的商道有所不同显然有些鲁莽，但事实上，虽然两国商人的潜意识颇为不同，但都将"五常"中的"义"视为要诀的"商道"，在如何做生意与做人上却得出了相同的答案。林尚沃的师傅洪得柱最先教导他的经商精髓便是"买卖赚取的是人心并非钱财"的心得（在小说里是林尚沃父亲的教诲："商即人，即买卖在人，人在买卖"。经商要获取人心，其根本是"爱人"。虽然这在小说《商道》中被理解为是一种"义"的品德，但显然这是"仁"，与"仁者

爱人"思想相通，为此，义州商人在于"仁义"品德。而如果将"信义"视为经营的要领，那么它的主要目的则不在"信义"，充其量不过是为了生意需要，隐藏着获得正当利益的潜在诉求。山西商人"以义制利"的经营理念则充分反映了这一点。当然，在生意场上通过正当的途径获取利益这本无可厚非，而获得利益本身也是经商的基础。故此，本文对二者的比较只限于商道精神的倾向不同，并无孰高孰低的优劣之别。

正如我们所熟知，"义"指的是儒家思想人伦五常"仁义礼智信"之中的一个品德。"义"的观念是用来衡量人的行为的正当性，它考量的对象与其说是他人，不如说是对自身人性的反省与追问。《中庸》中有这样解释："义者宜也。"正如汉代董仲舒所言："仁之法在爱人，不在爱我；义之法在正我，不在正人。"（《春秋繁露·仁义法》）也就是说"仁"的倾向是面向他人，而"义"则指向自己，是检视自身行为是否正当的一种德行。为此，我们便能理解为何"义"在生意场上成为最基本的经商心得，也是每一个商人必须面对的问题。

正如大家所熟知，"五常"的第一品行"仁"以"爱人"为本。"爱人"即为将他人视为与自己相同的存在；爱他人、舍私利私欲、不求回报。"仁"的具体表现为"忠"与"恕"。曾子曰："夫子之道，忠恕而已矣"（《论语·里仁》）。这里的"忠"指尽心尽力；"恕"指待人接物时有"如心"，即将心比心，痛人之痛。"子曰：其恕乎！己所不欲，勿施于人。"（《论语·卫灵公》）而《中庸》进一步将"仁"具体化，"仁者、人也、亲亲为大"。这就回答了《论语·学而》有子的"孝弟也者，其为仁之本與"的问题。当然这里的"仁"与尊敬长辈，实行孝道的问题相关联。以上这些内容都是建立在面向他者的前提之下而言的，所以说"仁"具有对他性的特征。

由此来看《商道》主人公林尚沃，其成功秘诀正在于守住了将"仁"视为"义"的根本，即在于"仁义"的从商伦理。他的"商道"是遵循崇高的"仁义"精神的经营之道。这从其具体的作为商人的成长故事中不难得出这种结论。

可以说，小说《商道》中的林尚沃是以"杀身成仁"、"舍生取义"作为迈向巨商之路的起点。最初，他受托前往燕京参与人参交易，将商主洪得柱的 50 公斤朝鲜红参在清朝国都燕京以高价售出，其中有 250 两天银（当时的通货单位）为林尚沃所得。洪得柱本想借此助其成为独立商人，这点林尚沃也是心领神会。但交易结束的归途上，被同行商人也是其挚友李喜著带到青楼，并与被自己父亲卖到青楼的绍兴少女张美玲不期而遇。为了救她，林尚沃不仅花掉了自己的 250 两天银，并将公款的 250 两也搭了进去。这样做意味着什么他从一开始便很清楚。它不仅意味着放弃了自身独立从商的机会，也触犯作为商人绝不应沾染公款的大忌，但是他不顾切身利益，断然"舍身取义"。为了救女子，他无所求亦不期待有所回报，仅仅是想解救一个苦命的女孩，他认为这是作为一个人应有的行为。结果是他返回义州后，不仅被洪得柱赶出店铺，也被永远地从义州商界开除。走投无路之下，弃世出家。为此，母亲也沦为乞丐。这个故事被电视剧改编成清朝药商王造时感佩于林尚沃的才能，赠予其 200 两天银，他遂用这笔钱救了青楼女子张美玲。回到义州后，他由于此举得到了洪得柱的认可，并从铜器店的学徒擢升为"湾商"的大房（相当于经理）。但本文前述的这部分采用小说内容，因为小说的这部分内容更能体现"杀身为仁"的品德，是其最典型的事例。

另外，小说在后面的内容中也有体现"仁"德的情节。在林尚沃出家后，"松商"朴钟一的突然出现改变了他的命运。事件的真相是，得救的张美玲之后成为燕京商会大人物夫人，为了报恩，历经数年苦苦找寻当年搭救她的韩国义州商人林尚沃。"松商"朴钟一根据张美玲提供的信息，查明了林尚沃的后来处境以及居身之处，张美玲令其代她赠予银票 5000 两，朴劝说林尚沃返俗，一起从商。这时，使他动心并最终选择还俗的不是巨额的银票，而是想救母亲走出生存窘境的孝心。如前所述，"亲亲"是"仁"的内涵之一。如上这些描写，显然《商道》中令林尚沃起死回生的契机，正是他一直践行自身"仁德"的善举所致。

而在电视剧中，林尚沃仁德兼备的故事不在少数。例如，为救灾民高价购粮以低价抛售；为稳定因灾害而惶恐一时的食盐市场而买盐施盐；低息放贷接济穷人从商，等等，都是描写仁德善行的具体事例。另外，还有携官婢尹彩渊出逃、解救官妓朴周命等情节，这些都与"仁德"息息相关。正因有了如此爱人之心，痛人之痛的"如心"，他才能做到这些，否则，显然是不可能做到的。作为小说或者电视剧的主人公林尚沃，正是无数次战胜了因其超凡的种种"仁德"善行而带来的巨大苦痛与苦难，才最终成长为富甲一方的巨商。

与此相对，前述以"信义"为根本的乔致庸又是怎样一番命运与表现呢？

"五常"之一的"信"通常与"忠"相提并论。孔子提倡"言忠信，行笃敬"。这里"言"与"行"相纠葛。"言行一致"，以"信"为本。即"信"由人的行为所具化，那么信守承诺则尤为重要。孔子云："人而无信，不知其可也"（《论语·为政》）。为此，"信"这一品德对于经商而言是仅次于"义"的重要伦理原则。坚守"信"的理念，始终贯彻"义"之精神的山西商人乔致庸其在生意上也因自己的"信义"而克服万难取得成功。

具体的故事是这样展开的。从去世的兄长那里接手乔家生意的乔致庸无奈与当地富商的女儿成婚，并通过妻子从岳父那里得到了30万两白银运到包头，挽救了即将破产的祖业"复盛公"，这个商号是从其祖父辈开始苦心经营，至此，已经形成具有一定规模的集团性企业。正当乔致庸稍事喘息，到街头巡视其企业的经营情况时，发现自家的一部分分店在芝麻油中掺入菜油以次充好贩卖牟利。见此，他立即向包头市民贴出公告召回这批已经售出去的油，并给各分店挂上"诚信"的匾额。此举成为重振"复盛公"经营的头等大事，从而挽回了正在逐渐丧失的顾客信用。由此"复盛公"集团起死回生，走上了新的经营轨道。

取得这次成功的乔致庸从山西南下，尝试着从福建武夷山进茶，辗转贩运到蒙古草原，卖给蒙古牧民。继之在俄国边境城镇设店，打开了通往俄国的茶路。与其他茶商尤其不同的是，"复盛公"分店所贩卖的"茶砖"（将茶蒸熟后烤干压成块砖状）以550克为块单位制作，却只按500克的价格出售，即每块单位增加了50克作为赠品，以此博得了顾客的广泛信誉。并在与俄国的茶叶贸易的过程中，在俄国进口茶叶的口岸恰克图，发现了经营"票号"商机。从此成为他人生中走向巨商的一个重要里程碑。

所谓"票号"类似现在的地方银行，中国一部分学者认为这是中国近代银行的雏形。也就是说这是一种类似银行的金融机构。当时中国南有"钱庄"北有"票号"。"票号"不涉及物质商品，只从事金钱的保管、流通，收取手续费。从事存款、储蓄、汇款、兑换等业务的"票号"经营，因其存在于无任何法律保障的时代，故支撑它的除了"信用"别无他物（史料记载乔致庸所经营的企业集团中有两家"票号"，一家是"大德通"、一家是"大德兴"）。

综上所述，《乔家大院》所表现的乔致庸的商道是以"诚信"至上的经营理念。当然，上述内容不过是阐述了二者较具特征性的侧面，体现二者"商道"的倾向性差异。并不是说义州商人不重"信"，山西商人为富不"仁"。在电视剧《商道》中多次提到了"诚信"问题，义州商人的经营铁则是"绝对不能欺骗他人"，而小说《商道》也多次就此进行了叙述。另一方面，《乔家大院》中的乔致庸，其商人生涯第一次成功经验是在兄长死后，放弃科举之路，行走包头，收拾兄长留下的濒临破产的家业，给予竞争对手"达盛昌"致命的打击，迫使对方面临破产的窘境。但在此时，他却选择了挽救其兄仇家"达盛昌"，让两家化干戈为玉帛的仁义之路。连竞争对手的东家岳天俊也不禁感慨"仁义也"。如此，义州、山西两地商人，尽管各自拥有不同的经营之路，而"仁义"、"诚信"本非非此即彼之德，只是各自的倾向不同而已，以此凸显二者各自的特色。

## 三、"经营才智"与"经营伦理"的关系

中韩两国创作的这两部电视连续剧，无论哪部都在向我们讲述从商何为正道的故事，为了烘托正道，两部剧也对奉行恶道邪道的商人形象进行了渲染与细致的刻画。

在生意上，只有热情是无法做好买卖的。为了赢得成功需要有卓越的才能。经营的成功人士一定拥有他人所不具备的某种才能。即"经营"需要足够的"才智"。但是这里不能误解的是，有"才智"就一定可以成功。拥有经营"才智"的人，只有踏上"商道"的正途才能收获成功。这一认识在韩国《商道》与中国的《乔家大院》里都得到了一致的呈现。

"五常"的"智"用孟子的理解是"是非"的观念。孟子曰："是非之

心，智也"（《孟子·告子上》）。意为"是非之心"是否正确乃有"智"的标志。不论"是非"只追求利益的买卖虽可以获取一时的成功，但因自身之恶必定陷入通往毁灭的道路。诸如此类的生意经往往被评价为"商术"，并非"商道"。小说《商道》清楚地界定了"商术"与"商道"的区别。① 一个是现实主义，一个则是理想主义。"商术"的追求倾向是为了利益不择手段。重视"商术"而利欲熏心的商人最终只能走向毁灭，这是两部电视剧共同揭示的内容。

电视剧《商道》里，经营理念的正道代表是林尚沃所在的"湾商"②。最初"湾商"大都房洪得柱通过自己的言行向林尚沃展示了正道经营的精髓。而真正践行此精髓的则主要是林尚沃。他以自己敏锐的洞察力、正确的情势分析能力、杰出的汉学教养以及语言能力堂堂正正地打败了竞争对手，最终走向成功。例如，最初他说服许行首购入清国商人运来的铅，这就是正道行商成功的明证。又如，从"松商"手中赚到的100两白银也是如此。进而在燕京的药材贸易中，以低价收购了其他同行商团的全部人参，打破了清国药商"不买同盟"的规矩，通过正当的对抗获得了成为红顶商人的巨大资产。

与此相反，恶道商人代表"松商"除了"信用"上有问题之外，完全采取了与林尚沃相反的经营理念。为了获得利益不择手段，有时甚至不惜草菅人命。林尚沃的父亲正是被这种恶道索取了性命。为了夺取"湾商"栅门的交易权，烧参田、杀养参人；为了打击"湾商"秘密放火烧空了存粮的仓库；为了不让栅门的秘密人参贸易被"湾商"觉察，杀害了洪得柱等，种种恶行无不昭示这种扭曲的理念的邪恶本质。最初，"松商"大都房朴周命冷酷无情做尽坏事，但自己的种种恶行，也使他被手下拉下大都房的宝座，遭受了自己扶植起来的人背叛与驱逐，逼到了死亡的边缘。但他通过此事认识到自身的错误，最终改邪归正。

可谓小巫见大巫，还有比这更加黑恶的势力存在，这便是郑仁寿与其爪牙张石柱。郑仁寿最初背叛了洪得柱等"湾商"，听命于"松商"朴周命。

---

① 参见崔仁浩：《商道》（上），青木谦介译，讲谈社2008年版，第129页。

② 当时朝鲜商人将"义州"商人称为"湾商"，将开城商人称为"松商"。

之后，他又背叛了朴周命，夺得了伺机已久的"松商"大都房的位置。但是他虽背叛了正道的洪得柱却并未憎恨他，在内心深处仍然存留一丝悲戚和负罪感。为此，在洪得柱被暗杀后的吊唁中，他泣不成声。但是在背叛同为恶道的朴周命时，则是要置其于死地而后已，无丝毫恩义可言。在这里所揭示的商业社会中，正道的道德感召力、亲和力与邪道的丑恶残暴和尔虞我诈关系形成鲜明的对比。

但是与恶道的经营不同的是，正道商人林尚沃摒弃了杀父之仇，超越了世俗的恩怨，绽放出宽阔的心灵之光。他感悟道，"仇恨之心无法经商。为了成为天下第一的商人，必须抛弃个人的恩怨"。对他而言，经商与如何做人是直接相连的。所以他从商不谈"商术"、追求"商道"，成长为朝鲜顶级商人。当然，最后是正道战胜了邪恶两道，迎来了电视剧的高潮。

《乔家大院》也存在和《商道》相似的情节。与行走在商业经济正道上乔致庸相对抗的是"达盛昌"大掌柜崔鸣十与崔鸣九兄弟，这两个也是黑心恶道之徒。崔鸣十将乔致庸的哥哥置于死地，甚至不惜得罪东家邱天俊；崔鸣十甚而还与盗贼联手袭击了乔致庸一行。罪行败露后，崔鸣十被捕入狱，其弟崔鸣九被大掌柜重用，崔鸣九较其兄更加凶残冷酷且嫉妒心极强，数次欲致乔致庸死地。屡屡失败仍贼心不死，崔鸣九唆使与乔家有逼死双亲之仇的铁信石乔装成马车夫潜伏在乔家，准备实施他的暗杀计划。但是马车夫被乔的无数善行所感动，从杀害乔转而暗中保护他。被迷惑的崔鸣九最后为铁信石所杀。

实际上，崔鸣九与郑仁寿都是商才卓越的从商高手，只是其才能被邪恶所驱使，只能走向毁灭的命运。如能堂堂正正地与经营对手竞争，也定能获得善果，只是利欲熏心，绞尽脑汁做坏事，才落下个悲惨的结局。所以，经商需要"才智"，但只有"才智"是成不了任何事的。之所以这么说是因为才智的用途由"心"而使，心正才智即智慧，心邪才智为狡诈。正因为拥有了正确的价值观、人生观才有可能正确用"心"，因为正确用"心"，人的才智才得以升华。特别是生意场上也需要这种正当之"心"。对于从商，"五常"品行之一的"智"即"是非"之心是何等重要，这在两部连续剧中都得到了很好的阐释。

那么，经营伦理到底是什么？实际上，经营伦理包含在"经营理念"之中。"经营理念"一般会涉及三个领域，即可分为经营者之心、员工之心与社会之心（顾客之心）。在探讨"经营理念"时，需要把这三方面结合起来一起考量。引领成功的经营理念首先是把握上述三种心的平衡，不偏不倚。即经营者要有正确的心理准备，如何获取周围的人心与怎样获得社会之心具有决定性意义。当然，能够实现它的根源在于经营者自身的德性，这就是经营伦理。而经营者的德性则源于是否能做到上述人伦五常（仁义礼智信）的实心兼备。

在韩国《商道》中，此问题虽然未分为三个层次在故事中展开，但《乔家大院》里却清楚地分为三部分展示给观众。例如，电视剧中描述了相当多乔致庸处处替家人着想的地方。另外，面对恋人、友人、店铺伙计、竞争对手等，也总是体现出他那诚挚无伪的"真心"、"爱心"、"诚心"，全剧由此所开启的故事极为感人。同样，电视剧也着力描绘了掌柜、伙计以同样真实无伪的"忠心"对待乔致庸的商路浮沉。

当然，《商道》虽未分三个层面展开故事，但总体来讲，这三个方面内容在对主人公林尚沃经营理念的刻画中也已经淋漓尽致地表现了出来，他的这种理念与他对于"商道"伦理的感悟深深交织在一起，构成了跌宕回环的商路历程。无论如何，《商道》与《乔家大院》向我们展示的都是商业经营者所应遵循的正道，都揭示了在商业经济空前繁荣的 21 世纪的当今世界，东方儒家伦理对于确立商业道德所具有的不可或缺的意义。

## 余论：《商道》的局限性与《乔家大院》的超越

本文在开始中谈到，《乔家大院》有对于《商道》的情节安排、人物设置上的抄袭嫌疑。但是，即便如此，《乔家大院》也有对于《商道》局限性的矫正，表现出立足于中国本土性在内容处理上的积极超越，为此，我们从中也可以看出，针对传统儒家思想继承的问题上，两国之间存在着对待传统时出现的价值观上的差异。

其实，《商道》不论是小说还是电视剧都存在同样的属于韩国文化的问题。问题有二，首先，表现在男性面对女性所应采取怎样的态度上。具体地说，我们可以通过《商道》透视韩国社会男尊女卑思想依然根深蒂固存在的现实。因为小说作者是活生生的当代人，所以才可以说它反映了现代韩国社会男女观的现状。其次，虽然作为主人公的商人林尚沃拥有巨大的财富，但在其把财富回馈社会的方式上同样存在着需要克服的问题（这似乎涉及"礼"的问题）。《商道》主人公林尚沃散财的方式过于冠冕堂皇，这就难免显得有些傲慢。以上这两点，不免给《商道》中所彰显的巨商林尚沃的形象抹上了一道挥之不去的阴影。

具体情节如下：

小说《商道》中，林尚沃五十四岁时，已经成为朝鲜王朝的巨商，独揽与清朝商人的人参贸易权，是拥有巨额财富的朝鲜第一贸易王，也正是他人生与事业的巅峰时期。就在此时，爆发了农民起义"洪景来之乱"。他因守卫义州城发挥了重要作用，国王欲任命他为五卫将，被林谢绝。之后，再次被任命为官营中军，同样被其拒绝。最后国王下了一道特旨使林再也无法推脱，他便成了郭山郡郡守。他只身赴任，在郡守之地碰到了貌美如仙的官妓松伊。那时，松伊还只是芳龄二十的处女之身。林觉得此女甚为面熟，于是秘密调查她沦为官婢的缘由，才发现此女竟然是自己故友之女。这位故友就是当年赴大清国途中，夜宿山海关结识的李喜著。李喜著是"洪景来之乱"的魁首，因掀起叛乱祸及其女，沦为官妓。林尚沃要解除这名女子官妓身份，使之从良的唯一办法只有将之纳为妾。林尚沃在万般无奈之下，只得选择纳妾以渡人苦海。故事到此其内容美好如童话一般，但问题接踵而来。

林尚沃成为郭山郡郡守后不久，该地遭受水害，林捐款捐物救灾民于水火立有大功，国王下旨擢升其为龟城府使。但林被知边使揭发，非但晋升未果[1]，反受牵连银铛入狱。面上的理由是他在义州邑·参峰山山麓修建的祖墓太过奢华，有违国法，而真实的理由则是纳了友人之女为妾。其真相是，而这友人竟是叛乱魁首李喜著，林尚沃曾盗取其首级，葬于故里一个岛

---

① 知边使所属备边使（李朝时代、掌管边境防备与国政的最高决议机构），是隐藏身份、在国境地带监视防御势态的官吏，转而调查地方官僚的政绩与不法行为、进行揭发的秘密御使。

屿之上，这件事让知边使查明；不仅如此，林后来又迎娶了大逆不道的罪人之女为妾，妄为过极，为此触怒了知边使。然而，林从来积善成德，所以神明不弃，开城商人朴钟一，即林尚沃的生意合伙人也是他的朋友，为其上下奔走，积极相救，最后结果是轻判减刑，以安置罪了结。从监禁中获救的林尚沃为了破解恩师石崇和尚（金刚山秋月庵的高僧）所赠"戒盈杯"的秘密出游四方。在了解一切真相之后，他在金刚寺大雄殿对自己的人生恍然彻悟。于是回家做了三件事。一，拆除了刚刚翻建的自家豪宅；二，告知松伊其父母的身世，将其放逐远方；三，自此退隐商界将经营权让与朴钟一。

　　一与三暂可不提，但是对于第二件事是我们不能忽视的问题。对于已经经过盛大婚礼、参拜天地、以身相许、正式成为人妾的松伊来讲，林尚沃是她期盼已久的恩人，心爱的丈夫，而现实是林尚沃的远途归来却成为其悲惨命运的开始。林尚沃的想法是，当初自己与松伊成婚、纳她为妾不过是为了救人于难。怎料想松伊却激起自己的色欲，松伊对他而言是女色的魔主，是邪恶之身。为此，他抛弃了松伊，用金钱将她远远地打发走了。林认为这样对两人今后都好，但这不过是他单方面"参悟"的道理罢了。对于曾与他水乳相融的松伊，无论林尚沃几番"忏悔"几番"醒悟"，她都真心地爱着对方，誓死与共。这样的感情企图用金钱来解决，达到自己断绝色情而遁世可谓伪善至极。让人悲哀的是，松伊深深理解爱人的心，应允了"恩人"的期望，孑然离他而去，来到了遥远的汉阳，开始了孤独凄凉的生活。一边思念深爱的人，体内情欲如火似焰，燃遍全身；一边却要为君守节，永不失贞，度日如年，苦苦挣扎。感情的绞索，必须用理性来消除。为了消除内心的欲望，消弭对"恩人"的爱欲，保守自己的贞操，松伊被天主教的信仰吸引，不顾朝鲜王国下达"邪教讨伐令"对其血腥镇压，最终入了天主教。不能与爱人相伴，便要重获新生，于是她因信仰了天主遭受了最残酷的刑法，被乱石砸死。但此时的林尚沃却偏安一隅，过着耕田吟诗的闲适日子。如果说朝鲜国王的独裁统治是断送松伊年轻美好生命的罪魁，但从心灵上摧残了松伊的却是林尚沃沽名钓誉的私心、他无意间用最残酷的方式酿造了故友之女最悲惨的结局。

　　这个故事所刻画的林尚沃，虽然他本人并不迷恋美色，但在他的潜意识里，女性也不是平等的存在，只不过是满足男性快感的存在，是男性救赎的对象、同情的对象而已。不仅如此，女性更是不吉祥的存在，"一切恶魔的根源必有女性"（小说《商道》中卷，第320页）。实际上，小说几乎未涉及林尚沃与妻子之间的关系，与孩子的关系也是如此。生意场上更是没有女性的角色，女性只不过是林尚沃经营成功的附属品而已。

与小说不同，《商道》电视剧对这部分内容进行了大量的改写。小说中松伊的存在改编成彩渊与妙玉两位美貌的女性登场。彩渊是元弘文馆大提举尹成弼之女，由于父亲冤案致死而沦为官婢。她与同样的沦为官奴的林尚沃相遇，在一起逃跑的途中，受到林尚沃的照顾。她渐渐被林尚沃的商业才能与正确的人生态度所吸引，并爱上了他。但得知林尚沃并不爱她时，为了救林尚沃，屈从威胁林尚沃的劲敌朴周命的要求，侍其左右，过着听命于朴的生活。之后，父亲的冤情昭雪天下，她才得以脱离官婢的境遇，成为户部正郎张铭国的妻子。然而她对林尚沃的恩情在心，爱恋未了，直到最后一直努力帮助他。与此对照，妙玉则作为林尚沃劲敌的女儿，拥有超凡的从商才能，更重要的是她具备正确的商业操守。她对林尚沃一见钟情，林对她也深深眷恋。但她并非朴周命亲生女儿，表面上她以朴女的名义掌握义州松商的经营权，实际上是朴周命早年夭折的儿子的未亡人妻。也为此，她苦苦压抑对林尚沃的恋情，直到最后仍然拒绝了林的求爱。有了这层关系，她明知公公是逼死林尚沃之父、并打碎林成为外交官梦想的罪魁祸首，却一直暗中帮助他。然而最后她也被林尚沃所救，因为若不是林的存在，她就难逃处以刑罚终生为妓的命运。林尚沃将她从官妓的苦难中救出之后，又归还了她公公曾经苦心经营的松商产业，最终妙玉也登上松商大都房的位置，重振濒临崩溃的松商。从上述故事可以获知，两位女性的境遇与命运虽有不同，但如果没有林的存在便难逃官婢苦难、官妓的命运重获新生。虽然她们也帮助过林尚沃，但只不过是衬托林尚沃作为朝鲜王朝第一巨商的外部要素而已。电视剧并未将女主角与男性同等相待，未展现出女性既是男性恋慕的对象又是竞争对手般的，与男人构成对等存在的存在。

下面具体看一下第二个问题。商人通过经营积累财富，他们所共同面临的课题是如何将这些财富回馈社会。这可以说是不论古今东西经营精神的共同主题。揣摩崔仁浩之所以撰写小说《商道》，其理由之一也许是为了赞扬林尚沃散财于民间的行为。小说对其散财故事的描绘主要通过两个缘由展开。一是为救人用人；二是因为参悟了商道的真谛、明白了财富应该回馈社会的道理。最初他用与大清国贸易人参所赚到的 250 两与公款 250 两合计 500 两救出了青楼妓女张美玲，这成为他后来问鼎商界重要的基石。这些都没有问题。然后，调拨粮食、食盐、资金，救济朝鲜王朝受灾的灾民，对社会有极大贡献。这些内容在小说中几乎没有，而在电视剧中则得到了具体的展现。他通过这样的社会贡献获取了人心，使生意更为兴隆，同时，也成为当时"士农工商"等级社会身份最底层的商人被擢升为郡守的原因。这也无可厚非。可是问题在于林尚沃在人生的最后时刻，不仅在账目上销毁了借债方的所有账目，还让他们搬走自己的金块、银块。这种看似大度的施舍，却显示出某种有钱人散财的傲慢。当然，这也许是小说与电视剧为了抬高主人公想象的一种文学表现，但我们不得不认为这种做法，对于丰富林尚沃的形象上适得其反。因为金钱对于不论是普通百姓还是商人都是十分重要的。不择手段唯利是图的人固然有一天会走上灭亡的道路，但即使属于通过正当途径、自己的智慧或劳动换取财富也必须得到应有的重视才符合常理。即便在生意上获得了巨大成功，成为了有钱人，所赚取的每一分钱都是经营者凭借智慧、判断、决断以及员工的汗水所赐。无论是给予者还是接受者都必须重视这一点。也许领悟了财富观之"财上平如水"的林尚沃将自己的金钱回馈社会是理所当然的选择，但回馈的方法有多种。无条件的布施于人反而会使人丧失斗志与自尊，而收获的只有布施方的自我满足与陶醉。

为此，不得不说以上两点是《商道》所提倡的经营精神在故事化时的一些负面元素。或者说是《商道》的著者在处理商业伦理时的思想局限。对此，如何克服这两点便成为《乔家大院》的课题。之所以这么说，是因为如前所述，《乔家大院》中有诸多受到《商道》影响的地方，[1] 如果说与《商道》

---

[1] 小说《商道》自 2000 年 11 月在韩国发行单行本后，于 2001 年 11 月被改编为长达 50 集电视连续剧。2003 年出版了中文版本，也开始销售电视剧 DVD 的中文版本。《乔家大院》自 2006 年 2 月 13 日开始作为农历正月热播的电视剧之一，共放映 45 集。2005 年出版了电视剧脚本改编的长篇历史小说。

对比，需要肯定《乔家大院》的意义，就在于《乔家大院》的主人公与其他角色的关系处理上，基本上提示了解决上述两个问题的途径。从这个意义上说，《乔家大院》不只是《商道》的拷贝，其内容上具有一定的独特思想与艺术价值。

其一，在《乔家大院》中，男性与女性的关系成为非常重要的内容。主人公乔致庸每每陷于九死一生的危机关头，就会出现一位女性来救他。电视剧中出场的两个女人，江雪瑛和陆玉函都是挚爱乔致庸的恋人。陆玉函是在乔家濒临破产时，其嫂子为了挽救乔家产业、这位像母亲一样抚育乔致庸长大成人的寡妇曹氏秘密与陆家谈亲，为乔致庸定下婚约，乔迫于无奈娶下的妻子。乔家的危机由于婆家的资助而化解。但江雪瑛则不同。她是乔致庸青梅竹马、两小无猜、情深意笃的恋人，她早已认定乔致庸就是她一生的归宿。她在乔致庸突然结婚而梦想破碎后，被迫与另一位富豪的病弱之子成了亲。但婚后不久丈夫便撒手人寰了。她虽然继承了巨额的遗产，却成了活死人般的寡妇。因此，她深爱乔致庸的同时，又由爱生恨。之后，暗中阻挠乔致庸的生意，伺机使其陷入窘境。乔致庸由于她的密告而锒铛入狱，使乔家陷入了即使投入全部财产也无法救乔出狱的困境。但最后，由于无法割舍的爱意，江雪瑛秘密地将自己的很大一部分财产注入乔家，拯救了乔致庸的性命与乔家的产业。显然，与《商道》不同，在《乔家大院》中出场的两位女性都并非依附于乔致庸而生，相反地倒是他生命中无法缺失的、左右乔命运的女人。特别是江雪瑛的复仇，传递给我们的是男人的生杀悬于女人的心情一念之间。这样的内容，充分体现了作者的男女观，包含了作者具备把女性作为与男性对等存在的思想。

其二，关于财富如何回馈社会，如何向生活上陷入困境的人散发钱财的方法问题。电视剧《乔家大院》有与《商道》相同也有不同于它的一面。相同的是救灾情节上，饥荒发生后，林尚沃购买粮食、食盐，赈灾救民。而乔致庸也一样，为了救灾动用了家族的全部财产，从各地调粮、动员家族全员筑起两座大锅，每日煮粥无偿分发给从各地流亡来的灾民，挽救了十万多人的生命。而两者不同的是，积累了巨大财富的乔致庸并未将钱财无偿给人们，而是传子继承，在全国拓展经营"大德通"票号集团，实现了"汇通天下"的梦想，为了谋求商业社会的便捷，对有难处的人与商人的经营以低息放贷，对商业社会的繁荣贡献力量。

据历史记载，山西商人常家在饥荒时，为了救济村民，特意开始搭"戏台"。村民不论是谁，只要能为戏台的搭建添石筑瓦一天就可以无偿得到一日三餐。饥荒持续了三年，而"戏台"的搭建也持续了三年。常家的家谱对此事的原委有所记录。据家谱所载，这样做是为了不伤受施者的自尊心。另一记载是关于乔家"大德通"票号发展到顶峰时期的事件。20 世纪 30 年代，蒋介石、阎锡山、冯玉祥三位军阀混战河南。由于战争，山西军阀阎锡山发行了大量的军票"晋钞"（战时货币）。但战争结束后，军票变得不值一文。本来"大德通"可趁机大捞一笔，但是它却以战争中相同的价格兑换了军票，用尽了全部家财，两年后因 30 万两的赤字而破产。80 年的历史落下了帷幕，依据当时的记载，为了这个决策乔家召开决策会议，"大德通"集团经营的领袖乔映霞（乔致庸之孙）留下了下面的话：

> 即便因此"大德通"破产，我们也必须这样做。我们这么大的财团，不能让自己的顾客衣食无所。对储蓄的每一位顾客，我们如果不这样做，将威胁到他们的生命，破产和生命孰之重要是不言自明的。

如此，同样是将生意上赚取的财富回馈社会，贡献社会，与义州商人不同的是，像上述的"晋商"这样，在社会最需要的时候，毫不犹豫地布施于众，回馈社会。如此散财的方式，既不显得傲慢，也以财富应有的方法贡献了社会。

中国有"儒商"的说法，乔致庸就是中国近代"儒商"的代表，是当之无愧的遵循儒家伦理而大获成功的商人。义州商人林尚沃也上演了近代韩国的典型"儒商"形象。与《乔家大院》不同，小说《商道》里有大量关于儒家思想的内容，这些不仅展示了著者精深的古典素养，也对儒家思想与"商道"关系进行了深刻的分析。为此，这部小说的内容超越了传说、故事的领域，已成为一部阐述儒家伦理思想与商业关系的特殊文献。两部作品所揭示的两国"商道"伦理的重点，都以儒家思想的"五常"为中心（虽然《乔家大院》没有具体的关联性论述），并把"五常"伦理以商界的具体事例来解读。作品中的湾商以"仁义"为本立贾，晋商以"信义"为要行商，他们的成功都离不开自己对于中国传统儒家伦理的体得与在经营过程中的践行。它们都为我们揭示了作为企业经营者，除了需要"商智"之外，更为重要的是需要正确处理好"义"与"利"的先后关系，确立崇高的经营理念成了事业成功与否的关键，并且在作品中进一步通过他们对待财富的态度，提醒人们财富的意义之所在。

曾经有过一种认识，认为与欧洲相比，东亚国家商业社会开创、繁荣相对落后，其原因在于儒家思想的局限性。马克斯·韦伯的《新教伦理与资本主义精神》中的论点可谓众所周知。然而，针对马克斯·韦伯所提出的问题与结论，东亚学者们有很多质疑和批判，但是，在商业领域挖掘儒家思想的意义，并以实例回驳韦伯结论的偏颇，应该首推这两部作品，它们从根底上揭示了与基督教伦理精神不同的东亚伦理在商业上所具有的思想价值。随着经济全球化时代的到来，建立在基督教伦理基础上的资本主义商业精神显然不可能成为唯一的、具有普世价值的精神源泉。重新认识与整合东西方传统文化中多元的价值观与伦理观，构筑适应新时代的商业伦理已经成为摆在人们面前的需要反复探讨的问题。特别是商品经济逐渐走向全球化的今天，挖掘与重现东亚的中国与韩国历史上立足于儒家思想从事商业活动的两位经营者的传奇故事，可以为我们提供有益的启发，让我们重新认识到传统思想的当代价值。当然，东亚各国所共有的儒家文化中的"五常"伦理，在今天商业社会不断走向国际化的时代，究竟具有怎样的现实意义？还需要我们进一步的挖掘与阐述。

——本文刊载《文明 21》2009 年第 22 号

# 葵园，一代人境遇的精神造型

## ——浅谈许江《葵园辞典》及其"葵园"意象

　　著名画家许江的新著《葵园辞典》近日由中国美术学院出版社出版发行，这是一部许江近年来以"葵花"为主题进行绘画、雕塑等系列创作过程中，其关于该主题的原像内涵与艺术表现问题的断想录，系统地展现了作者从弈棋、城市废墟到葵园等，十多年来关于个体存在与历史命运的思考在创作中相互印证的心灵原风景。除了"序"和"自序"之外，全书选择了从"葵园"到"本土"的 20 个意象，这些意象被分成"生存"、"方法"、"诗论"三个部分，归类性地展开断想性叙述。在这里每一个意象都如辞典中的辞条，基本按照书名之"辞典"的辞条解释体例，以"辞引"、"辞语"、"插图"、"评述"、"插图"的编排方式，构成对意象内涵的完整说明。当然，这些意象（词语），都是许江的生命指纹，区别于从来的固定含义，其"辞引"与"辞语"都是许江的生命与艺术经验的结晶。这 20 个意象看似各不相关，然而，只要细读就会发现，这些意象所承载的问题，基本都是在"葵园"这个核心意象中生发出来，或者指向"葵园"的思考，是"葵园"中的葵花们集体生存、命运、情态等生命境况的多角度透视，也就是说，其中的 19 个意象都是对于"葵园"这个生命主体的各个细部的展开和呈现。当然，这些是通过许江这一个体生命的"体象"形式而达成的关于一代人集体生命的言说。可以这么说，"葵园"是许江至今为止关乎大主题绘画的生命原点所在，也是他们这一代人的精神喻象。把葵花作为他们这一代人的命运与生存状态的象征性造型，真是再贴切不过了。正如他在本书"自序"的最后坦言："我想说：葵园是众生，《葵园辞典》述说的是人的共同处境。我渴望通过它给一代人的生活和观看经验，描绘出一种可供检索和相望的地平线。"①

那么，"葵园"如何诞生？究竟是一座怎样的精神故园？为什么说其可以作为许江这一代人的造型，让人们形象地触摸到一段历史所带来的一代人精神性结局呢？接下来我想进一步具体地、当然也只是局部地对此书的相关内容展开对应性分析与评述。

## 一、许江的两种言说方式与《葵园辞典》

正如书中陈嘉映在"序一"中所言："在当代中国画家里，画与文俱佳，许江是出了名的，而他的文字体现他画作的意境，生发画中的思想，交相辉映……"② 对于此种评论，我深有同感。记得在2005年我第一次接触到许江的绘画时，就读到了他的《一米的守望》、《视觉那城》等文集，让我这个绘画的门外汉，没有什么障碍就走进了许江的绘画世界，为此写了一篇评论《我终于明白了什么叫视觉——与"看"的思索者许江对话》③，我的这篇文章如果没有他的文集引路，是不可能诞生的。在文章中，我用一节专门论述"许江的文与画的交响"问题，指出了"他的艺术随笔、散文、诗歌等作品，拥有专门从事文学创作者无法模仿的角度和魅力"。自己的这种观点，在读了这本新著《葵园辞典》之后获得了更为坚定的信心。

纵观古今中外，大凡有大成就的画家，都会写出优秀的散文、诗歌、艺术随笔等。那些文字，往往是作者绘画创作过程中关于各种主题意蕴思考与艺术创作灵感的璀璨火花，那就是《葵园辞典》中所说的"体象"活动，即"以'象'为中介，以身心交感的'体察'方式来直观地把握和领会生命的整体与底蕴"④ 的生命活动中，把"象"转化为文字，这种飞溅而出的生命创造性瞬间的结晶体。这些文字，不仅对于作者如何通过选象、构图、造

---

① 许江：《葵园辞典》，中国美术学院出版社2012年版，第22页。

② 许江：《葵园辞典》，中国美术学院出版社2012年版，第1页。

③ 林美茂：《我终于明白了什么叫视觉——与"看"的思索者许江对话》，《美术大观》2006年第1期。

④ 许江：《葵园辞典》，中国美术学院出版社2012年版，第217页。

型、用色等"体象"的具象转化过程中起到准确表现与意蕴凝聚的作用，而且对于读者走进、理解作者的绘画意趣与主题蕴含具有向导性的思索指认的意义。根据许江的理解，"写作如火栗在手，必须振其光亮，发其芳香"①。关于"火栗"的比喻，当然来自于梵·高写给弟弟信中"一切我所向着的自然创作的，是栗子，从火中取出来的"这句话。许江告诉我们："我的写作是葵园里的另一种耕作。我习惯于手写的方式，将每天的工作与讲话写下来，久而久之，已积下几大抽屉的手稿。"许江的主要"工作"当然是绘画创作，其"讲话"与其作为教师的身份有关，当然也是关乎绘画的居多。要让自己的语言"振其光亮，发其芳香"，就要捕捉到自己生命中的灵光一现的瞬间体悟。

此书与他的以往著作一样，并不是经过严密构思、阐述论证的著作性写作。它是许江的一部关于自己绘画以及自己关于绘画艺术思考的随笔集，书中的主要内容是在作者创作"葵花"系列雕塑、绘画过程中以及在这个时期有关绘画艺术问题思考的副产品，是平时零星写作与多次举办画展时写下的一些与创作思考有关的文字和评论家们的部分评论文字编辑而成的。这个时期，作者完成了与葵花有关的大型雕塑《共生》、《从圆》，系列水彩《冬远》、《远旅》、《用一支笔种葵》、《静之葵》，油画《青葵》等作品，围绕着这些作品的思考与创作，作者把迄今为止关于自己绘画的表现主题以及与之有关的核心意象的思考进行了系统整理与各种意蕴的相互融会，终于让长期以来自己所思考与表现的个体生命与历史命运的关系，在一片"葵园"中以"葵花"这一喻象获得了宿命般的相遇。

总之，许江的关于"葵花"的造型、绘画创作，与他以往的弈棋、城市废墟等大型系列作品一样，也是通过形象的造型、图像、色彩等雕塑、绘画的语言和抽象的表意、行文的文字语言的两种言说方式，把他的关于"葵园"之生命"体象"活动呈现给读者。对于此书的性格与定位，他说："《葵园辞典》，正是这样的十几只火中栗子，在过去的几年中总在我的各类写作中淬火烫烧，现在要把它们趁热抓出，不知当不当火候。作为业余的写作

① 许江：《葵园辞典》，中国美术学院出版社2012年版，第20—21页。

者，本不该赋予太多使命，但又时常自觉感受葵园深处的某些信息，希望能与一代人分享……辞典之意不在于自诩学问渊深，而在于多年来翻来覆去的使用中，这些辞语思痕斑驳，带着当代人的生命印迹，表达出对自身处境的忧虑以及不断地被唤醒的渴望。"①

## 二、一代人的命运与结局的反思与"葵园"的诞生

许江出生于 20 世纪 50 年代，当然属于"文革一代"，这一代人在中国当代历史上背负着成为一场"造神"政治运动试验品的命运。这些"红旗下的蛋"（崔健语）燃烧着红旗般鲜艳的血，多少人刚刚步入青春的门槛，就要以背叛自己的亲情、良知为代价融入群氓的狂欢之中，唯恐自己被甩出时代的红色洪流。然而，狂欢之后他们注定要成为一堆被火红理想燃烧的灰烬，只能各自舔着自己的累累伤痕，以灰烬的力量死命地追赶残存的青春岁月。

了解"文革"的人们除了对于红宝书、红卫兵袖圈、红五星帽徽、毛主席像章等，这个时代的几种代表性的红色政治意象记忆犹新之外，还有一种几近时代图腾的图案：被向日葵簇拥或者环绕着的毛主席头像。在这个时代，向日葵犹如一种护身符，成为人们忠于太阳般存在的伟大领袖的皈依性表征。作为这个时代图腾意象的最重要元素"向日葵"，本来应该成为后来人们反思这个时代的一个重要意象出现在一些文学、艺术作品中。然而，也许是我孤陋寡闻，到了近年许江创作与"葵花"有关的系列雕塑、绘画作品为止，我却很少看到这种题材的作品。至少可以说，在诗歌文学中，作为反思"文革"最具代表性的"今天"群体，以及"白洋淀"群体中，我还没有见到以"葵花"作为主题意象，承载自己一代人命运反思的作品，只有这些群体之外的少部分诗人写梵·高时使用了向日葵的意象。也许正如勒庞所说："群体就像个睡眠中的人，他的理性已被暂时悬置，因此他的头脑中能够产生出极其鲜明的形象，但是只要他能够开始思考，这种形象也会迅速

---

① 许江：《葵园辞典》，中国美术学院出版社 2012 年版，第 21 页。

消失。"①"葵花"就是那个时代群体的头脑中产生的鲜明形象，冠以"向阳"之名的大队、生产队、小学、企事业单位等随处可见。那个时代，伟大领袖很好利用了这种群体想象力，实践着一场声势浩大的运动。然而，一旦"文革"过后，当这个试验品群体能够开始思考的时候，群体大脑中曾经的"鲜明形象"奇迹般消失了，患上了"集体失忆症"。与此相反，出生于60年代与70年代的一些诗人，反而写出了一些与"向日葵"有关的名篇。比如，周庆荣的《向日葵》②，金所军的《七十年代的葵花》③等，也许是因为他们都不是"群体想象力"直接参与者的缘故吧！

从上述的情况来看，许江以"葵花"为意象的系列作品，具有极其重要的历史、人文和艺术价值。他一方面让那个时代的经验者从"集体失忆症"中苏醒过来，同时也能够唤起今天的人们对于过去历史的反思，另一方面为"文革一代"找到了一个集合意象，用艺术的形式为一代人的理想精神与生存境遇造型。根据许江的"自序"我们可以了解到，他的"葵花"意象的诞生，源于青涩少年时代的记忆：中学校园里的一个大礼堂和旁边的学校食堂大木头蒸笼排放的地方。"一边是精神盛会，一边是饮食现场"，这个精神与肉体的能量释放与补给的地方，就是他的身心成长的地方："我们家住在学校大礼堂舞台旁的化妆室，在我少年的心目中，这个礼堂足够大。"④大礼堂正面的一个木制舞台上，像批斗会、忠字舞以及文艺汇演等红色时代的疯狂浪潮在这里汹涌澎湃，每一个振臂高呼的学生就像一朵朵朝着舞台燃烧的葵花，而这个舞台更是一个硕大的葵花朝着光芒四射的"伟大领袖"熊熊燃烧。所以，许江告诉我们："我把它画作了葵园。那种虔诚，那种饥渴，那种挣扎，那种万不得已，是否真的我返身而去，在记忆深处的静夜里所看到的呢？"⑤"我画葵园，心中常常掠过这个飞旋的礼堂。那般荒寒，却又那

---

① ［法］勒庞：《乌合之众——大众心理研究》，冯克利译，中央编译出版社 2005 年版，第 48 页。

② 参见周庆荣：《有理想的人》，中国青年出版社 2011 年版，第 53 页。

③ 参见金所军：《纸上行走的瞬间》，作家出版社 2009 年版，第 148 页。

④ 许江：《葵园辞典》，中国美术学院出版社 2012 年版，第 17—18 页。

⑤ 许江：《葵园辞典》，中国美术学院出版社 2012 年版，第 19 页。

样沸腾，盛墟与废墟竟在同一个穹隆之下，日日轮替。众生芸芸，置身于激奋与觅食、超越与现实之间。这是一个历史的图像，这是一代人的宿命"。①

就这样，许江在反思自己一代人的精神原型过程中与那朵几乎被人们忘却的"葵花"的意象再次相遇，从而诞生了他那象征一代人生存境遇的"葵园"主题创作。

## 三、"葵园"，作为一代人生存境遇的造型

我曾经为周庆荣的46章长篇散文诗《我们》写过一篇评论，② 其中对于"文革一代"做过以下较为笼统、略带粗暴的总结："文革青年"大多出生于50年代，他们的青少年时代都浸泡在政治运动里，自己的命运掌握在政治的气候变化中，他们的情感和思想无法离开政治语境对于他们的渗透。"文革"的十年带给了他们烙在灵魂上的伤疤，而这个伤疤后来成为他们的勋章。他们的伤疤让他们懂得了批判者和殉道者的自觉承担，而就是这个伤疤使他们在"文革"后获得了一枚走在现实社会时可以佩戴的历史勋章。所以仅仅认为历史耽误了他们十年是不够的，历史同时也给予了他们十年。正因为如此，当他们喊出"黑暗给了我黑色的眼睛。我却用它寻找光明"（顾城《一代人》）的时候，③ 整个中国为他们共鸣。当他们宣言"如果海洋注定要决堤，就让所有的苦水都注入我心中"（北岛《回答》）的时候④，整个时代为他们的殉道者之英雄主义姿态而感动。他们自觉自己是一座纪念碑（江河《纪念碑》）⑤耸立在历史与现实之间，他们对祖国的历史怀抱着冷峻的批判与深沉的参与意识。他们"不怕显得多么渺小／只要尽其所能"，也要给后来的人们"留下歪歪斜斜的脚印"（舒婷《献给我的同代人》）。⑥ 这就是"他

① 许江：《葵园辞典》，中国美术学院出版社2012年版，第19页。
② 参见林美茂：《与一代人有关的宣言？——周庆荣散文诗〈我们〉与〈我们·二〉》，见周庆荣：《我们》，译林出版社2010年版，第115—135页。
③ 顾城出生于1956年。
④ 北岛出生于1949年。
⑤ 江河出生于1949年。
⑥ 舒婷出生于1952年。

们那一代人"。历史首先赋予他们成长的艰辛，同时让他们获得了疼痛的经验和理想的自觉。他们对于自己的定位是极其明确的，因为他们的这些定位更多来自历史的选择。

我想说的是，在这一代人的精神世界里，理想主义和英雄主义情结始终阴魂不散，经历过政治狂欢之后，在曾经的理想化为灰烬的现实面前，他们仍然要以悲壮的英雄自居，宣誓自己要有所作为，纪念碑一般站着，把时代与历史扛在肩上。当然，这可能与人的思维惯性，或者按照李普曼的理论，那是由于社会或者个人的"刻板成见"（stereotype）所致。① 所谓"刻板成见"指的是人们对特定事物所持有的固定化、简单化的观念和印象，它通常伴随着对该事物的价值评判和好恶的情感。在"文革"中成长起来的一代人，在"文革"后反思和重塑自己的形象时，仍然带着在那个时代中形成的"刻板成见"，从劲松一般挺胸站着（英雄形象），转化成纪念碑一般耸立着（殉道者形象），仅此而已。然而，英雄或者殉道者往往只是个体性的追求，在一个抹杀个体性，只能追求群体性、全体性的时代，英雄主义只是一种虚幻的理想。我们需要思考的是这一代人"站着"的造型，不是某单独个体的形象，它应该是一种集体的群雕"站立"的形象。在许江的"葵花"系列作品出现之前，始终没有人找到真正能够体现着一代人的集体形象的造型。我相信许江一定注意到了这个问题所在，所以，他选择的不是一朵"葵花"，而是一群、一片集体站立的葵花："葵园"的意象。许江说："我的葵园总是苍茫一片，以群体的方式依偎在一起。"②

一片"葵花"，大家集体站立，曾经一致面朝太阳的方向，熊熊燃烧着金黄头颅，而今"全身唯剩枯秆，挑着低垂的盘。偶尔、有几盘仍挺在枝头，探向远方，探向灰色天空中微茫的曙光③。这种绝不倒下的"杳无目的的坚守，汰去任何功利要求的坚守"，坚持"挺直到最后的枯秆"之众葵站成一片的"葵园"，不正是"文革"这一代人过去与现在生存状态的最形象

① 参见［美］W. リップマン：《世論》（上），掛川トミ子译，（东京）岩波文库1987年版，第111—112页。

② 许江：《葵园辞典》，中国美术学院出版社2012年版，第19页。

③ 许江：《葵园辞典》，中国美术学院出版社2012年版，第276页。

造型吗？"站立"，这是"文革一代人"的精神最传神的造型。对于这种"站立"之姿的审美感受，许江借用了司空图《二十四诗品》中的一个重要概念：悲慨。①

为此，我们惊喜地发现，许江的"葵园"，不再是一群"英雄"的形象，更没有殉道者的悲壮与慷慨。他说："我的葵大多是老葵，含着一种悲情"②。他说的"悲慨"不是悲壮慷慨，而是"悲痛慨叹"，所以，许江的"葵园"只是一群站立生命信念的废墟。也就是说，这种"站立"的坚持，已经成为一种生命持存与延续的本能状态。对于自己的境遇无可奈何，但又无能为力。然而正是这种坚持，在这种"悲慨"状态中有限的生命获得了神性的意义。所以许江自明："废墟是葵园不可挽回的命运。"③"那葵，那成片无垠的葵耸立着，并不向着太阳，却朝向同一个方向，那个方向曾经是太阳升起的地方。拖着整个夏季的孕养，脱尽鲜绿鲜黄的铅华，老葵锲而不舍地挺立。那花盘的朝向就记录了某种过去，某种宿命的行踪。"④曾经燃烧的头颅，要么低垂着，要么早已被人收割只剩下站立的枯秆站着，等待重生。他不画金黄的葵盘，而是一片"秋葵"，或者"雪葵"。或者宛如布满伤口的头颅般的葵盘。他告诉我们："一代青年像葵一般在阳光灿烂之后突然夭折，在1977年'文革'结束之前，他们仿佛都经历过一次死亡。随着社会的复苏，他们逐渐与生机相遇，他们抓住每一个机遇，重新酝酿一次青春的成长。……他们先知死，后知生。"⑤

正是因为这样，当他认识到自己这一代人葵花一般的生态与命运，现在又成了秋后的老葵，正"顽强地顶着某种记忆，某种精神印记，某种人生的表情"⑥活着，所以，他选择了用"葵园"为自己的这一代人的境遇集体造型。而这个造型所具有的精神性内涵，已经超越了一代人的境遇意义的指

---

①　许江：《葵园辞典》，中国美术学院出版社2012年版，第274页。

②　许江：《葵园辞典》，中国美术学院出版社2012年版，第278页。

③　许江：《葵园辞典》，中国美术学院出版社2012年版，第97页。

④　许江：《葵园辞典》，中国美术学院出版社2012年版，第38页。

⑤　许江：《葵园辞典》，中国美术学院出版社2012年版，第121页。

⑥　许江：《葵园辞典》，中国美术学院出版社2012年版，第277页。

认，"葵园"中站立生命的坚持，已经具有了有限生命中持存与延续本能之神性的隐喻，至少揭示了人类生命存在源于本能的信念。

我赞同艺术史家张坚对于许江的评价："从弈棋到城市废墟，再到葵园，我们看到，许江并不是在一种日常性中，而是在那些曾经辉煌的历史标记和里程碑，或者是带有类似价值对象中，追寻他自己的，并且，以创造性的方式，让各种被成见包裹得严严实实的历史、文化或集体记忆中的某特定对象重新变得不同寻常。"① 我们可以自信地期待，许江的"葵园"系列，将与梵·高的葵花一样，为我们的时代留下一批不同寻常的艺术瑰宝。而要走进许江的"葵园"世界，这部《葵园辞典》当然是不可或缺的入门书。

——本文刊载《解放军艺术学院学报》2013 年第 1 期

---

① 许江：《葵园辞典》，中国美术学院出版社 2012 年版，第 479 页。

# 从"茗饮"到"品茗"

## ——中国古代关乎"茶"之饮用诸概念发展史考略

　　"茶"之为饮，在古代中国由来已久。从目前文献记载看，至少从汉代的《僮约》开始就出现相关记载。作为一种饮食文化，茶文化自唐代开始滥觞，直到清代，出现过各种不同的饮茶概念。从最初的"茗饮"到后来所谓的"品茗"，其间经过了漫长的历史发展过程。在这个过程中，人们使用最多的有"茗饮"、"啜茶"、"品茶"、"品茗"四个概念。这四个概念所使用的时代、场合、语境、内涵等并非完全一致。我们从这些概念的发展史可以看出茶文化在不同时代的发展状况，勾勒出一幅古代中国茶之饮用史略。本文拟就上述问题，展开文献的历史性考辨，梳理在中国茶文化中从"茗饮"到"品茗"的发展脉络。

## 一、茶与茗

　　正如大家所熟知，古代中国关于"茶"有多个字，一般认为"茶"字最初出现在唐代。《茶经·一之源》曰：

　　　　茶者……其字，或从草，或从木，或草木并。从草当作"茶"，其字出《开元文字音义》；从木，当作"搽"，其字出自《本草》；草木并，作"荼"，其字出自《尔雅》。①

---

① 　沈冬梅：《茶经校注》，中国农业出版社 2006 年版，第 1 页。

其名，一曰茶，二曰槚，三曰蔎，四曰茗，五曰荈。周公云："槚，苦茶。"扬执戟云："蜀西南人谓茶曰蔎。"郭弘农云："早取为茶，晚取为茗，或一曰荈耳。"①

上述《茶经》中关于"茶"的命名与记载，成为后世关于"茶"的最基本文献。从这个记载中我们不难发现，古代关于"茶"的别名至少有六个字，即荼、槚、蔎、茗、荈。而在后世发展过程中，基本上只剩下"茶"和"茗"两个字被沿用至今。②

然而，关于"茶"字与"茗"字的相关历史，有几个问题需要澄清。

第一，关于"茶"字起源的问题。根据郝懿行疏《尔雅》记载："今茶字古作荼……至唐陆羽著《茶经》，始减一画作'茶'。"然而以上述《茶经》所言"其字出《开元文字音义》"来判断，这种起源说似乎不准确。根据沈冬梅《茶经校注》的观点，《开元文字音义》属于唐玄宗开元二十三年（735 年）编成的一部字书，此书中已收有"茶"字。③ 而《茶经》大概完成于 758—761 年间（曾用名《茶论》）④，也就是说，在《茶经》写成之前的 25 年左右，在唐代已经出现了"茶"字的用语。不过，南宋魏了翁《邛州先茶记》中却有与郝懿行相同的观点："惟自陆羽《茶经》、卢仝《茶歌》、赵赞茶禁以后，则遂易荼为茶。"⑤ 由此可见，关于"茶"字从陆羽开始使用的观点，在中国茶文化史上流传很广。但是，沈冬梅的观点，作为一说，根据《开元文字音义》早于《茶经》而言，是应该予以认可的。尽管上述诸家的观点存在分歧，但关于"茶"字出现在唐代这一点上是一致

---

① 沈冬梅：《茶经校注》，中国农业出版社 2006 年版，第 1 页。

② 这里所说的"'茶'的别名"，并非"茶"的雅号、或者别称，关于"茶"的雅号、别称在历史上出现许多，如在唐代就有"露芽"、"水厄"等。而宋代陶穀《茗荈录》中，搜集了人们对于茶的别称雅号就有"玉蝉膏"、"清风树"、"清风使"、"森伯"、"水豹囊"、"不夜侯"、"冷面草"、"苦口师"等多种。

③ 沈冬梅：《茶经校注》，中国农业出版社 2006 年版，第 61 页。

④ 沈冬梅：《茶经校注》，中国农业出版社 2006 年版，第 9 页。

⑤ 朱自振、沈冬梅、增勤编著：《中国古代茶书集成》，上海文化出版社 2010 年版，第159 页。

的。然而，还有一些文献需要引起我们的注意，在唐代以前的文献中，似乎已经出现了"茶"字使用的记载。三国吴陆玑《毛诗草木鸟兽虫鱼疏》卷上曰："椒树似茱萸……蜀人作茶，吴人作茗，皆合煮其叶以为香。"① 《三国志·吴书·韦曜传》曰："曜素饮酒不过二升，初见礼异时，常为裁减，或密赐茶荈以当酒。"② 从这些文献可以看出，在唐代以前，古人已经开始使用"茶"字。当然，由于这些文献属于宋以后的刻本，也许已经刻者修订，把"荼"改为"茶"。但如果这些文献属实，说明"茶"字在唐以前已经存在了，至少在《开元文字音义》之前已经存在，才会被收入此书之中。总之，在古代中国关于"茶"字的起源时间是不确切的，只是到了唐代中国茶文化兴起之后，由于陆羽《茶经》流传的影响，从而使这个文字开始流行。

第二，关于"茗"字与"茶"的关系问题。在《茶经》中所谓的"早取为茶，晚取为茗"，则表现为茶的采摘时间先后成为不同命名的缘由。但是，在上述陆玑《毛诗草木鸟兽虫鱼疏》的"蜀人作茶，吴人作茗"中，则是体现地域的不同而产生的不同名称，此两者对于"茗"与"茶"的关系，显然存在各自不同的解释。除此之外，在北宋徐铉注释的《说文》中，却出现新的认识，把"茗"作为"茶芽"来解。而《茶经》在"七之事"中多次谈道"茗"，这个文献值得注意。首先，最著名的有两个关于发现"茗"的故事。(1) "《神异记》：余姚人虞洪入山采茗，遇一道士，牵三青牛，引洪至瀑布山曰：'吾，丹丘子也。闻子善具饮，常思见惠。山中有大茗，可以相给。祈子他日有瓯牺之余，乞相遗也。'因立奠祀，后常令家人入山，获大茗焉。"③ (2) "《续搜神记》：晋武帝世，宣城人秦精，常入武昌山采茗。遇一毛人，长丈余，引精至山下，示以丛茗而去。俄而复还，乃探怀中橘以遗精。精怖，负茗而归。"④ 这两个故事，都是关于时人发现"茗"的传说，且

---

① 陆玑撰：《毛诗草木鸟兽虫鱼疏》卷上，明刊唐宋丛书本，第24页。
② 陈寿撰，裴松之注：《三国志》，中华书局2006年版，第863页。
③ 沈冬梅：《茶经校注》，中国农业出版社2006年版，第46页。
④ 沈冬梅：《茶经校注》，中国农业出版社2006年版，第47页。

都是出自志怪小说类文献中。从这两个文献均出自晋代人之手而言，① 可以推断，在"茶"的命名流行之前，似乎"茗"的用法更早也更普遍一些。其次，文献中出现了"茶"与"茗"并用为一个单词的"茶茗"。比如，根据《茶经·七之事》记载："《神农食经》：茶茗久服，令人有力，悦志。"②，"《宋录》：新安王子鸾、豫章王子尚诣昙济道人于八公山，道人设茶茗，子尚味之曰：'此甘露也，何言茶茗。'"③，"《夷陵图经》：'黄牛、荆门、女观、望州等山，茶茗出焉。'"④，"《茶陵图经》云：'茶陵者，所谓陵谷生茶茗焉。'"⑤等，这些地方都采用"茶茗"并用来表现。这里的"茶茗"，有些版本为"荼茗"。一般认为"荼茗"即为"茶茗"，所以现在的多数文献统一把《茶经》中相关的内容均校勘为"茶茗"。另外，关于"茶"与"茗"同为一物在《茶经·七之事》中也有记载："《世说》：'任瞻，字育长，少时有令名，自过江失志。'既下饮，问人云：'此为茶？为茗？'觉人有怪色，乃自申明云：'向问饮为热为冷。'"⑥。这个记载很有趣，说明任瞻最初认为"茶"与"茗"为不同的东西，但发现周围对他的提问露出奇怪的神色时，马上改口说自己所问的是茶该热饮还是冷饮的问题。

第三，《茶经》之后，其他与"茶"有关的文字，除了"茗"之外，几乎已不被人们采用。在查阅《茶经》之外的唐至五代其他的茶文献中，使用"茶"字的表现占绝大多数，而偶尔出现以"茗"字、或"茶荈"、"茗荈"说茶，其他的几个与"茶"有关的相关文字已经很少看到了。与茶相关文献中所阐述的内容，上述现象俯拾皆是。而从文献名称上看，这种现象也表现

---

① 根据《太平御览》所引《神异记》来自于"王浮《神异记》"。根据鲁迅《中古小说史略》，王浮应为晋惠帝时候的道士。而根据《隋书·经籍志》记载，《续搜神记》，也名《搜神后记》，应为晋陶潜所撰。然而，在传世的《搜神后记》中有陶潜死后的内容存在，为此后人怀疑此作为陶潜所作，甚至在《四库提要》中把其当作元人遗书。不过，从陆羽《茶经》中即引此书的内容而言，一定不会是陆羽之后的文献，当然可以是后人对此书不断添加了新的内容所致，所以才出现陶潜死后的一些内容混入书中。

② 沈冬梅：《茶经校注》，中国农业出版社 2006 年版，第 45 页。

③ 沈冬梅：《茶经校注》，中国农业出版社 2006 年版，第 48 页。

④ 沈冬梅：《茶经校注》，中国农业出版社 2006 年版，第 50 页。

⑤ 沈冬梅：《茶经校注》，中国农业出版社 2006 年版，第 50 页。

⑥ 沈冬梅：《茶经校注》，中国农业出版社 2006 年版，第 47 页。

得更为突出，除了几篇与论水有关的文献外，主要的文献也都是以"茶"命名。比如《煮茶水记》（张又新）、《茶酒论》（王敷）、《茶述》（裴汶）、《采茶录》（温庭筠）、《茶谱》（毛文锡）等。至此，显然"茶"作为这种植物的名称已经基本定型，这可能也是把"茶"字的出现与定性确定为自唐代开始的原因之一。而这些，显然应该是受到陆羽影响的结果，即《茶经》已经为"茶"的命名定调了。正如与这种现象相呼应，在关于饮茶的叙述中，就出现了两个常见的表现，即"茗饮"与"茶饮"。而"茗饮"使用的次数，比"茶饮"更多。这又是一个有趣的现象。从唐代的文献看，是否由于"茗"与"茶"意义等同？在唐人看来两者只是属于呼称与号的关系所致？但具体情况不得而知。比如，从敦煌出土的唐代中后期人王敷《茶酒论》记载："茶……百草之首，万木之花。贵之取蕊，重之摘芽。呼之茗草，号之作茶。"① 在这里，似乎"茗草"为称谓，属于学名，而"茶"则为其号。那么，从唐人崇尚高雅之风而言，似乎"茗饮"比"茶饮"更具有审美性的意味。但不管怎么说，这种现象存在于唐代文献中是值得注意的。

总之，根据以上内容梳理，足见在唐代，茶与茗同样，皆为茶名。虽然当时可能偶尔还存在诸如"槚"、"荈"甚至"莽"等之类的表现，但是，最常用的还是"茶"和"茗"两个字。而关于现在所谓的饮茶，则出现了"茗饮"、"茶饮"、"啜茶"三个单词，使用"茗饮"显然居多也是一种倾向（唐末有一文献出现"品茶"表现，但那只是文学性用语，具体后述）。

## 二、"啜茶"与"茗饮"

当我们对于"茶"与"茗"，有了上述基本认识之后，接下来就可以探讨古代对于饮茶或喝茶都采用哪些语言来表现？从结论来说，从唐至明，相关的茶文献中，关于喝茶所使用的单词，主要是"茗饮"、"啜茶"与"品茶"。甚至到清代，仍然可以看到相关文献中同样延续了这些表现，特别是"茗饮"与"品茶"使用最多，但"啜茶"表现在清代则几乎不见了，却多

---

① 朱自振、沈冬梅、增勤编著：《中国古代茶书集成》，上海文化出版社2010年版，第68页。

了一个新的表现用语：品茗。①

　　根据《中国古代茶书集成》所收集整理的文献，②唐至五代关于茶文化的文献主要有《茶经》、《顾渚山记》、《水品》（陆羽）、《煎茶水记》（张又新）、《十六汤品》（苏廙）、《茶酒论》（王敷）、《茶述》（裴汶）、《采茶录》（温庭筠）、《茶谱》（毛文锡）等。在这些文献中，首先是陆羽的《茶经》、《顾渚山记》、《水品》里表现与饮茶有关的有六个动词："饮"、"啜"、"食"、"服"、"爵"、"味"，而其倾向则是以动词"饮"来表现喝茶的占绝大多数，就其专设一项"六之饮"即可见一斑。仅《茶经》中"饮"字出现32次，有27次与茶有关。仅次于"饮"字的是"啜"，但出现"啜"字只有两种情况，一种是作为动词单独出现1个"啜"字，如"啜半而味寡"、"啜苦咽甘，茶也。"③还有一种是与"饮"字并用，即以"饮啜"形式出现，如"如冷，则精英随气而竭，饮啜不消亦然矣。"④等。纵览其他人的文献，喝茶所使用的动词，主要的也都只有"饮"、"吃"、"服"、"啜"等，而用一个单词表现喝茶的主要采用"茶饮"和"茗饮"，但在此后的历史发展过程中，"茶饮"的表现逐渐消失，特别是到了明代，偶尔出现"饮茶"，却基本不再使用"茶饮"表现了，而"茗饮"的用例到了清代，仍然可见在茶文献中一直被延续着。

　　饮茶之"饮"以"啜"字表现，初见陆羽《茶经》，即上述的"啜苦咽甘，茶也"之说。五代蜀人毛文锡的《茶谱》沿用了这种表现："湘人以四月摘杨桐草，捣其汁拌米而蒸，犹蒸麋之类，必啜此茶，乃其风也。尤宜暑月饮之。"⑤使用动词"啜"字来表现"喝茶"之"喝"或"饮茶"之"饮"似乎是古代比较普遍的现象。除了唐、五代如此，宋代以后，虽然"饮"字偶尔出现，而"啜"字的表现更为常见。如陶毂在《茗荈录·水豹囊》中

① 在古代，关于喝茶还有一个单词大家都比较熟悉，那就是"吃茶"。此概念之所以著名源于赵州和尚"吃茶去"的偈语。这种用法过于特殊，似乎仅限于禅门流行，为此，暂且不在此文述及。

② 参见朱自振、沈冬梅、增勤编著：《中国古代茶书集成》，上海文化出版社2010年版。

③ 沈冬梅：《茶经校注》，中国农业出版社2006年版，第36页。

④ 沈冬梅：《茶经校注》，中国农业出版社2006年版，第36页。

⑤ 朱自振、沈冬梅、增勤编著：《中国古代茶书集成》，上海文化出版社2010年版，第81页。

说:"煮茶啜之,可以涤滞思而起清风"①,又如赵佶《大观茶论》可见"啜英咀华,较箧笥之精,争鉴裁之妙"②,而谢宗《论茶》也有所谓的"昏俗尘劳,一啜而散"③ 等。在这里有一种现象需要注意,那就是用"啜"表现饮茶之"饮"往往是在文学意味强,更具审美性的文字表现时出现的。在宋代文学作品中,尤为著名的有王安石《寄茶与平甫》一诗:"碧月团团堕九天,封题寄与洛中仙。石楼试水宜频啜,金谷看花莫漫煎。"④ 还有收入在朱熹《晦庵集》中的吟茶诗《茶坂》(或曰"云谷茶坂",为云谷二十六咏之一):"携篮北岭西,采撷供茗饮。一啜夜窗寒,跏趺谢衾枕。"⑤ 而朱熹的"一啜"这种表现与上述谢宗同样,这种表现直接影响到明代诗人。到了明代,许多文献都使用"啜"字来表现茶事之"饮"或"喝"的意义。此时除了"茗饮"的传统表现之外,"茶饮"两个字单词几乎不再出现,虽然偶尔出现"饮茶"但亦不多见,取而代之的是频繁出现"啜茶"、"品茶"的表现形式。此外,"品水"、"品泉"等表现也开始大量出现。这些现象,可能与明代追求茶之"品真"的风尚有关。如陆树生《茶寮记》曰:"茶入口,先灌漱,须徐啜。俟甘津潮舌,则得真味,杂他果,则香味俱夺。"⑥ 而在文学作品中,以"啜"字表现饮茶的现象表现得尤为突出。如杨万里《谢木舍人韫之送讲筵茶》"老夫七碗病未能,一啜犹堪坐秋夕"⑦,梅尧臣《答建州沈屯田寄新茶》"一啜同醉翁,思君聊引领"⑧ 等。

以上是以单字"啜"的动词来表现喝茶或饮茶的现象,而以"啜茶"

① 朱自振、沈冬梅、增勤编著:《中国古代茶书集成》,上海文化出版社2010年版,第90页。
② (宋)赵佶:《大观茶论》,沈冬梅、李涓编著,中华书局2013年版,第7页。
③ 朱自振、沈冬梅、增勤编著:《中国古代茶书集成》,上海文化出版社2010年版,第174页。
④ 王安石撰:《临川先生文集》卷三十二,四部丛刊景明嘉靖本,第10页。
⑤ 朱熹撰:《晦庵先生朱文公文集》卷六,四部丛刊景明嘉靖本,第17页。
⑥ 朱自振、沈冬梅、增勤编著:《中国古代茶书集成》,上海文化出版社2010年版,第222页。
⑦ 杨万里撰:《诚斋集》卷十七,四部丛刊景宋写本,第3页。
⑧ 梅尧臣撰:《宛陵先生集》卷二十二,四部丛刊景明万历梅氏祠堂本,第11页。

二字作为一个单词的出现，从唐代开始这种现象似乎已经比较普遍。如唐代释皎然、颜真卿等《月夜啜茶联句》诗①以及释灵澈《唐四僧诗》中辑引的常达诗句"啜茶思好水，对月数诸峰"②等，都可见"啜茶"的文学表现。在宋代，虽然就笔者目前所掌握的与茶文化有关的文献中还没有找到"啜茶"一词，但在一些文人、雅士的文献中，如二程、陆游、苏东坡、司马光、朱熹等人的诗文中却皆可见到"啜茶"一词的用例。③而到了明代，在茶文献中则多见"啜茶"一词。如朱权《茶谱》曰："然而啜茶，大忌白丁，故山谷曰：'著茶须是吃茶人。'"④另外在赵观为田艺蘅《煮泉小品》的"叙"中亦可见"固尝饮泉觉爽，啜茶忘喧，谓非膏粱纨绮可语"⑤等内容，在该文献的文本中，也出现了"啜茶"的用例。

从上述这些用语现象看，在中国古代，关于"饮茶"或后世所谓的"喝茶"所采用的动词，似乎人们习惯于或者独钟于以"啜"字来表现，究其原因，可能与人们喝茶的目的有关。茶作为饮料，如果仅用来解渴，当然大口"饮"或"喝"是常态。然而，喝茶属于一种追求高雅的饮食文化营为，除了其物质性的意义之外，更是一种超越物质意义的精神性追求。正如田艺蘅《煮泉小品》所言："饮之者一吸而尽，不暇辨味，俗莫甚焉。"⑥那么，如果是为了不俗，更为了品尝茶的真味，鉴别茶汤的优劣，显然不能大口牛饮，需要慢慢品味、小口细啜才行。"啜"为小口微吸的动作，与大口之"饮"或"喝"相对，属于一种"品"茶范畴，即古来所谓的"大口为饮，小口为品"的说法。"啜茶"的喝法，显然不是为了解渴的需要，而是追求茶之真味的品鉴。正因此，中国茶文化才逐渐发展成以"品茶"来表现喝茶。那么，如果"啜饮"情况是这样的话，"茗饮"又是如

① 颜真卿撰：《颜鲁公文集》卷十二，清三长物斋丛书本，第13页。
② 释灵澈撰：《唐四僧诗》卷六《常达诗》，清文渊阁四库全丛本，第1页。
③ 参见《二程文集》、《渭南文集》、《苏文忠公全集》、《资治通鉴》、《晦菴集》等。
④ 朱自振、沈冬梅、增勤编著：《中国古代茶书集成》，上海文化出版社2010年版，第182页。
⑤ 朱自振、沈冬梅、增勤编著：《中国古代茶书集成》，上海文化出版社2010年版，第198页。
⑥ 朱自振、沈冬梅、增勤编著：《中国古代茶书集成》，上海文化出版社2010年版，第201页。

何呢？

就目前所掌握的文献而言，"茗饮"一词，南朝宋人刘敬叔的志怪小说《异苑》卷七中的内容应该属于比较早的文献（此前是否还有不甚明确）："剡县陈务妻，少与二子寡居，好饮茶茗。宅中先有古塚，每日作茗饮，先辄祀之。"① 此处内容，后人的茶文献中多有辑引。除此之外，还有北魏杨衒之所著《洛阳珈蓝记》中记载："刘缟慕王肃之风，专习茗饮。"② 到了唐代，陆羽《茶经》亦有此概念，即"欲煮茗饮，先炙令赤色"（《茶经·七之事》），"闻子善茗饮，常思惠"（《顾渚山记》）③。这里所谓的"茗饮"似乎都仅可作为"茶"之义来解，但从文脉上理解，仍然具备饮茶之意。不过，需要注意的是，关乎以"茗饮"来表现喝茶时，茶作为物质性的存在意味浓厚，精神性的追求并不明显。这就与上述的"啜茶"之品鉴性追求的意蕴存在着一定的区别。

在宋代，除了如前述朱熹的茶诗之外，还有叶清臣《述煮茶泉品》曰："昔郦元善于《水经》，而未尝知茶；王肃癖于茗饮，而言不及水表，是二美吾无愧焉。"④ 赵佶《大观茶论》："荐绅之士，韦布之流，沐浴膏泽，熏陶德化，咸以雅尚相推，从事茗饮。"⑤ 魏了翁《邛州先茶记》中记载了苏轼《问大冶长老乞桃花茶栽东坡》诗句："周诗记苦荼，茗饮出近世。"⑥ 明代依然如此，真清《水辨》的"附录"之鲁彭《刻茶经叙》评价陆羽的意义与贡献

① （南北朝）刘敬叔：《异苑》卷七，清嘉庆学津讨原本。据说刘敬叔是彭城人，其生年不详，"敬叔"是他的字，卒于宋明帝泰始年间，约 468 年前后。以此推断《异苑》早于杨衒之的《洛阳珈蓝记》（547 年成书）。

② 此书成书于 547 年，但原书早已散佚，现存最早的都是宋代刻本，故原文可能经过宋人的修订，其原文是否是"茗饮"不得而知。此记载今可见于明代高元濬《茶乘》、陈继儒《茶董补》所辑录的茶文献及刘源长辑录《茶史》、陆廷灿辑录《续茶经》等。

③ 在《茶经》中，此处原文则是"闻子善具饮，常思见惠。"然根据《顾渚山记》文，此处应为"茗饮"句子才能通义，而"具饮"则有些不知所云了。

④ 朱自振、沈冬梅、增勤编著：《中国古代茶书集成》，上海文化出版社 2010 年版，第 94 页。

⑤ 朱自振、沈冬梅、增勤编著：《中国古代茶书集成》，上海文化出版社 2010 年版，第 124 页。

⑥ 朱自振、沈冬梅、增勤编著：《中国古代茶书集成》，上海文化出版社 2010 年版，第 159 页。

时说:"厥后茗饮之风行于中外,而回纥亦以马易茶,由宋迄今,大为边助,则羽之功,固在万世,仕不仕,奚足论也!"① 程百二编撰的《品茶要录补》中更是把"茗饮"列为专节介绍。如"茗饮酪奴"一节介绍王肃之"好茗饮莼羹",而在"茗饮"一节中则介绍《谢幼槃》诗句曰:"高情属吾党,茗饮安可忘。"② 这种现象从清人增补修订出版的明人黄履道《茶苑》中表现得更为明显,此文献的卷十三、卷十四、卷十五、卷十九等,则出现了"茗饮"、"茗饮谭经史"、"茗饮愈脑疾"等节项名称,其中在卷一中还辑录了《广州志》和《西平县志》中出现的"南人以为茗饮"、"采叶可为茗饮"等记载。由此可见,到了明代,"茗饮"作为饮茶的通俗概念被广泛使用。到了清代刘源长辑《茶史》时,"序言"的开句就谈到"茗饮"③。而在陆廷灿辑《续茶经》中也多处使用这个概念。特别是冒襄辑编的《岕茶汇钞》一书中,也与前述程百二一样,把"茗饮"作为章节名称予以阐述。不过,这种现象主要出现在清初,并且除了茶文献之外,在一般的文献、特别是文学性较强的文献中,"茗饮"的使用情况已经明显很少,逐渐被"品茗"的表现所替代。

通过上述梳理,我们不难发现,作为饮茶的用语,在中国古代很长一段历史时期,"茗饮"是一个人们常用的名词性概念,与"啜茶"、"品茶"的概念同时被使用。不过,"啜茶"用法并不普遍,特别是在"品茶"概念出现之后,作为两个字单词的"啜茶",除了一些诗文之外,在与茶文化有关的文献中,逐渐被"品茶"所取代。而"茗饮"却不同,一直与"品茶"并存着。从其最早见于南北朝时期而言,"茗饮"的存在显然早于其后"啜茶"、"品茶"两个概念。然而,也许是"茗饮"这个概念的使用语境、范围似乎比"品茶"来得小,它只是局限于茶文化中的名词性概念存在于阐述之

---

① 朱自振、沈冬梅、增勤编著:《中国古代茶书集成》,上海文化出版社 2010 年版,第 192 页。

② 高元濬撰:《茶乘》卷三文苑,明天启刻本,第 12 页。

③ (清)刘源长辑《茶史》序一:"世称茶之名,起于晋宋以后,而《神农食经》周公《尔雅》已先及之。盖自贡之尚方,下逮眠云卧石之夫胥,得为茗饮。"(参见朱自振、沈冬梅、增勤编著:《中国古代茶书集成》,上海文化出版社 2010 年版)

中，虽然也曾一度出现作为文献小节标题被使用，但终究仍然无法像"品茶"那样，上升到一种作为茶文化的范畴性概念而得以确立。而当中国茶文化有了自觉的"品茶"追求，茶之饮用，基本上就从原来的物质性层面，上升到具备精神性意义的存在，进入其存在的生命审美的追求。也就是说，茶的存在已经超越了其解渴润喉的物质属性与功能，发展到品鉴、求真的审美追求。

## 三、"品茶"与"品茗"

谈到"品茶"，自然会想到宋代最初出现的《品茶要录》以及明代的《品茶要录补》和《品茶八要》等以"品茶"命名的文献。但是，"品茶"概念，最初则出现在唐代末期陆龟蒙《甫里集》的"楊文公谈苑"一节介绍他的文字：陆龟蒙"以高士召不至，躬自畚锸品茶评水，不與流俗交……"① 而闻名。据说陆龟蒙著有《品茶》一书，但是该书似乎已经失传，其具体内容不得而知。② 不过，在唐代，这个文献似乎属于孤例，就笔者涉猎的文献而言，还没有找到更多的相同用例。而到了宋代，在诗文中则可以见到"品茶"的表现。比如，晁说之《初至郴州感事》诗云："尚喜屋山阿，双泉如鸣琴。远明桑苧翁，品茶疑未湛……"③，还有陈岩《煎茶峰》："缓火烘来活水煎，山头卓锡取清泉。品茶嫩检茶经看，舌本无非有味禅"④ 等。但在与茶文化相关的诸文献中，最早应该是北宋黄儒《品茶要录》一书直接以"品茶"命名为肇始。《品茶要录》由"总论，一采造过时，二白合盗叶，三入杂，四蒸不熟，五过熟，六焦壶，七压黄，八渍膏，九伤焙，十辨壑源沙溪，后论"十二部分构成，除了"总论"主要述及写作动机，而"后论"强

---

① 陆龟蒙撰：《甫里集》卷二十，四部丛刊景黄丕烈校明钞本，第33页。
② 根据清人张玉书《佩文韵府》卷九十八（御定佩文韵府）中记载："陆龟蒙作品茶一书继茶经之后……"然此书现已失传，不知道其中的内容。根据程百二编《品茶要录补》中引述《升庵先生集》记载："龟蒙置茶园顾渚山下，岁取租茶，自判品第。"由此可见，其主要内容应该是关于茶的品鉴问题，是否涉及茶汤的品味不得而知。
③ 晁以道撰：《嵩山文集》卷四，四部丛刊续编景旧钞本，第36页。
④ 陈岩撰：《九华诗集》，民国宋人集本，第30页。

调好茶还需要懂茶、善烹、适时烹煮茗饮才能"尽茶之事",以免造成"主贤而宾愚"之外,其他十节皆为阐述茶叶采制搀杂等弊病,品鉴茶叶之优劣以及指出不能出好茶的原因所在。苏轼盛赞此书曰:"《品茶要录》十篇,委屈微妙,皆陆鸿渐以来论茶者所未及。非至静无求,虚中不留,乌能察物之情如其详哉!"①然此书虽论茶精细入理,但正如四库全书总目提要中的评价,其内容为"以茶之采制烹试,各有其法,低昂得失,所辨其微"而已,其书名所谓的"品茶",只是关于茶的"采制烹试"以及茶品的鉴别意味,并非后世理解的涉及饮茶环境、茶侣选择以及关乎"茶汤"品鉴意义的"品茶"。可以说,最初出现的这篇以"品茶"命名的文献,阐述的只是关于"茶叶"的品鉴问题,没有具体的"茗饮"的内容,不涉及"茶汤"品鉴等内容。不过,这个文献在古代仍然影响深远,由此到了明代,出现了程百二辑编《品茶要录补》,增补"宋黄道辅所辑"中缺少的内容②。但《品茶要录补》基本属于茶文化史及其传说的杂谈辑录,与所谓的"品茶"之意不相契合。只是到了华淑撰述《品茶八要》③时,才开始出现了具备后世所谓的"品茶"意味的相应内容。《品茶八要》的内容很短,全文只有三百多字,分为"一人品、二品泉、三烹点、四茶器、五试茶、六茶候、七茶侣、八茶勋"。具体地说,"人品"是关于茶人的要求,"品泉"是关于煮茶时对于水的要求,"烹点"当然是煮茶时的用火与候汤的心得,"茶器"则是对于器皿的讲究,"试茶"是指如何品啜茶的真味,"茶候"阐述的是品茶需要怎样的环境,"茶侣"是对一起品茶之人的素质、学识的要求,"茶勋"是指喝茶的功效。这些内容,基本涵盖了关于饮茶所寻求的比较全面的要素。为此,此文献内容虽短,却揭示了明代茶文化发展至此,关于饮茶的文化性要求已日臻完善,真正具备了我们现在所理解的"品茶"所应该具有的

① 朱自振、沈冬梅、增勤编著:《中国古代茶书集成》,上海文化出版社2010年版,第114页。
② 朱自振、沈冬梅、增勤编著:《中国古代茶书集成》,上海文化出版社2010年版,第418页。黄道辅即黄儒。
③ 此文献为华淑根据陆树声《茶寮记·煮茶七类》改编而成的。拙文采用的是张玮根据华淑《闲情小品·品茶八要》为底本,以《茶寮记》原文进行校订而成的《品茶八要》。

内涵。但是值得注意的是，这里所谓"品茶"已经不再是黄儒所论述的对于"茶叶"的品鉴，而是主要侧重于关于"茶汤"以及茗饮之人、之环境、之技艺的追求，至于茶叶本身如何基本不再述及。不过，需要注意的是，这个文献中所揭示的关于"品茶"所追求的各种要素，其实在明代初期就已初见端倪。

明代初期，明太祖朱元璋的第十七子宁王朱权所著的《茶谱》中，出现了一节以"品茶"为条目的专述。

品茶："于谷雨前，采一枪一叶者制之为末，无得膏为饼，杂以诸香，失其自然之性，夺其真味；大抵味清甘而香，久而回味，能爽神者为上。独山东蒙山石藓茶味入仙品，不入凡卉。虽世固不可无茶，然茶性凉，有疾者不宜多食。"

这就是《茶谱》中关于"品茶"一节的全部内容。从这些内容不难看出，这里所说的"品茶"，仅仅只是指出采摘怎样的茶叶，品味时应注意什么，喝完有什么感觉方为好茶，好茶的产地所在，什么人不宜多喝等，这只是最简单的茶叶知识以及喝茶注意事项，与后世一般所理解的"品茶"含义迥异。因此，此文献如果仅仅这些，应该说是没有什么价值的。然而关键的是《茶谱》中除了"品茶"一节之外，还阐述了"收茶"、"点茶"、"茶炉"、"茶灶"、"茶磨"、"茶碾"、"茶罗"、"茶架"、"茶匙"、"茶筅"、"茶瓯"、"茶瓶"、"煎茶法"、"品水"等与饮茶有关的器皿道具以及关于烹茶方法，乃至对于水的品第都做了具体论述。更为重要的是，在序文之后的第一节"茶谱"中，朱权详细阐明了对于茶客的素质要求以及喝茶时主宾礼数、营为，饮毕"话久情长"，"或庚歌，或鼓琴，或弈棋，寄形物外，与世相忘，斯则知茶之为物，可谓神矣"等，从而指出"啜茶大忌白丁"，品茶需要懂茶之人等问题，这些内容，才是构成"品茶"内涵的关键要素。那么显然，朱权当时还没有把与喝茶有关的各种要素都归入"品茶"的范畴之中，反而是他所阐述的"茶谱"这一节，具备了后世"品茶"的内涵。尽管如此，《茶谱》作为茶文献仍然具有承前启后，开启明代茗饮新风的意义。所以，他自信地表明，自己著"茶谱"，是为了"崇新改易，自成一家"之说。《茶谱》之所以对于明代的茗饮文化具有开创性的意义，主要还有朱权明确指出宋代的团茶"杂以诸香，饰以金彩，不无夺其真味"的问题，提出了"天地生物，各遂其性，若莫叶茶"的主张，揭示了明代推行叶茶政策的真意所在。正是源于对茶之"真味"的追求，才促进了明代中后期茶人们逐渐形成"品茶"求真的茗饮风尚。为此，可以说上述所谓的"品茶八要"及其直接来源之陆树声《茶寮记·煮茶七类》①等，都是以此为源头发展起来的明代茶人的茗饮审美追求。

从以上关于"品茶"概念的发展情况，我们基本可以把握古代中国关于"品茶"问题的思考，其间经历了从北宋只是关于"茶叶"本身的品鉴意义，到明末出现了对于构成饮茶所需要的整体茶事要素追求的发展过程，使"品茶"概念从原来局限于仅侧重在对于好茶叶的品鉴之物质性意义，上升到茶品、水品、人品、技艺（点茶、候汤等）、环境等综合意义的茗饮境界的审美性追求，从而使古代饮茶文化逐渐超越物质性层面，具备了丰富的精神内涵。这种成熟的标志性文献就是明代后期出现的简短的《品茶八要》。如果说宋代黄儒的《品茶要录》在"尽一物之理"上"进乎道"（苏轼语），那么明代华淑的《品茶八要》业已从成其事中基本达到"全其道"，从而让"品茶"作为一种范畴性概念，在中国茶文化中得以确立。

与上述"品茶"的概念形成发展过程的丰富性相比，"品茗"概念的出现与相关文献就显得单薄与模糊。从结论上说，"品茗"一词的用例，在唐代至清代与茶文化相关的各种文献中几乎不存在。它只是中国茶文化作为一种具有审美意味的消费文化，随着时代的发展，其消费主体的文人士大夫们，在其所创作的一些具有文学性意味的文献中才出现的一种新的"品茶"概念。从目前笔者所掌握的文献而言，最初应该是出现在明代末期。

明末的闽派代表诗人谢肇淛在其所著的具有博物志性质的《西吴枝乘》中，初次使用了"品茗"这种表现。"余尝品茗，以武夷、虎丘第一，淡而

---

① 关于《煮茶七类》的作者是谁，茶文化史上尚未论定，有一说这是徐渭的作品，只是后世文献中，有的把其归入陆树声的《茶寮记》，有的与《茶寮记》并列，作者为徐渭，拙文暂且归入《茶寮记》中，有的学者认为作者为徐渭的可能性较大。

远也。松萝龙井次之，香而艳也。天池又次之，常而不厌也。"① 除此之外，在施绍莘《花影集》中也出现同样的用例："屈指生涯，填词问句，品茗评香，叫兄呼你。暇则围棋，亦尤贤乎已。"② 而到了清代，这种用例在文学性文献中就更为多见。如清初文人傅仲辰有一首以"品茗"为题的诗："粉枪香满客腮携，块磊堪浇细品题。莫道贫居无福分，济南泉水甲青齐。"③ 另外，在一些札记、随笔、游记、诗名、诗句中也常见"品茗"的句子。如华岩《赠员果堂》："晴昼则披襟吟笑，朗夕则煮泉品茗，陶陶容与，何其快乎！"④ 梁章钜《碧泉品茗》："湛碧轻瓯活火炉，出山清与在山符。闲情欲索江村句，韵事应添石铫图。"⑤ 宝鋆《晨起喜雪用岑嘉州和王员外二韵》："早朝几辈冒寒归，月落鸟蹄闪素辉。碧玉瓯香宜品茗，翠云裘冷笑添衣。"⑥ 俞樾《湖楼山馆杂诗》："……余每游山，自龙井走九溪十八涧而至理安小憩，又至虎跑品茗而还，自癸酉年始，几成游例矣。"⑦ 范祖述《杭俗遗风》记载："吴山茶室，正对钱江，各庙房头，后临湖水，仰观俯察，胜景无穷。下雪初晴之候，或品茗于茶室之内，或饮酒于房头之中，不啻置身琉璃世界矣。"⑧ 黄遵宪《日本国志》曰："武将健卒皆赏花品茗自命风流，游冶之事，无一不具。"⑨ 还有慵讷居士的笔记小说《咫闻录》："陈几与先生次坐西廊，品茗纳凉。"⑩ 吴趼人《二十年目睹之怪现状》第五十回："我们围炉品茗，消此长夜……"⑪ 刘鹗《老残游记》卷九标题："一客吟诗负手面壁三人

① 这一段内容的相关记载，清代汪灏等人 1708 年编的《广群芳谱》以及陆延灿 1734 年编就的《续茶经》等，都曾有引用。
② 施绍莘撰：《秋水庵花影集》卷五，明末刻本，第 50 页。
③ 傅仲辰辑：《心儒诗选》卷十三，清树滋堂刻本，第 10 页。
④ 华岩撰：《离垢集》卷二，清道光十五年华时中刻本，第 16 页。
⑤ 梁章巨撰：《退庵诗存》卷二十四，清道光刻本，第 10—11 页。
⑥ 宝鋆撰：《文靖公遗集》卷十，清光绪三十四年羊城刻本，第 2 页。
⑦ 俞樾：《春在堂诗编》诗十五甲丙编，清光绪二十五年刻春在堂全书本，第 6 页。
⑧ （清）范祖述：《杭俗遗风》，上海艺文出版社 1989 年版，第 25 页。
⑨ （清）黄遵宪：《日本国志》，上海古籍出版社 2001 年版，第 383 页。
⑩ 慵讷居士撰：《咫闻录》卷四，清道光二十三年刻本，第 22 页。
⑪ （清）吴研人：《二十年目睹之怪现状》（上），人民文学出版社 2000 年版，第 455 页。

品茗促膝谈心。"① 徐珂《施少兰看洋广杂货》中记载:"有施少兰者,好天足,落拓不羁,常至北四川路三多里口之茶肆品茗,然不于楼上而于楼下,以来往之妇女多,可作刘桢之平视,不必倚楼俯察,以耗目力也。"② 等等,这些清代文学性文献中随处可见"品茗"的用例。

从上述关于"品茗"的用例中,我们基本可以得出这样的结论,关于"品茗"一词,属于明末以来作为文人们的文学性用语出现,特别是从清代开始,逐渐被广泛使用,成为人们描述喝茶的一种别称,具有很强的文学表现意味,存在于各种小说、诗文、随笔、札记、方志等文献中,基本不属于茶文献使用的概念。需要注意的是,到了清代"品茶"的概念仍然被广泛使用。即使同一个人,也同时使用两种表现。如上述慵讷居士,在同一文献中除了使用"品茗"外,也使用"品茶"概念,如"遊幕来粤赋闲待聘者余邀之同行登茶楼品茶。"③ 这里的"品茶"与上述的"品茗纳凉",两个概念的含义是相同的。这种现象说明了到了清代,关于喝茶,主要有"品茶"与"品茗"两种表现,这种情形与唐代同时使用"啜茶"、"茗饮"同时表现饮茶或喝茶的用语现象有些相似。不过,我们还必须注意的是"品茶"与"品茗"的不同之所在。在茶文化史上,"品茶"既作为一种范畴性概念在明代得以确立,又作为一种名词性概念仅以饮茶的含义在清代被人们使用。而基本上只出现在文学作品中的"品茗"概念,如果一定要把其归属于茶文化领域,与"品茶"这种具有范畴性意义的一面相比,它仅仅只是作为名词性概念,到了清代替代了原来的所谓"啜茶"、"茗饮",在文学性较强的文献中逐渐被人们作为饮茶或喝茶的含义被使用而已。而这个概念的具体内涵,只有当其与人们熟悉的、拥有范畴性意义的、在明代得以确立的"品茶"概念结合起来理解,才能充分把握其丰富的审美性内涵。而我们今天关乎饮茶或喝茶,一般都是把"品茗"与"品茶"的含义等同使用,这种用语习惯可以说肇始于清代。即使如此,我们仍然应该明确,在中国茶文化史上,两个概念本来存在着其含义不尽相同的历史事实。

---

① (清)刘鹗:《老残游记》,浙江古籍出版社 2010 年版,第 48 页。
② 徐珂编撰:《清稗类钞》(第四册),中华书局 1984 年版,第 1885 页。
③ 慵讷居士撰:《咫闻录》卷十,清道光二十三年刻本,第 28 页。

通过本文的上述梳理与考略，我们基本上可以把握关乎茶之饮用概念，在我国古代有一个基本发展脉络，那就是最早出现的是"茗饮"，到了唐代出现了"啜茶"、"茶饮"，但是"茗饮"仍然被使用，而到了宋代"茶饮"的用语已经很少见，偶尔出现的是"饮茶"。"啜茶"虽然在茶文献中不多见，但在文学作品中仍然被使用，取而代之的是"品茶"概念，并诞生了最初以"品茶"命名的茶文献。而到了明代，"品茶"概念被广泛使用，除了茶文献之外，文学性较强的文献中也出现了大量使用"品茶"的表现现象。除此之外，明代克服了宋代只把"品茶"局限在关于茶叶之优劣品鉴的层面，开始把饮茶所需要的各种文化要素全部纳入其中，从而使"品茶"成为一种茶文化的范畴性概念得以确立。这种现象的出现，与明代出现茶之"品真"的审美追求有直接关系。然而，在明末开始出现了另一个单词，那就是以"品茗"来表现喝茶，从而促成了清代"品茗"表现在文学性文献中普遍使用的现象。不过，这种表现，似乎也仅局限于文学性文献，如人物传记、地方志、随笔、札记、游记、诗词中，至于清代的茶文献，基本不使用"品茗"，仍然采用从来的"品茶"概念。而在清代，"品茶"除了原有的范畴性概念之外，开始与"品茗"一样，仅仅用来表现饮茶或喝茶的含义，其作为名词性概念，也出现在文学作品之中。可以说，"品茗"只是狭义的"品茶"概念的别称，或者说属于饮茶或喝茶的文学性表现，其内在的含义更多地仅仅具有茶汤品鉴或者一般所谓的喝茶的意蕴，其对于茶叶、茶汤、环境、茶侣等要素的追求基本不触及。为此，只有把"品茗"与广义的"品茶"概念，即追求饮茶综合要素的"品茶"联系起来，才能具有丰富的内涵。这种内涵，可以让我们进一步认识到，茶文化在中国发展到以"品茗"来表现的阶段，茶的物质性审美意义中，具备了更为丰富的精神性的内核与本质。

——本文刊载《アジア文化研究》（日本学术期刊）第 45 号

# 跋：从"哲学与激情"的命名说起

本书的命名立足于笔者多年来关于哲学的思考与对于哲学的认识，同时通过"哲学与激情"的相关性揭示，呼唤人们对于"哲学"的重新审视，让哲学走进生命的日常。

"哲学与激情"，这一对似乎矛盾的关系，怎么可以成为本书所要揭示的主题？读者看到这个书名首先将产生这种疑问吧！这样的疑问当然源于人们对于"哲学"已成定性的认识。一般认为，哲学属于理性的产物，而激情则是感性的、非理性的存在。那么，这种海水与火焰的关系，如何在本书中得到一种统一而圆融的呈现呢？

首先需要说明的是，这是一本由21篇不同研究对象的论文构成的论文集，全书要做到整体上绝对的圆融似乎是不可能的。然而，如果从"哲学与激情"的视角着眼，这21篇论文显然具有一种统一的指向，其共性的基底也是存在的。

确实，哲学具有诉诸理性、独尊抽象思维的倾向，而文学、艺术则沉湎感性、遨游于形象思维的世界，这是不可否认的事实。然而，另一个事实往往被人们所忽视，那就是如果哲学失去了激情的潜在脉动，文学、艺术没有了理性的沉潜与升华，各自都将失去鲜活的生命力。换一句话说，哲学如果没有了对于真理存在坚定不移的信念，就不可能获得向前发展的动力；而文学、艺术如果缺少重构世界的理性的能力，就无法抵达深度与高度。也就是说，无论哲学还是文学、艺术，其抽象思维与形象思维都是相辅相成的。只是各自的强弱不同、存在一些倾向上的差异而已。为此，哲学与激情、或者理性与感性并不是一对矛盾的关系，相反，两者应该是一对孪生兄弟。两者只是存在着表现形式上的不同，揭示人与世界关系之路径上的差异，而在根本意义上都离不开激情作为其基底性的存在。

从上述的认识出发，此书的编选过程，即把不同主题与探索对象的论文编成一本具有内在联系的著作，笔者不希望它仅仅只是不同论文的汇编。虽然不可否认这确实属于笔者的一本论文集，但每一篇论文之间，仍然不是松散的关系。既然要以一本书的形式呈现，就应该是一个完整的、有机的整体。如何做到每一篇论文既是独立的、又能与其他各篇之间具有内在联系，这是本书从编选开始就确立的目标。那么，究竟以怎样的结构才能克服其松散不聚焦、达到全体的完整性呢？这是编选此书最初面临的问题。

在经过反复阅读每一篇论文之后，笔者终于找到了这些论文之间内在的关系，那就是其中弥漫着的一种相互呼应的整体"哲学语境"。无论是直接探讨哲学的问题，还是其他哲学范畴之外的文学、艺术、文化等问题，其共同特征都是自己多年来关乎何谓哲学的思考与探究，以及在学问方法上各种摸索的具体呈现。而每一篇不同的论文，只是其选材的不同而已。为此，确定了本书的整体构成方案，那就是根据不同选材，把全书分为"哲论"、"诗论"、"文论"三编，根据不同的探索对象进行归类，从哲学语境的角度而言，这三者之"逻格斯"、"帕多斯"、"缪多斯"，都是植根于理性与激情互动与共舞的探索之旅，构成精神上的一个沉思与律动的省察之境。它们各自的特点与相互关系在各辑的"引言"中笔者已经进行了简短的阐述，在此不再赘述。

因为是以书籍的形式集中呈现每一篇论文，为了避免让读者陷入只是"论文集"的阅读印象，在编选过程中对于曾经的论文格式做了最小限度地修订，即把每一篇曾经发表时存在过的"摘要"和"参考文献"从文中删除，只保留原文内容，这样即可作为书的避免画蛇添足之嫌，又能强化全书的整体性。另外，由于各种杂志所要求的论文格式不同，特别是注释上存在较大差异，在此书中每一篇尽量保持论文原貌，但在注释的数字标记上，还是最小限度地修订成统一的标注格式。以上这些属于笔者编选此书过程的考量，希望得到读者的理解。如果对于书中的某一篇文章产生兴趣，希望读者能够找来拙文曾经刊载过的杂志或相关书籍进行对照阅读。

当然，笔者还需要说明的是，本书中除了《哲人看到的是什么？——关于柏拉图哲学中"观照"问题的辨析》与《谈"哲人王"理想中"知"的问题》两篇内容，在拙著《灵肉之境——柏拉图哲学人论思想研究》中曾经存在，其他的 19 篇论述都是尚未结集成书的内容，这些对于读者集中了解笔者数年来关于哲学的思考与学术实践应该有所帮助。当然，如果此书对于读者们关于哲学的思考、关于审美的体验能够有所触发甚至些许的鼓舞，那将是笔者多年来坚守一张书桌岁月的最好奖赏。当然，笔者深知，书中的每一个观点的论证与提示，都由于自己的才能与学识有限而不尽人意，其中的偏颇不言而喻。然而，笔者对于学术敬畏的态度至少可以从文中得到佐证，这可能是笔者唯一对得起读者的地方。笔者始终相信，对别人的一种真诚与尊重，有时也应该具有被承认的价值。

最后，需要感谢多年来为笔者提供良好而和谐的学术研究环境的中国人民大学孔子研究院的前辈与同仁的帮助与鞭策，感谢人民出版社哲学编辑室方国根主任以及责编夏青女士的辛勤劳动与默默奉献。另外，本成果的整理过程，受到中国人民大学 2019 年度"中央高校建设世界一流大学（学科）和特色发展引导专项资金"支持。

著　者

2019 年立春日　草于寂静的大学校园

策划编辑:方国根

责任编辑:夏 青

**图书在版编目(CIP)数据**

哲学与激情/林美茂 著. —北京:人民出版社,2019.3
(孔子研究院文库.第一辑)
ISBN 978 - 7 - 01 - 020428 - 4

Ⅰ.①哲… Ⅱ.①林… Ⅲ.①社会科学-文集 Ⅳ.①C53

中国版本图书馆 CIP 数据核字(2019)第 030344 号

**哲学与激情**

ZHEXUE YU JIQING

林美茂 著

**人民出版社** 出版发行

(100706 北京市东城区隆福寺街 99 号)

环球东方(北京)印务有限公司印刷 新华书店经销

2019 年 3 月第 1 版 2019 年 3 月北京第 1 次印刷
开本:710 毫米×1000 毫米 1/16 印张:24.75
字数:370 千字

ISBN 978 - 7 - 01 - 020428 - 4 定价:68.00 元

邮购地址 100706 北京市东城区隆福寺街 99 号
人民东方图书销售中心 电话 (010)65250042 65289539